할리우드에서 성공한
시나리오작가들의
101 가지 습관

론 배스RON BASS
스텝맘Stepmom
내 남자친구의 결혼식My Best Friend's Wedding

스티븐 드수자STEVEN DESOUZA
낙 오프Knock Off 베벌리 힐스 캅 3
Beverly Hills Cop III 다이 하드Die Hard

제럴드 디페고GERALD DIPEGO
포가튼The Forgotten 인스팅트Instinct
페노메논Phenomenon 샤키 머신Sharky's Machine

레슬리 딕슨LESLIE DIXON
토머스 크라운 어페어The Thomas Crown Affair 더 올 필링
That Old Feeling 천상의 커플Overboard 포천Outrageous Fortune

아키바 골즈먼AKIVA GOLDSMAN
아이, 로봇I, Robot 타임 투 킬A Time to Kill
로스트 인 스페이스Lost in Space 뷰티풀 마인드A Beautiful Mind

에이미 홀든 존스AMY HOLDEN JONES
은밀한 유혹Indecent Proposal 러브 레터Love Letters

니콜러스 카잔NICHOLAS KAZAN
이너프Enough 마틸다Matilda
여배우 프랜시스Frances 레이 구역At Close Range

짐 커프JIM KOUF
러시 아워Rush Hour 택시 : 더 택시랩Taxi
내셔널 트레저National Treasure 범죄의 조건Disorganized Crime

최고의 작가들이 들려주는 글쓰기 비법

칼 이글레시아스 지음 : 이정복 옮김

THE 101 HABITS OF
HIGHLY
SUCCESSFUL
SCREENVVRITERS

할리우드에서 성공한
시나리오작가들의
101 가지 습관

스콧 로젠버그SCOTT ROSENBERG
식스티 세컨즈Gone in 60 Seconds
콘 에어Con Air 뷰티풀 걸Beautiful Girls
덴버Things to Do in Denver When You're Dead

에릭 로스ERIC ROTH
인사이더The Insider 알리Ali
포레스트 검프Forrest Gump 익젝트 범Suspect
아버지의 초상Memories of Me

마이클 시퍼MICHAEL SCHIFFER
피스메이커The Peacemaker
크림슨 타이드Crimson Tide 범죄와의 전쟁Colors

톰 슐먼TOM SCHULMAN
밥에게 무슨 일이 생겼나?What about Bob?
죽은 시인의 사회Dead Poets Society

에드 솔러먼ED SOLOMON
미니 섬총사Charlie's Angels 맨 인 블랙Men in Black
엑설런트 어드벤처Bill & Ted's Excellent Adventure

로빈 스위코드ROBIN SWICORD
프랙티컬 매직Practical Magic 작은 아씨들Little Women
마틸다Matilda 섀그Shag

경당

감사의 말
Acknowledgment

여기 실린 내용은 대부분 이 책을 쓰기 위해 인터뷰한 14명의 시나리오작가들이 각
각의 주제에 대해 밝힌 생각을 정리해놓은 것이다. 우선 그들에게 감사의 말을 전한다.
그들은 할리우드에서의 바쁜 일정에도 불구하고 내게 시간을 할애하여 자신들의 지식과
경험을 기꺼이 나누어주었다. 그들의 이름을 알파벳 순으로 적으면, 론 배스Ron Bass, 스
티븐 드수자Steven Desouza, 제럴드 디페고Gerald Dipego, 레슬리 딕슨Leslie Dixon,
아키바 골즈먼Akiva Goldsman, 에이미 홀든 존스Amy Holden Jones, 니콜러스 카잔Ni-
cholas Kazan, 짐 커프Jim Kouf, 스콧 로젠버그Scott Rosenberg, 에릭 로스Eric Roth,
마이클 시퍼Michael Schiffer, 톰 슐먼Tom Schulman, 에드 솔러먼Ed Solomon, 로빈 스
위코드Robin Swicord이다. 이들의 깊이 있는 의견이 바로 이 책의 영혼을 이루었다.

그 외에 이들에게도 특별히 깊이 감사한다.
이 책을 완성하기까지 자양분과 같은 의견과 편집상의 지원 그리고 성원을 보내준 클레어 게러
스Claire Gerus와 돈 톰슨Dawn Thompson, 원고를 철저하게 검토하고 교정해준 팻시 힐버
트Patsy Hilbert, 누구보다 이 프로젝트를 믿어준 폴라 무니어 리Paula Muner Lee, 내게
폴라를 소개해주고 가끔 나와 재미있는 11점 내기 테니스 게임을 하여 스트레스를 푸는 데 도
움을 준 리처드 크레볼린Richard Krevolin, 나를 할리우드 시나리오 판매 설명회에 초대해
준 캐스린 매크리스Kathryn Makris, 미라Meera 그리고 스티브 레스터Steve Lester, 내
우편물을 분류하고 관리해준 작가조합재단의 팻 커밍스Pat Cummings와 힐러리 클라인
Hilary Cline, 나를 위해 사무실 문을 열어준 에드워드 제임스 올모스Edward James
Olmos, 나 자신을 증명할 기회를 준 샌디 마틴Sandy Martin, 내게 열정적인 정신적
후원과 영감 그리고 웃음을 보내준 팀 넘버 파이브Team #5의 모든 전·현직 멤버들
과 누구보다도 많은 배려와 지지를 보내준 친구들, 가족들에게 감사한다.

칼 이글레시아스Karl Iglesias

HABIT[hǽbit] **습관**

명 1. a. 여러 번의 반복을 통해 얻어진 주기적이고 종종 무의식적인 행동 양식
  b. 마음이나 성격의 확립된 기질
2. 관습적인 태도나 실행 ¶ 금욕적인 ～을 가진 사람
3. 중독성

『아메리칸 헤리티지 영어사전THE AMERICAN HERITAGE DICTIONARY OF THE ENGLISH LANGUAGE』(제3판)

어떤 분야에서 성공하는 비결은 성공한 사람들의 행동 방식을 찾아낸 후,
그 행동에 대해 생각하고 실천하여 똑같이 하는 것이다.
——— 앤서니 로빈스 Anthony Robbins

Contents

01
열정
시나리오를 쓰고 싶은 충동

41

제1장 시나리오 작가의 초상

제2장 열망

제3장 믿음

제4장 열의

제5장 전념

02
창작

글 쓰는 재미 불러일으키기

109

03

훈련

의자에 앉기

159

04
스토리기술
좋은 이야기 만들기

265

05
마케팅

중요한 것은 당신이 누구를 알고 있느냐가 아니다.
문제는 바로 당신의 작품이다.
319

06
인내 · 노력 · 열정 · 습작
꿈을 포기하지 않기

411

Foreword

칼 이글레시아스가 시나리오를 쓸 때 필요한, 중요한 습관에 관해 글을 써달라고 부탁했을 때, 나는 그의 말이 끝나기도 전에 바로 "예스"라고 대답할 뻔했다.

좋은 시나리오는 90퍼센트의 땀과 10퍼센트의 영감으로 만들어진다. 누가 이 말을 했는지는 알 수 없지만, 시나리오작가 잭 소워즈Jack Sowards(〈스타 트랙 II: 칸의 분노*Star Trek II: The Wrath of Khan*〉의 작가)가 시나리오작가 지망생에게 해준 가장 현실적인 충고는 '끝내라!' 이다.

스티븐 킹Stephen King은 "많은 작가들은 문학을 관장하는 신에 대해 숲 속을 떠돌면서 작가의 귀에 달콤한 영감을 불어넣어 산문과 시 혹은 시나리오를 쓰도록 격려하는 어느 동화 속의 존재처럼 생각한다"고 말했다. 하지만 킹 자신에게 문학의 신은 영화 〈디아이*The D. I.*〉에 나오는 잭 웹Jack Webb처럼 짧은 해군 머리를 한 채 "이봐, 킹! 어서 컴퓨터 앞에 앉아!"라고 소리치는 것처럼 느껴진다고 얘기한다. 나 또한 킹과 비슷하다. 나는 '의자 작가' 다. 즉, '바지의 엉덩이 부분을 의자에 대고' 글을 쓰는 작가다.

또한 나는 "프로정신을 존중하지만, 비 올 때만 글을 쓸 수 있는 작가들을 경멸한다"고 빈정대는 노엘 코워드Noel Coward의 말에도 동의한다.

나는 1979년 UCLA에서 상급 시나리오 작법에 대해 강의를 했는데, 그 당시 나는 학생들에게 장편영화 분량의 아웃라인과 최소한 70페이지 분량의 시나리오를 10주 안에 완성하도록 요구했다.

여러분도 알다시피, 원고 마감시간이 임박해 발등에 불이 떨어져서야 부랴부랴 글을 쓰는 것은 나중에 습관이 된다. 연습, 글 쓰는 일, 돈, 걱정, 즐거움, 커피 중독 등은 모두 습관에서 비롯된다.

습관(물론 좋은 습관을 의미한다)보다 더 중요한 것은 조언자이다. 파리 소르본 대학의 교수이기도 한 나는 세계에서 가장 오래된 강의실인 리슐리외 강의실Richelieu Room에서 처음으로 강의할 때 누군가 "교수님은 시나리오 작법을 가르칠 수 없습니다"라고 외쳤던 것을 지금도 생생히 기억한다. 하지만 그렇지 않다. 배움을 통해 시나리오 쓰는 법을 터득할 수 없다고 말하는 것은 아리스토텔레스에게는 플라톤이 필요 없었고, 모네에게는 마네가 필요

없었다고 말하는 것과 다를 바 없다. 나는 마리
아 칼라스Maria Callas와 루돌프 누레예프Rudolph Nure-
yev의 조언자들과 강의실에서 우리를 둘러싸고 있던 거대한 초상화들
의 주인공인 라신Racine과 모파상Maupassant, 위고Hugo와 몰리에르
Molière의 스승들을 상기시켰다. 다른 종류의 글들과 달리 왜 유독 시나리오만은
영감을 통해서만 쓸 수 있는 것이어야 하는가?

프로작가가 되고 난 후에도 여러분에게는 조언이 필요하다. 이 책에는 "능력 없는 사람
들이나 선생님이 된다"고 빈정거린 조지 버나드 쇼George Bernard Shaw의 말에 위배
되는 14명의 조언자들이 있다. 이 책 속의 14명의 조언자들은 시나리오를 잘 쓰면서 그 일
을 가르칠 수도 있는 사람들이다.

또한 이 책의 지은이 칼 이글레시아스Karl Iglesias는 시나리오 작법의 전통적인 구조나 내
가 읽었던 작법 책들에 도전하는 독특한 '인터뷰 형식'의 책을 만들었다고 자부한다. 이 책에
는 "여러분이 항상 시나리오 작법에 대해 궁금했지만, 유명 작가들에게 묻기 두려웠던 내용
들"이 모두 들어 있다. 칼은 작가들에게 많은 질문을 해서 가장 풍부하고 다양한 답변을 얻어
냈다. 그는 열의, 전념, 창작 과정, 글 쓰는 환경 만들기, 글 쓰는 습관, 시간 조절, 글 막힘, 원
고 고쳐 쓰기, 시나리오 작법의 기초, 관객, 할리우드 시스템, 인간관계 만들기, 에이전트 구하
기, 피칭pitching, 그리고 P로 시작하는 네 개의 단어인 인내Patience, 노력Perseverance,
열정Passion, 습작Practice에 대해 질문했다. 이 특별한 책은 많은 시나리오 작법 책들이 꽂
혀 있는 책장 중에서도 '반드시 읽고 또 읽어야 할 책'들을 모아놓은 곳에 꽂아두어야 한다.

지금 당장 여러분이 론 배스나 레슬리 딕슨, 니콜러스 카잔, 내 제자이기도 한 스콧 로젠버그,
UCLA를 졸업한 에릭 로스, 에드 솔러먼처럼 될 수는 없다. 그러나 끈기를 갖고 꾸준히 글을
쓰면서 이 책의 조언들을 받아들인다면 어느 정도 높은 경지에 도달할 수 있다. 지금 여러분
은 훌륭한 지식창고의 입구에 서 있는 것이다.

이 책의 내용에서 비롯된 습관들은 여러분이 '성공한 시나리오작가'가 되는 데 도움을 줄
것이다. 먼저 이 책을 읽은 다음 글을 써라. 그것은 그리 어려운 일이 아니다. 글 쓰는 일
은 곧 '책상에 앉아서 글쓰기'를 의미한다. 이 사실을 꼭 기억하길 바란다. 매일 4시
간씩 '책상에 앉아서 글쓰기'는 여러분이 살아가면서 해야 할 일이다. 당신은 할
수 있다.

계속 글을 써라!

2001년 6월
네브래스카 주 슈피리어에서
류 헌터Lew Hunter

우리는 끊임없이 일하는 존재이다.

우수함이란 행동이 아니라 습관에서 나온다.

——— 아리스토텔레스

총괄 제작자Executive Producer인 조Joe에 대해 얘기해보자. 조는 성공한 제작자이다. 그가 만든 작품들은 상업적으로 흥행했고 많은 영화제에서 상을 수상하기도 했다. "그 누구도 그 무엇을 확신할 수 없다"고 말한 윌리엄 골드먼William Goldman의 옛 교훈에도 불구하고 조는 한 가지 사실만은 확실하게 알고 있다. 그것은 바로 "영화는 훌륭한 시나리오로부터 출발한다"는 사실이다. 수천 편의 시나리오 중 단 한 편의 시나리오만 좋다고 평가되는 이 영화의 도시 할리우드에서 그는 좋은 시나리오를 단번에 알아차린다.

하지만 조의 책상에 놓여 있는 시나리오는 대부분 아주 형편없고 내용이 지독하게 나쁘거나, 그렇지 않으면 평범하면서 약간 괜찮을 뿐이다. 여기서 "약간 괜찮다"라는 말은 좋은 시나리오를 필사적으로 찾아다니는 영화제작자들, 즉 영화계의 굶주린 배를 채워주기에 "약간 괜찮다"

는 의미일 뿐이다. 조는 자신의 책상에 쌓여 있는 시나리오 더미에서 맨 위에 놓인 시나리오를 집어들 때마다 그 시나리오가 자신이 찾는 훌륭한 시나리오이기를 기도한다.

만약 한 번도 가져본 적이 없는 것을 원한다면
반드시 한 번도 해본 적이 없는 일을 해야만 한다!
———— 킴네샤 벤스Kimnesha Benns

조는 "어떻게 이 많은 시나리오들 중 대부분이 수준 이하일 수 있을까?" 하며 의아해한다. 예전에는 많은 작가들이 역사에 남을 위대한 작품을 쓰기를 원했지만, 1990년대 초반 이후에는 많은 돈을 벌 수 있는 장편 시나리오를 쓰려고 노력한다. 그렇다고 누가 그들을 비난할 수 있는가? 영화잡지를 통해(요즘은 주로 인터넷을 통해) 알 수 있는 시나리오 판매 소식들은 〈백만장자가 되고 싶은 사람 *Who Wants to Be a Millionaire*〉이라는 TV 퀴즈 프로그램의 우승자처럼 대박을 꿈꾸는 작가 지망생들을 유혹하여, 시나리오는 새로운 미국식 복권이 되었다. 그 동기가 좋건 나쁘건, 벼락부자를 꿈꾸는 것이 지금도 시나리오를 쓰는 강렬한 동기임은 부인할 수 없는 사실이다.

그러나 조에게는 나름대로 한 가지 이론이 있다. 그 이론에 따르면 문제는 글재주가 아닐 수도 있다는 것이다. 좋은 시나리오를 쓰지 못하게 만드는 이른바 '작가들'의 기질, 즉 그들의 특징과 재능, 습관이 문제일 수도 있다는 것이다. 가혹하게 들릴 수도 있겠지만 현재 할리우드에 흘러다니는 반 이상의 작품들을 시나리오작가와 전혀 상관없는 사람들이 썼다는 것은 슬픈 현실이다. 물론 누구나 영화를 보러 가고 그 영화가 좋은지 나쁜지를 알며, 시나리오를 쓸 수 있는 컴퓨터 한 대씩은 갖고 있다. 또한 누구나 웃긴 농담을 이해할 수는 있다. 하지만 누구나 웃기면서도 전에 한 번도 들어본 적이 없는 새로운 농담을 만들어낼 수 있을까?

조는 수백만 달러짜리 영화들이 진부함을 몹시 싫어하는 영화산업 안에 놓여 있는 시나리오작가 지망생들에게 구시대적 규정과 규칙, 형식을 요구하고 있다는 사실을 잘 알고 있다. 조는 서점에서 책장 전체가 시나리오 작법 책들로 가득 찬 것을 보았으며, 또한 시나리오 전문가, 상담자, 세미나 지도자, 피칭 콘퍼런스, 시나리오 공모전 등에 대한 수많은 전단지와 신문광고, 인터넷 사이트를 보아왔다. 수많은 시나리오작가 지망생들은 자신의 인생을 바꿔줄 한 편의 시나리오를 팔게 해줄 마법의 열쇠를 얻기 위해 무엇이라도 바칠 각오가 되어 있는 것이다.

하지만 문제는 여전히 조가 좋은 작품을 찾아다니고 있고, 좋은 작품이 아직도 그의 손에 들어오지 않았다는 사실이다. 놀랄 만큼 많은 시나리오들이 그의 주변에 쌓여 있지만, 그는 수준 이하의 시나리오를 읽는 것과 원고지, 돈, 시간, 원고 배달료가 낭비되는 것 그리고 매번 피곤해보이는 베벌리힐스 우체국의 우편배달부와 대면하는 것에 싫증을 느낀다.

글 쓰는 일을 받아들여 습관으로 만들고 그 습관이 강박관념이 되기 전에는,
그 사람은 작가가 아니다. 글 쓰는 일은 강박관념이 되어야 한다.
그것은 말하고 잠자고 먹는 일처럼
본질적이고 생리적이며 심리적인 것이 되어야 한다.
———— 니위 오순다레Niyi Osundare

하지만 조는 이상주의자이면서 꿈을 현실로 만드는 사람이다. 그것이 바로 그가 생계를 위해 하는 일이다. 그는 꿈을 현실로 만든다. 또한 그의 꿈은 끔찍한 수준의 시나리오를 높은 수준으로 끌어올리는 것이다.

조는 시나리오작가가 되는 법에 대해 진부한 말을 늘어놓는 책이나 글 쓰는 과정 속에서 즐거움을 느끼고, 좋은 시나리오를 만들어내는 데 필요한 습관을 터득하는 법에 대해 아무런 정보도 주지 않는 책들에 이력이 났다. 좋은 작품일수록 쉽게 발견된다는 믿음은 어디까지나 조의 개인적인 생각일 뿐이니 그를 오해하지 말기 바란다.

저녁식사를 준비하면서 조는 생각한다. 좋은 시나리오를 쓰기 위해서는 진정한 시나리오작가가 되어야 한다고. 오래 숙성된 포도주처럼 좋은 시나리오를 쓰는 재주를 개발하는 데는 많은 시간과 노력이 필요하다. 여러분은 큰 성공을 꿈꾸면서 하룻밤 만에 하늘을 날 수는 없다.

승리자들은 패배자들이 하기 싫어하는 일을 하는 습관을 쉽게 터득한다.

———— 앨버트 그레이Albert Gray

이 말에 조는 "나도 알아! 나는 운 좋은 시나리오작가 지망생 한 명을 집으로 초대해서 시나리오작가가 되려면 어떻게 해야 하는지 조언해줄 수 있는 일급 현역 시나리오작가들과 심도 있는 대화를 나눌 거야"라고 말한다. 바로 그것이 조가 제작자로서 성공한 방법이다. 조 역시 어떤 제작자의 조수로 영화 일을 시작했고, 그 제작자는 조에게 조언을 해주고 요령을 가르쳐주었다.

평소 그의 철학은 "그저 열심히 일하는 것이 아니라 현명하게 일하라"는 것이다. 성공한 시나리오작가는 성공하지 못한 시나리오작가가 하고 싶어하지만 할 수 없거나 할 줄 모르는 일들을 한다. 그것이 바로 성공한 시나리오작가와 성공하지 못한 시나리오작가의 차이다. 효과적인 것을 본받는 것은 모든 사제지간의 핵심 철학이다. 시나리오 쓰는 법도 그렇게 배울 수 있지 않을까? 어떤 사람은 시나리오를 잘 쓴다. 사실 시나리오를 잘 쓰는 사람은 많다. 왜 그들에게 그들만의 시나리오 쓰는 방식을 묻지 않는가? "저, 성공한 시나리오작가 선생님, 선생님의 글 쓰는 습관은 대체 무엇입니까? 어떤 습관이 선생님에게 효과가 있죠? 제게 좀 가르쳐주세요."

만약 방랑자가 되고 싶다면,
나는 내가 찾을 수 있는 가장 근사한 방랑자로부터 정보와 조언을 구할 것이다.
만약 실패자가 되고 싶다면,
나는 한 번도 성공한 적이 없는 사람에게 조언을 구할 것이다.
만약 어떤 일에 성공하고 싶다면,
나는 주위를 살펴 성공한 사람들을 찾아 그들이 했던 일들을 똑같이 할 것이다.
——— 조지프 마셜 웨이드Joseph Marshall Wade

초보작가가 이렇게 하는 것을 본 적이 있는가? 아니, 없다. 작가 지망생 시절 그는 두 권의 훌륭한 인터뷰 책을 읽은 적이 있는데, 때로 어떤 프로작가가 자신의 창작 과정을 얘기할 때 그 책들이 유용하다는 사실을 발견했다. 문제는 그에게 필요한 특정 부분을 얻기 위해 책을 다 읽어야 했다는 것이다. 예를 들어 습작하는 데 어려움을 겪고 있을 때, 그는 저자가 습작에 대해 언급하기를 바라면서 책 전체를 다 읽어야 했다. 하지만 이런 방법은 대개 시간 낭비일 뿐이다. 하지만 어쨌든 그도 게을렀기 때문에 그런 방법이 시간 낭비라는 것을 깨닫지 못했다. 여러분도 이런 경험을 해본 적이 있지 않은가?

'이번만은 다를 거야'라고 그는 생각한다. 이 책의 초점은 진부한 시나리오를 쓰는 법에 대한 것이 아니라 독특한 시나리오를 쓰는 작가가 되려면 무엇이 필요한가 하는 것이다. 다시 말해, 좋은 시나리오를 쓰게 할 뿐만 아니라 시나리오작가로서 성공하게 만드는 습관과 특징이 무엇인지 알려준다.

차, 그러면 이제 한번 알아보자. 시나리오작가가 된다는 것이 무엇을 의미하는지를 현장의 시나리오작가들의 입을 통해 듣는다는 것은 커다란 행운이 아닐 수 없다. 따라서 이 책을 읽고 있는 당신은 행운아이다.

이 책의 내용

이 책은 유명 작가의 글재주에 대해 기술한 다른 책들을 대신하기 위해 씌어진 것이 아니다. 로버트 매키Robert McKee는 "그 누구도 할리우드의 남은 음식들을 다시 데우기 위해 또 한 권의 요리책을 필요로 하지 않는다"라고 말했다. 100권이 넘는 글재주에 대한 책들은 독자가 할 일을 가르치려고 하는 반면, 이 책은 이미 성공한 작가들에게 질문함으로써 어떻게 글을 쓰는지를 알려준다. '그 방법'이 여러분의 두 번째 천성이 되도록 필요한 습관들에 초점을 맞추고 있다. 다시 말해 이 책은 시나리오작가가 되는 법을 설명하고 있다.

이 책은 바람직하지 못한 습작의 실제 예를 제시하면서 작가 개인의 생활에 대한 내용보다는 각각의 주제에 따라 미리 설정한 인터뷰 내용을 담고 있다. 다시 말해 특정한 습관이나 특징, 없으면 안 되는 능력에 대해 초점을 맞춘 다음, 전문 패널들이 특정한 주제에 대해 토론하는 것처럼 일련의 성공한 시나리오작가들이 각각의 주제에 대해 자신의 의견을 말하고 있다.

이 책에 실린 내용은 행동과 생각에 관련된 간단한 습관들이 주를 이룬다. 그런 습관들은 대부분 당연하게 여겨질 뿐 습관으로 간주되지는 않는다. 그 이유는 작가 지망생들이 그 습관들을 무시하기 때문이다. 어떤 습관들은 놀랍고 때때로 충격적이기까지 하다. 그 습관들만으로는 여러분이 성공적인 작가가 될 수 없을지도 모른다. 하지만 새로운 습관들을 받아들여 자기 자신의 재능과 결합하면 여러분은 더 나은 작가가 될 것이다. 이 책이 여러분에게 해줄 수 있는 일은 충분히 따라할 수 있도록 흥미와 영감을 불어넣기를 바라면서 성공한 시나리오작가들이 규칙적으로 믿고 하는 일들에 대해 알려주는 것뿐이다.

이 책의 구성

몇몇 시나리오작가들을 성공하게 만든 특정한 습관들로 구성되었다는 점이 이 책의 특징이다. 또한 이 책은 본받을 만한 장점에 대한 단순한 철학과 스승과 제자 간의 상식적인 접근을 기본으로 한다.

각각의 시나리오작가는 독특한 자신만의 효과적인 습관을 갖고 있기 때문에 몇 가지 습관들은 서로 상반되기도 한다. 예를 들어, 초고를 마친 후에 고쳐 쓰는 습관은 초고를 써나가면서 고쳐 쓰는 습관과 상반된다. 그 어떤 것도 절대불변의 습관이 될 수 없다. 다만 그 습관들은 이 책에 소개된 각각의 시나리오작가들에게 효과적인 습관일 뿐이다. 그 습관들을 시도해보고 맞는지 확인하는 것은 여러분의 몫이다.

제1부 '열정'에서는 일반 사람들과 구별되는 시나리오작가들만의 공통적인 특징과 기술, 그리고 여러 가지 어려움을 극복하고 시나리오작가가 된 이유에 대해 다룬다. 그 밖에도 자신의 재능에 대한 믿음과 단지 한 편의 시나리오가 아니라 글 쓰는 일 자체에 전념하기, 글 쓰는 일에 수반되는 두려움을 극복하는 법, 그리고 글 쓰는 법에 대한 그들의 생각을 담고 있다.

제2부 '창작'에서는 창작의 과정과 현장의 시나리오작가들이 참신한 아이디어를 얻기 위해 어떻게 하는지, 그리고 어떻게 아이디어에 살을 붙이는지에 초점을 맞추고 있다. 또한 그들이 글을 쓰는 작업 환경과 좋아하는 작업 시간에 대해서도 들어본다.

제3부 '훈련'은 이 책의 핵심으로서, 글쓰기 습관과 시간 조절을 비롯해 작가로서 성공하는 데 중요한 기본적인 요소들을 알려주고, 글이 막힐 때의 요령과 고쳐 쓰기 과정을 다루면서 게으름을 극복하는 법을 제시해준다.

제4부 '스토리기술'에서는 이야기의 갈등과 등장인물을 비롯해 대사와 감정이입 등 좋은 작품의 기본 요소들에 관한 비결을 알려준다. 또한 '무엇이 좋은 작품을 만드는지'와 '좋은 작품과 나쁜 작품의 차이점'을 설명한다.

제5부 '마케팅'에서는 첫 에이전트 구하는 법에서 긴장감을 극복하고 적극적으로 피칭하는 법에 이르기까지, 인간관계 위에서 구축되는 영화계 안에서의 후원자, 조언자, 아는 사람 등 네트워크의 중요성에 대해 알려주면서, 시나리오 쓰는 일 자체와 작가로서 자신을 판매하는 법에 초점을 맞추고 있다.

제6부 '인내 · 노력 · 열정 · 습작'에서는 인내와 자기 작품에 대한 믿음에서부터 프로작가로서 거절을 받아들이는 법까지, 할리우드 시스템을 다루면서 꿈을 포기하지 않는 인내의 필요성에 대해 설명한다.

에필로그인 '나오는 글'에서는 조언자들이 다음 작품(조만간 극장에서 상영될)의 창작 작업으로 돌아가기 전에 여러분에게 당부하는 마지막 격려의 말을 싣고 있다.

이 책이 여러분에게 해줄 수 있는 것

이 책은 시나리오 작법의 기본 요소는 알고 있지만 창작 과정을 더 수월하게 해주는 기술적인 측면과 매일 반복해야 하는 습관을 모르는 초보작가부터 프로작가에 이르기까지 모든 작가들을 위해 쓰여졌다.

또한 이 책은 글을 쓰는 데 방해가 되는 일련의 습관들에서 벗어나 새롭게 받아들일 만한 더 나은 습관들을 찾고 있는 프로작가들을 위해 매개체 역할을 하는 데 목적이 있다. 아마 작가들은 다른 작가들의 성공 요인들을 분석하면서 자신의 잘못된 습관들을 돌이켜보고 몇몇 새로운 습관들을 시도하고 싶어할지도 모른다. 또는 자신이 가진 습관과 비슷한 습관들을 책에서 확인하면서 더욱 자신감을 가질지도 모른다. 이 책에서 인터뷰한 시나리오작가들이 여러분 개인의 조언자가 되도록 이 책을 효과적으로 읽어라. 그들의 습관을 배우고, 그들을 본받아라. 그러면 그들의 지혜가 여러분을 새롭게 만들고 목표 달성에 필요한 충분한 지식과 자신감을 줄 것이다.

지금 여러분은 평범한 영화 한 편을 보면서 그보다 더 나은 시나리오를 쓸 수 있다고 생각하고 있지는 않은가? 여러분은 혹시 100권이 넘는 평범한 시나리오 작법 책 중 한 권을 골라 읽으면서 시간을 보내고 있지 않은가? 여러분이 할리우드에서 성공한 시나리오작가가 되기 위해 정말로 필요한 조건들을 찾아내고, 그 필요한 조건들 자체가 더 중요하다는 사실을 깨닫기 바란다.

또한 여러분이 성공한 시나리오작가들의 습관을 배우면서 자신의 태도와 사고방식 속에서 비슷한 면을 찾아내거나 새로운 습관을 받아들이기를 바란다.

할리우드에는 "중요한 것은 당신이 누구를 아는가가 아니라 누가 당신을 아는가이다"라는 오래된 격언이 있다. 나는 여기에 "중요한 것은 당신이 무엇을 알고 있는가가 아니라 당신이 어떻게 행동하는가이다"라는 말을 덧붙이고 싶다. 모든 것은 행동에 달려 있다.

그러나 우리는 14명의 시나리오작가들을 성공하게 만든 101가지 습관을 배우기 전에는 어떻게 행동해야 할지 모른다. 성공한 작가들은 과연 누구이며 어떻게 그들은 작가 지망생에서 프로작가로 도약할 수 있었을까?

시나리오작가 패널들

Ron Bass 론 배스 ● 〈패션 오브 마인드*Passion of Mind*〉(1999), 〈삼

나무에 내리는 눈*Snow Falling on Cedars*〉(1999), 〈인트랩먼트*Entrapment*〉(1999),

〈스텝맘*Stepmom*〉(1998), 〈천국보다 아름다운*What Dreams May Come*〉(1998),

〈레게 파티*How Stella Got Her Groove Back*〉(1998), 〈내 남자친구의 결혼식*My

Best Friend's Wedding*〉(1997), 〈사랑을 기다리며*Waiting to Exhale*〉(1995),

〈위험한 아이들*Dangerous Minds*〉(1995), 〈남자가 여자를 사랑할 때*When a Man

Loves a Woman*〉(1994), 〈조이 럭 클럽*The Joy Luck Club*〉(1993), 〈적과의 동침

Sleeping with the Enemy〉(1991), 〈레인 맨*Rain Man*〉(1988), 〈블랙 위도*Black

Widow*〉(1986)

1982년 투자에 실패하는 바람에 나는 많은 돈이 필요했다. 두 편의 전

작 소설은 이미 출판된 상태였고, 세 번째 소설의 아이디어를 가지고

있었다. 그때 내 에이전트가 리더스 다이제스트 콘덴스드 북스

Reader's Digest Condensed Books에 아는 사람이 있으니 세 번

째 아이디어로 제2차 세계대전을 배경으로 한 스파이 소설을 출간하

자고 제안해왔다. 만약 내가 리더스 다이제스트의 마음에 쏙 들게 멋

진 기획안을 쓴다면, 선금으로 2만 달러를 주겠다고 했다. 그런데 문제

는 내가 그런 소설류를 싫어한다는 점이었다. 나치에 관한 이야기들이

워낙 많이 쏟아져나와 있었기 때문에 진부하게 느껴졌다. 그래서 난

결국 기존의 2차대전 소설들과는 다른 작품을 쓰기로 했다. 그 작품은

언제 어디서나 일어날 수 있는 이야기이며 공포와 사랑, 꿈과 희망을

가진 사람들의 이야기였다. 나치를 비롯하여 아름다운 레지스탕스와

미국의 이중 스파이들도 어디까지나 인간이었음을 보여주고 싶었다.

그 새로운 작품은 나를 흥분시켰다. 약 석 달 동안, 매일 새벽 3시에 일

어나 작업한 끝에 115페이지 분량의 트리트먼트treatment(본편의 시

나리오를 쓰기 전, 쓰고자 하는 시나리오의 줄거리를 A4용지 15~20페이지 정도의

길이로 요약한 것. 옮긴이)를 써서 예상보다 많은 선금을 받고 팔았다. 나는 이 작품으로 많은 돈을 벌어들임으로써 꿈을 이루었다. 소설은 출간되었고, 소설이 영화로 만들어진다면 내가 직접 시나리오를 쓰겠다고 나섰다.

마침내 영화제작 판권이 팔리자 나는 소설을 쓸 때와 같은 방식으로 시나리오 작업에 들어갔다. 새벽 3시에 일어나 아이들이 일어나는 6시까지 시나리오를 쓰고, 7시까지 아이들과 함께 시간을 보낸 다음, 8시부터 오후 6시까지 변호사로서 일하고, 퇴근 후에는 아내와 저녁을 먹고, 아이들과 함께 시간을 보냈다. 주말에도 내내 글을 썼으며 휴가 때도 미친 듯이 글을 썼다. 그리하여 변호사로 일했던 1년 반 동안 4편의 시나리오를 썼다.

어느 날, 폭스Fox영화사의 책임자로 있는 한 친구가 내게 "얼마만큼 대우를 해주면 자네가 변호사 일을 그만두고 글만 쓰겠는가?"라고 물어봤다. 나는 그 제안에 대해 심사숙고하며 이리저리 계산해본 끝에 내 작품 중 2편을 사줄 것을 요구했다. 그는 "좋아!"라고 대답했다. 그런 다음 나는 일이 그렇게 되었노라고 아내와 직장 동료에게 털어놓았다. 내 직장 동료는 "그거 참 잘됐군. 자넨 훌륭한 작가야. 결정 잘한 거라구. 혹시 만약 실패하거나 옛일이 그리워 다시 변호사가 되고 싶다면, 언제든지 돌아오게. 자네를 위한 자리는 항상 여기에 있네"라고 말했다. 그는 내가 하고 싶어하는 일을 할 수 있도록 아주 편안하게 말해주었다.

Steven DeSouza 스티븐 드수자 ● 〈스트리트 파이터Street Fighter〉(1994), 〈녹 오프Knock Off〉(1998), 〈저지 드레드Judge Dredd〉(1995), 〈베벌리 힐스 캅 3 Beverly Hills Cop III〉(1994), 〈고인돌 가족The Flintstones〉(1994), 〈닉Ricochet〉(1991), 〈허드슨 호크Hudson Hawk〉(1991), 〈다이 하드 2Die Hard

2〉(1990), 〈다이 하드*Die Hard*〉(1988), 〈러닝 맨*The Running Man*〉(1987), 〈48시간 *48 Hours*〉(1982)

내가 글을 쓰게 된 것은 일종의 게으름 때문이었다. 여덟 살 때 나는 월트 디즈니Walt Disney에서 일하는 만화가가 되는 게 꿈이었다. 그래서 만화업계에서 '하찮은 일'이라고 부르는 원작만화를 베끼는 일에 최선을 다하며 보냈던 시절도 있었고, 8mm 카메라로 만화영화를 만들기도 했다. 클레이메이션Claymation(애니메이션의 한 형태로 점토를 이용한 것. 옮긴이)도 만들었고 중학교 신문에 실리는 만화도 그렸다. 그즈음 어떤 사람이 내게 단편 이야기를 써달라고 부탁했는데, 난 글로 이야기를 표현하는 것이 인도산 잉크와 스케치북을 가지고 많은 시간을 들여 그림으로 전달하는 것보다 훨씬 더 효율적이라는 사실을 깨달았다. 그 이후 아예 글 쓰는 일로 직업을 바꿨다. 또한 시나리오작가나 극작가, 방송작가로 채용되기 위해서는 포트폴리오가 필요하다는 기본 지식들을 알게 해준 『라이터스 다이제스트 *Writers Digest*』도 읽기 시작했다. 그리하여 내게 익숙한 장르였던 공상과학물과 형사물, 두 편의 장편 시나리오를 썼다. 그때만 해도 '시나리오 작법'에 관한 잡지가 없었던 시절이라 나는 글 쓰는 일에만 몰두했다.

그러던 중 내 단편소설이 마침내 어떤 잡지에 실리게 되었다. 나는 그 작품을 출간하려고 노력하는 한편, 대학에 진학했다. 그전에는 주당 150달러를 벌던 내가 주당 300달러를 벌었던 좋은 시절이었다. 그러던 어느 날 교수님 한 분이 내게 학교를 당장 그만두고 할리우드로 떠나라고 권유했다. 나 역시도 그 충고를 따르고 싶었지만 내겐 할리우드에 아는 친구나 친척이 한 명도 없었기 때문에 좀 더 때를 기다렸다. 그 후 한동안 지역방위군에서 복무했고, 결혼도 했다. 그리고 필라델피아에 있는 TV 방송국에서 작가 겸 연출가로 일하면서 난생 처음 오락산업에 발을 들여놓게 되었다. 비록 얼마 후 그곳을 그만두었지만 여러 방송국에 심어놓은 인맥을 통해 토크 쇼, 지역 광고, 요리 프로그램, 일요일에 방송되는 복음 전도 프로그램 등을 제작하기도 했다. 그러다가 어느 순간 그런 일들을 더 이상 할 수 없는 상태에 도달했다. 그래서 할리우드로 떠나기로 결심했다. 내겐 그동안 일하면서 써둔 작품들이 몇 개 있었다. 그 당시 우리 부부에겐 아이가 있었기 때문에 나는 아내와 진지한 대화를 나누고는 싸구려 비행기 티켓을 사서 삼촌과 숙모가 있는 L.A.로 갔다.

숙모는 "내가 힘닿는 대로 도와줄게. 내 친구가 머브 그리핀Merv Griffin(미국 ABC TV 퀴즈 프로그램 〈제퍼디Jeopardy〉의 원안자. 옮긴이)의 비서인데, 그 친구에게 다리를 놔주마"라고 했다. 그렇게 해서 머브 그리핀을 만났다. 그녀는 "어쩌나, 우리는 〈휠 오브 포천 Wheel of Fortune〉(3명의 출연자가 단어나 구절을 한 글자씩 맞히는 방식으로 진행되는 미국의 인기 쇼프로그램. 옮긴이)이나 〈제퍼디〉 같은 프로그램만 만들기 때문에 퀴즈 프로그램 작가들만 채용하거든요. 그래도 만약 빈자리가 생기면 당신에게 전화할게요"라고 말했다. 그녀는 또 반드시 에이전트가 있어야 한다고 내게 조언하면서, 아는 사람 중에 에이전트가 되기 위해 변호사를 그만둔 사람이 있다며 소개해주었다. 나는 그 에이전트와 통화한 다음 내 작품들을 보냈고, 그는 내 작품들이 마음에 든다며 내게 방송국에서 일해볼 의사가 있는지 물었다. 나는 "좋아요, 일하고 싶어요"라고 말했다. 그래서 그는 다급하게 작가를 구하고 있었던 유니버설 스튜디오의 생물공학 관련 프로그램의 프로듀서에게 내 작품들을 보냈다. 그는 내 작품들을 읽자마자 나를 채용했다. 그리하여 L.A.에 도착한 지 6일 만에 유니버설 스튜디오와 계약을 하게 되었다. 이런 내 이야기는 『버라이어티 Variety』(할리우드 뉴스를 다루는 잡지. 옮긴이)에 절대 일어날 수 없는 이야기들, 즉 아주 빠른 성공담으로 실리기도 했다. 그러나 13주 후 그 프로그램이 취소되면서 나는 직장을 잃게 되었다.

하지만 유니버설 스튜디오가 메이저 방송 3사의 프로그램 대부분을 만드는 방송프로그램 제조 공장과 같았기 때문에 나는 이 팀 저 팀으로 팔려다니는 농구선수처럼 여러 프로그램에서 일했다. 옆 사무실에서 일하는 사람이 나를 형사물이나 법정 프로그램의 간단한 일에 채용하기도 했다. 모든 장르의 프로그램에서 일했던 경험과 일주일 안에 그 프로그램들을 만들어야만 했던 특정한 훈련들이 내게는 많은 도움이 되었다. 할리우드에서 첫 통과의례를 힘들게 겪은 다음, 나는 많은 일자리를 제안받았다. 그 당시 나란 존재가 이 업계에서는 새로운 인물이었고, 기존 방송 프로그램에 새로운 피를 공급해줄 수 있었기 때문이다. 파라마운트는 내게 유니버설 스튜디오에서 만들었던 프로그램들과 유사한 프로그램의 대본을 써달라고 요구했고, 나는 그것과 유사한 대본을 써서 파라마운트에 팔았다. 하지만 어떻게 보면 나는 고작 그런 일이나 부탁받을 정도로 몹시 운이 없었다. 그런 유사 프로그램들 중의 하나가 패트릭 스웨이지Patrick Swayze의 첫 주연작이면서 래리 고든Larry Gordon이 제작한 〈레니게이드 *The Renegades*〉였다. 어느 날 고든의 초대를 받고 갔더니 그의 부하 직원이었던 조엘 실버Joel Silver와 마이클 아이즈너Michael Eisner, 제프리 카첸버그Jeffrey Katzenberg가 있었다. 그 당시에는 스튜디오 내에 텔레비전 담당 부서와 영화 담당 부서가 분리되어 있지 않았다. 그들은 내가 쓴 작품들을 날카롭게 비평했다. 나는 코믹한 액션 어드벤처 시나리오를 쓰는 데는 일가견이 있었으므로 그들은 6년 동안 기획해왔던 영화 한 편을 내게 제안하며 이렇게 말했다. "우리는 무언가를 파괴하지 않으면서 이 영화를 코믹하게 만들고 싶소. 그 일에 적합한 사람이 바로 당신이라고 생각하오."

그렇게 해서 만들어진 영화가 바로 〈48시간〉이다.

결국 문제는 기회를 줄 수 있는 사람들에게 당신의 존재를 끊임없이 인식시키고, 당신이 무엇을 할 수 있는지를 보여주어야 한다는 것이다. 이를 위해서는 묵묵히 일하면서 때를 기다리는 것이 중요하다. 그것은 의도적으로 되는 것이 아니다. 즉, 내 경우에는 〈볼링 포 달러 *Bowling for Dollars*〉의 일이 〈바이오닉 우먼 *Bionic Woman*〉의 일로 연결되었고, 그런 과정을 통해 빠르게 도약하여 에디 머피 Eddie Murphy 와 함께 일하게 되었다. 다만 나도 모르는 사이에 그런 일들이 일어났을 뿐이다.

Gerald DiPego 제럴드 디페고 ● 〈포가튼 *The Forgotten*〉

(2004), 〈엔젤 아이스 *Angel Eyes*〉(2001), 〈인스팅트 *Instinct*〉(1999), 〈병 속에 담긴 편지 *Message in a Bottle*〉(1999), 〈페노메논 *Phenomenon*〉(1996), 〈샤키 머신 *Sharky's Machine*〉(1981)

나는 항상 글 쓰는 일과 유사한 일을 하고 있었다. 나는 산문 작가였고 대학 시절 학생기자였다. 대학원에서는 영화 강의를 수강했다. 결국 그 영화 강의가 나를 학교에서 강의도 하면서 현장에서 일하는 시나리오 작가로 생계를 유지할 수 있게 만들었다. 대부분의 사람들이 시나리오 작가라는 직업에 대해 잘 몰랐지만, 그 당시에는 전망이 좋은 직업이었다. 2년 동안 프리랜서로 일한 후 시카고에서 현장 일을 하면서 장편 시나리오를 썼다.

나 또한 다른 사람들이 흔히 생각하듯, 내게 기회가 올 때까지 현장에서 시나리오 쓰는 일로 생계를 유지할 수 있다고 생각하면서 작품들을 할리우드로 보냈다. 그 당시 내가 원했던 것은 작품을 파는 것이 아니라 그 작품들을 포트폴리오로 이용하는 것이었고 결국 그렇게 되었다. 내 작품이 적절한 시점에 알맞게 책상 위에 놓여 있도록 많은 사람들에게 작품을 보냈다.

Leslie Dixon 레슬리 딕슨 ● 〈프리키 프라이데이*Freaky Friday*〉

(2003), 〈아름다운 세상을 위하여*Pay It Forward*〉(2000), 〈토머스 크라운 어페어*The Thomas Crown Affair*〉(1999), 〈더블 로맨스*That Old Feeling*〉(1997), 〈마이키 이야기 3*Look Who's Talking Now*〉(1993), 〈미세스 다웃파이어*Mrs. Doubtfire*〉(1993), 〈랜디의 사생활*Loverboy*〉(1989), 〈환상의 커플*Overboard*〉(1987), 〈포천*Outrageous Fortune*〉(1987)

나는 정규 교육을 받지 못한 것을 포함하여 여러 가지 이유로 별 볼일 없는 일들을 하며 지냈다. 한동안은 컨트리 음악밴드에서 연주를 했고, 항상 음악 친구들이나 다른 친구들과 어울렸으며, 열여덟 살 이후로 경제적으로나 여러 가지 면에서 완전히 독립했다. 그러던 어느 날, 나는 신의 계시를 받았다. 당시 스물세 살이었던 나는 "만약 10년 뒤에도 여전히 이 사람들과 함께 이런 삶을 살고 있다면 자살할 거야"라고 다짐했다. 그래서 이것저것 따져본 끝에 시나리오작가가 되기 위해 L.A.로 가기로 결심했다. 모아둔 돈도 없었던 상태여서 생계를 위해 힘든 일들을 해야 했다. 의료보험도 없었고, 자동차보험도 없이 차를 운전했다. 하긴 내 차는 거의 항상 고장이 나 있었기 때문에 차를 사용할 수도 없었다. 시나리오 작법 강의 수업료를 낼 능력도 없었다. 내가 고작 할 수 있는 일이라곤 AFI(American Film Institute: 미국영화협회. 옮긴이) 도서관 출입증을 얻는 것이었다. 도서관에서 좋은 시나리오들을 읽을 수 있었으므로 그 출입증은 매우 유용했다. 아마 영화사 Z-그레이드 프로덕션에서 일하면서 읽었던 작품들에서보다 그 도서관에서 더 많은 것을 배웠던 것 같다. 영화사로 보내온 작품들은 긴장감이리곤 눈곱만큼도 느껴지지 않을 정도로 매우 형편없는 수준이었다. 내가 써도 그보다는 낫겠다는 생각이 들 정도였다. L.A.로 이사온 지 거의 1년이 다 되어갈 즈음, 나는 상업적으로 충분히 가치가 있는 아이디어를 발견했다. 그래서 친구와 함께 그 아이디어를 가지고 시나리오를 썼다. 우리는 둘 다 돈도 없고 불행했으며 절망적인 상황에 처해 있었다. 그는 매우 재미있는 친구였고 나 역시 재미있는 편에 속했다. 둘이 힘을 합치면 아주 재미있는 작품을 쓸 수 있을 것이라 생각했고, 그리하여 그 시나리오를 파는 데 성공했다. 그 당시에는 예산을 수백만 달러씩 써가며 영화를 제작하지는 않았기 때문에 거액을 받진 못했다. 하지만 우리는 영화계에서 조금씩 두각을 나타내기 시작했다. 할리우드에서는 흔한 일이듯이, 우리는 서로에 대해 참을 수가 없게 되어 더 이상 함께 작업하지 않기로 했다. 나는 내 방식대로 일을 했다. 그 후, 나는 시나리오 한 편을 더 계약한 뒤에 〈포천〉의 시나리오를 쓰게 되었다.

Akiva Goldsman 아키바 골즈먼 ● 〈게이샤의 추억*Memoirs of a Geisha*〉(2005), 〈아이, 로봇*I, Robot*〉(2004), 〈섬 오브 올 피어스*The Sum of All Fears*〉(2002), 〈뷰티풀 마인드*A Beautiful Mind*〉(2001), 〈로스트 인 스페이스*Lost in Space*〉(1998), 〈배트맨과 로빈*Batman & Robin*〉(1997), 〈타임 투 킬*A Time to Kill*〉(1996), 〈배트맨 포에버*Batman Forever*〉(1995), 〈사일런트 폴*Silent Fall*〉(1994), 〈의뢰인*The Client*〉(1994)

나는 시나리오를 쓰기 전에 장편소설과 단편소설을 썼지만 대부분 팔지 못했다. 중학교 1학년 때부터 글을 쓰면서 나는 언제나 작가를 꿈꿔왔다. 내가 왜 그런 생각에 매혹되었는지 잘 모르겠다. 아마도 부모님들이 서로 소리 지르며 부부싸움을 했기 때문인 것 같다. 두 분이 싸울 때마다 나는 방에 들어가서 글을 썼고, 그러면 부모님이 싸우는 소리가 사라지는 것처럼 느껴졌다. 특별히 뛰어나진 않았지만, 나는 아주 열심히 글을 썼다. 대학에 진학해서 문예창작 석사학위를 받았고, 정서적으로 심한 장애가 있는 아이들을 돌보는 일을 하며 저녁에는 글을 썼다.

NYU(뉴욕대학)에 다닐 때는 훌륭한 작법 교수였던 고든 리시Gordon Lish의 개인 작법 강의를 받을 수 있었다. 그는 세상에는 시끄러운 소리들이 너무나 많아서 자신만의 명확한 말투를 갖고 있지 않으면 아무도 자신의 말에 귀를 기울이지 않을 거라며, 매우 믿을 만한 말투를 가져야 한다는 사실을 강조했다. 강의는 화장실에 갈 휴식시간도 없이 6시간 동안 계속되었다. 그는 만약 6시간 동안 소변을 참을 의지가 없다면, 그 사람은 글을 쓸 의지가 없는 것이라고 말했다. 그 말은 이론적으로는 대단하게 들리지만, 괴롭기 짝이 없는 일이었다. 학생들이 자신이 쓴 글을 발표하다가 리시 교수의 지적 때문에 한두 문장 이상도 읽지 못하고 중단되는 일이 종종 발생했다. 그는 "왜 이 문장이 나쁜지 설명하지"라고 얘기하고는 그 이유를 매우 간단 명료하게 설명했다. 그의 말을 듣는 것은 매우 고통스러웠지만 그 과정 자체는 매우 도움이 되었다. 그다음 주에도 똑같은 이야기를 쓸 수는 없기 때문에 가식적인 문장들을 잘라내어 더욱 깊이 탐구하고 자신만의 목소리를 찾도록 강요했다. 나 역시 매주 새로운 이야기를 써야만 했다. 마침내 한 번도 중단하지 않고 큰 소리로 작품을 끝까지 읽었을 때 난 깊은 만족감을 느꼈다. 그래서 그 작품을 여러 곳에 보냈는데, 정중한 거절의 답장들이 돌아왔다. 스물여덟인가 스물아홉 살 때, 나는 소설가로서 성공하지 못할 것이라는 사실을 깨달았다. "오, 신이시여, 그래도 어딘가에는 소설가로서 성공하는 방법이 있겠죠"라고 신에게 묻기도 했다. 영화를 좋아했던 나는 로버트 매키Robert McKee의 구조론 강의를 수강했고, 지금도 그 강의를 사람들에게 강력히 추천한다. 그런 다음 한 편의 시나리오를 써서 영화사에 팔았다. 아마도 내 경우는 시나리오작가로서 그리 모범적인 예는 아닌 것 같다.

Amy Holden Jones 에이미 홀든 존스 ● 〈렐릭*The Relic*〉

(1997), 〈진실과 탐욕*The Rich Man's Wife*〉(1996), 〈겟어웨이*The Getaway*〉(1994), 〈은밀한 유혹*Indecent Proposal*〉(1993), 〈베토벤*Beethoven*〉(1992), 〈미스틱 피자*Mystic Pizza*〉(1988), 〈말괄량이 철들이기*Maid to Order*〉(1987), 〈러브 레터*Love Letters*〉(1983)

원래 다큐멘터리 감독이 되고 싶었다. 하지만 많은 돈이 필요하다는 것을 알게 되었고, 내겐 그럴 만한 돈이 없었다. 로저 코먼Roger Corman이 내게 첫 연출 기회를 주기 전까지는 편집 일을 했다. 첫 작품을 연출할 때 시나리오를 다시 손봐야 했는데, 그 후에도 계속 연출하는 작품들을 다시 고쳐 써야만 했다. 그러다 보니 지금은 연출하는 일보다 글 쓰는 일을 더 좋아하게 되었다.

Nicholas Kazan 니콜러스 카잔 ● 〈이너프*Enough*〉(2002), 〈바이센테니얼 맨*Bicentennial Man*〉(1999), 〈다크 엔젤*Fallen*〉(1998), 〈마틸다*Matilda*〉(1996), 〈드림 러버*Dream Lover*〉(1994), 〈행운의 반전*Reversal of Fortune*〉(1990), 〈패티 허스트*Patty Hearst*〉(1988), 〈폐쇄 구역*At Close Range*〉(1986), 〈여배우 프랜시스*Frances*〉(1982)

대학 시절부터 희곡을 쓰기 시작해서 약 7년 동안 주로 희곡을 썼다. 그중 마지막 2년 동안은 많은 시나리오를 썼다. 항상 영화에 관심이 많았기 때문이다. 그 뒤 약 5년 동안 전업 작가로서 약간의 성공을 거두었다. 그러던 어느 날 완전히 다른 방법으로 한 편의 시나리오를 썼다. 내 머릿속엔 그 시나리오의 거의 모든 이미지가 이미 있었기 때문에 드라마적인 효과를 위해 대사보다는 이미지를 더 많이 사용했다. 결국 그 작품은 희곡에서 시나리오 쓰는 일로의 대전환점이 되었다.

Jim Kouf 짐 커프 ● 〈택시: 더 맥시멈*Taxi*〉(2004), 〈내셔널 트레저*National Treasure*〉(2004), 〈러시 아워*Rush Hour*〉(1998), 〈갱 릴레이션*Gang*

Related〉(1997), 〈덤보 낙하 작전*Operation Dumbo Drop*〉(1995), 〈잠복근무 2 *Another Stakeout*〉(1993), 〈범죄의 조건*Disorganized Crime*〉(1989), 〈잠복근무 *Stakeout*〉(1987), 〈미러클*Miracles*〉(1986), 〈아메리칸 드리머*American Drea-mer*〉(1984), 〈업 더 크리크*Up the Creek*〉(1984), 〈퍼스트 러브*Class*〉(1983)

오래 전 〈와일드 번치*The Wild Bunch*〉의 시사회에 간 적이 있었는데, 영화가 끝나고 큰 충격을 받은 채 밖으로 걸어나왔다. 그때부터 영화를 만들고 싶었다. 영화를 만들 때 가장 먼저 할 일은 시나리오 쓸 사람을 구하는 것이었다. 재미로 시나리오를 쓰기 시작해서 친구들과 함께 8mm와 16mm 카메라를 가지고 영화를 만들었다. 영화 제작비를 마련하기 위한 자구책으로 친구들에게 돈을 받고 영화에 출연시켰다. 지금도 그런 식으로 영화를 만들 수 있다면 정말 좋겠다. 영어와 역사를 전공했던 나는 대학을 졸업한 후, 시나리오를 쓰겠다는 일념으로 L.A.에 왔다. 대학을 졸업할 때까지 어른이 되려고 애썼고, 한 명의 여자도 임신시키지 않으려고 조심했다. L.A.에 와서는 다른 사람들처럼 일을 해야만 했다. 그럼 외판원 일도 했고, 트럭을 운전하거나 보험 조사원으로 일하기도 했다. 그렇게 3년을 고생하고 난 뒤에야 비로소 글 쓰는 일로 생계를 유지할 수 있었다.

Scott Rosenberg 스콧 로젠버그 ● 〈캥거루 잭*Kangaroo Jack*〉(2003), 〈임포스터*Imposter*〉(2002), 〈식스티 세컨즈*Gone in 60 Seconds*〉(2000), 〈사랑도 리콜이 되나요*High Fidelity*〉(2000), 〈크레들 베이*Disturbing Behavior*〉(1998), 〈콘 에어*Con Air*〉(1997), 〈뷰티풀 걸*Beautiful Girls*〉(1996), 〈덴버 *Things to Do in Denver When You're Dead*〉(1995)

나는 보스턴에서 자랐으며 어린 시절부터 글쓰기를 좋아했다. 초등학교 시절 선생님이 교실을 나가면 내가 쓴 시를 아이들에게 읽어주었다. 고등학교에 진학해서도 계속 글을 썼다. 내가 가장 좋아했던 과목은 언제나 작문이었다. 정말이지 과학이나 수학에는 소질이 없었다. 그리하여 보스턴대학에서 문예창작 전공으로 석사학위를 받았다. 졸업할 때가 되었지만 인생의 진로를 정하지 못한 채 여자친구를 따라 캘리포니아로 갔다. 그곳에서 나는 L.A.에서의 작가란 곧 시나리오작가를 의미한다는 사실을 알게 되었다. 당시 내가 만나본 사람들 모두 시나리오 한 편씩은 쓰고 있었고, 나 역시 영화를 좋아했던 터라 자연스럽게 시나리오를 쓰게 되었다. 많은 사람들이 내게 〈차이나타운 *Chinatown*〉과 〈리셀 웨폰 *Lethal Weapon*〉의 시나리오를 읽어보라고 권유했다. 옛날 영화들의 시나리오를 끊임없이 읽고 늘 글을 썼다. 트럭 운전이나 방문판매 그리고 하루 18시간을 근무해야 했던 딕 클라크Dick Clark의 제작조수 일처럼 별 볼일 없는 일들을 했던 그 힘든 시절에도 한 해 4, 5편의 시나리오를 썼다. 그 후 영화학교에 가기로 결심하고 USC(University of Southern California)에 진학했는데, 그곳에는 작법 강의가 없었다. 몇 편의 영화를 만들었지만 결국 아무런 흥미를 느끼지 못하고 매우 집중적인 작법 강의가 개설되어 있는 UCLA로 편입했다. 그때 새로 사귄 여자친구가 뉴욕으로 이사를 하게 되어 나도 한 학기 동안 NYU에서 강의를 들었다. 뉴욕에 가기 전 UCLA에서 새뮤얼 골드윈 어워드Samuel Goldwyn Award에 3위로 입상했다. 그리하여 내게 첫 에이전트가 생기게 되었다.

E r i c   R o t h 에릭 로스 ● 〈알리 *Ali*〉(2001), 〈인사이더 *The Insider*〉(1999), 〈호스 위스퍼러 *The Horse Whisperer*〉(1998), 〈포스트맨 *The Postman*〉(1997), 〈포레스트 검프 *Forrest Gump*〉(1994), 〈미스터 존스 *Mr. Jones*〉(1993), 〈아버지의 초상 *Memories of Me*〉(1988), 〈의혹의 밤 *Suspect*〉(1987)

뉴욕에서 자란 나는 컬럼비아대학에서 영화 공부를 했고, UCLA 대학원에서 몇 편의 영화를 만들었다. 영화감독이 되고 싶은 마음이 있긴 했지만, 선뜻 내키지는 않았다. 항상 영화를 좋아하긴 했지만 어떤 특정한 요인이 나를 시나리오작가가 되고 싶어하게 했는지는 확실하지 않다. 물론 나는 영화에 대해 많이 아는 영화광이었다. 또한 나의 아버지는 영화 홍보 담당이자 제작자였고, 어머니는 스토리 에디터여서 영화 환경 속에서 성장했다. 나는 계속 글만 써서 UCLA에서 새뮤얼 골드윈 어워드를 받았다. 그렇게 해서 시나리오작가가 되었다. 즉 시나리오 한 편을 썼는데 그 시나리오가 상을 타면서 영화로 제작되어 내가 다른 시나리오를 쓸 수 있게 해주었다. 그리하여 지금까지 시나리오 쓰는 일을 하고 있다.

Michael Schiffer 마이콜 시퍼 ● 〈포 페더스*The Four Feathers*〉(2002), 〈피스메이커*The Peacemaker*〉(1997), 〈크림슨 타이드*Crimson Tide*〉(1995), 〈고독한 스승*Lean on Me*〉(1989), 〈범죄와의 전쟁*Colors*〉(1988).

스물다섯 살 때부터 글을 쓰기 시작했다. 글을 쓸 수 있을 만큼 충분한 경험을 쌓기 위해 차를 얻어 타고 다니면서 7개월 동안 아시아를 무전 여행했다. 그렇게 2년간의 여행을 마치고 집으로 돌아온 뒤에는 마침내 글 쓰는 데만 매달리게 되었다. 나는 작가가 되고 싶어서 소설을 쓰기 시작했다. 또한 희곡을 쓰기도 했다. 하지만 아무런 성과가 없었다. 나는 출판계 밖에서 더 나은 대우를 받을 수 있다는 사실을 알게 되었다. 왜냐하면 풋내기 작가인 나를 출판계 밖에서 더 진심으로 대해주었으며, 더 많은 창작적인 지원을 해주었기 때문이다. 나는 온 힘을 다해 글을 썼다. 하지만 소설가로서 한계를 느끼면서 서른다섯 살의 나이에 시나리오작가가 되기 위해 할리우드에 오게 되었고, 그것은 결코 우연이 아니었다. 대학에서 연극 연출을 해본 경험으로 나 자신에 관한 글을 쓰고 싶었다. 나 자신에게 5년이라는 시간을 주고 정말 열심히 글을 썼다. 그리하여 처음으로 〈범죄와의 전쟁〉의 시나리오 쓰는 일에 고용되기 전까지 14편의 장편시나리오를 썼다.

Tom Schulman 톰 슐먼 ● 〈홀리 맨Holy Man〉(1998), 〈가방 속의 여덟 머리8 Heads in a Duffel Bag〉(1997), 〈에덴의 마지막 날Medicine Man〉(1992), 〈밥에게 무슨 일이 생겼나?What about Bob?〉(1991), 〈죽은 시인의 사회Dead Poets Society〉(1989), 〈애들이 줄었어요Honey, I Shrunk the Kids〉(1989), 〈초능력 형사 바비Second Sight〉(1989)

글을 쓰기 전 나는 영화제작사에서 일하고 있었다. 상업광고와 기업광고를 만드는 회사였는데, 내가 처음 맡았던 업무는 조명기구를 나르는 일을 비롯해 온갖 잡다한 일을 하는 것이었다. 그런 일들을 하면서 속으로는 몹시 끙끙댔던 것 같다. 그 뒤 L.A.로 와서 영화감독이 되겠다는 열망에 USC 영화과에 진학했다.

Ed Solomon 에드 솔러먼 ● 〈위험한 사돈The In-Laws〉(2003), 〈레버티Levity〉(2003), 〈미녀 삼총사Charlie's Angels〉(2000), 〈맨 인 블랙Men in Black〉(1997), 〈슈퍼 마리오Super Mario Bros.〉(1993), 〈여자의 선택Leaving Normal〉(1992), 〈엑설런트 어드벤처 2Bill and Ted's Bogus Journey〉(1991), 〈엑설런트 어드벤처Bill and Ted's Excellent Adventure〉(1989)

내가 시나리오를 쓰게 된 이유는 그 일이 내가 가야 할 길처럼 느껴졌기 때문이다. 스물한 살이었던 대학 4학년 때 〈레이번과 셜리Laverne and Shirley〉를 썼고, 그 뒤 〈게리 샌들링 쇼It's Garry Shand-ling's Show〉의 각본을 썼으며, 스물세 살 때 〈엑설런트 어드벤처〉를 썼다. 하지만 그 작품들을 심사숙고하며 쓰지는 않았다. 돌이켜 생각해보면 나는 소설이 될 만한 아이디어를 찾기보다는 열심히 그 작품을 써서 팔 수 있기를 바랐다. 난 시나리오작가보다는 소설가로서 인정받고 싶었다. 왜냐하면 어차피 글 쓰는 과정은 똑같기 때문이다. 작가는 홀로 방 안에 앉아 최대한 재미있고 독창적이면서 진실한 작품을 만들어내려고 노력한다. 하지만 시나리오 작업은 그렇지 못하다. 작품은 많이 잘려나가고 바뀌게 되어 창작에 대한 만족감은 아주 작아진다.

Robin Swicord 로빈 스위코드 ● 〈프랙티컬 매직*Practical Magic*〉(1998), 〈마틸다*Matilda*〉(1996), 〈페레스 패밀리*The Perez Family*〉(1995), 〈작은 아씨들*Little Women*〉(1994), 〈레드 코트*The Red Coat*〉(1993), 〈섀그*Shag the Movie*〉(1989)

처음으로 글을 읽기 시작했을 때부터 항상 작가가 되고 싶었다. 하지만 영화가 글로 쓰여진다는 사실 자체를 완전하게 이해하지 못했기 때문에 시나리오 쓰는 일에 대해서는 한 번도 생각하지 못했다. 나는 우선 희곡을 쓰기 시작했다. 하지만 스물한 살 때 영화 만드는 일을 하고 싶어졌다. 대학에서 사진작가로 일했던 경험이 있어서 연극무대에는 적용할 수 없었던 구도와 이미지에 대해 어느 정도 알고 있었다. 그러던 중 어떤 여자가 뉴욕에서 내 연극을 보고 전화를 걸어왔다. 그녀는 내게 시나리오 쓰는 일에 관심이 있는지 물었고, 나는 내 시나리오의 일부를 그녀에게 보냈다. 그녀는 그 작품을 읽고 마음에 들어했으며 작품을 완성하면 팔아주겠노라고 했다. 그리하여 그녀가 그 작품을 팔아주었고, 그 뒤 사람들은 나를 극작가가 아닌 시나리오작가로 대해주었다.

● ● ●

앞의 14명의 시나리오작가들은 여러분의 선배로서 오늘날 영화계에서

시나리오작가로서 성공하는 데 필요한 특성과 글재주, 습관 등에 대해
아낌없이 조언해주는 데 동의했다. 이제, 그들의 생각을 공부해보자.

01 Passion

열정, 시나리오를 쓰고 싶은 충동

고양이는 무엇인가를 할퀴어야 하고,

개는 무엇인가를 물어뜯어야 한다.

나는 글을 써야만 한다.

───── 제임스 엘로이James Ellroy

제1장　　　시나리오작가의 초상

성공한 시나리오작가들의 습관을 탐구해보기 전에 우리는 그들이 어떤 사람들인지를 알아야 한다. 여러분은 프로 시나리오작가가 되기 위해 무엇이 필요한지 알고 있는가? 모든 작가들은 각자 다 독특하므로 여러분은 글을 쓰는 데 있어 그들의 공통된 특징들이 지식이나 교육, 환경, 성별, 나이, 인종 등과 아무런 관련이 없다는 사실을 알게 될 것이다. 또한 창의적면서 재능이 있고 천부적으로 타고난 이야기꾼이 되는 것에 대해 얘기한다는 것 자체가 다소 당혹스러운 문제이므로, 가장 '명확한' 특징에 대해 말하는 작가가 거의 없다는 사실도 알게 될 것이다. 그렇다면 무엇이 성공한 시나리오작가를 다른 사람들과 다르게 만드는가?

상상력은 아직 텔레비전에서 보지 못한 것을 생각할 수 있게 만든다.

─── 헨리 비어드Henry Beard

대부분의 사람들은 시나리오를 쓸 때 창의성이 필수 요소임을 알기 때문에 이 특징을 포함시키는 것 자체가 불필요하다고 생각할 수도 있다. 하지만 나는 이 특징을 포함시켰다. 의외로 많은 초보작가들이 독창성의 중요성을 모르기 때문이다. 나는 수백 편의 시나리오 읽기와 수천 번의 피칭pitching(시나리오작가가 영화제작자를 만나 자신의 시나리오에 대해 설명하여 궁극적으로 그 시나리오를 팔아 영화로 제작하는 데 목적을 둔 만남. 일종의 시나리오 판매 설명회. 옮긴이) 경험을 통해 어떻게 해서 대부분의 시나리오들이 유사한 등장인물, 재미없는 아이디어, 진부한 이야기 구조를 가진 다른 영화들에서 파생되었는지를 알게 되었다. 초보작가들은 독창적인 아이디어를 찾기 위해 열심히 노력하기보다는 가장 쉽게 머릿속에 떠오르는 아이디어를 개발하는 경향이 있다.

우리의 조언자들은 상상력이 매우 풍부해서 서로 관련이 없어 보이는 사건들을 창의적으로 연결시킬 수 있다. 그들은 상황, 등장인물, 몇 마디의 대사를 상상하면서 '만약에' 라는 상황 설정에 대한 답을 바로 얻을 수 있다. 다음에 인용한 『대지』의 작가 펄 벅Pearl Buck의 말은 매우 설득력 있게 들린다.

"어떤 분야에서든 진정한 창의성은 다음의 사실 이상은 아니다. 인간은 비정상적으로 잔인하다 싶을 정도로 예민하게 태어났다. 인간에게 감촉은 충격이고, 소리는 잡음이고, 불행은 비극이고, 즐거움은 쾌락이고, 친구는 연인이고, 연인은 신이고, 실패는 곧 죽음이다. 이 잔인할 정도로 섬세한 유기체는 창작하고, 창작하고, 또 창작하도록 만들어졌다. 즉 인간은 음악이나 시, 책, 건축 등 의미 있는 무언가를 창작하지 않고서는 숨을 쉴 수 없다. 인간은 반드시 무엇인가를 창작해야 하고 끊임없이 창작물을 쏟아낼 뿐이다. 알 수 없는 인간 내면의 욕구에 의해 무엇인가를 창작하지 않는다면 그 사람은 살아 있는 게 아니다."

그 누구도 여러분에게 이 신비한 창작의 에너지가 무엇인지 설명해줄 수는 없다. 창작의 에너지는 하나의 수학공식이 아니다. 여러분은 창작 에너지를 조절할 수는 없지만, 여러분 앞에 더 자주 모습을 드러내도록 창작 에너지와 여러분의 관계를 발전시킬 수는 있다.

톰 슐먼　시나리오작가는 독창적인 글을 쓰겠다는 결심과 진부한 것을 받아들이지 않겠다는 의지가 필요하다. 내가 아는 대부분의 작가들은 글을 고치는 것을 주저하지 않거나 최소한 비슷한 이야기가 전에 쓰여진 적이 있는 사실을 알게 되면 바로 특별한 것을 덧붙인다.

우리는 한 가지 사실에만 관심을 가진다:

"바트, 자네 이야기 하나 해줄 수 있나?

우리를 웃게 만들거나 울게 만들 수 있나? 아니면 우리가 즐거운

노래를 부르는 도중에 갑자기 다른 일을 하고 싶게 만들 수 있겠나?"

———— 〈바톤 핑크*Barton Fink*〉, 코엔Cohen 형제 제작·연출

일반적으로 시나리오나 소설을 쓰고 싶어하는 열망은 선천적으로 어느 정도 가지고 태어난 것이든 혹은 경험이나 독서, 영화 관람 등을 통해 후천적으로 형성된 것이든 간에 하나의 이야기를 말하는 능력뿐만 아니라 모든 이야기들에 대한 깊은 애정을 의미한다. 그러나 이 점은 오늘날의 작가 지망생들에게서는 찾아볼 수 없는 중요한 특징이다. 현장에서 활동 중인 시나리오작가들은 좋고 나쁜 모든 이야기에 과도하게 중독되어 있다. 그들은 관객들의 관심을 끌어야 한다는 중압감을 갖고 있으며, 그들의 작품들이 그러한 사실을 잘 보여주고 있다.

로빈 스위코드 작가들은 모든 것을 종합하여 시작, 중간, 결말이

있는 이야기 구조로 구성하려는 경향이 있다. 그들은 A라는 사건 때문에 B라는 사건이 발생했다는 원인과 결과를 알고 있다. 이는 드라마를 만드는 사람이 갖고 있는 특징 중 하나이다. 이야기를 자연스럽게 변형시키는 능력이 없는 사람들은 글을 쓰는 데 어려움을 겪게 된다. "난 늘 작가가 되고 싶었다"라고 말하기보다는 신처럼 있을 수 있는 현실 상황을 만드는 것이 얼마나 어려운지를 알기 위해 실제로 노력하는 사람이 작가로서 더 겸손한 자세를 지닌 사람이다.

글 쓰는 일은 고독하지만, 유일하게 가치 있는 삶이다.

──── 귀스타브 플로베르Gustave Flaubert

누군가가 "글쓰기는 고독의 깊이를 알지 못하면서 고독한 감금생활을 스스로 자원하는 것과 같다"고 말했듯이 글 쓰는 일은 고독한 직업이다. 작가들은 많은 시간을 홀로 보내야만 한다. 그들은 대부분 선천적으로 내성적이기 때문에 사회적인 교류보다는 책이나 글 쓰는 일에서 더 큰 심리적 안정감을 느낀다. 이 말은 여러분이 외로움에 익숙하지 않다고 해서 글을 쓸 수 없다는 뜻이 아니다. 우리의 조언자들과 대화를 나누면서 가장 놀랐던 사실 중 하나는 대부분이 글을 쓰기 위해 자신에게 고독을 억지로 강요하는, 실제로는 외향적인 성격의 소유자들이라는 점이다.

론 배스 나는 홀로 글 쓰는 것을 정말 좋아한다. 팀원들과 시나리오 회의를 하면서, 우리는 작품에 대해 논의하고 비평한다. 하지만 글을 쓸 때 다른 사람이 있는 것을 좋아하지 않는다. 왜냐하면 나는 혼자서 큰 소리로 말하며 주위를 돌아다니는 습관이 있기 때문이다. 글을 쓸 때 내 몸은 활력이 넘친다. 보통은 책상에 앉아 글을 쓰지만, 주위를 걸어다니며 몸을 앞뒤로 움직이고 팔을 움직이면서 선 채로 글을 쓰기 위해 어디든 항상 갖고 다니는 또 하나의 책상이 있다. 글 쓰는 일은 육체적인 과정이지 지적인 과정은 아니다. 나는 썼던 글을 지우기도 하고, 감정에 따라 더 많은 분량을 쓰거나 더 어두운 내용의 글을 쓰기도 한다. 만약 공원에서 글을 쓴다면, 주위를 걸어다닐 것이다. 사람들이 날 아주 이상하게 쳐다볼 게 뻔해서 비교적 혼자이면서 다른 사람의 목소리가 잘 들리지 않는 장소를 찾으려고 애쓴다.

레슬리 딕슨 글을 잘 쓰기 위해서는 완전한 고립 속에서 많은 시간을 보내야 한다. 반드시 그렇게 해야만 한다. 내게 지시하는 사람 없이 스스로 모든 시간을 조절했던 초창기 몇 년 동안 나는 혼자 있는 시간을 좋아했다. 하지만 지금도 난 더 나은 작품을 쓰기 위해 혼자서 많은 시간을 보내는 것과 은둔자가 되지 않는 것 사이에서 조화롭게 사는 법을 잘 모른다.

에이미 홀든 존스 편집을 즐거워했던 나는 원하는 작품이 나올 때까지 반복해서 글을 다듬고, 또 다시 다듬는 고독한 작업인 글 쓰는 일을 즐기려고 노력했다. 좀 더 많은 사회적 교류가 필요한 방송국에서 일하지 않는 이상 당신은 시나리오작가로서 오랜 시간 동안 외로움에 익숙해질 필요가 있다.

톰 슐먼 작품의 아이디어를 찾기 위해서는 고독해질 필요가 있다. 그리고 등장인물들이 실제 존재하는 것처럼 느끼기 위해서는 등장인물들의 세계 속으로 들어가 오랫동안 그 작품세계에서 살 수 있어야 한다. 그러므로 많은 작가의 배우자들이 "우리 부부는 전혀 딴 세상을 살고 있어요"라고 불평하는 것도 어느 정도 이해가 간다.

로빈 스위코드 동료 작가들과 함께 성격 테스트를 받아보았는데 우리 모두 내성적인 성격으로 판명되었다. 나는 그것이 우연이라고 생각하지 않는다. 전체 인구 중 약 20퍼센트의 사람들이 내성적이다. 아마 대부분의 작가들이 내성적인 성격에 속할 것이다. 그들은 외로움에 대해 아주 편안함을 느낀다. 그들은 아마 많은 사람을 다루는 일보다는 일대일 상황에서 일을 더 잘할 것이다. 나 역시 많은 사람들과 함께 방 안에 있을 때 관찰자로서 뒤로 물러나는 경향이 있다.

모든 것에는 아름다움이 있다.
하지만 모든 사람이 그 아름다움을 볼 수 있는 것은 아니다.
──── 공자

무언가를 표현하기 위해서는 관찰할 필요가 있다. 사람들은 대부분 자신을 둘러싸고 있는 것들의 절반만 보며 살아간다. 우리에게는 삶과 인간성에 대한 아주 작은 사실들을 관찰하는 데 방해가 되는 요소가 너무나 많다. 그 결과, 대부분의 초보작가들은 현실세계에서 관찰한 것을 근거로 그림을 그리기보다는 방금 TV나 영화에서 본 것을 참고하는 경향이 있다. 성공한 시나리오작가들은 자연스럽게 사람들을 관찰하는 습관을 지니고 있다. 그런 습관은 보통 사람들의 말하는 법과 행동양식에 대한 안목을 키워준다. 그들은 소리 내지 않고 모든 것에 대해 기록하며, 사물을 생생하게 선택적으로 보면서 그들이 속한 세계의 가장 작은 사실들에 대해 알고 있다. 카페와 공항, 식당, 기타 어떤 장소에서든 자연스럽게 사람들을 관찰하고 대화를 엿듣는다. 간단히 말해, 그들은 항상 주변 세계에 주의를 기울인다.

제럴드 디페고 초보작가들은 외출했을 때 버스나 식당 안에서 세상에 대해 충분히 관찰하거나 귀를 기울이지 않는다. 어떤 초보작가의 시나리오를 읽어보면, 작가가 현실세계를 참고한 것이 아니라 영화와 TV에서 본 적이 있는 것들을 참고했다는 사실을 종종 발견하게 된다.

짐 커프 작가는 관찰하는 습관을 작업실에 처박아두어서는 안 된다. 관찰은 곧 작가로서 당신의 삶 자체다. 당신은 공중전화 바로 옆 부스에 있는 한쪽 눈에 안대를 한 사람을 응시하며 그 사람이 어떤 사람인지 궁금해하면서 끊임없이 생각하고 끊임없이 대화를 엿들어야 한다. 이 습관을 결코 소홀히 여기지 않기를 바란다.

로빈 스위코드 작가들은 세상을 바라보고 인간의 행동을 관찰하면서 즐거움이나 호기심 또는 감동을 느끼는 특별한 기질을 갖고 있다.

에릭 로스 당신은 하루 24시간 내내 관찰하며 살아야 한다. 왜나하면 모든 것이 글의 소재가 될 수 있기 때문이다. 당신은 외출하면 사람들이 하는 행동과 주변의 사소한 것들을 관찰한다. 그리고 무의식 속에서 그것들을 끌어내어 어떤 작품에 대입할 수 있기를 희망한다.

우리의 마음은 낙하산과 같다.

마음은 낙하산처럼 활짝 펼칠 때만 효과가 있다.

———— 작자 미상

글을 쓸 때 시나리오만큼 다른 사람과 협력하는 일이 중요한 문학 장르는 없다. 한 편의 시나리오가 영화로 제작되는 과정에서, 천재가 아닌 이상 협력하지 않는 시나리오작가가 성공할 수 없다는 것은 아주 명백한 사실이다. 하지만 여러분도 후에 알게 되듯, 협력은 그리 중요하지 않을 수도 있다.

론 배스　시나리오작가가 된다는 것은 대단히 협력적인 매체를 선택하는 것이고, 그 안에서 당신에게는 최종 결정권이 없다. 일이 잘되면 협력하는 과정이 즐겁지만, 일이 잘되지 않을 때는 그 과정이 끔찍하게 느껴진다. 아마 당신은 작품에 지나치게 열정적이어서 제작자와 감독으로부터 과도하게 통제를 받을 수도 있다. 또한 작품에서 해고를 당할 때마다 매우 고통스럽다. 제작자와 감독으로부터 작품에 대

열　정 :
시나리오를
쓰고 싶은 충
동

한 좋은 평가를 받게 된다면 당신은 당신 자신과 그들을 모두 만족시키는 작품을 쓴 것이고, 그러한 작업은 즐겁고 만족스럽다. 그러나 그들이 당신의 작품을 마음에 들어하지 않는다면 당신은 그들에게 화를 내면서 불안감을 느낄 수도 있다. 시나리오를 쓰는 일은 누군가 그 작품을 싫어하더라도 그 사실에 신경 쓰지 말아야 하는, 나로서도 도무지 이해할 수 없는 협력이 필요한 작업이다. 만약 당신이 이런 협력체제를 받아들이지 못해 해고당하고 대신 다른 작가가 투입되어 당신의 훌륭한 작품을 완전히 망쳐버린다면, 당신은 다른 매체를 심각하게 고려해야 할 것이다.

제럴드 디페고 공동작업은 글쓰기와는 별도로 습득해야 하는 기술이다. 공동작업을 절충이나 협상 또는 논의라고 생각해라. 당신은 작품에 해가 되는 의견에 맞서 최선을 다해 작품을 설명하고 보호하면서, 작품 개발에 많은 시간을 투자한다. 하지만 동시에 작품에 대한 다른 사람의 좋은 아이디어를 받아들여야 한다. 어떤 사람들은 조용히 있다가 갑자기 감정이 폭발해서 "지옥에나 가버려! 당신들은 모두 바보야!"라고 소리친다. 이런 행동은 전혀 도움이 되지 않는다. 그렇다고 해서 속기사처럼 말없이 의자에 앉아 고분고분할 수도 없다. 왜냐하면 그런 행동 자체가 작품을 망치기 때문이다.

마이클 시퍼 당신은 다른 사람들과 협력하고 그들의 말에 귀 기울일 줄 알아야 한다. 그렇게 하지 않으면 작품을 팔 수조차 없다. 당신은 작품에 대한 다른 사람들의 좋은 아이디어와 시원찮은 아이디어 사이를 오가면서, 자신만의 핵심 정서와 정신을 손상시키지 않으면서 그들에게 당신이 필요한 존재임을 느끼게 할 방법을 찾으려고 애쓴다. 그것은 어떤 사람은 오른편으로 가길 원하고, 또 어떤 사람은 왼편으로 가길 원하는 보트여행과 비슷하다. 거기에는 옳고 그름이란 게 없다. 만약 그들이 당신의 동반자라면, 당신은 그들이 계속 하고 싶어하는 여행을 허락해야 한다. 당신과 생각이 다른 사람들을 무시하기보다는 그들이 제시하는 문제들을 존중하려고 노력해야 한다. 만약 당신에게서 그들을 바보집단이라고 생각하는 태도가 보인다면, 당신은 커다란 문제에 봉착하게 된다. 왜냐하면 당신이 바로 가장 먼저 해고당할 그 바보이기 때문이다.

열 정 :
시나리오를
쓰고 싶은 충
동

제2장　　열망

글 쓰는 일에 꾸준한 동기 부여하기

작품 판매나 돈을 염두에 두고 글을 쓰지 마라.

그런 생각은 곧 창작의 원천인 우물에 독을 타는 것과 같다.

만약 글 쓰는 일이 즐겁지 않다면, 쓰지 마라. 인생은 짧고 죽음은 길다.

───── 윌리엄 와턴William Wharton

여기에서 인터뷰한 모든 작가들은 여러 해 동안 글을 써오고 있다. 글을 쓰겠다는 꾸준하고 열정적인 꿈이 없었다면 그들은 계속 글을 쓰지 않았거나 지금의 위치에 도달하지 못했을 것이다. 그들이 글을 쓰게 된 동기는 다양하며 다른 작가들의 동기보다 다소 존중할 만하다. 그들은 진짜로 하고 싶은 일을 할 수 있는 자유를 얻기 위해 수백만 달러를 벌어들일 만한 한 편의 시나리오를 쓰겠다는 일념을 가진, 내가 가끔 만나게 되는 작가 지망생들과는 근본적으로 다른 사람들이다. 글 쓰는 일이 자기 표현의 한 수단이든, 상상력의 분출구이거나 아니면 사람들을 즐겁게 해주려는 욕구 등 그 무엇이든, 진정한 작가는 다른 일에서 전혀 만족감을 느끼지 못한다. 그들은 글을 쓰기 위해 글 쓰는 일을 좋아한다.

그러나 여러분의 글 쓰는 동기가 순수하지 않다고 해서 글쓰기를 포기하기 전에, 글을 쓰는 데는 좋거나 혹은 나쁜 동기가 없다는 사실을 기억하기 바란다. 다만 여러분에게는 꾸준한 동기가 필요할 뿐이다. 대부분의 작가들은 글을 쓰지 않고는 살 수 없을 정도로 글쓰기에 매우 열정적일 때만 글을 쓰라고 말할 것이다. 하지만 성공한 작가들 중에는 글 쓰는 일이 싫지만 다른 어떤 일에는 열정적인 사람도 있을 것이다. 그러한 동기 역시 그들이 좋은 작품을 쓰게끔 만든다. 글을 쓸 때 가장 중요한 요소는 목표를 달성하려는 열정과 의지이다.

멩컨H.L. Mencken은 자신의 저서인 『멩컨 명문집*A Mencken Chrestomathy*』에서 작가를 다음과 같이 정의했다.

> "지나치게 자만심이 강한 사람들은 보통 그 자만심을 유지하는 것이 아주 무모하다는 사실을 알고 있다. 그들의 과도한 혈기는 온몸으로 도전적인 고함을 지르면서 동료들보다 먼저 솟구친다. 민주주의 국가에서는 이런 행동을 법으로 금지하고 있으므로 그들은 원고지 위에 자신의 고함을 쏟아냄으로써 그러한 욕구를 발산한다."

우리는 모두 사람들로부터의 관심과 인정 그리고 영원한 명성을 원한다. 어떤 작가가 그러한 사실을 인정하든 인정하지 않든, 우월감은 글을 쓸 때 강력한 동기가 되는 요소이다. 자, 그렇다면 이제 이 습관에 대한 패널들의 말을 들어보자.

론 배스 시나리오작가나 글을 쓰는 작가가 되려고 하는 유일한 동기는 글을 쓰지 않을 수 없기 때문이다. 즉 그 일이 곧 당신이 하고 싶어하는 일이고, 당신이 누구인지를 의미하는 일이기 때문이다. 나 역시 글을 쓰지 않을 수 없기 때문에 글을 쓴다. 여섯 살 때 나는 이야기를 글로 썼다. 글 쓰는 일이 좋았고, 나만의 방식으로 내 이야기를 하고 싶었다. 십대 시절에는 소설을 썼고, 그 뒤 가족의 생계를 위해 변호사로 일하며 16년 동안 글을 쓰지 않았다. 하지만 글 쓰는 일을 몹시 그리워했다. 그래서 다시 글을 쓰기 시작했고 아무에게도 이 사실을 말하지 않았다. 글쓰기를 다시 시작하면서 나 자신에게 '도대체 왜 글을 다시 쓰게 될 때까지 그토록 오랜 시간이 걸렸을까?'라고 자문했다. 나는 살면서 글을 쓸 때 받게 되는 느낌을 다른 일에서는 전혀 느낄 수가 없다.

스티븐 드수자 창작 욕구가 자연스럽게 분출되어 시나리오작가가 되려고 한다면 그 동기는 바람직하다. 하지만 단지 홀리데이 인Holiday Inn에서 열리는 시나리오 작법 세미나에 참석했다고 해서 시나리오작가가 되려고 한다면 바람직한 동기가 아니다.

제럴드 디페고 내게 글쓰기는 하나의 강박관념이다. 그것은 숨 쉬는 일처럼 선택권이 없는 일이다. 당신은 자신에 대한 의구심으로 스스로를 괴롭힐 수도 있다. 하지만 그것은 '글을 써야 할까, 아니면 쓰지 말아야 할까?'라고 생각하는 것이 아니라 '글을 쓰지 않고는 살 수 없어, 아니 난 그 일이 좋아. 난 그 일을 해야 해'라고 끊임없이 생각하는 것이다.

레슬리 딕슨 학교 다닐 때 영어 선생님은 항상 내게 "넌 작가가 되는 게 좋겠다"라고 말씀하셨다. 아버지 역시 작가였고 할머니, 할아버지도 예술적 성향이 강해서 나 역시 그들의 예술적 인자를 물려받았다고 생각한다. 난 여덟 살 때부터 작가가 될 것이라는 어렴풋한 확신이 있었다. 굳이 할 필요가 없었던 하찮은 일들을 하면서 밤에는 글을 썼고, 어떠한 글의 형식을 찾고 싶었다. 영화를 미치도록 좋아했던 나는 영화가 글에 대한 열정과 상업성의 적절한 결합처럼 보였다.

아키바 골즈먼 나는 작가보다 더 완벽한 직업을 생각해본 적이 없다. 운 좋게도 감독, 배우들과 가까이 일하며 내 시나리오에 대한 의견을 듣고 다른 스태프들과의 협력 속에서 작품을 고치면서 영화라는 일종의 여름캠프에 참여하는 기분으로 일하고 있다. 이런 것들이 내겐 중요하다. 왜냐하면 글 쓰는 일 자체는 굉장히 고독하지만, 영화를 만드는 작업은 매우 사회성이 짙기 때문이다. 따라서 내게 이 일은 글 쓰는 일의 고독과 영화를 만드는 집단 사이를 오가는 완벽한 반복 행위이다.

니콜러스 카잔 나는 한 줄의 대사를 듣고 받아 적은 다음, 또 한 줄의 대사를 듣고 받아 적으며 한 편의 희곡을 완성하는 일을 함으로써 글 쓰는 일을 시작하게 되었다. 나는 연극에 대한 아무런 지식도 없이 의자에 앉아 단순히 대사를 옮겨 적어 40분 분량의 희곡을 완성했다. 그렇게 무의식적으로 하게 된 일이 나를 매혹시켰다. 글을 쓰는 일은 나를 완전히 몰입시키는 마약과 같았다.

짐 커프 나는 글쓰기가 즐겁고 영화가 좋기 때문에 글을 쓴다. 그러나 내가 글을 쓰는 가장 중요한 이유는 누군가가 내 작품을 좋아하고 그것을 사가기 때문이다. 그렇지 않다면, 차라리 낚시나 하러 갈 것이다.

톰 슐먼 아주 오랫동안 글을 써왔기 때문에 이제 글 쓰는 일이 습관이 되어버렸다. 그것은 아침에 산책을 하지 않으면 기분이 개운하지 않은 것과 똑같아 그 일에서 벗어날 수가 없다. 소설을 쓰려고 노력했지만 불행히도 모든 씬scene이 각각 두 페이지 반이나 되었다. 그렇게 소설의 초반부를 쓰다가 '내가 누구한테 농담을 하고 있는 거지?'라는 생각이 들었다. 소설 쓰는 일은 내게 없는 일종의 인내를 필요로 한다. 나는 시나리오작가가 되는 데 바람직하지 못한 이유 따위는 알지 못한다. 일반적으로 이유나 동기는 무엇인가를 위한 핑계 같은 것이다. 패디 차예프스키Paddy Chayefsky는 "좋은 연인이 되려고 하는 것이 시나리오를 쓰기 위한 좋은 동기이긴 하지만, 타자기 앞에 앉으면 무언가 다른 생각을 하는 게 낫다"라고 말했다.

에드 솔러먼 나는 좋은 책 한 권에 빠질 때처럼 한 편의 훌륭한 영화를 좋아하긴 하지만, 대체로 영화를 좋아하지는 않는다. 나는 방에서 무언가를 만드는 것이 즐겁기 때문에 글을 쓴다. 대사와 이미지, 등장인물에 대해 생각하는 것을 좋아한다. 그것은 무척 재미있고 흥미로운 일이다. 하지만 재미있는 이야기가 되도록 모든 것을 구성하는 것은 정말 힘든 일이다.

로빈 스위코드 그 누구도 시나리오작가가 되고 싶어하는 사람을 비난할 수 없다. 글 쓰는 일이 어떤 사람에게 동기를 부여하고 그가 글쓰기를 좋아하는 한 모든 동기는 타당하다. 글 쓰는 일만으로 생활을 꾸려나가기는 매우 어렵기 때문에 작가 지망생들은 보통 두 개의 직업을 가진다. 주로 낮에는 집과 음식을 사는 데 필요한 일을 하고, 나머지 시간에는 약간의 지원금을 가지고 세상과 멀어져 글을 쓴다. 어떤 글이든 작가로서 자신의 작품을 팔 수 있다면 누구나 축하받을 만한 일이다. 즉 전업작가가 되려는 사람이든, 아침에 잠에서 깨어날 때 떠오르는 아이디어를 시나리오로 쓰려는 사람이든, 모든 사람들의 글 쓰는 동기는 모두 타당하다.

제3장

재능이 있다는 것은 파란 눈을 가진 것과 비슷하다.

우리는 어떤 사람의 눈 색깔 때문에 그 사람을 존경하지는 않는다.

어떤 사람이 그만의 재능을 가지고 이루어낸 일 때문에 그를 존경한다.

———— 앤서니 퀸Anthony Quinn

처음으로 어떤 일을 하고 싶은 마음이 생긴 다음에는, 그 일이 가능하다고 믿어야 한다. 강한 믿음은 모든 예술이 현실로 나타나기 전에 한 번씩 마음속에서 그려지는, 모든 예술 활동의 원동력이다. 할리우드에서 성공하려면 "할 수 있을 것 같아"라는 태도만으로는 충분하지 못하다. 반드시 "난 내가 해낼 수 있다는 것을 알아"라는 태도를 지녀야 한다. 나는 모든 사람이 한 가지 재능을 타고났다고 철석같이 믿는 사람이다. 글 쓰는 재능이란 글로 자신의 영혼을 보여줌으로써 자신이 말하고 싶은 것을 자기 자신만의 고유한 방법으로 간단히 표현하는 것이다. 그것은 자신의 재능을 자각하는 문제일 뿐이며, 더욱 중요한 것은 그 재능을 발전시키는 것이다.

하지만 자신에 대해 다소의 의구심을 가지는 것이 더 좋은 작품을 쓰도록 하므로·사실상 장점이 될 수 있다. 과대망상에 빠진 사람들로 가득 찬 할리우드의 문제는, 수많은 작가 지망생들이 아직 개발되지도 않은 작품에 대해 순진하게 확신을 가지고 있다는 것이다. 공상은 좋은 것일 수도 있다. 스퍼드 웹Spud Webb을 보라. 그는 152cm의 작은 키로 NBA 농구선수가 되고 싶어했다. 많은 사람들이 그의 어리석은 꿈을 비하하며 놀려댔지만, 그는 그 꿈을 이루어냈다. 그는 슬램덩크 대회에서 우승까지 함으로써 사람들에게 믿음이 있으면 무엇이든 가능하다는 사실을 보여주었다. 헨리 포드Henry Ford는 "당신이 할 수 있다고 생각하든, 할 수 없다고 생각하든, 당신의 생각은 언제나 옳다"라고 말했다.

짐 커프 당신은 정말로 자신에게 재능이 있는지 절대로 알 수 없다. 작가는 작품을 쓸 때마다 자신을 시험하게 되므로 수수께끼를 풀었는지를 자신은 알 수 없다. 다만 작품을 잘 쓰려고 끊임없이 노력할 뿐이다. 난 누군가 나를 작가라고 불러주거나 내 작품을 돈을 주고 사기 전까지 나 자신을 작가라고 생각하지 않았다. 내가 쓴 시나리오가 조금 주목을 받자 사람들이 다른 작품을 각색하는 일에 나를 고용하기 시작했다. 하지만 계속 일을 하게 되고 글 쓰는 일로 생계를 유지하기 전에는 나 자신이 제대로 일을 하고 있다고 생각하지 않았다.

에릭 로스 시나리오 공모전에서의 수상 경력이 내 실력을 증명하는 데 도움이 되었다. 그리하여 에이전트까지 생겼다. 나는 나 자신이 시각적인 상상력이 풍부하다는 것을 잘 알고 있었다. 또한 좋은 등장인물들을 만들 수 있다는 자만심과 자신감이 있었다. 그게 전부다. 다른 사람처럼 나 역시 배움의 과정을 거쳤다.

마이클 시퍼 작가들이 스스로에게 가장 먼저 던지는 질문은 "내게 재능이 있다는 것을 어떻게 알 수 있을까?"이다. 그에 대한 정답은 "알 수 없다"이다. 초기에 나는 친구들을 저녁식사에 초대해서 내가 작업한 것을 보여주었다. 내 음식 솜씨가 좋지 않았다면 한 사람도 초대할 수 없었을 것이다. 저녁식사 때 친구들은 내 작품을 아주 형편없다고 말하면서 나를 동정 어린 눈빛으로 바라보았다.

에드 솔러먼 가끔씩 방에 홀로 있을 때, 괜찮은 하나의 씬 또는 놀랄 만큼 좋은 아이디어가 어렴풋이 떠오르는 경우가 있을 것이다. 그러나 당신은 자신이 말하려고 하는 것이 가치가 있는지 아니면 그 아이디어를 잘 쓸 수 있는 능력이 자신에게 있는지 스스로를 의심하면서 혼란스러워하며, 나무만 보고 숲 전체를 보지 못하게 된다. 그 뒤 작품을 완성하고는 자신의 작품 중 가장 좋은 작품이라고 생각한다. 하지만 3일 후 그 작품이 잉크와 종이의 낭비일 뿐이라고 느끼면서, 또다시 글을 쓰는 방법에 대해 고민한다. 나는 그런 상황을 어떻게 극복해야 하는지 알지 못한다. 나는 아무도 내게 더 좋은 일자리를 제안하지 않았기 때문에 그런 식으로 글을 썼을 뿐이다.

로빈 스위코드 나는 남부의 작은 마을에서 자랐다. 내 주변에 소문날 정도로 재능 있는 사람이 없었던 것이 행운이었다. 내가 마을에서 작가를 꿈꾸었던 유일한 사람이었을지도 모른다. 내겐 경쟁할 만한 라이벌이 없었고, 그런 사실이 작가가 될 수 있다는 일종의 환상을 갖게 해주었다. 왜냐하면 내가 글을 쓰는 유일한 사람이었기 때문이다. 아이러니컬하게도, 처음으로 내가 작가로서 성공할 수 있는지 의심한 것은 많은 작품을 팔고 난 뒤였다. L.A.에 처음 왔을 때, 어떤 사람의 사무실에 간 적이 있는데 거기에는 수천 편의 시나리오로 채워진 책장들이 벽 전체를 차지하고 있었다. '세상에, 시나리오를 쓰는 사람들이 저렇게 많다니!' 라고 나는 생각했다. 내 능력에 대해 어떤 검증을 받을 때까지 현실세계를 제대로 볼 기회가 없었던 것이 내게는 오히려 행운이었다.

열 정 :
시나리오를
쓰고 싶은 충
동

제4장　　　　　　　　　열의

책 읽기는 글을 쓰고 싶게 만들고, 글쓰기는 책을 읽고 싶게 만든다.
그리고 책 읽기와 글쓰기는 모두 내가, 이른바 인생이라고 말하는
훌륭한 인간 모험의 한 부분이 되는 것을 즐기게 해준다.
──── 캐서린 패터슨Katherine Paterson

대부분의 작가들은 어릴 때부터 당연하듯 책을 읽고 좋은 이야기로 마음을 풍요롭게 만들어 훗날 좋은 작품을 탄생시키는 영감의 씨앗을 심으면서 자란다. 의대생들이 수술을 관찰함으로써 수술에 대해 알게 되듯이 작가들도 독서를 통해 좋은 이야기를 만드는 법을 배우게 된다. 나는 절대적으로 책을 좋아한다. 내게 서점과 도서관은 두 번째 집이다. 그리고 우리의 조언자들이 글을 쓰거나 외출할 때를 빼면 대부분의 시간을 독서를 하며 보낸다는 것은 그리 놀라운 사실이 아니다. 소설이나 수필, 시나리오 등 어떤 분야의 책이든 그들은 인쇄된 활자, 즉 책에 대해 매우 열정적이다.

론 배스 어린 시절 나는 많은 책을 읽었다. 하지만 지금은 일과

관련된 계약서 말고는 아무것도 읽지 않는다. 책 읽을 시간이 없다는 것이 내가 지금 하고 있고 선택한 일에 대해 가장 실망하는 부분이다. 은퇴를 생각할 때, 가장 먼저 마음속에 떠오르는 것은 휴양지 마우이 Maui에 있는 해변과 수년째 읽지 못해 나를 화나게 만드는 책들로 가득 찬 가방들이다. 더 넓은 세상에 대한 창이자 사물을 보는 방법을 알려주는 책의 자리를 글 쓰는 일이 독차지해버렸다. 그리고 글을 쓸 때, 나는 세상을 경험하기보다는 혼자만의 장소에 가서 또 다른 세상을 창조한다.

마이클 시퍼 하루 일과를 마칠 때쯤이면 피곤하지만 잠자리에 들기 전에 잠깐이라도 책을 읽는 습관이 있으며, 휴가를 받으면 본격적으로 책을 읽는다. 나는 가끔 글 쓰는 작업을 멈추고 독서삼매경에 빠지는 것을 좋아한다.

톰 술먼 기본적으로 들어오는 게 없으면, 나가는 것도 없다. 우리는 비록 영상과 관련된 일을 하고 있지만, 작가로서 하는 일은 단어를 사용하는 것이다. 우리가 문장력을 키우는 방법은 바로 독서를 하는 것이다.

글 쓰는 일에 열정적이기

> 만약 당신이 돈에 상관없이 그 일을 좋아하지 않는다면,
>
> 누군가 돈을 준다 해도 당신은 그 일을 좋아하지 않을 것이다.
>
> ——— 토드 사일러Todd Siler

'열정'이란 단어는 할리우드에서 좋은 의미로 가장 자주 사용되는 말이다. 이것은 목표를 이루는 사람과 목표를 꿈꾸기만 하는 사람을 구분하는 중요한 특징이다. 내가 아는 성공한 사람들은 인생과 일 그리고 뛰어난 능력에 대해 열정을 가지고 있고, 우리의 조언자들도 역시 그러하다. 그들은 불타는 목적의식을 가지고 있는데, 물론 그 목적의식은 많은 초보작가들의 공통적인 특징과는 거리가 멀다. 나는 많은 작가 지망생들이 "글 쓸 시간이 없다"고 말할 때마다 놀란다. 왜냐하면 그 말은 그들이 시나리오작가가 되는 것을 진지하게 여기지 않는 명백한 단서이기 때문이다. 무언가에 열정적일 때, 자주 죽도록 그 일이 하고 싶어진다. 열정은 무엇이든, 언제, 어디서든 글을 쓰고 싶게 만드는 원동력이다.

이것이 바로 우리 조언자들의 두드러진 특징이기 때문에, 그들에게 시

나리오작가가 됨으로써 가장 좋은 점이 무엇인지 물어보았다.

제럴드 디페고　당신은 이야기를 만들어내는 것을 좋아해야 하고 영화 마니아가 되어야 한다. 나는 시나리오를 쓰기 오래 전부터 영화를 좋아했다. 영화의 신비함과 영화가 인도하는 세계가 좋았다. 그것이 바로 나를 시나리오작가가 되고 싶게 만들었고, 나는 그 신비함의 일부분이 되고 싶었다. 시나리오를 쓸 때, 먼저 당신은 여행을 떠나 자신을 위한 신비감을 만든다. 그 일이 대단히 즐거우면서 사랑의 여정이어야만 한다. 이 말은 작업하면서 고생을 하지 않거나 땀을 흘리지 않는다는 의미가 아니다. 하지만 이야기와 영화에 대한 애정이 없다면, 당신은 어려움을 겪게 된다. 당신이 과정보다 목표를 중시하기 때문이다. 또한 나는 스크린 위로 영화화된 내 작품을 볼 때마다 느껴지는 전율을 좋아한다. 얼마나 오랫동안 영화계에서 일을 했든 간에 이야기라고 불리는 깨지기 쉬운 작은 것들의 결합을 보면 언제나 전율이 느껴진다. 나도 모르는 사이에 사람들이 못을 박고, 세트를 짓고, 배우들이 내가 쓴 대사들을 외우면서 돌아다닌다.

레슬리 딕슨　나는 영화 일을 좋아한다. 그것은 내가 늘 원했던 꿈이었다. 어떤 면에서, 시나리오작가로서의 삶은 꽤 매력적일 수 있다. 당신은 늘 만나고 싶었던 재미있고 재능 있는 사람들을 실제로 만나게 된다. 때때로 자신의 내면으로 더 깊이 들어가 당신도 몰랐던 놀라운 것들을 찾을 수 있고, 그것은 곧 자신에 대한 도전이기도 하다. 그리고 내가 돈은 중요하지 않다고 말한다면, 그건 거짓말이다. 바보가 아니고, 이혼을 여러 번 하지 않은 이상, 당신에게는 영원히 안정적인 삶을 살 수 있을 때가 온다.

에이미 홀든 존스　나는 정신을 가다듬고 내 상상력을 만족시키는 것을 좋아한다. 또한 중요한 주제들을 해결하는 것도 좋아한다. 내가 만든 등장인물들을 통해 그 주제들을 해결하여 궁극적으로 많은 사람들, 특히 어린이들을 즐겁게 만드는 작품을 쓸 수 있다는 것은 커다란 만족감을 느끼게 해준다. 또한 글 쓰는 과정, 특히 초고를 마친 다음 글을 수정하는 단계를 좋아한다.

니콜러스 카잔　나는 원하는 시간에 일하는 것이 좋다. 또한 하나의 우주를 창조하는 것과 이야기에 집중하는 것을 좋아한다. 그리고 앞으로 어떤 일이 일어날지 모르는 기대감 또한 좋다.

짐 커프　당신은 대부분의 시간을 홀로 일하게 된다. 가끔씩 많은 돈을 벌기도 한다. 누군가가 당신의 작품을 살 때까지 계속 창작을 한다. 그리고 대개 그런 일은 실제로 재미있다. 나는 그 일 외에 어떤 일을 해야 할지 잘 모른다.

스콧 로젠버그　나는 날마다 변화하는 삶을 좋아한다. 기본적으로 어떤 일이든 하고 싶을 때 한다. 글을 쓸 땐 완전히 다른 특정한 문화를 경험하게 된다. 자동차 도둑에 대한 시나리오를 쓸 때, 나는 자동차 도둑의 세계를 경험했다. 죄수에 대한 시나리오를 쓸 때, 나는 교도소에 가야 했다. 당신은 주위에 있는 많은 나쁜 것들을 작품 속에 집어넣을 수 있다. 어떤 사람은 내가 많은 시간을 홀로 보낸다는 사실에 안돼 보인다고 말하기도 한다. 그렇게 생각할 수도 있지만, 나와 함께 일하는 사람들은 그런 말을 하는 사람들의 직장동료들보다 훨씬 더 재미있는 사람들이다. 나와 함께 일하는 사람들은 내가 죽으라고 하면 죽고, 사랑하라고 하면 사랑하고, 울라고 하면 운다.

에릭 로스 열정적으로 작업하는 것은 대단한 모험이다. 자기 자신과 세상의 다른 일들을 탐구하여 자신을 표현하는 것은 인생을 사는 하나의 좋은 방법이다. 명백한 사실은, 그 일로 성공할 수 있다면 당신은 많은 돈을 벌 수 있다는 것이다.

마이클 시퍼 아주 이상하게도 나는 하나의 형식으로서 시나리오를 좋아한다. 시나리오가 단지 설계도일 뿐이라고 말하는 사람들도 있지만, 난 그 말에 동의하지 않는다. 시나리오에는 그 이상의 것이 담겨 있다. 나는 시나리오만의 요약과 이미지 그리고 배경을 좋아한다. 이런 종류의 탄탄하고 내면적인 투영성은 정말로 흥미롭고 재미있으며 아주 정확하다. 또한 누군가의 작품이 영화로 만들어지는 것을 보면 커다란 전율이 느껴진다. 내가 뉴욕에 있는 어두운 시사실에 홀로 앉아 처음으로 〈범죄와의 전쟁 *Colors*〉을 보았을 때, 그것은 강렬하고 마음을 뒤흔드는 경험이었다. 시나리오의 또 다른 좋은 점은 시나리오를 쓰는 실제 과정이다. 나의 많은 작품들이 영화로 제작되지 못했지만, 그래도 나는 집중해서 그 작품들을 썼다. 등장인물들이 울 때 나도 눈물을 흘렸고, 그들이 웃을 때 나도 웃었다.

에드 솔러먼 나는 특별히 영화를 좋아하지는 않는다. 하지만 오해하지 않기를 바란다. 가끔 한 편의 좋은 영화를 즐기기는 하지만, 대부분의 시나리오작가들처럼 영화에 열정적이지는 않다. 그것은 자동차 디자이너에게 교통 체증을 좋아하느냐고 묻는 것과 같다. 자동차 디자이너는 한 대의 명차는 좋아하지만, 대부분의 차를 좋아하지는 않을 것이다. 내게도 좋아하는 두세 편의 영화들이 있다. 하지만 모든 영화들에 대해 말하자면 내게 그것은 교통 체증과 같다. 글 쓰는 일을 좋아하기 위해 반드시 영화를 좋아해야 하는 것은 아니다. 나는 글 쓰는 것이 좋기 때문에 글을 쓴다. 난 영화의 이상적인 개념, 즉 최대한 아름답게 표현된 영상과 문학적인 이야기를 만들어가는 과정 자체가 좋다. 작은 방 안에서 우리 작가들은 이론적으로만 존재하는 이상적인 영화를 만들려고 노력한다. 일반적으로 한 편의 영화는 쓰레기 같은 두 시간 분량의 셀룰로이드가 될 뿐이다. 많은 경험을 하면 할수록 당신은 더 완성도 높은 작품을 만들어낼 수 있다.

로빈 스위코드 나는 하나의 세상을 만들어 인물들을 창조하고, 그들에게 이름을 붙여주며, 그들이 누구인지, 그들의 약점은 무엇인지 그리고 그들이 어떤 일을 하는지에 대해 생각하는 것이 재미있다. 또한 잠옷을 입은 채 일할 수 있다는 사실도 좋아한다.

우리가 사랑하는 아름다움 그 자체가 우리가 하는 일이 되도록 하자.
——— 루미Rumi

많은 독서를 통해 글 쓰는 법을 배우는 소설가처럼, 시나리오작가는 영화를 봄으로써 시나리오 쓰는 법을 배운다. 영화에 대한 열정은 작가들을 의미 있는 방법으로 대중들에게 영향을 주는, 즉 영화라는 대중적인 매체를 통해 이야기를 만들어내고 싶게 만든다.

니콜러스 카잔　시나리오작가가 되고 싶었지만 다른 길을 가고 있는 사람들과 시나리오작가로 성공한 사람들의 차이점은, 성공한 시나리오작가들은 영화를 좋아하고, 영화로 숨쉬고, 영화 제작의 일부분이 되겠다는 아주 강렬하며 거의 마약과 같은 열망을 갖고 있다는 점이다.

짐 커프　초등학교 시절 난 영화를 보기 위해 집으로 달려가곤 했다. 고등학교 때는 기말 리포트를 쓰는 대신 영화를 만들고 싶다고 화학 선생님을 설득하기도 했다. 대학 시절에는 연극에 빠져 있었으므로 희곡을 쓰겠다고 생각했다. 그러나 뉴욕으로 이사할 형편이 안 되어서 고향으로 돌아왔다. 내가 버뱅크Burbank에 살았던 것과 옆집 남자가 촬영기사였던 것, 이웃집 남자가 분장사였던 것 그리고 부모님의 친구 분이 유니버설 스튜디오에서 일했던 것은 모두 우연이었다. 그 덕분에 시나리오가 무엇인지 알기 위해 몇 편의 시나리오를 손에 넣을 수 있었다. 그리하여 시나리오의 형식을 이해한 다음, 모든 일을 그만두고 글만 썼다.

제5장

당신은 이 일에 온 힘을 다하고 갖은 고생을 감수하면서

슬픔 속에서 역경을 받아들인다. 무엇을 위해? 하찮은 돈을 위해.

──────S.J. 페럴먼S.J. Perelman

주의 사항: 이 습관은 "웨이터로 일하던 작가 지망생, 드디어 인기작가가 되다"라는 영화 잡지에서 접할 수 있는 성공담의 이면에 대한 통찰이다. 이런 기사를 대중을 위한 서비스 차원에서 이루어지는 영화 현장 소식 정도로 받아들여라. 그리고 시나리오작가로서 할리우드에서 살아남기 위해 왜 이런 기사들에 무신경해야 하는지에 대한 이유로 생각해라.

만약 L.A.에 있는 모든 시나리오작가들을 버스에 태워 다른 곳으로 보낸다면 얼마나 빨리 영화산업이 중단될까? 제작자는 만들 영화가 없고, 감독은 촬영할 시나리오가 없고, 배우들은 연기할 대사가 없고, 에이전트들은 팔 시나리오가 없어 중간 소개비를 받지 못하는 등 일개 제작부원에서 촬영감독까지 모두 일을 할 수 없게 된다. 시나리오가 없으면 그 누구도 일을 할 수가 없다. 그런데도 시나리오 쓰는 일은 영

화 제작 과정 가운데 가장 존중받지 못하는 영역이다. 그 이유는 좋든 싫든 영화가 아직도 스타 배우와 감독에 의해 추진되는 매체이기 때문이다. 작가가 작품에 투입되면 그는 집에서 시나리오를 쓴다. 그러나 스타 배우나 감독이 작품에 투입되면 그 작품은 영화 제작에 청신호가 켜진다.

극도로 정신을 집중해라. 이것이 바로 여러분이 프로 시나리오작가가 되자마자 해야 할 일이다.

론 배스 이 습관은 매우 어렵다. 첫째, 당신은 원고에 대한 최종 결정권자가 아니다. 하지만 다른 분야는 그렇지 않다. 만약 과거의 나처럼 소설가라면, 당신은 편집자의 모든 의견을 거부할 수 있고, 설령 그렇게 하더라도 그 책은 출판될 것이다. 당신이 극작가라면, 누구도 당신의 허락 없이 한 단어도 바꿀 수 없다. 당신이 방송국에서 일하는 방송작가라면 총괄 제작자 정도의 결정권이 있지만, 장편 영화의 시나리오작가인 당신에게는 감독이 아닌 이상 최종 결정권이 없을 뿐만 아니라, 당신이 소중하게 여기는 내용들을 잃게 될 수도 있다. 또한 당신에게는 이야기를 완벽하게 만들기 위한 논쟁의 기회마저 주어지지 않는다. 둘째, 시나리오작가로서 당신은 항상 실패를 겪게 된다. 사람들이 그 작품을 좋아할 가능성은 매우 희박하고, 그 작품이 영화로 제작될 가능성은 더더욱 희박하다. 모든 사람들이 좋아하는 아주 괜찮은 시나리오조차도 여러 가지 이유로 인해 영화로 제작되지 못한다. 설사 영화로 제작되더라도, 영화 제작 과정이나 홍보 과정에서 훼손될 것이고 결국 실패할지도 모른다. 셋째, 당신은 언제나 누군가로부터 평가받고 거절당하게 된다. 아직 이런 경험을 하지 않았다면, 당신은 마음의 상처를 받게 될 것이다. 작품을 거절당했을 때 "다들 지옥에나 가라. 누가 뭐라든 난 상관없어. 내 생각은 틀리지 않아!"라고 말하는 작가는 거만해지고 포용력이 결핍되어 모든 것에 대해 잘 알지 못하게 된다. 그러므로 제대로 작업을 할 수 없게 되고 거절당하는 것이 당연하다.

스티븐 드수자 나의 문제는 시나리오를 거절당하는 것이 아니라 영화산업에는 예측할 수 없는 요소들이 많다는 것이다. 당신의 작품은 영화로 제작될 준비가 되었지만 배우들이 그 작품을 포기할 수도 있다. 그리하여 영화는 갑자기 무산된다. 제작자들이 그 시나리오를 좋아하지만 적절한 배우들을 캐스팅하는 문제 때문에 그 작품을 포기할 수도 있다. 당신의 작품은 영화로 제작될 준비가 되었지만 결정이 바뀔 수도 있다. 그러한 상황에서 제작자들은 그 작품을 영화로 만들고 싶어하지 않거나 그 작품을 다시 개발하여 다르게 만들고 싶어한다. 당신의 작품은 모든 요소가 제대로 자리잡고 있다. 하지만 한 가지 요소가 바뀜으로써 갑자기 모든 것이 새로운 방향으로 돌아간다. 그리하여 영화 제작이 취소되는 끔찍한 일이 벌어질 수도 있다. 또는 시나리오가 완전히 다르게 재개발되는 상황이 벌어질 수도 있는데, 이 역시 끔찍한 경험이 되기는 마찬가지다.

제럴드 디페고 영화는 고독한 여정인 소설 작업과 달리 필연적으로 의견의 충돌을 거쳐 만들어진다. 그 사실 자체가 매우 어려운 일이 될 수 있다. 그 이유는 작가의 의견이 다른 사람들의 의견만큼 존중받지 못하기 때문이다. 나는 작품 개발에 뒤따르는 수정 작업을 제외하고 모든 글 쓰는 일을 좋아한다. 시나리오 수정 작업을 좋아하는 작가가 과연 있을까? 시나리오를 개발하면서 그 작품에 대한 평가를 받음으로써 당신은 공격받게 되고 사람들은 당신에게 작품을 수정하라고 요구한다. 그중 몇몇은 창의적인 아이디어로 당신을 감탄시키겠지만, 그 외 나머지 사람들에 대해서는 그들이 무슨 자격으로 특정 씬을 더 좋게 만들겠다고 장담하는지 의심스럽다.

아키바 골즈먼 모든 일은 분명 내리막길이 있다. 하지만 그것은 선택일 뿐이다. 시나리오 회의에서 작품을 거절당하는 것도 당연히 고통스러운 일이다. 내 작품은 시나리오 회의에서 좋은 평가를 받기도 하고 나쁜 평가를 받기도 한다. 그러나 변하지 않는 사실은 모든 작품들은 똑같이 내 손으로 쓰여졌다는 사실이다. 영화의 성공이나 실패가 한 사람이 책임져야 할 일이 아님에도 불구하고, 때때로 작품이 잘 진행되지 않으면 한 사람의 탓으로 돌리게 된다. 이따금씩 시나리오 회의에서 작품에 대해 논의할 때 작가 본인이 더 많이 상처를 받는다는 사실을 알게 되었다. 작가는 다른 동료 작가들에게 공격을 받기 일쑤다. 이상적으로 한 편의 시나리오를 평가하려면, 시나리오를 읽은 다음 그 시나리오가 좋은지 나쁜지에 대해 말해야 한다.

에이미 홀든 존스 시나리오 쓰는 일로 생계를 유지하기란 쉽지 않기 때문에 나는 사람들에게 시나리오작가가 되라고 권유하지 않는다. 특정한 능력이 없는 제작자나 고등학교도 졸업하지 못하고서 시나리오를 이런저런 식으로 바꾸라고 요구하는 배우들과 함께 시나리오 회의를 해보지 않고서는 할리우드에서 시나리오작가가 된다는 것이 무엇을 의미하는지 모른다. 시나리오작가는 소설가, 극작가와는 달리 자신의 작품에 대한 저작권을 소유할 수 없다. 작품을 팔긴 하지만 제작자의 지시에 따라 시나리오를 고쳐야 할지도 모르고, 제작자는 그 시나리오를 영화로 제작할 의사가 없을지도 모른다. 그럴 경우 작가에게 저작권이 없다는 사실 때문에 당신은 상처를 받을 것이다. 어쩌면 당신의 소중한 작품은 영원히 햇빛을 보지 못할지도 모른다.

니콜러스 카잔 연극에서는 극작가를 존중하여, 그 어떤 것도 그의 허락 없이 고칠 수 없다. 영화에서는 감독이 작품을 다시 고쳐 쓰거나 심지어 배우들이 당신도 모르는 사이에 대사를 바꾼다. 그런 면에서 시나리오를 쓰는 일은 매우 절망적인 직업이다. 영화가 실패하는 데는 백만 가지 요인이 있을 수 있다. 배우를 잘못 캐스팅했다거나, 감독과 시나리오 분위기가 전혀 맞지 않거나, 촬영감독이 너무 아름답게 찍거나 보기 흉하게 찍는 경우 등이 그러한 예이다. 또한 작가는 언제라도 해고당할 수 있음을 기억해라. 성공한 작가일지라도 해고당하는 것은 고통스러운 일이다. 당신이 아는 사실을 토대로 쓴 시나리오는 아주 훌륭한 영화가 될 수도 있고 그냥 버려질 수도 있다. 영화로 제작되어 영화로서 성공할 수도 있고 실패할 수도 있다. 그러나 애초의 의도대로 영화가 만들어질 가능성도 매우 희박하며, 이러한 사실을 아는 유일한 사람은 바로 당신뿐이다.

짐 커프 개인적으로 이러한 사실을 받아들이기 쉽지 않다. 당신이 바로 작품의 노예처럼 고생한 영웅이고, 당신이 제출한 작품이 다른 사람들을 만족시켰다. 하지만 그들의 의견도 들어야 한다. 그것은 매번 자신의 아이를 포기하고 그 시점부터 다른 사람에게 아이의 양육을 맡기는 것과 같다.

스콧 로젠버그 시나리오를 쓰는 일은 다른 사람들과의 협력을 절대적으로 필요로 하기 때문에 희곡이나 소설을 쓰는 일만큼 순수하지 못하다. 즉 주방에 요리사들이 너무 많은 격이다. 당신이 제작자와 제작사 사람들과 얼굴을 맞대고 대면하는 순간에도 감독에게 간섭받게 되고, 또다시 배우들에게 간섭받게 된다. 심지어는 영화가 제작된 뒤에도, 시사회 관객들의 반응에 따라 시나리오가 바뀌기도 한다. 최종

결과물은 당신이 처음에 책상에 앉아 시나리오를 쓸 때만큼 결코 순수
하지 않다.

톰 슐먼 글 쓰는 일은 견딜 수 없이 고통스러운 일이다. 더구나
자신과 밀접한 소재에 관하여 시나리오를 쓴다면, 그 일은 감정적으로
고역스러울 수 있다. 글 쓰는 일은 끊임없이 자신을 압박하면서 좀 더
나은 무엇인가를 끌어내기 위해 도전하는 것이다. 좋은 작가가 되기
위해서는 강한 내면의 비평가가 필요하다. 그렇기 때문에 당신은 글
쓰는 일 자체를 즐기려고 애쓴다. 하지만 한 작품이 완성되는 순간 그
작품은 잊어버리고 다시 새로운 작업에 들어갈 수 있어야 한다. 이러
한 과정은 때때로 힘들거나 심한 감정 기복을 불러일으켜 사기를 꺾어
버린다.

에드 솔러먼 나는 시나리오를 완성한 뒤 발생하는 모든 일을 싫
어한다.

로빈 스위코드 나는 실제 영화 제작 과정에서 시나리오의 일부
가 심하게 잘려나가고, 더구나 그런 일이 누가 돈을 가졌고, 누구의 목
소리가 가장 큰지와 밀접한 관련이 있다는 사실도 싫다.

. . .

자, 그러면 본론으로 들어가보자. 좋다. 여러분은 이제 영화계의 현실
을 충분히 느꼈을 것이다. 지금부터 우리는 다음과 같이 일해야 한다.

모든 독창적이고 창의적인 행동에는 하나의 원칙이 있다.

그것은 무지함이 수많은 아이디어를 죽인다는 사실이다.

자신에게 절대적으로 몰입하는 순간 하늘도 감동한다.

무슨 일이든 당신이 꿈꿔온 일을 시작해라.

용기 속에는 천부적인 재능과 힘, 마법이 있다.

지금 당장 그 일을 시작해라.

———— 괴테Goethe

시나리오를 쓰고 싶은가? 물론 여러분은 작품을 빨리 팔고 싶을 것이다. 하지만 여러분은 시나리오 쓰는 일에 최선을 다하고 있는가? 글 쓰는 일에 열정이 있는가? 그 일이 곧 여러분의 삶이고 그것 말고 다른 일을 하는 자신을 생각할 수 없다고 느끼는가? 아니면 다른 꿈을 위해 백만 달러짜리 작품을 꿈꾸고 있지는 않은가? 명성과 영광 그리고 돈을 바라고 있지는 않은가? 만약 여러분이 하룻밤 사이에 벼락부자가 되기를 바란다면, 그 무엇도 돈을 위해 상업영화의 시나리오를 쓰는 여러분을 막을 수는 없다. 하지만 그렇게 될 가능성은 없다.

니콜러스 카잔 무슨 일이든 바람직하지 못한 동기에서 출발한 사람들은 목표에 도달할 가능성이 훨씬 희박하다. 인간 행동의 명백한 교훈 중 하나는 결과가 의도한 대로 나오지 않는다는 사실이다. 본질적으로 당신 스스로 즐거움을 느껴야 한다. 시나리오작가로 성공한 사람들은 우선 시나리오 쓰는 일을 좋아한다. 그런 다음 그에 대한 보상을 받게 된다. 만약 열 번째 작품으로 겨우 돈을 번다 할지라도 그들은 계속 시나리오를 쓸 것이다. 왜냐하면 그들 스스로 시나리오 쓰는 일을 좋아하기 때문이다.

스콧 로젠버그 적절하지 못한 이유로 시나리오를 쓰는 사람들은 대부분 일확천금 심리가 있다. 시나리오를 쓰게 된 나의 동기는 그와 정반대이다. 난 고향에 가면, 대부분의 시간을 가족들과 함께 보낸다. 한번은 삼촌이 시나리오작가에 대한 기사를 보여주었다. 거기에는 시나리오작가로 돈을 벌려고 한다면 복권을 사는 편이 더 낫다고 쓰여 있었다. 엄청나게 사기를 떨어뜨리는 통계였으나 난 스스로 행운을 만들 수 있다고 굳게 믿었다. 당신은 처음부터 시나리오를 써야 하고 그 외에 다른 일은 생각할 수 없기 때문에 시나리오를 쓴다. 나는 실제로 글 쓰는 일이 즐겁기 때문에 쓴다. 어떤 친구는 컴퓨터 앞에 앉는 것만 빼고 어떤 일이든 하겠다고 한다. 나는 컴퓨터 앞에 앉는 것이 항상 편하다. 그 일이 다른 사람들에게는 심한 고통이지만 내겐 전혀 고통스럽지 않다. 사람은 누구나 한 가지씩 신이 주신 재능을 갖고 태어났다고 생각한다. 지미 페이지Jimmy Page가 기타를 잘 치거나 짐 캐리Jim Carrey가 우리를 웃기는 것과 마찬가지로 마크 맥과이어Mark McGwire는 별 노력 없이 6타석에 한 번씩 장외 홈런을 칠 수 있다. 그것은 그저 타고난 재능일 뿐이다. 돈을 벌기 위해 시나리오를 쓰려고 한다면 어리석은 생각이다. 돈은 케이크 위에 뿌려진 설탕일 뿐이다.

모든 사람들이 꿈을 꾸지만 똑같은 꿈을 꾸지는 않는다.
한밤중 무미건조한 마음의 휴식 속에서 꿈꾸는 사람들은
그 꿈이 허망하다는 것을 느끼며 낮에 잠에서 깨어난다.
그러나 낮에 꿈꾸는 사람들은 위험한 사람들이다.
왜냐하면 그들은 꿈을 현실적으로 이루기 위해 눈을 뜨고
그 꿈을 행동으로 옮길 수도 있기 때문이다.

──── T.E. 로렌스T.E. Lawrence

지금까지의 습관들을 되돌아보자. 지금까지 언급했던 습관들이 너무
나 부담스럽게 느껴진다면, 자기 자신에게 시나리오를 쓰려는 것이 열
정이나 필요 혹은 단순한 희망인지 물어볼 필요가 있다. 만약 글 쓸 시
간을 만들려고 했지만 계속 실패하고, 글쓰기에 대한 열망이 다른 재
미있는 일을 자제할 수 없다면, 이 일이 당신에게 맞지 않을 수도 있다.
하지만 당신이 글 쓰는 일에 전념하면서 글을 쓰고 싶다면, 하고 싶은
일과 실제로 하는 일은 별개라는 사실을 깨달을 필요가 있다. 어디에
나 작업에 방해되는 방해물과 장애물이 산재되어 있기 때문에 성심성

의를 다하는 태도와 의무감이 반드시 필요하다. 글 쓰는 직업은 만들
어지는 것이다. 그 일에 전념하려면 당신에게는 계획과 거기에 따른
실천이 필요하다.

론 배스는 일주일 내내 하루 평균 14시간씩 작업한다. 에릭 로스는 한
밤중에 일어나 두세 시간 글을 쓰고 잠깐 잠을 잔 뒤, 아침에 다시 작
업하는 스타일이다. 그는 오후에 휴식을 취하고, 저녁에 다시 작업을
한다. 아키바 골즈먼은 침대에서 일어나면 곧장 컴퓨터 앞에 앉아 쉬
지 않고 10~12시간 동안 글을 쓴다. 두 명의 작가를 제외한 나머지
조언자들도 하루에 8시간, 일주일에 5일씩 규칙적인 작업 시간을 유지
하고 있다.

용기란 두려움이 없는 것이 아니라,

다른 무엇이 두려움보다 더 중요하다고 판단한 것일 뿐이다.

──── 앰브로즈 레드문Ambrose Redmoon

초보작가에게 왜 아직 첫 작품을 쓰지 않았는지, 수년 동안 작업해온 시나리오를 왜 끝내지 못하고 있는지를 물어보면, "시간이 충분하지 않아서", "능력이 부족해서", "아이들 때문에", "최신 컴퓨터 시나리오 프로그램을 사지 못해서", "시나리오를 팔아줄 에이전트가 없어서" 등 끝없는 변명을 늘어놓을 것이다. 이런 변명 속에는 두려움과 자기 자신에 대한 의심이 깔려 있다. 사실 영화산업 전체가 두려움 위에서 움직이고 있다. 흥행에서 실패할지도 모른다는 두려움, 좋은 시나리오임에도 실패할 것 같은 두려움, 시나리오작가로 데뷔하고 나서 다시 일할 수 없을 것 같은 두려움 등이 그러한 예이다. 그러므로 여러분은 혼자가 아니다. 어찌 됐든 두려움을 안고 글을 써라. 다시 말하자면 이렇게 하는 것이 당연하다고 생각되겠지만, 이러한 행동은 터득해야 할 중요한 습관이다. 어느 분야든 성공은 두려움을 극복하고 자신감을 가진 뒤에 오는 것이기 때문이다. 다행스럽게도 자신감은 노력하면 습득될 수 있다. 그 누구도 태어날 때부터 자신감을 갖고 태어나지는 않는다. 할리우드에서는 약간의 자신감으로도 오래 버틸 수 있다.

론 배스 오늘도 영화제작사에서 회의를 했는데, 어떤 사람이 "론, 이 작품의 완성도가 당신의 평균적인 작품 수준에 미치지 않는 것 같군. 우리가 기대한 작품이 아닐세"라고 말했다. 그 말은 아직도 나를 절망감에 빠뜨리고 있다. 나는 우울한 기분으로 집에 돌아왔다. 심지어 내 시나리오 팀원들이 "오, 당신은 훌륭한 작가야. 당신은 똑똑해……"라고 칭찬을 늘어놓을 때도, 나는 내 재능에 대해 의심을 한다. 더스틴 호프먼Dustin Hoffman은 "모든 배역이 나의 마지막 배역이 될 것이다. 언젠가 사람들은 내가 연기를 할 수 없다는 사실을 깨닫게 될 것이다. 내가 팽팽한 줄에서 떨어질 때 많은 사람들이 내 모습을 볼 것이고, 그들은 나를 종이처럼 갈기갈기 찢어놓을 것이며, 난 다시는 연기를 할 수 없을 것이다"라고 말했다. 그의 말은 그에게는 재능이 충분하지 않다는 두려움이 항상 존재함을 의미한다. 두려움을 느끼는 데는 객관적인 기준이 없기 때문에 당신도 늘 그런 두려움을 느낀다. 당신의 작품이 영화로 제작되어 개봉되었을 때, 그 영화가 자신만의 작품이 아님을 알게 된다. 그 영화를 만든 사람은 줄리아 로버츠Julia Roberts 또는 수많은 다른 요소들이다. 아니면 아예 영화로 제작되지 않을 수도 있다. "당신은 똑똑해" 혹은 "이건 맘에 들지 않아"라고 둘 중 하나라는 식으로 말하는 사람들은 영화계에서 일하기가 쉽지 않다. 누가 옳고, 누가 그르다는 것인가? 그렇다고 작가로서 모든 불안감을 떨쳐버리기는 쉽지 않다. 왜냐하면 그것은 겸손함과 관련이 있기 때문이다. 만약 겸손함 때문이 아니라 자신의 작품이 좋지 못하다는 두려움 때문에 불안해 한다면 그 작품은 좋지 않은 작품이다. 그 이유는 유명한 당신이 스스로 그것을 인정했기 때문이다. 그러면 작가로서 당신의 생명은 끝난 것이다.

레슬리 딕슨 모든 작가들은 자신에 대해 의심을 한다. 하지만 나는 대부분의 분야에 대해 편안해하고 두려움이 없는 편이다. 대부분의 초보작가들이 갖고 있는 일종의 절망감도 거의 느끼지 않는다. 그것은 단지 거만하지 않은 자신감일 뿐이다. 자신이 어떤 작품에 적절한 작가가 아니라는 사실을 안다면, "난 못해요"라고 말할 수 있는 더 큰 자신감이 필요하며, 그 일을 거절해야 한다. 그것은 매번 방망이를 수천 번씩 휘두르지 않는 정직함일 뿐이다.

아키바 골즈먼 〈스리 킹스 *Three Kings*〉에서 어떤 배우가 "용기란 결과적인 산물이다"라고 말했듯이 그 대사 속에는 훌륭한 개념이 담겨져 있다. 예를 들어, 당신이 전쟁터에서 손에 깃발을 들고 뛰어갈 때, 당신은 그 순간에 충실하려고 노력할 뿐이다. 당신은 그 순간 필요한 행동을 할 뿐이다. 시간이 지나고 나서야 당신은 두려움과 스스로 자랑스럽고 용감했음을 느끼게 된다. 나는 솔직히 실패하거나 사기꾼이라고 비난받을까 봐 또는 형편없는 작가가 되거나 다시 글을 쓸 수 없게 될까 봐 끊임없이 두려워한다. 사실 창작자로서 이런 두려움을 조금도 느끼지 않는다면 자기 만족이라는 위험에 빠지게 되고, 작품의 완성도는 떨어지게 된다. 당신에게는 스스로를 분발시키는 자기 자신에 대한 의심이 조금은 필요하다.

스콧 로젠버그 초창기 때 나 역시 자신에 대한 의심을 갖고 있었지만(아직도 그렇다), 그 의심 때문에 아무것도 할 수 없을 정도는 아니었다. 그 이유는 잘 모르겠다. 그때 그 의심에 대한 일종의 잘못된 거만

함을 가졌어야 했다. 만약 그 당시 지금 내가 알고 있는 사실을 알았더
라면, 상황이 바뀌었을지도 모른다.

독서를 통해 배우는 것은 편지로 사랑을 하는 것과 같다.

─────── 루치아노 파바로티 Luciano Pavarotti

시나리오 작법은 배움을 통해 터득할 수 있는 것인가? 작가 지망생을
대상으로 쓰여진 책과 그런 사업들의 놀라운 확산은 많은 사람들이 그
것이 가능하다고 믿고 있음을 보여준다. 몇몇 훌륭한 작법 워크숍은
작가의 독특한 문체를 형성하는 데 도움을 주지만, 상투적인 것을 싫
어하는 영화계에 진부한 상업적 시나리오들이 여전히 넘쳐나고 있다
(적어도 그런 투기성 시나리오들이 팔릴 때마다 그러하다).

내 말은 시나리오 작법 세미나에 가지 말라거나 시나리오 작법 책들을
읽지 말라는 뜻이 아니다. 그것은 여러분에게 기초를 가르친다는 점에
서 도움이 될 수도 있다. 하지만 그 누구도 시나리오 작법을 가르칠 수
는 없다. 시나리오 작법은 바로 여러분 자신만이 이야기에 심을 수 있
는 독특한 마법이기 때문이다. 시나리오 작법 세미나는 동료 작가들과
교류하고, 소속감을 느끼게 해준다는 점에서 의미가 있을 수도 있다.
또한 수백 달러의 돈을 들여 세미나에 참석한다는 사실 자체가 당신을

고무시켜 시나리오를 쓰게 할 수도 있다. 나는 UCLA 사회교육원의 공개강좌와 같은 특정한 강좌들도 한 편의 시나리오나 일정한 분량을 제시된 날짜까지 끝내는 데 도움이 된다는 것을 알게 되었다. 작가 스스로 일정 분량의 원고를 강요하지 않는 이상, 원고 마감시간은 돈을 받고 일하는 대부분의 시나리오작가들이 작품 완성을 위해 사용하는 요소이다(49번째 습관을 참고하라). 본질적으로 작가는 작품 완성을 강요하는 누군가에게 월세를 지불하고 있는 것이다. 어떤 방법이든 효과만 있으면 된다. 그렇지 않은가?

중요한 것은 글쓰기는 스스로 터득하는 것이라는 점이다. 영화를 보고 시나리오와 시나리오 작법 책을 읽는 것과 더불어 시나리오작가는 인생과 사람들, 인간의 마음과 감정에 대해 배울 필요가 있다. 마치 음악가가 다른 음악가들과 함께 작업하고 그들을 관찰하면서 연습하며 배우거나 또 화가가 박물관에 가서 명화를 연구함으로써 배우는 것처럼 당신도 다른 작가들을 관찰하고(이것이 바로 이 책의 내용이다), 다른 작가들의 작품을 읽으며 무엇보다 많은 영화들을 보고 습작함으로써 글쓰는 법을 배울 수 있다.

론 배스 스탠퍼드대학 1학년 때 미국문학 강의를 들었는데, 그 교수는 유명한 소설가이자 진정한 작가였다. 커다란 덩치에 술을 좋아했던 그는 파리에서 헤밍웨이Hemingway, 스콧 피츠제럴드Scott Fitzgerald와 함께 어울렸던 시절의 이야기를 들려주곤 했다. 어느 날 강의가 끝난 뒤 그에게 가서 "진심으로 소설을 쓰고 싶습니다. 그러려면 어떤 작법 강의를 수강해야 합니까?"라고 물었다. 뜻밖에도 그는 이렇게 대답했다. "절대, 절대, 절대로 어떠한 작법 강의도 듣지 말게. 절대로 작법에 관한 책을 읽지도 말고, 절대로 다른 사람에게서 글 쓰는 법을 배우지 말게. 대신 문학 강의를 듣고, 독서하고, 남의 지식을 훔쳐, 모든 것을 자네의 방식으로 바꾸게. 작법 강의를 수강하는 것은 곧 끝장을 의미하네. 왜냐하면 자신의 글 쓰는 법에 대한 권한을 다른 사람에게 넘기는 것과 같기 때문이지. 사실 그렇게 하는 것 자체도 불가능하다네. 글쓰기라는 예술은 자신으로부터 나오는 거야. 오직 자네만이 자네 고유의 방법으로 예술을 표현할 수 있고, 그것이 바로 자신이 누구인지를 표현하는 것일세. 나 역시 자네에게 글 쓰는 법에 대해 이러쿵저러쿵 말할 수 없다네. 내가 아니라 피츠제럴드나 포크너 William Faulkner라고 해도 마찬가지일세. 아마 그들은 자신들이 어떻게 글을 쓰는지 정도는 말해줄 수 있겠지. 그중 어떤 것은 자네에게 도움이 될 수도 있어." 내가 하고 싶은 말은 당신이 원치 않는 사실을 알기 위해서 좋든 나쁘든 모든 시나리오를 읽으라는 것이다. 그리고 더욱 중요한 것은 작품을 많이 써보는 것이다. 당신은 오직 글쓰기를 통해서만 글 쓰는 법을 배울 수 있다. 매일 글을 써라. 그것을 부담스러워 해서는 안 된다. 만약 그렇다면, 글을 쓰지 않는 게 낫다.

스티븐 드수자　예전엔 시나리오 작법에 대한 책들이 별로 없었기 때문에 나는 읽을 만한 책들을 찾아다녀야 했다. 아마존Amazon 웹사이트가 생기기 전이라 필라델피아에서 기차를 타고 뉴욕의 영화 전문서점인 '시네마빌리아Cinemabilia' 까지 가곤 했다. 그곳에서 두 권의 책을 샀는데, 지금도 읽고 있고 다른 사람들에게도 강력히 추천하고 있다. 유진 베일Eugene Vale의 『시나리오 쓰기의 기술*Technique of Screenwriting*』과 러요시 에그리Lajos Egri가 쓴 『희곡 작법 *The Art of Dramatic Writing*』이 그 책들이다. 에그리의 책은 주로 등장인물에 대한 것이고, 베일의 책은 시나리오의 구조와 스토리에 대한 것으로, 두 책은 서로 내용을 상호 보완한다. 당신은 우선 고전 영화를 볼 필요가 있다. 오늘날 제작되는 영화들은 작년에 나온 영화

들의 모방작이고, 작년의 영화들은 재작년에 나온 영화들의 모방작이
다. 가끔 난 시나리오 콘퍼런스에서 고전 영화에 대해 언급하는데, 많
은 사람들이 고전 영화에 대해 알지 못한다. 그것은 끔찍한 사실이다.
마치 셰익스피어의 작품을 한 번도 읽지 않고 희곡을 쓰는 것과 같다.
당신은 모든 종류의 영화를 볼 필요가 있다. 특히 무성영화를 보아라.
무성영화들은 대사 없이 만들어졌는데도 얼마나 이해하기 쉬운가. 만
약 시나리오를 효과적으로 만들기 위해 대사에만 의존한다면, 무기의
절반만 가지고 작업하는 것이다. 영화 한 편을 본 다음, 배우들과 감독
이 어떤 내용을 덧붙였는지를 알기 위해 그 영화의 시나리오를 읽어
라. 영화를 배우는 데 한 편의 블록버스터가 일주일 동안의 세미나보
다 더 나을 수도 있다.

레슬리 딕슨 내가 가장 좋아하는 코미디 영화이자 내게 코미디
작가를 꿈꾸게 만들었던 영화는 〈프로듀서 *The Producers*〉였다. 나
는 병적으로 유머를 좋아했다. 노래하고 춤추는 나치는 내가 본 것 중
에 가장 웃기는 것이었고, 그 씬을 생각하면 지금도 웃음이 저절로 나
온다. 어머니는 늘 나를 재개봉 영화관에 데려갔기 때문에 에른스트
루비치Ernst Lubitsch(독일 출신의 할리우드 고전 코미디의 거장. 옮긴이)나
빌리 와일더Billy Wilder의 작품들에 익숙하게 되었다. 진정으로 좋
아하는 영화를 보고, 시나리오의 관점에서 왜 그 영화를 좋아하는지
분석하는 과정에서 많은 것을 배우게 될 것이다. 영화를 보고 그 영화
의 시나리오를 읽어라. 그렇게 하는 것이 어떤 강의보다도 영화에 대
해 더 많은 것을 가르쳐줄 것이다. 언젠가 로버트 매키Robert Mc-
Kee의 『스토리 *Story*』의 복사본을 읽은 적이 있다. 그 책은 마치 사람
들의 DNA를 분석해서 그들을 이해하려고 애쓰는 것 같은 느낌을 주
었다. 아주 작은 차트와 도표 그리고 법칙들로 가득 찬 그 책은 나를

놀라게 만들었다. 당신이 해야 할 일 중 많은 일이 직감에 의존한다. 시나리오 작법을 배우는 최고의 방법은 좋아하는 영화를 보고, 그 영화가 왜 좋은지 따져보는 것이다. 만약 이런 일을 시작할 수 없다면, 아무것도 할 수 없다. 그것이 바로 우선 해야 될 일이다.

에이미 홀든 존스 운 좋게도 나는 시나리오를 각색하여 연출할 기회가 있었는데, 그때 많은 것을 배우고 경험했다. 내가 쓰려고 했던 장르의 최고 견본작품들을 읽을 수 있었던 것이다. 예를 들어 〈러브 레터 *Love Letters*〉를 쓸 때 〈크레이머 대 크레이머 *Kramer vs. Kramer*〉와 〈보통 사람들 *Ordinary People*〉, 그 외에 많은 훌륭한 영화의 시나리오들을 읽었다. 만약 그 시나리오들을 읽고 분석하고 공부한다면, 시나리오의 효과적인 양식과 글 쓰는 법을 알게 될 것이다. 초보작가들은 그 장르에 속하는 고전 영화의 시나리오도 읽지 않은 채 인기 있는 장르만을 쓰는 실수를 범하곤 한다. 또한 영화에서 가장 중요한 상업적 요소가 즐거움과 감동을 주는 것이라는 사실도 잊어버린다. 내 직장상사 로저 코먼Roger Corman(미국 B급영화의 대표적인 감독. 옮긴이)은 직원들에게 연기 강의를 수강하도록 했는데, 그 강의에서 나는 배우가 등장인물을 만들어가는 과정, 대사가 어떻게 작용하는지 또는 무엇이 씬을 효과적으로 만드는지 등 작가로서 배워야 할 모든 것을 배웠다.

니콜러스 카잔 나는 글쓰기를 통해 글재주를 키웠다. 많은 초보작가들은 세미나에 참석하는 경향이 있는데, 차라리 그 시간에 시나리오를 쓰는 게 더 낫다. 그런 자리에서 다른 초보작가들을 만남으로써 편안함을 느낄 수 있겠지만, 진심으로 작가가 되려고 하는 사람들에게는 아주 적은 정보만을 주기 때문에 실제로는 별 도움이 안 된다. 당신의 다섯 번째 작품은 첫 작품보다 나을 것이다. 다른 사람들에게 당신의 작품을 읽게 하여 그들이 이해하지 못하거나 싫어하는 것이 무엇인지를 아는 것이 글재주를 키우는 좋은 방법이더라도, 단 한 사람에게도 작품을 보여주지 않고 글재주를 키울 수도 있다. 애정을 가지고 글을 써라. 작품을 빨리 작업해라. 아이디어를 찾아라. 영감을 얻어라. 글을 써라. 글을 쓰면서 글 쓰는 법을 익혀라. 영화를 봐라. 다른 시나리오를 읽고, 더 많은 작품을 써라.

스콧 로젠버그 어떤 사람에게 등장인물과 대사 쓰는 법을 가르치는 것은 상당히 어려운 일이다. 최고 작가들의 재능은 신이 내린 것이라고 생각한다. 하지만 당신도 배울 수 있는 것이 있는데, 그것이 바로 이야기 구조이다. 그리고 영화를 배우기 위해 꼭 영화학교에 갈 필요는 없다. 당신은 두세 권의 책으로부터 충분히 많은 것을 배울 수 있다. USC의 학과장이었던 프랭크 대니얼Frank Daniel의 강의는 내가 들은 강의 중에 최고의 강의였다. 그는 한 편의 영화를 보여주고 난 후, 다음 강의 시간에 소리를 낮추어 다시 한 번 보여주면서 기본적으로 그 영화의 모든 것이 구조적으로 어떻게 작용하는지, 이 부분에 깔린 복선은 무엇인지, 그리고 그 복선이 다른 부분에서 어떤 결과를 낳는지를 설명했다. 그는 모든 종류의 영화를 그런 식으로 강의했다. 그의 강의는 이야기 구조에 대한 모든 것을 알게 해주었다. 당신이 이야기 구조를 알고 등장인물과 대사를 쓸 수 있다면, 나머지는 좋은 아이디어를 찾는 것뿐이다. 영화학교의 다른 장점은 다른 작가들의 생각을 알 수 있고 외로움을 덜 느끼게 한다는 점이다. 게다가 다른 작가들로부터 끊임없이 자신의 작품에 대한 의견을 들을 수 있다. 당신은 매주 동료 학생들이 읽고 평가할 10페이지 정도의 시나리오를 써야 한다. UCLA의 한 가지 장점은 졸업을 하기 전에 여섯 편의 작품을 써야 한다는 사실이다. 그것은 놀라운 일이다. 학교를 졸업할 때, 당신은 이미 많은 시나리오들로 무장되어 있다.

에릭 로스 나는 영화광이었기 때문에 영화에 대해 많이 알고 있었다. 영화를 좋아했고 글을 쓸 줄 알았다. 나머지는 글쓰기를 통해 배웠다. 작가는 문학과 희곡에 대해서도 알아야 한다. 드라마의 법칙은 모든 픽션에 적용할 수 있기 때문이다. 그리고 고전에 대한 교육도 이들 못지않게 중요하다. 해박한 지식은 모든 장르의 작가들이 얻으려고 하는 최상의 것이기 때문이다.

마이클 시퍼 내게 도움을 준 것 중 하나는 UCLA 사회교육원의 연기와 연출에 관련된 강의들이었다. 나는 배우들의 연기를 보면서 좋은 씬과 대사에 대해 알게 되었다. 그 강의들은 현실에서 그런 대사를 하는 인물들의 이야기를 어떻게 써야 하는지를 보여주었고, 드라마가 무엇인지를 알게 해주었다. 초보작가는 연기 강의를 수강할 것을 강력히 권한다. 연기 강의시간에 배우들을 데리고 장면을 연출해보면서, 무엇이 그 씬에 생명력을 불어넣는지 그리고 어떤 부분을 생략할 수 있는지를 지켜보라. 그러면 좋은 대사를 쓸 수 있는 힘을 키울 수 있다. 나는 시나리오 작법 강의를 한 번도 들은 적이 없기 때문에 그것에 대해서는 정말 아무런 할 말이 없다. 당신이 가끔 세미나에 참석해서 전에 몰랐던 유익한 정보를 얻었다면, 그것은 좋은 일이다. 하지만 내 생각에 작가는 실제 글을 써보고 효과적인 글을 쓰려고 노력함으로써, 자신만의 글재주를 키울 수 있다고 생각한다. 14편에서 20편 정도의 작품을 쓰고 나면, 당신은 이야기의 타이밍과 이동, 구조, 대사들에 대해 이해하게 된다. 그것은 다른 누군가의 규칙이 아니라 바로 당신의 것이다. 당신의 작품은 시행착오를 겪으면서 자기만의 고유한 목소리를 낼 것이다.

톰 슐먼 아리스토텔레스의 『시학*Poetics*』과 러요시 에그리의 『희곡 작법』은 내게 많은 도움을 주었다. 나머지 소중한 지식들은 연기론과 감독론 강의를 듣고, 많은 영화를 보면서, 그리고 온갖 영화와 연극에 중독되어 매번 공연에서 스타일에 이르기까지 함께 토론했던 친구들로부터 배웠다.

에드 솔러먼 내게 가장 도움이 된 시나리오 작법 책과 세미나는 18년간 글을 쓴 경험 그 자체이다. 만약 당신이 그것들을 성경책처럼 귀중하게 여기지 않는다면 처음 얼마 동안은 도움이 될 것이다. 만약 오랫동안 글을 써서 자신만의 문체를 터득한 뒤라면 시나리오 작법 책들은 읽어볼 만하다. 하지만 작법 책과 세미나 같은 것들은 바로 위험한 요인이 될 수도 있다. 보통 내가 추천하는 책은 앤 라모트Anne Lamott의 『버드 바이 버드*Bird by Bird*』이다. 나는 주로 친구들에게 질문하면서 작법에 대해 배웠고, 지금도 배우고 있는 중이다. 다만 차이점은 지금 더 많이 배우고 있다는 것이다. 모든 시나리오는 매번 다르게 쓰여져야 한다. 지난 번 작품에서 효과적인 것이 반드시 이번 작품에 효과적이지는 않다. 새 작품을 쓸 때마다 글 쓰는 법을 다시 배우는 것처럼 느껴진다. 당신도 결국 글쓰기를 통해서만 작법에 대해 배우게 될 것이다. 실제로 글을 써보면서 새롭게 글 쓰는 법을 발견하게 된다. 대부분의 작가들이 영화를 보고 배우지만, 내겐 그럴 만한 시간이 없다. 내겐 아내와 아이가 있다. 내 인생이 전부 영화와 관련되는 것을 원치 않는다. 내게 가장 중요한 창작의 소재는 바로 인생이다. 나는 세상을 이해하고 세상의 한 부분이 되려고 노력한다. 너무 자기중심적인 가치관을 갖지 않으면서, 내가 하는 모든 일을 지나치게 좋아하지 않으려고 애쓴다. 나는 살면서 책을 읽고, 문화의 한 부분이 되려고 노력할 뿐이다. 좋은 아버지와 남편이 되기 위해, 그리고 짧은 인생을 최고의 인생으로 만들려고 노력하면서, 가족과 함께 많은 시간을 보낸다.

로빈 스위코드 조언자를 구할 만큼 운이 좋지 못해서 나는 시간과 인내를 가지고 글을 쓰면서 몇 년을 함께 보낼 수 있는 동반자를 찾아다녔다. 진지하게 글을 쓰기 시작하면서 나는 그때까지 만났던 사람들 중 똑똑해 보이는, 특히 영화제작사에서 일했던 사람들에게 간단하게 도움을 청했다. 당신의 작품을 읽고 당신에게 친절을 베풀어줄 사람이 있다는 것은 매우 중요하다. 왜냐하면 걸음마 단계의 작품을 보여줄 때, 당신은 모든 위험을 감수하기 때문이다. 어떠한 사람도 당신에게 글 쓰는 법을 가르쳐줄 수 없다. 모든 글쓰기는 스스로 터득하는 것이다. 당신이 바깥세상에서 찾고자 하는 것은 또 하나의 눈일 뿐이다. 그 눈은 당신이 작품에 너무 가까이 있기 때문에 볼 수 없는 것을 보게 해준다. 내게 그 눈은 영화를 보는 것이다. 가끔 같은 영화를 두 번씩 보기도 한다. 나는 모든 이야기 형식을 좋아하기 때문에 이야기 속으로 빠져들어버려 정신을 집중해 그 영화를 다시 보아야 하는 것이다. 때때로 나는 소리를 줄이고 영화를 보고 나서, 편집자가 무엇을 했는지, 어디서 새로운 컷이 시작하는지, 어떻게 정보가 시각적으로 전달되는지, 왜 새로운 씬이 앞이나 뒤가 아닌 바로 그 부분에서 시작하는지를 사람들에게 눈여겨보라고 말한다. 가장 좋은 배움의 방식은 모든 것들을 흡수하여 다른 작품을 이해함으로써 자신의 작품을 만드는 지식이 되도록 하는 것이다.

열심히 일하고, 그에 따른 희생 감수하기

어떠한 것을 꿈꿀 용기와 구체적인 계획을 세우는 데 필요한 지식
그리고 끝까지 그 계획을 밀고 나가려는 의지만 있다면,
당신은 인생에서 원하는 것을 성취할 수 있다.

—— 시드니 A. 프리드먼Sidney A. Friedman

한 편의 시나리오를 읽고 시나리오작가가 되는 것이 쉽다고 생각할지 모르지만, 사실 글 쓰는 일은 어렵다. 글 쓰는 일에는 시간, 집중력 그리고 글을 쓰는 훈련이 필요하다. 작가란 글을 쓰는 존재이다. 비록 성공에 대한 열망 때문일지라도 시나리오 쓰는 일에 전념하려면 최소한 초창기 때는 안정적인 수입, 인간관계 등 많은 것들을 희생해야 한다. 의사나 변호사 혹은 고액 연봉의 잘나가는 친구들을 보면서 초라한 자신과 비교하게 될지도 모른다. 게다가 부모님은 여러분의 예술적인 노력을 이해하지 못하고 "넌 언제쯤 제대로 된 직업을 가질 거니?"라고 말하며, 은근히 잔소리를 늘어놓을 것이다. 성공한 작가들은 대부분 이러한 과정을 겪었다. 그리고 이것이 그들이 온 힘을 바쳐 하려고 하는 글 쓰는 일에 대한 열정이다.

아키바 골즈먼 글을 본격적으로 시작했을 때 난 운이 좋은 편이었다. 하지만 이 일의 단점은 글 쓰는 일이 곧 삶의 전부가 되어버린다는 것이다. 지금 나는 이혼을 했다. 이 일을 좋아하긴 하지만 많은 것을 희생해야 하기 때문에 그만두려고 한 적도 있었다. 글 쓰는 일을 시작해도 영화계에 발을 들여놓기란 하늘의 별따기다. 당신은 절대 이 일을 포기하지 못하겠지만, 정기적으로 일할 수 있는 기회가 그리 쉽게 오는 것은 아니다. 아직도 나는 영화를 만들고 참여하는 생각에 깊이 사로잡혀 있다. 그리고 그 일은 다른 일들처럼 속을 태우지만 보람찬 일이다. 하지만 좋은 사람들을 잃기도 한다. 때로는 인생의 다른 일들처럼 좋은 것들을 도중에 잃게 된다.

짐 커프 나는 영화계에서 성공하려고 열심히 노력했다. 데이트도 하지 않고 오직 글 쓰는 일에만 전념했다. 밤낮으로 글을 썼고 그렇게 하지 않으면 오히려 불안할 지경이었다. 만약 10년 뒤에도 성공하지 못한다면 '이 정도 했으면 충분해. 그만 포기해야지' 라고 나 자신에게 말할 생각이었다. 그렇게 생각하니 비로소 마음의 여유가 생겼다. 운 좋게도 글쓰기를 시작한 지 3년쯤 지나면서 경제적인 여유가 생겼고, 두 번의 작가 파업 기간을 빼고는 한 번도 실업자가 된 적이 없었다. 글을 쓰기 시작했을 때 부양 가족이 없다는 건 다행스런 일이었다. 글 쓰는 일을 막 시작했다면 가정을 꾸리지 말라고 권하고 싶다. 글 쓰는 일이 당신의 삶을 전부 빼앗아갈 것이다. 당신은 영화계에 발을 들여놓는 데 집중하며, 글 쓰는 일로 먹고, 숨쉬고, 그 일 속에서 사람을 만나고, 그들과 친구가 되어야 한다.

마이클 시퍼 난 간절하게 작가가 되고 싶었다. 3천 달러의 돈으로 1년을 버티기도 했다. 그야말로 성공 아니면 죽음이라는 심정이었다. 글을 쓰는 것만이 살아가는 유일한 이유였고, 그것 외에는 달리 살아갈 방법이 없었다. 난 거의 무일푼으로 할리우드에 왔기 때문에 이상한 일들까지 하며 글을 썼고, 최선을 다해 노력했다. 그래도 마흔 살까지 작가가 되지 못한다면 포기할 작정이었다. 하지만 그러한 결심에 앞서 해야 할 일은 진심으로 최선을 다하는 것이다. 이 세상 누구도 우리의 재능에 대해 알지 못하지만, 우리는 성실성과 글재주에 대해서 말할 수 있다.

어떠한 사람도 실력의 우수함을 차별할 수 없다는 사실을
나는 이미 데뷔 초기에 알고 있었다.

———— 오프라 윈프리Oprah Winfrey

간단히 말해 성공한 시나리오작가들은 다른 사람들보다 글을 더 잘 쓰기 때문에 성공한다. 앞에서 우리의 조언자들은 글재주를 개발하는 일에 필요한 시간을 투자한다고 했다. 그들은 성공하기 위해서 무엇이 필요한지를 알며, 글재주를 가지려면 한 편 이상의 작품을 써야 한다는 사실도 알고 있다. 지금 그들은 최선을 다하겠다는 열망에 거칠 것이 없고, 또 그렇게 해야 한다. 거기에 작가의 생명과 명성이 달렸다. 그들 작품이 두세 번 기준에 미치지 못하는 실수라도 한다면 그들의 자리는 막 떠오르는 젊은 작가들로 교체될 것이라는 사실을 그들은 안다. 여러분은 이 기준이 무엇인지를 알고, 자기 작품을 그 기준까지 끌어올릴 필요가 있다. 좋은 시나리오의 기준은 무엇일까? 그것을 알기란 어렵지 않다. 좋은 시나리오를 읽고, 그 시나리오를 자신의 작품과 비교해라. 여러분은 두 작품의 차이를 알게 될 것이고, 그 차이가 여러

분의 작품 수준을 끌어올리도록 여러분에게 영감을 줄 것이다.

레슬리 딕슨 시나리오작가가 되기 위해 나는 혹독한 배움의 과정을 거쳤다. 내 첫 작품은 아이디어만 팔렸다. 나는 끊임없이 부족하다고 느꼈고, 매일 그 작품을 더 좋게 만들려고 매달렸다. 요즘도 나는 내 작품이 완벽하다고 생각하지 않는다. 그런 생각이 나를 부지런하게 만들고, 작품지원서를 찢어버리게 한다. 그 기준에 도달하기란 쉽지가 않다.

아키바 골즈먼 "만약 어떤 작가가 글을 잘 썼다면 그것은 다른 90퍼센트의 작가들보다 더 글을 잘 썼음을 의미한다." 이것은 조엘 슈마커Joel Schumacher가 내게 가르쳐준 사실이다. 사실 제대로 글을 쓰는 사람은 매우 적다. 또한 슈마커는 실수는 용납할 수 있지만 적당히 얼버무리는 것은 용납할 수 없으며, 이런 사실을 아는 것이 매우 중요하다고 말했다. 그만큼 영화계의 많은 사람들이 당신의 작품에 의존하고 있기 때문이다. 만약 처음부터 자신의 작품을 진지하게 생각하는 습관을 가진다면, 당신은 영화계에 더 쉽게 적응할 수 있다.

· · ·

여러분에게는 열정과 꿈이 있다. 여러분은 자신의 창작 능력을 높여줄 습관들을 완전히 터득했는가? 우리의 조언자들은 그런 습관들을 이미 터득했다. 여러분이 어떻게 그 습관들을 배울 수 있는지 알아보자.

열 정 :
시나리오를
쓰고 싶은 충
동

02 Creativity

창작, 글 쓰는 재미 불러일으키기

이성을 초월한 저 찬란한 빛은

내게 다시 신의 직관력을 불어넣어 주고,

후세의 사람들에게 신의 영광의 유일한 불꽃이 될 힘을

내 혀에 심어준다…….

——— 단테Dante, 『신곡』

제6장 　　　　　　　　　　　　창작 과정

오늘날 창작 과정을 비롯해 '어떻게 창작 과정으로부터 더 많은 것을 얻을 수 있는가' 까지, 창작에 관련된 책과 이론은 풍부하다. 하지만 여러분이 어떤 이론을 받아들이든, 그것은 모두 같은 단계들로 귀결된다. 전통적으로 창작 과정에는 4가지 단계가 있다. 첫 번째 단계는 이 장의 주제인 준비 단계다. 나는 이 준비 단계를 다시 3단계로 세분화했는데, '글 쓰는 재미 돋우기', '아이디어 키우기', '아이디어 갖고 놀기' 이다. 이 과정은 하나의 이야기로 완성될 아이디어를 개발하고 자료들을 수집하는 단계다. 두 번째 단계는 '아이디어 품고 있기' 라고 부르는 부화 기간이다. 이 단계에서 할 일은 아이디어에서 멀어져 무의식으로 하여금 그 아이디어를 넘겨받도록 하는 것이다. 다음 단계는 깨달음 또는 '글 쓰는 재미 발견하기' 이다. 이 단계에서 여러분은 도무지 아이디어가 떠오르지 않을 때 "아하!" 하면서 불이 번쩍 켜지는 최고의 경험을 하게 된다. 마지막 단계는 '완성을 위해 아이디어 구축하기' 라고 부르는 평가 단계다. 이 과정에서 여러분의 분석적인 자아는 그 아이디어에 추구할 만한 가치가 있는지를 평가한다. 만약 그렇다면 그 아이디어를 하나의 아웃라인으로 확대시켜 한 편의 시나리오로 만든다.

창작의 사유 과정이 항상 일직선처럼 순서대로 나오는 것이 아니라 순서를 지키지 않을 수도 있다는 사실을 알아야 한다. 비록 창작 과정이 뚜렷하게 여러 단계로 나뉜다 하더라도, 창작이 반드시 순서를 따라 이루어지는 것은 아니다. 작가로서 우리는 보통 깨달음의 단계에서 이미지나 등장인물, 배경 또는 한 줄의 대사처럼 영감의 번득임을 경험한다. 그런 다음 준비 단계인 자료조사 단계에 들어가게 된다. 또한 창작 과정 내내 무의식 속에서 부화되는 아이디어도 있다. 이것은 단지 결정과 분석에 따른 규칙일 뿐이지, 의존할 만한 것이 못 된다는 점을 기억해라. 만약 여러분이 자유롭게 아이디어를 떠올릴 수 있다면 어떠한 창작 순서도 상관없다.

· · · ·

〈1단계〉 첫 번째 : 글 쓰는 재미 돋우기

창작 에너지를 불러일으키려면 먼저 당신의 뇌에 연료를 공급해야 한다.

우리는 창작의 영혼에 양식이 되는 주스를
삶의 한복판에서 찾아야 한다.

———— 사크Sark

성공한 시나리오작가들은 대개 정보 중독자들이다. 다양한 곳으로부터 많은 정보를 얻을수록, 작가가 받아들이는 지적 자극도 점점 많아진다. 작가들은 호기심으로 가득 차 있다. 〈쇼트 서킷 *Short Circuit*〉에는 지적 호기심에 관한 극단적인 장면이 나온다. 지식에 굶주린 로봇 '넘버 파이브Number Five'가 백과사전, 잡지, 신문과 텔레비전 방송을 모두 섭렵한다. 하지만 그는 그것으로 부족했든지 "입력, 입력, 더 많은 입력이 필요해!"라고 외친다.

'넘버 파이브'처럼 작가를 포함한 모든 예술가들은 정보를 빨아들이는 스펀지가 되어야 한다. 여러분은 자신의 삶 자체를 훌륭한 아이디어가 자라날 비옥한 밑거름으로 만들기 위해 바깥세상으로 나가 이미 만들어진 것들을 배워야 한다. 다양한 지식으로 충만한 삶은 언젠가 여러분만의 독특한 문체를 쏟아내게 할 것이다.

나는 많은 피칭 자리에서 초보작가들이 "이것은 정말로 독창적인 개념이며 한 번도 만들어진 적이 없습니다"라고 말하는 것을 수없이 들었다. 하지만 이내 나는 똑같은 줄거리를 가진 영화나 이미 출간된 소설의 제목을 최소한 세 편은 대곤 했다. 초보작가들이 자신의 아이디어가 다른 사람이 이미 써먹은 것인지조차도 조사하지 않고, 1년 동안 매달려서 썼다는 말을 들을 때마다 우울해진다. 옛말에 "규칙을 깨기 전에 먼저 그 규칙에 대해 알 필요가 있다"는 격언도 있지 않은가? 여러분은 1퍼센트의 독창성을 배출하기 위해 거대한 양의 정보를 입력할 필요가 있다.

스티븐 드수자 나는 광적으로 신문기사를 수집한다. 내 작업실 벽면에는 여러 개의 장식장이 놓여 있는데, 그중 절반은 흉악하거나 영리한 범죄, 놀랄 만큼 어리석은 범죄자, 강도, 최신 기술, 수사기법, 군사무기에 관한 신문기사들로 가득 차 있다. 그것들이 언제 제값을 할지는 알 수 없지만, 그래도 늘 자료조사를 한다. 또한 나는 놀라운 접속력을 가진 인터넷도 좋아한다. 매일 30분 정도 뉴스 사이트들을 훑어본다. 그리고 내겐 잘 모르거나 애매한 것들에 대해 조사하여 알려주는 조수도 한 명 있다.

에이미 홀든 존스 나의 커다란 정보 출처는 신문이다. 신문은 늘 사람들이 일으킨 사건들로 가득하다. 종종 그 사건들의 실제 이야기와 그들이 행동한 방법들이 나를 놀라게 만든다.

스콧 로젠버그 당신은 무조건 영화를 많이 보려고 노력한다. 나는 현장에 어떤 시나리오들이 돌아다니는지 알고 싶지 않기 때문에 시나리오 읽는 것을 좋아하지 않는다. 대신 사람들을 만나지 않는 자유

시간의 대부분을 책을 읽으면서 보낸다. 더 중요한 것은 밖에 나가서 영화 일과 무관한 삶을 사는 것이다. 하지만 L.A.에서 그렇게 하기란 쉽지가 않다. L.A.에서 어느 정도 오래 산 사람이라면, 주변의 모든 사람들이 영화 일을 하고 있거나, 예전에 영화 일을 했거나, 아니면 영화 일을 하고 싶어한다는 사실을 알 수 있다. 물론 당신이 어떤 파티에 갔는데 거기에 브래드 피트와 톰 크루즈가 있다면 정말 멋진 일일 것이다. 하지만 어느 순간 당신은 '잠깐! 보편적으로 통하는 이야기를 해야 하는데, 톰 크루즈와 함께 맥주를 마시면서 그렇게 하기란 불가능해'라고 깨닫게 된다. 그런 상황 자체가 현실성이 없다.

톰 슐먼 나는 영화를 보기보다는 소설, 실화사건, 신문 또는 잡지를 더 많이 읽거나 인터넷을 살펴본다. 그중에서도 가장 중요한 것은 소설이다. 만약 어떤 이유 때문에 소설을 읽지 못한다면, 당장 글 쓰는 일에 어려움을 겪는다.

로빈 스위코드 작가로서 우리는 마음을 활기차게 유지하기 위해서도 많은 문화 정보가 필요하다. 또한 겉치레를 벗어나 세상에 나가 다른 사람들과 인간적인 교류를 할 필요가 있다. 당신이 한 인간으로서 정말 글로 표현해야 하는 것은 자신에게 영감을 주는 것들에 대한 자신만의 경험과 마음 그리고 인식이다. 당신은 많은 것에 관심을 가져야 한다. 자발적으로 행동해라. 세상을 경험해라. 글쓰기는 인간으로서 당신의 한 단면만을 드러내 보이지만, 인간으로서 당신이 누구인가라는 것은 글쓰기에 어떤 무언가를 공급해준다.

아이디어 구하는 것에 대해 걱정하지 않기

당신에게 필요한 모든 단어는 사전 안에 있다.
당신이 해야 하는 일은 그 단어들을 알맞은 순서대로 배치하는 것이다.

———— 에마 다시Emma Darcy

나는 우리의 조언자들이 아이디어 구하는 것에 대해 거의 걱정하지 않는다는 사실에 놀랐다. 왜냐하면 초보작가들은 "당신은 아이디어를 어디에서 구합니까?"라고 종종 묻기 때문이다. 그들의 걱정은 오히려 "아이디어는 많은데 글로 쓸 시간이 부족하다"는 것이다. 아마 여러분은 그들이 성공했기 때문에 걱정할 필요가 없을 거라고 생각할 수도 있는데, 그 말은 어느 정도 사실이다. 그들의 경지에서 아이디어는 모든 곳으로부터 오는데, 주로 그들에게 각색을 부탁하는 사람들에게서 얻는다. 하지만 우리의 조언자들은 심지어 초보작가 시절에도 아이디어를 찾는 데 집착하지 않았다. 그들이 말하는 공통점은 여러분 주변 어디에나 아이디어가 있다는 것이다. 여러분은 다만 그것들에 대해 마음을 열면 될 뿐이다. 그것은 마치 진실한 사랑과 비슷하다. 즉 여러분이 진실한 사랑을 찾아 헤매지 않더라도 진실한 사랑이 여러분에게 오듯이 말이다. 여러분이 걱정해야 할 것은 아이디어를 접했을 때 그 아이디어를 빠르고 적절하게 작품으로 완성하는 것이다. 오늘날 할리우드에는 좋은 아이디어들이 매우 흔한 것이 현실이다. 하지만 그런 아이디어들은 많은 돈을 받는 성공한 시나리오작가들을 위한 것이다. 바로 그것이 일반적으로 제작사가 때때로 위험 부담이 큰 여름에, 블록버스터 한 편에 15명의 작가들을 투입하는 이유이다. 즉 똑같은 아이디어를 다르게 표현하기 위해서 말이다.

론 배스 나는 아이디어를 찾는 일이 결코 어렵지 않다. 난 한 번도 그런 사실을 자랑스럽게 여긴 적이 없다. 나는 이야기꾼이다. 반드시 나 자신이 아이디어를 창출해낼 필요는 없다. 아이디어는 개인적 경험, 나와 같이 작업하는 사람들, 또는 그 어떤 곳으로부터도 올 수 있다. 내 아이디어는 보통 돈을 주고 그 아이디어를 산 제작자들로부터 온다. 그들이 내게 그들이 산 아이디어들을 말하면, 난 모래밭에서 진주를 캐듯이 그 아이디어를 가지고 이야기를 쓴다.

아키바 골즈먼 나는 아이디어들을 찾는 데 시간을 조금도 낭비하지 않는다. 세상은 아이디어로 충만하므로 단지 그 아이디어들에 대해 마음을 열기만 하면 된다. 그러면 그 아이디어들이 당신을 찾아온다. 그리고 정말 좋은 아이디어는 당신을 사로잡으므로, 당신은 결국 그 아이디어를 사용하게 된다.

스콧 로젠버그 내 경우는 이 주제에 관한 일반적인 경우와 정반대다. 내겐 아이디어가 너무나 많다. 그리고 그런 사실이 내게 많은 절망감을 준다. 왜냐하면 내겐 그 모든 아이디어를 사용할 수 있는 방법이 없기 때문이다. 그래서 나는 내 밑에 초고를 쓰는 젊은 작가들을 고용할 수 있는 위치에 도달하기를 몹시 바란다.

에드 솔러먼 아이디어에 대해 마음을 열면 아이디어가 당신에게 오지만, 아이디어를 쫓아다니면 아이디어는 당신에게 오지 않는다. 주변 세상에 대해 마음을 열고 생각하면 할수록, 당신에게 더 많은 아이디어들이 떠오른다. 글쓰기는 더 많은 글쓰기를 낳으며, 더 많은 생각을 하면서 글을 쓰면 쓸수록, 당신이 얻는 아이디어는 점점 더 많아진다는 것이 내겐 절대불변의 사실이다. 그러한 사실에서 중요한 것은 당신에게 떠오르는 아이디어를 확장하고 키워서 풍요롭게 만드는 것이다.

로빈 스위코드 나의 문제는 "그 모든 아이디어들을 가지고 무엇을 할 것인가?"라는 점이다. 내겐 머릿속에 떠오르는 모든 이야기들을 쓸 시간이 충분치 않다. 내 마음은 벨크로Velcro(단추 대신 사용하는 착탈식 접착테이프. 옮긴이)와 같아서 내가 아이디어를 찾아다니는 게 아니라 아이디어가 나를 찾아온다.

· · ·

〈1단계〉 두 번째 : 아이디어 키우기

만약 여러분이 아이디어가 떠오르는 축복을 받았다면, 커다란 그림을 보고 질문과 호기심이 생기는 것처럼 여러분은 등장인물, 이야기, 약간의 대사 또는 상황이 될 소재들을 조사함으로써 글 쓸 준비를 하게 된다.

모든 문제에 대한 정답은 미리 존재한다.

우리는 정답을 밝히기 위해 적절한 질문을 할 필요가 있다.

──── 조너스 솔크Jonas Salk

여러분은 작품과 관련이 있을 수도 있는 어떤 정보를 조사하면서 그 아이디어에 몰두한다. 대학의 신문방송학과에서는 예비 기자들에게 모든 이야기에 '누가, 무엇을, 어디서, 언제, 어떻게, 왜' 했는지라는 6하 원칙에 따른 보편적인 질문을 하라고 가르친다. 그것을 이야기 창작에 대입해보면 가장 선호하는 이야기 출발점은 "만약 ~라면 어떨까?"라는 질문이다. 적절한 질문은 종종 자석에 착 달라붙는 못처럼 적절한 답을 가져다준다. 대부분의 시나리오 작법 책들은 다음과 같은 내용들로 가득 차 있다. 즉, 내 이야기는 무엇에 관한 것인가? 누가 내 주인공들인가? 그들은 무엇을 원하고, 그들을 방해하는 것은 무엇인가? 그들은 왜 그것을 원하는가? 그들은 그것을 성취하기 위해 얼마나 노력할 것인가? 또 그들을 방해하는 사람은 얼마나 노력할 것인가? 이야기가 발생하는 장소는 어디이며, 시간적 배경은 언제인가? 내가 어느 단계에서든 나 자신에게 물어보는 가장 중요한 질문 두 가지는 "이것이 관객의 흥미를 끌 만큼 충분히 독특하고 강력한가?"와 "어떤 식으로든 내가 이 아이디어에 감동하였는가?"이다. 만약 그렇지 않다면, 그 이야기는 결코 단 한 명의 관객도 감동시키지 못할 것이다.

여러분이 창작 과정의 부화 단계로 가기 전, 특히 글을 쓰다가 막혔다면, 질문을 하는 것도 하나의 소중한 방법이 될 수 있다. 보통 질문을 한 다음, 그 질문 자체에 대해 잊어버리는 것이 여러분 자신을 생산적인 깨달음의 순간으로 인도하게 된다. 깨달음의 순간이란 적어도 문제 해결을 원할 때 여러분의 무의식 속에서 문제들이 스스로 해결되는 것처럼 느껴지면서 문제에 대한 해결 방법이 튀어나오는 것을 말한다.

론 배스 내게 일단 아이디어가 싹트면, 이야기의 아웃라인을 잡기 전에 떠오르는 모든 것들을 따져보는 '짜맞추기matrixing' 라는 과정이 있는데, 그것은 일종의 아이디어 수집 과정이다. 나는 모든 것에 대해 자유롭고 마음을 열고 싶기 때문에 일부러 정리되지 않은 방법으로 아이디어를 생각한다. 모든 것들을 방법이 어떠하든 내게 충격을 주는 방법으로 종합한다. 나는 공원에서 산책하면서 줄거리, 구조, 등장인물, 대사, 주제, 분위기 등 무엇이든 떠오르는 아이디어들을 받아 기록한다. 그런 다음 며칠 또는 몇 주 동안 그것들을 가지고 미친 듯이 글을 쓴다.

니콜러스 카잔 아이디어는 종종 어떤 느낌에서 시작되거나, 혹은 길에서 어떤 재미있는 행동을 하는 사람을 발견했을 경우 그런 행동을 하는 이유에 대해 궁금해하면서 그 호기심을 따라가면, 하나의 아이디어로 발전한다. 하지만 그런 호기심은 대개 아무것도 가져다주지 않는다. 그러나 그것을 받아 기록함으로써 하나의 새로운 아이디어가 또 다른 아이디어를 낳고, 때로는 그 아이디어가 다른 아이디어들과 합쳐져 하나의 새로운 아이디어를 이루기도 한다. 나는 카드나 어떠한 구조표도 사용하지 않는다. 그저 메모를 하고 아웃라인을 만들며, 등장인물과 대사 그리고 씬에 대한 생각을 적을 뿐이다. 그리고 최대한 오랫동안 그것들을 가지고 놀려고 노력할 뿐이다. 그것은 시나리오 세계에 대한 일종의 탐험이다.

에릭 로스 나는 아주 잠시 동안 아이디어가 스스로 자라도록 한다. 보통 나는 아이디어의 뿌리나 그와 관련된 사람과 주제에 관심을 갖는다. 그리하여 우선 그것이 무엇에 관한 것인지, 즉 주제를 알 필요가 있다. 왜냐하면 보통 줄거리와 등장인물이 그 주제를 반영해야 하기 때문이다. 그런 다음, 안정적인 도입부를 얻으려고 노력하면 결말이 어떻게 될지 알게 된다. 시작과 결말은 절대 바뀌지 않지만, 중간 부분은 결정되지 않는다.

톰 슐먼 내 경우 아이디어는 어떤 이유로 인해 마음에 떠오르는 등장인물로부터 비롯된다. 산책을 하면 항상 무언가가 내 시선을 끌어당긴다. 그것이 이야기로서 가능성이 있다고 느껴지면, 보통 그것을 따라 그것이 어디로 갈지를 궁금해하면서 그것을 밀고 나간다. 그리고 그것을 종이에 받아 적은 다음, 그것에 대해 잊어버린다. 그런 다음 며칠 후 우연히 그 메모를 발견하게 되고, 그 이야기에 대해 다시 생각하게 된다. 그리하여 그것을 좀 더 파고들면 그것이 아이디어가 될 것처럼 보이고, 이야기로 쓸 만한 등장인물이 생기거나 또는 어떤 흥미로운 주제가 나타나기 시작한다. 때로는 그것이 내가 생각했던 다른 어떤 것과 연결된다는 사실을 알게 되기도 한다. 천천히 그 이야기를 키우는 데 몰두하면서 나 자신에게 그것에 관심 있는지 자문한다.

이것이 앞으로 내 삶에서 3개월이라는 시간을 투자할 만큼 충분히 강력하고 재미있는가? 만약 그렇다면, 계속 그 이야기에 대해 메모를 한다. 그러고 나면, 어느 날 모든 것이 구체화된다. 그렇게 끝이 나거나 아니면 그것이 무엇에 관한 것인지를 깨닫게 된다.

로빈 스위코드 '질문하기'는 창작 과정에서 내가 좋아하는 부분이다. 그것은 자라서 시나리오가 될 씨앗의 유전적 코드를 쓰는 것과 비슷하다. 나는 이야기의 중심 주제와 등장인물을 설정하기 위해 생각하고, 메모하며, 마음속으로 짧은 시나리오들을 상상하는 데 많은 시간을 소비한다. 나는 가능하면 그것을 시각적으로 만드는 방법이나 어떻게 한 씬이 다음 씬으로 넘어가는지 또는 관객들이 어떤 반응을 할지 상상한다. 그러한 과정은 매우 긴 여정이다.

창 작 :
글 쓰는 재미
불러일으키기

마음은 채워지는 그릇이 아니라 타오르는 불꽃이다.

───── 윌리엄 버틀러 예이츠William Butler Yeats

만약 여러분이 쓰고 있는 글에 대해 직접 체험한 산 지식이 없다면, 자료조사reserch는 여러분의 생각을 자극하여 등장인물과 사건의 생명성 그리고 신빙성을 가져다줄 수 있다. 자료조사에서 방법은 그리 중요하지 않다. 자료조사는 도서관이나 서점에 가서 그 주제와 관련된 50권의 책을 읽는 것이 될 수도 있다. 만약 그 이야기가 현시대의 이야기라면, 그에 대한 조사 방법은 그 이야기 속의 특정 세계를 여행하고, 관찰하며, 듣고, 실존 인물들을 인터뷰하는 것일 수도 있다. 또는 창작의 흐름이 막히는 것을 피하기 위해 초고를 마칠 때까지 조사를 미룰 수도 있다. 다만 주의할 점이 있다. 자료조사는 필요 이상으로 시간을 지연시키기 십상이고, 실제로 글을 쓸 때 당신을 함정에 빠뜨릴 수도 있다.

스티븐 드수자　나는 창작의 흐름을 방해받는 것을 좋아하지 않기 때문에 필요한 자료조사가 무엇이든 가능하면 나중에 하려고 노력한다. 따라서 만약 한 번도 가본 적이 없는 도시에 대한 시나리오를 쓴다면, 지도를 보거나 충분히 알 수 있을 정도로 그 도시에 관한 기사를 읽는다. 그리고 조그만 사실들은 나중에 확인한다. 나는 감정적인 씬을 쓰는 도중에 글쓰기를 멈추고, 그 도시로 가는 여행안내 책자를 얻기 위해 도서관에 가는 것을 별로 좋아하지 않는다.

레슬리 딕슨 작가들은 자료조사를 하다가 혼란에 빠질 수 있고, 그것을 원만하게 글을 쓰지 못하는 구실로 삼기도 한다. 나는 최근까지 어떠한 자료조사도 해본 적이 없으며, 무조건 모든 것을 꾸며냈다. 코미디 장르의 시나리오는 관객에게 즐거운 시간을 주는 게 더 중요하다. 사실에 입각해 글을 쓸 필요가 전혀 없다. 예를 들어, 당신이 〈인사이더 *The Insider*〉의 시나리오를 쓰는 것이 아니라면, 글 쓰는 데 필요한 지식을 전부 가질 필요는 없다. 내가 아는 어떤 작가는 6개월 동안 자료조사를 하고 글 쓰는 일에 많은 정열을 쏟았지만, 시나리오 시장에서 오랫동안 멀어져 있었기 때문에 생명력을 잃어버렸다.

마이클 시퍼 나는 책을 통해 자료조사를 하기도 하지만, 항상 녹음기를 가지고 사람들을 만나며, 그들이 허락하는 시간만큼 그들과 얘기를 나눈다. 나는 작업 중인 작품 속 등장인물의 직업을 가진 사람들과 이야기하는 것을 좋아해서 〈범죄와의 전쟁 *Colors*〉의 시나리오를 쓰기 위해서 방탄조끼를 입고 경찰, 보안관과 함께 6주를 보내기도 했다. 〈크림슨 타이드 *Crimson Tide*〉를 쓰기 위해 핵잠수함에 탑승하기도 했다. 그런 일들은 내가 글 쓰는 일에서 가장 재미있어 하는 부분이다. 나는 집을 떠나 세상 속으로 들어가 내 작품 속 인물이 하는 일을 실제 현장에서 오랫동안 하면서 그 직업에 대해 말하기를 좋아하는 사람들을 만난다. 그들에게 내 마음속에 있는 작품의 줄거리를 들려주고, 그 줄거리가 이해되는지를 묻는다. 만약 그들이 "이해는 되지만, 사건은 절대 그런 식으로 일어나지 않아요"라고 말하면, 그들에게 사건이 어떤 식으로 일어나는지를 묻는다. 그들 앞에서 나의 무지함을 인정하고, 그들에게 내 작품의 문제에 대한 해결책과 심지어 이야기의 논리 자체를 묻기도 한다. 왜냐하면 그들은 그 일에 종사하고 있으므로 어떤 것이 거짓이며 절대 발생할 수 없는지를 잘 알기 때문이다. 난 언제나 그들이 사건을 똑바로 이해하길 바라고, 내가 가진 모든 선입견을 버리겠다고 말한다. 만약 내게 무엇이 진실인지만을 묻는다면, 나는 대부분의 나쁜 영화들이 저지르고 있는 그런 엄청난 거짓말을 하기보다는 그 진실을 철저히 작업해서 재미있게 만들 방법을 찾을 것이다. 그래서 난 자료조사를 할 때 이런 개인적인 인터뷰를 단지 기술적 보완만이 아닌 이야기의 자료로서 활용한다.

· · ·

〈1단계〉 세 번째 : 아이디어 갖고 놀기

여러분은 어린 시절로 돌아가 자유롭게 상상함으로써 조사한 이야기 자료들을 변환시키고 교묘히 이용한다.

천재란 의지에 따라 어린 시절로 돌아갈 수 있는 사람이다.

──── 샤를 보들레르Charles Baudelaire

여러분은 어린 시절을 기억하는가? 호기심과 놀 자유, 그리고 자연스러운 삶의 순간들로 충만했던 그 시기의 생활은 창작의 모험이었다. 여러분 주위의 모든 것들이 흥미롭고, 마술처럼 재미있게 느껴졌을 것이다. 여러분은 실험하고, 위험을 무릅쓰며, 끝없이 탐험하고 손으로 만지는 것을 좋아했을 것이다. 여러분이 그림이나 색연필과 종이를 처음 보았을 때, 또는 처음으로 점토 찰흙을 가지고 무언가를 만들었을 때 가졌던 상상력에 대해 생각해보라. 또한 여러분은 여러 장면들과 극적인 상황들을 상상하면서 경찰과 도둑이라고 가정한 바비인형이나 군인 모형을 가지고 놀았을 것이다. 놀면서 자기 자신을 잊어버리는 게 곧 즐거움이자 재미였다.

작가들도 이와 똑같은 방법으로 씬을 만들고 그 씬 속에 푹 빠져 작업하면서 재미와 즐거움을 느낀다. 작가들도 어린아이처럼 역할놀이와 여러 상황을 설정하는 것을 좋아한다. 작가들은 창작 과정 중 이 단계에서 긴장을 풀고 궁금증, 호기심 그리고 위기를 느끼게 된다. 그 과정은 그들이 놀면서 발견의 즐거움, 그 상황에 처한 즐거움, 그리고 스릴감과 그들이 인도된 세계를 경험하는 공간이다.

로빈 스위코드 내 사무실 한 켠에는 인형과 어린 시절 물건들이 진열되어 있다. 왜냐하면 그것들을 볼 때마다 어린 시절 내가 좋아했던 물건들과 했던 일들이 생각나기 때문이다. 지금 내가 하고 있는 일은 어릴 적 했던 일들과 똑같기 때문에 주위에 놓여 있는 어린 시절의 물건들은 지금 내가 하는 일을 환기시켜주는 부적 같은 역할을 한다. 어린 시절 난 바닥에 다리를 쭉 펴고 앉아 양 다리 사이에 인형, 종이, 접착제, 가위 등을 놓고 인형옷을 만들었다. 그런 다음, 인형의 이름을 지어 말을 속삭이고 재미있는 이야기를 꾸미면서 마음속으로 모험을 했다. 지금과 그때의 유일한 차이점은, 지금은 관객의 즐거움을 위해 그 일을 하고 있다는 것뿐이다. 사람들은 때때로 그런 감정들을 잊어버리곤 한다. 그들은 자기 자신이 어린아이처럼 노는 것을 용납하지 않는다. 가장 좋은 기분은 어린아이처럼 놀면서 느끼는 감정이다. 따라서 아이를 밖으로 내보내 창의적이 되도록 만드는 것이 작가로서 우리의 역할이다. 아주 놀라운 사실은 우리가 어른이 되어도 노는 것을 멈추지 않는다는 것이다. 우리는 어른이 되어 책임을 지고 일을 해야 한다. 우리 작가들은 제 시간에 작품을 제출해야 하고 다른 사람들에게 좋은 협력자가 되어야 하지만, 가장 기본적인 측면에서 보면 우리는 세상의 둥지로부터 멀어져 문을 닫은 채 혼자서 노는 존재이다.

창작은 내게 사는 데 없어서는 안 되는 마약이다.
———— 세실 B. 데밀Cecil B. De Mille

'어린아이처럼 생각하는' 습관이 작품 속 특정한 씬이나 순간에 더 필요한 반면, 창작 과정 중에는 여러분이 하나의 전체로서 이야기에 몰두하게 되는 지점이 있다.

에이미 홀든 존스　나는 때때로 하나의 씬이나 분위기만으로 글을 쓰기 시작해 정교하게 다듬어서 그것이 나를 이야기 속으로 데려가도록 만든다. 하지만 현실적으로 30페이지 정도 쓰고 나면 더 이상 쓸 수 없게 된다. 그러나 보통 이 30페이지의 원고로부터 우연히 흥미로운 등장인물이나 장면, 또는 생각을 떠올리게 된다. 그런 다음, 좀 더 안정적인 또 다른 과정으로 되돌아간다.

니콜러스 카잔　나는 이야기에 몰두한 느낌을 좋아한다. 훌륭한 시나리오작가들은 귀로 대사를 듣고 눈으로 영상을 보듯 글을 쓴다.

그리고 그들은 이야기 구성에 엄청나게 많은 시간을 할애하면서 이야기에 몰두한다. 이러한 사실에 입각하여 생각하면 그들이 이야기를 꾸며낸다고 말할 수 없다. 그들은 "도대체 무엇을 팔지?"라고 말하지 않는다. 훌륭한 작가들은 발생할 사건에 대한 아이디어를 갖고 있고, 그것을 눈으로 본 다음 글로 옮긴다. 그들은 특정 장면 안에서 발생할 사건과 등장인물이 그들 자신에게 말하는 대사를 알고 있다. 따라서 그들은 특정 시점에서 등장인물들이 무슨 이야기를 할지 질문하기보다는 그냥 등장인물들이 말하는 것을 지켜본다.

스콧 로젠버그 어떤 아이디어가 떠오르면, 즉시 그 아이디어에 등장인물을 집어넣고 스스로에게 등장인물이 될지 물어본다. 그러고 나서 약 한 달 동안 그 아이디어만을 생각하며 지낸다. 차를 운전하거나 저녁식사를 하면서도 그 아이디어를 생각한다. 잠자리에 들기 전 마지막으로 한 번 더 그 아이디어를 생각하고, 아침에 일어나서도 그 아이디어를 가장 먼저 생각한다. 그런 다음 아이디어가 스스로 모든 것을 걸러내도록 한다.

· · ·

〈2단계〉 아이디어 품고 있기

어떤 특정 시점이 되면 여러분의 지친 마음을 쉬게 할 필요가 있다. 작업실 밖으로 나가라. 그리고 갖고 있던 아이디어를 여러분의 무의식에게 넘겨주어라. 그러면 그 무의식이 여러분이 한동안 갖고 있었던 생각을 요약해줄 것이다.

샤워에 익숙해져라. 샤워하면서 노래를 부른다면,

당신을 위한 아이디어가 그 노래 안에 있을 수도 있다.

————— 알베르트 아인슈타인Albert Einstein

비록 작가들이 지속적으로 일하는 것처럼 보이지 않더라도 그들은 계속 창의적인 사고를 하면서 무의식이 도움이 되는 상황 속으로 자기 자신을 몰아넣는다. 우리의 조언자들에게 보통 언제 독창적인 아이디어가 떠오르는지에 대해 질문했더니, "운전 중이나 샤워 중에, 욕조에 몸을 담그고 쉬는 중에 또는 면도, 화장, 요리, 정원 가꾸기처럼 손으로 하는 모든 활동 중에 아이디어가 떠오른다"고 대답했다. 또한 그들은 자연 속에서 산책하거나 수영하다가 또는 조깅하다가 아이디어를 얻기도 한다. 그들은 책을 읽거나 음악을 듣다가, 화장실에서 일을 보거나 지루한 회의 중에 낙서를 하다가, 잠이 들거나 잠에서 깰 때, 특히 한밤중에 잠에서 깰 때 독창적인 아이디어가 떠오른다고 대답했다. 이런 활동들의 규칙적인 반복과 일상이 육체를 자동적인 행동방식 위에 놓으면서 사고를 자유롭게 만드는 경향이 있다. 간단히 말해 이런 활동들은 단지 '훈련된 영감' 일 뿐이다. 다만 그런 활동들을 알고 준비하여 매일의 습관으로 만듦으로써 여러분은 정기적으로 이 영감이 고조된 순간들이 여러분의 무의식 속에 들어가도록 만든다.

론 배스 나는 아주 일찍 일어난다. 예전에는 기상시간이 새벽 3시경이었으나 지금은 4시에 가깝다. 하지만 글쓰기는 기상하기 전부터 시작된다. 나는 대략 3시 15분이나 3시 30분 또는 3시 45분경에 침대에 누운 상태로 씬을 생각하고 그 씬 속으로 빠져드는데, 그 속에는 일어나서 기록할 것들이 상당히 많이 들어 있다.

짐 커프 나는 기상 전 또는 잠자리에 들기 전 1시간 동안 많은 생각을 한다. 또한 어디서나 많은 생각을 할 수 있으며, 아이디어를 기록할 노트 없이는 절대 집 밖으로 나가지 않는다.

· · ·

〈3단계〉 글 쓰는 재미 발견하기

아하! 전구에 번쩍 하고 불이 들어오듯이 머리에 무엇인가가 스친다. 유레카Eureka! 여러분이 차에 기름을 넣는 동안 갑자기 좋은 아이디어가 떠오른다. 그런 아이디어를 놓치지 마라. 그런 아이디어를 기록할 도구를 여러분은 갖고 있는가?

 아이디어가 떠오르자마자 기록하기

목이 마르기 전에 우물을 파라.

———— 중국 속담

좋은 아이디어는 생각이 났다가 빨리 사라진다. 그렇기 때문에 대부분의 성공한 조언자들은 그 아이디어를 도망가지 못하게 한다. 그들은 이런저런 생각이나 관찰, 등장인물의 초안, 그리고 어깨 너머로 들은 이야기 등 모든 것을 기록한다. 어떤 작가들은 녹음기를 이용하고, 어떤 작가들은 노트북 컴퓨터를 이용하거나 아니면 그때 주변에 있는 어떤 종이조각을 이용하기도 한다. 또 어떤 작가들은 녹음기에 생각난 아이디어를 녹음하면서 자신감을 느낀다. 또한 그들은 나중에 녹음된 그들의 생각을 종이에 옮겨 적는 것이 불편하다고 느끼기도 한다. 그들은 직접 종이에 기록하는 것을 좋아한다. 휴대폰이 일반화되면서 많은 사람들은 특히 운전 중에 아이디어가 떠올랐을 때 자신의 집에 있는 응답전화기에 전화를 걸어 아이디어를 메시지로 녹음시키는 게 편리하다는 것을 알고 있다. 다시 말해, 기록하는 습관은 많은 좌절감을 없애주는 확실한 습관이다. 나중에 여러분에게 훌륭한 아이디어가 생각났는데 기록할 것이 없다면, 여러분은 "이것은 정말 좋은 아이디어야, 나는 이것을 꼭 기억할 거야"라고 스스로에게 말한다. 하지만 그 후 여러분이 느끼는 것은 삶에 치여서 그 좋은 아이디어를 바로 잊어버렸다는 사실이다.

스티븐 드수자 나는 정말로 자유연상의 효과를 믿는다. 생각난 아이디어, 즉 약간의 대사 또는 특이한 관찰을 기록하는 조그만 수첩을 늘 갖고 다닌다. 그런 아이디어들은 서로 결합하여 아주 새로운 하나의 아이디어가 되거나 커다란 혼란을 불러일으키기도 한다. 그러다가 머릿속에서 번쩍이는 생각이 떠올라 그 자체가 하나의 이야기가 되기도 한다.

아키바 골즈먼 나는 생각난 아이디어에 대해 어떠한 행동도 취하지 않는다. 단지 그 아이디어를 기억하려고 노력할 뿐이다. 나는 좋은 아이디어는 계속 기억된다고 믿기 때문에, 만약 어떤 아이디어를 잊어버렸다면 그 아이디어는 아마 좋은 아이디어가 아니었을 것이다. 그러나 문제는 생각난 아이디어는 그 순간 모두 좋게 느껴진다는 점이다. 아이디어가 생각났을 때 자기 자신에게 다음과 같은 질문을 해보라. "그 아이디어가 지속될까? 그 아이디어가 내게서 오래 기억될까?"

에이미 홀든 존스 나는 여러 곳에 대여섯 권의 노트를 한 권씩 놓아두며, 컴퓨터에는 글을 쓰다가 생각난 아이디어를 모아두는 스크랩북 파일이 있다. 정기적으로 그 스크랩북 파일을 열어보고, 내가 특정한 사항이나 대사를 잊어버렸다는 사실을 발견한다. 나는 운전 중에 생각난 아이디어를 기억하려고 애쓰지만 자주 잊어버린다. 미세하고 쉽게 잊혀지는 아이디어는 아무런 의미가 없다. 중요한 것은 주제, 줄

거리, 그리고 등장인물에 관한 중요한 아이디어들이다. 만약 아무런 예고도 없이 갑자기 문제에 대한 해결책이 떠오르고 그것이 중요하다면, 당신은 그것을 기억할 것이다.

에릭 로스 나는 아이디어를 작은 노트에 기록한다. 차 안에 노트가 있으며, 머리맡에도 노트가 있다. 하지만 대부분 나는 내 아이디어들을 기억해낼 수 있다. 감각적인 기억들은 쉽게 잊혀진다. 당신은 무언가를 보거나 냄새를 맡음으로써 다른 것을 떠올리며, 그것을 잊지 않기 위해 즉시 그 생각을 기록하려고 한다.

· · ·

〈4단계〉 완성을 위해 아이디어 구축하기

여러분은 이제 왼쪽 뇌로 하여금 머릿속에 떠오른 생각들을 분별하게 할 수 있다. 그렇다면 그것들을 어떤 순서로 정리하여, 글을 쓰기 전에 어디로 가야 할지를 알아야 한다.

자기 자신이 지금 어디쯤 가고 있는지 알아야 한다.

──── 빌리 와일더Billy Wilder

아리스토텔레스는 이미 3000년 전에 『시학』에서 "시인이 자기 자신을 위해 미리 시를 짓거나 시를 구성하듯, 작가는 이야기에서 먼저 이야기의 아웃라인outline을 잡은 다음, 작은 이야기를 구성하고, 세세한 사항들을 부연 설명한다"고 말했다. 나중에 알게 되겠지만 꼭 그런 것만은 아니다. 하지만 이것이 작가들의 가장 보편적인 습관이다. 아웃라인을 만드는 것은 살과 피, 신경과 피부를 붙이기 전에 뼈와 뼈로 인간의 기본골격을 구성하는 것과 매우 비슷하다.

　　론 배스　나는 심각한 혼란에 빠지면 아웃라인을 종합분석해 본다. 각각 액트Act 1, 2, 3〔일반적으로 상업 극영화의 시나리오는 시작(Act Ⅰ), 중간(Act Ⅱ), 결말(Act Ⅲ)이라는 이야기 형태로 구성된다. 옮긴이〕이라고 적힌 세 장의 종이를 꺼내 모든 장면, 즉 대개 포괄적인 사항부터 미세한 사항까지 받아 적기 시작한다. 보통 나는 첫 씬과 각각의 액트가 어떻게 끝나는지 알고 있다. 그런 다음, 그 씬들을 연결하는 씬들을 해결한다. 반드시 모든 씬들의 순서를 알 필요는 없다. 따라서 종종 다른 방법을 시도한다. 모든 씬에 씬 번호를 부여한 다음, 그 씬들이 효과적으로 배치가 되었는지를 판단하여 씬들을 이리저리 이동시킨다. 그러면 첫 번째 액트가 15~16개의 씬을 갖게 되고, 이 씬들의 길이를 알기 위해 곧바로 원고지 분량을 계산한다. 어떤 씬이 2페이지 분량이 되고, 또 어떤 씬이 그보다 더 길어질지를 알 수 있으므로 첫 번째 액트의 총 분량을 알 수 있다. 만약 첫 번째 액트가 67페이지라면 그것은 문제가 된다. 만약 첫 번째 액트가 15페이지라면 더 많은 씬들이 필요하다. 수년 동안 나는 내 씬들의 평균 길이가 2페이지 반이라는 사실을 알게 되었다. 따라서 첫 번째 액트에는 대략 15~18개의 씬들이 생기게 된다. 이런 방법으로 두 번째 액트와 세 번째 액트를 해결하면 결국 모든 씬에 씬 번호가 붙어 있는 하나의 아웃라인을 얻게 된다. 짜맞추기ma-trixing 단계에서 모든 아이디어들은 번호 없이 빈 동그라미만을 가지고 배열된다. 그런 다음, 처음으로 되돌아가 짜맞추기 단계에서 갖고 있던 모든 메모를 다시 보고, 그 메모를 계속 가지고 갈지 버릴지를 결정한다. 만약 그 메모를 버리지 않는다면 그 메모에 씬 번호를 부여해야 한다. 왜냐하면 그 메모가 영화 어딘가에 배치되어야만 하기 때문이다. 만약 그 메모가 배치될 자리가 없으면 그 메모를 없애버린다. 포괄적인 내용의 메모는 별 쓸모가 없다. 만약 그 메모를 어느 부분에 배치해야 할지 모르더라도 상관없다. 나는 그 메모 위에 그 메모가 갈 수 있는 모든 씬들을 써넣은 다음, '블로킹blocking'(평평한 2차원의 스크린에 공간감을 불러넣기 위해, 필름의 프레임 속에 인물과 사물들을 배치하는 일. 옮긴이)이라는 것을 한다. 즉 첫 번째 씬 안에 넣고 싶은 모든 것들을 넣는다. 대사, 배경, 분위기, 등장인물의 의상까지 모든 것을 넣는다. 블로킹을 끝내고 아웃라인에 따라 모든 씬들에 번호가 배정되면 나는 언제 글 쓰는 작업을 시작할지 알게 되므로 작업 일정을 조절한다. 나는 하루하루를 세분화한 시간표가 있다. 예를 들어 "좋아, 오늘 나는 첫 번째 씬을 쓸 수 있어. 내일은 아주 짧은 두 번째와 세 번째 씬을, 모레는 정말로 긴 네 번째 씬을, 그다음 날에는 다섯 번째 씬을 시작하고……" 하는 식으로 일정을 정한 다음, 글쓰기를 시작한다. 물론 내가 만든 아웃라인은 바뀔 수도 있다. 아웃라인이 바뀌는 순간 글쓰기를 멈추고 새로운 아웃라인에 따라 또다시 일정을 조절한다.

제럴드 디페고　나는 우선 아이디어로 이야기의 시작, 중간, 끝 부분을 상상하고, 그 아이디어가 정말로 의미하는 것은 무엇이며, 무엇에 관한 것인지를 생각하면서 머릿속으로 그 아이디어를 계속 실험한다. 만약 아이디어가 그러한 실험 과정을 통과하면, 내게 영감을 준 그 요소들을 가지고 작품의 중요 부분들을 다시 생각한다. 그러면서 머릿속으로 오래 생각했던 그 아이디어를 대략적으로 다듬으면서 살을 덧붙인다. 머릿속으로 영상을 반복적으로 그려봄으로써 그 아이디어를 철저히 점검한다. 따라서 아웃라인을 생각할 때마다 그 아이디어에는 점점 더 많은 살이 붙게 된다. 그리하여 처음에는 약 2페이지 정도의 아웃라인, 즉 대략적인 다듬기에서 출발하지만 그 아웃라인에 대한 철저한 검토를 끝내면 등장인물을 포함해서 12~15페이지 정도의 아웃라인이 생기게 된다. 바로 그 시점이 글 쓸 준비가 거의 다 된 순간이다. 왜냐하면 이미 머릿속으로 영화를 씬별로 그려보았기 때문이다. 글쓰기를 시작하기 전에 나 자신이 정말로 이런 사람들을 아는지 모르는지, 그들이 무엇을 좋아하고 싫어하는지, 그들이 두려워하는 것은 무엇이고 원하는 것은 무엇인지, 어떻게 그들이 문을 통과하는지 그리고 그들의 말투가 어떤지를 자문하면서 등장인물들을 다시 확인한다. 각각의 등장인물과 그들의 독특한 성격, 목소리 톤, 그리고 말투를 얻었다고 느낄 때까지 글쓰기를 시작하지 않는다.

아키바 골즈먼 창작 시나리오를 작업하든 원작소설을 각색하든, 나의 글 쓰는 과정은 비슷하다. 다만 차이는 그 시나리오가 자료를 어떻게 담아내느냐이다. 한때 나는 인덱스index카드를 사용하기도 했지만 지금은 사용하지 않는다. 지금은 반복해서 아웃라인을 잡을 뿐이다. 작가는 장편소설이나 단편소설에서 자신만의 방식대로 글을 쓰기 시작해서 자신만의 방식대로 작품을 완성한다. 따라서 나는 위대한 단편소설은 글쓰기의 가운데에서 일어나는 발견의 과정이며, 그 이야기의 형식은 그 발견의 형식이라고 생각한다. 나는 그런 방식은 구조에 의존하는 시나리오에는 적합하지 않다고 생각한다. 시나리오의 구조는 다소 일관적이다. 적어도 할리우드 영화의 시나리오에서는 그렇다. 그것은 옷을 디자인하는 것과 매우 비슷해서 옷을 입힌 마네킹은 항상 똑같아 보인다. 두 개의 팔, 두 개의 다리, 하나의 몸통과 머리. 당신은 원하는 대로 마네킹에 옷을 입힐 수는 있지만, 만약 마네킹의 몸이 전체적으로 어떻게 보일는지를 모른다면 당신은 형편없는 디자이너이다. 따라서 당신이 해야 할 첫 번째 일은 시나리오가 전체적으로 어떻게 보일 것인가를 배우는 것이다. 시나리오의 구조는 4개의 액트 또는 제대로 된 3개의 액트로 구성된다. 하지만 두 번째 액트는 사실 2개의 액트이므로 총 4개의 액트라고 불러야 한다. 그리고 그 각각의 액트는 보통 원고지 30페이지 분량이며, 상승하고 하락하는 행동의 주기들이 있다. 또 어떤 사건이 30페이지에서 일어나고, 더 큰 사건이 60페이지에서 일어나서, 매우 심각한 사건이 90페이지에서 일어날 수도 있다. 그런 다음 아주 놀랄 만한 사건이 120페이지에서 일어나기도 한다.

에이미 홀든 존스 아웃라인 작업은 작품에 따라 다르다. 때로는 각색할 소설이 당신에게 주어지기도 하고 남의 시나리오를 각색하는 작업의 경우 새로운 이야기를 만들어내야 하기도 한다. 또한 당신이 생각한 본인만의 아이디어를 갖게 되기도 한다. 예를 들어 〈미스틱 피자*Mystic Pizza*〉의 시나리오는 실제로 존재하는 레스토랑에서 출발했고, 나는 그것이 아주 좋은 영화 제목이 될 것이라고 생각했다. 따라서 제목은 글쓰기를 시작하는 데 좋은 하나의 방법이다. 일반적으로 나는 주제를 가지고 시작한 다음, 등장인물을 생각한다. 먼저 주제를 가지고 시작하는 이유는 등장인물의 성격이 주제를 묘사하고 반영하기 때문이다. 주제가 꼭 복잡할 필요는 없다. 예를 들어, 내가 쓴 〈은밀한 유혹*Indecent Proposal*〉은 돈으로 사랑을 살 수 있는지와 사랑에 대한 돈의 부정적인 영향을 탐구한 작품이다. 난 언제나 어느 정도 세월이 흐른 결혼생활과 믿음, 우정의 배신에 관해 시나리오를 쓰고 싶었다. 보통 난 등장인물들을 생각한 다음, 이야기의 결말을 생각하기 시작한다. 그리고 기본적인 3개의 액트 구조를 가지고 포괄적으로 다듬으면서 이야기의 전체적인 윤곽을 잡기 시작한다. 그런 과정은 피칭을 철저하게 준비하는 과정과 비슷한데, 특히 원작소설을 각색한 시나리오의 피칭을 준비하는 과정이 더욱 그러하다. 왜냐하면 소설을 각색하기란 쉽지 않으므로, 3개의 액트 구조 속에서 이야기를 그려내는 방법을 찾아야만 하기 때문이다. 나는 본격적으로 글쓰기를 시작하기 전에 아웃라인을 만들어서, 아주 정교하진 않아도 내가 어디쯤 쓰고 있는지를 안다. 그 대신에 아웃라인이기보다는 일종의 피칭계획서나 트리트먼트에 가까운 것을 만들어내기도 한다. 가끔은 처음 쓰던 것에서 벗어났다는 것을 인정해야만 한다.

니콜러스 카잔　일단 이야기에 살이 붙으면 다음에 어떤 사건이 올지 모를 때까지 아웃라인을 잡은 다음 작업을 멈춘다. 그 이야기가 명확해질 때까지 2주 동안 맨 처음 기록한 메모를 좀 더 보면서 연구한 다음, 첫 번째 아웃라인을 보지 않고 또 하나의 아웃라인을 만든다. 그런 작업들은 낙서로부터 시작된다. 만약 컴퓨터 고장으로 모든 서류를 날려서 원본을 보지 않고 다시 작업해야 했던 경험이 있다면, 가장 좋은 내용들은 기억하지만 반면 불확실한 내용들은 잊어버렸다는 사실을 알 것이다. 바로 그것이 내가 기억만 가지고 또 하나의 아웃라인을 잡는 이유다. 결국 난 미세한 사항을 훑어볼 때만 원래의 아웃라인을 참고한다. 일단 철저한 아웃라인이 잡히면, 흥분이 되면서 글 쓸 준비가 된다. 하지만 되도록 글 쓰는 작업을 뒤로 미룬다. 글쓰기를 시작하기 전에 더 많은 문제를 해결하면 할수록 앞에서 말했던 더 쉽고 자유로우면서 자동적인 글쓰기를 할 수 있기 때문이다.

스콧 로젠버그 글 쓸 준비가 됐다고 느껴지면 책상에 앉아 노트에 1부터 70까지 번호를 매겨 이야기의 각 부분을 간략한 문장으로 적는다. 그러면 첫 번째 액트와 두 번째 액트가 어디서 끝나는지를 알 수 있는 아웃라인을 갖게 된다. 물론 이 아웃라인은 끊임없이 바뀐다. 그리고 약 일주일 동안 그 아웃라인을 다듬은 다음, 어느 정도 좋은 형태가 되면 책상에 앉아 글을 쓰기 시작한다. 이러한 작업 방식의 좋은 점은 노트를 당신 앞에 두고 각각의 씬을 써가면서 번호를 하나씩 지움으로써 진정한 성취감을 느낄 수 있다는 것이다.

마이클 시퍼 나는 작품이 무엇에 관한 것인지 알게 되면 씬과 씬별로 그 내용을 구성하려고 노력한다. 메모 카드에 그 내용을 적어 게시판에 붙여놓는다. 글쓰기를 시작하면 비록 모든 것이 바뀌지만 이 아웃라인은 글을 쓰면서 꼭 맞추려고 애쓰는 하나의 기준점이 된다. 만약 원작을 각색하는 경우 때때로 제작사는 자료조사도 하기 전에 이야기를 만들도록 강요한다. 그리하여 당신은 자신만의 세상 경험과 현실감을 가지고 제작사로부터 승인받기에 충분히 좋은 이야기를 가짜로 꾸며낸다. 그러고 나서 깊이 있는 자료조사를 하고 현실성을 확인하고 나면, 모든 선입견을 쓰레기통에 처넣고 메모 카드를 찢어버린 다음 처음부터 다시 시작하게 된다. 나는 일단 내가 만든 아웃라인에 자신감이 생기고, 마치 한 편의 영화를 보는 것처럼 느껴질 때 글쓰기를 시작한다. 그런 뒤에도 글 쓰는 도중에 끊임없이 게시판에 붙은 카드를 확인하고 이리저리 움직인다. 하지만 게시판에 고정된 이런 조그만 인덱스 카드들을 통해 시각적인 표시점을 갖는 게 좋다. 그 카드들은 내가 어느 부분을 쓰고 있는지 아는 데 도움이 된다.

톰 슐먼 나는 좋은 이야기라는 느낌이 들면서 그 이야기 속에 시작, 중간, 결말의 구조, 믿을 만한 등장인물 그리고 여러 보조적인 이야기 장치가 있다면, 처음으로 되돌아가 모든 메모를 다시 보면서 각각의 메모들을 이야기의 어느 부분에 배치해야 할지 결정한다. 이런 메모들은 나중에 씬으로 발전해 작품에 필수적인 매우 자세한 아웃라인이 되고, 초고를 마칠 때까지 나를 안내한다.

에드 솔러먼 나는 조금씩 천천히 작업한다. 이 말은 아이디어를 얻으면 그것을 쉽게 한 페이지로 맞출 수 있다는 뜻이다. 그것은 대개 한 페이지 분량이 채 못 된다. 그런 다음, 작업을 멈추고 며칠 뒤 다시 작업을 시작해서 그것을 2, 3페이지 정도의 길이로 늘리려고 애쓴다. 그것이 하나의 이야기가 될 수 있다고 느껴지면 그 안에 무엇인가를 덧붙일 공간이 충분히 있는지를 확인하면서 더욱 자세한 아웃라인을 잡으려고 애쓴다. 그렇게 하고 나면 어쩔 수 없이 반드시 글쓰기를 시작해야 하는 시점에 도달하게 된다. 그것은 나 스스로 정말 글을 쓰고 싶어서가 아니라 글쓰기를 시작하는 것 외에 별다른 선택권이 없다는 것에 더 가깝다. 따라서 글쓰기는 스스로 시작될 뿐이다.

로빈 스위코드 준비단계 없이 아웃라인을 잡는 것은 거의 마술처럼 보인다. 나는 이야기가 떠오르면 건축가처럼 어떤 지점에든 발을 들여놓을 수 있고 효과적이지 못한 것은 무엇이든 교정할 수 있는 자유가 내게 있음을 상기하면서 메모를 하기 시작한다. 나는 이야기가 스스로 전개되는 것을 좋아한다. 나는 글을 빨리 쓰는 작가가 아니라서 아웃라인을 잡는 데만 3, 4개월이 걸린다. 이런 유전적 암호에 투자한 시간은 나중에 각각의 씬을 구성할 때 아주 제몫을 톡톡히 한다. 당신에게는 자신의 의지대로 출발할 수 있는 설계도면이 있을 뿐 아니라 글 쓰는 방향을 잃고 헤맬 때마다 들여다볼 것이 있기 때문이다. 내겐 다양한 종이 조각에 적힌 수많은 메모들이 생기게 되고, 이 모든 메모들을 통합해서 컴퓨터에 앉아 '노트Notes'라고 이름 붙인 문서파일을 만든다. 그러고 나서 이 '노트'로부터 아웃라인을 잡기 시작한다. 각각의 줄에 1부터 120까지 적으면서 이야기의 기본 구조를 잡는다. 그런 뒤, 처음으로 되돌아가 시나리오를 '긴박하고 전율적으로' 만든다. 이렇게 반복하면 120번째 페이지에 도달하게 되고, 그것이 내가 만든 아웃라인과 비슷한 모양이 된다. 이런 과정은 등장인물이 당신을 통해 스스로 말하도록 하는 데 도움이 된다. 이것은 모두 글 쓰는 재미가 있는 순간을 위한 섬세한 준비 과정이다. 어떤 사람들은 실제로 글을 쓰는 단계에서 더 많은 것을 발견하기를 좋아한다. 나는 좀 더 이른 유전적 암호 단계에서의 발견을 즐긴다. 책상에 앉아 글을 쓸 때가 되면 내겐 각 장마다 어떤 사건이 발생할지를 알려주는 아주 자세한 아웃라인이 생기게 된다. 그러고 나면 마치 근사한 식사나 멋진 휴가 또는 남편과 함께하는 저녁시간을 기대하듯이 글 쓰는 재미가 있는 하나

의 씬이 기대된다. 하지만 언제든지 처음부터 다시 시작하고 싶을 때
아웃라인에서 다시 시작할 수 있는 자유가 내겐 여전히 남아 있다.

발견은 다른 사람들과 똑같은 사물을 보지만
다르게 생각하는 것에서 비롯된다.

──── 알베르트 센트 디외르디Albert Szent-Györgyi

대부분의 시나리오작가들이 아웃라인을 잡아서 자신이 작품의 어느 부분을 쓰고 있는지 알고 싶어하듯이, 어떤 작가들은 글을 쓰면서 이야기와 등장인물의 중요한 국면을 알게 되는 좀 더 체계적이면서 자연스러운 과정으로 글 쓰는 것을 선호한다. 예를 들어 뉴욕에서 L.A.까지 운전해서 간다고 가정해보자. 여러분은 모든 세세한 사항, 휴게소, 하루에 운전할 거리, 방문할 관광 명소들, 정확한 도착 시간을 지도에서 확인할 수 있다. 또는 나침반을 가지고 단지 동쪽으로 가야 한다는 사실만을 가지고 미국 대륙을 경험하면서 고속도로가 여러분을 안내하도록 할 수도 있다. 물론 여러분에게 얼마만큼의 시간이 있는지에 따라 둘 다 가능하다. 그렇게 하는 데에는 옳고 그름이란 게 없다. 다만 어떤 것이 여러분에게 맞느냐가 중요할 뿐이다.

짐 커프 나는 보통 몇 줄의 대사와 주제, 등장인물, 핵심 단어를 기록하기 시작해서 대략적인 아웃라인을 얻을 때까지 그것들을 구성하려고 노력한다. 하지만 창작 시나리오를 작업할 때면 거의 아웃라인 없이 바로 시나리오를 쓴다. 왜냐하면 내겐 아웃라인을 대략적으로 쓰지 않는 이상, 세심하게 생각하면서 시나리오를 쓰는 것과 자세한 아웃라인을 만드는 것이 똑같은 과정이기 때문이다. 그래서 곧바로 시나리오를 쓰는 게 더 낫다고 생각한다. 난 언제든 쓰던 작품을 던져버리고 다시 시작할 수 있다. 그래도 최소한 아웃라인을 가지고 생각할 수 있는 모든 세세한 사항들을 생각하며 바로 글을 쓴다.

에릭 로스 나는 아웃라인 잡는 것을 그다지 좋아하지 않는다. 다만 2, 3개의 예상되는 씬들에 대한 아웃라인만을 잡는다. 하지만 때에 따라서는 작품이 나를 전혀 다른 방향으로 데리고 가도록 내버려두기도 한다. 글을 쓸 때 나는 자동적으로 첫 번째 씬을 어떻게 써야 할지 안다. 당신은 진심으로 독자들의 시선을 잡아당겨 그들이 한 번도 경험하지 못한 세계, 즉 그들의 흥미를 고조시키면서 재미있게 만드는 독특한 세계로 데려가고 싶어한다. 그런 경우, 나는 다음에 올 3, 4개의 씬들을 알고 있다. 네 번째 씬을 쓸 때 다시 그 다음의 3, 4개의 씬들을 알고 있다. 이렇게 하면서 수정을 위한 여백을 남겨둔다. 등장인물은 때때로 미처 몰랐던 전혀 다른 곳으로 나를 인도하기도 한다.

• • •

현재, 여러분이 구성이 탄탄한 이야기로 무장되어 있다면, 그 이야기를 가지고 무엇을 할 것인가? 모든 것 중에서 이 창작 과정을 끝맺음하는 것이 가장 어려운 단계일 수도 있다. 여러분이 글쓰기를 시작해서 120

페이지의 시나리오로 만들기 전까지 아이디어는 단지 아이디어일 뿐
이다. 그러나 먼저 여러분이 생각할 필요가 있는 것은 다음과 같은 것
이다.

제7장 글 쓰는 환경 만들기

산만한 작업공간은 피해야 한다. 어떤 사람은 자신의 상상력이
어둠 속에서 내면의 기억과 맞닿을 수 있도록 창문 없는 방을 원하기도 한다.
─── 애니 딜라드Annie Dillard

여러분을 편안하고, 창의적이며, 오랫동안 글을 쓰게 만들고, 여러분
자신에게 "난 글을 쓰기 위해 이곳에 있어"라고 느끼게 하는 공간을 마
련하는 것은 글을 쓰는 데 도움이 된다.

론 배스 나는 뒤뜰이나 공원처럼 밖에서 글 쓰는 것을 좋아한
다. 그러나 실내에서 글을 쓸 경우 누에고치처럼 작고 안락한 공간을
좋아한다. 공원에 나갔을 때 날씨가 너무 추우면, 나는 주차된 차 안 조
수석에 앉아 글을 쓰기도 한다. 집으로 돌아가는 대신 차 안에 앉아 써
야 할 씬을 끝낸다. 그 안에서는 아무도 날 방해하지 않으며 작고 한정
된 공간이기 때문에 나는 글을 쓰는 일 외에는 다른 일을 할 수 없게
된다.

제럴드 디페고 약 3년 전까지 나는 침실 안에 있는 임시 작업실에서 글을 써왔기 때문에 나만의 글 쓰는 공간이 필요함을 느꼈다. 그래서 나는 뒤뜰 한구석에 조그만 작업실을 마련했다. 그 작업실은 화려하진 않아도 내 모든 책과 서류함, 공예품, 내가 글을 쓰는 긴 책상, 그리고 내게 영감을 주는 물건들이 놓여 있는 나만의 세상이다. 또한 그곳에는 장난감 군인인형들을 수집하는 데 쓰는 장식장도 있다.

레슬리 딕슨 나의 작업실은 유리벽으로 된 낡은 베란다이다. 그래서 방 안으로 아주 멋진 햇빛이 들어온다. 그러나 난 지하실에서도 작업을 할 수 있다. 그런 지하 공간에 있어도 소음, 음악 또는 아이들이 같이 놀자며 다리를 잡아당기는 일처럼 방해하는 것이 없는 이상, 장소는 아무런 문제가 되지 않는다. 내 최고의 작품 중 일부는 영화 촬영 현장의 지저분하고 냄새 나는 프로덕션 트레일러 안에서 쓰여졌다. 내겐 1800년대부터 어느 기차역에서 사용되어 단단한 참나무 상판에 많은 구멍이 생길 정도로 낡고 닳은 책상이 있다. 그 책상에서 전화를 받거나 무언가를 기록하며, 작업한 시나리오를 소리내어 읽는다. 그 책상에는 세 개의 다리와 등받이가 있는 아주 편안한 낡은 의자가 있다. 그 의자 옆에는 컴퓨터, 번쩍거리는 최신 스탠드 그리고 컴퓨터로 작업할 때 사용하는 별도의 의자가 있다.

아키바 골즈먼 지금 나는 주방에서 글을 쓰고 있다. 난 항상 노트북 컴퓨터로 작업한다. 내겐 정말로 좋아하는 무거운 구식 노트북 컴퓨터와 비행기를 탈 때 휴대하는 아주 작은 노트북 컴퓨터가 있다. 가능하면 멀리 풍경이 펼쳐져 있어서 원할 때 언제든 밖을 내다볼 수 있기를 바란다. 심지어 브루클린에 살 때도 건물 위로 하늘을 보곤 했다. 지금도 도시 풍경이 보이는 창문을 마주하고 식탁에 앉아 자판을

탁, 탁, 탁, 두드리고 있을 뿐이다.

에이미 홀든 존스 내겐 아무런 중력도 느껴지지 않는 의자가 있어서 거의 누운 자세로 아주 편안하게 글을 쓴다. 이런 내 습관은 일반적이지 않다고 생각한다. 내 의자는 창 밖을 내다볼 때 저 멀리 골짜기부터 바다까지 볼 수 있도록 맞춰져 있다. 완벽하게 몸 위에 놓여 있는 휴대용 책상 위의 노트북 컴퓨터에 직접 글을 쓴다.

니콜러스 카잔 나는 집에서 두 블록 떨어진 거리에 작업실이 있어서 매일 아침 그곳으로 걸어서 출근한다. 작업실에 불운한 일이 생기는 것을 원치 않기 때문에 더 이상 내 작업실에 대해 말하고 싶지 않다. 많은 작가들이 왜 그들의 작업실에서 사진을 찍는지 도무지 이해할 수가 없다. 또한 많은 작가들이 멋진 작업실을 갖고 싶어하지만, 난 소박한 작업실을 좋아한다. 시나리오작가는 예술가로서 사회에서 소외되어야만 한다고 생각한다. 성공한 작가가 되면 당신의 취향은 영화계의 일부가 된다. 당신이 어느 분야의 일부가 되면 당신은 자신만의 고유한 개성과 관점, 결국 재주까지 잃게 된다. 따라서 내 작업공간은 나만의 것이며 신성한 곳이다.

짐 커프 나는 작업실이 있지만 어디서든 글을 쓸 수 있다. 비행기와 커피숍에서 글을 쓰기도 한다. 내게 필요한 것은 종이와 펜뿐이다. 하지만 거의 작업실에서 글을 쓴다.

스콧 로젠버그 나는 어디서든 글을 쓸 수 있지만 밖에서는 글을 쓸 수가 없다. 컴퓨터에 직접 글을 쓰며, 작업실 벽에는 커다란 게시판이 걸려 있다. 그 게시판에는 가족과 친구들 사진을 비롯하여 스티브

매퀸Steve McQueen, 007 영화의 남부 보안관, 헤더 그레이엄 Heather Graham, 〈시계 태엽 오렌지*A Clockwork Orange*〉의 스틸사진들과 몇 마디의 인용구 그리고 언제든지 보고 영감을 느낄 수 있는 다른 자료들이 걸려 있다.

에릭 로스 나는 집안 서재의 다락방에서 글을 쓴다. 그 안은 꽤 어두운데 어두운 그곳이 나는 좋다. 왜냐하면 방해받는 것을 싫어하기 때문이다.

마이클 시퍼 바다가 보이는 베니스Venice 해변의 건물 9층에 작업실로 쓰는 원룸 아파트가 있을 정도로 나는 행운아이다. 난 그곳을 '글 쓰는 작은 우주선'이라고 부른다. 그곳은 아주 수수하고, 전혀 화려하지 않으며, 많은 햇빛이 들어온다. 타자기가 놓인 책상이 있으며, 벽에 헨리 밀러Henry Miller의 사진이 걸려 있고, 손으로 글을 쓸 때 사용하는 또 하나의 책상과 많은 자료 책들이 있다. 소음이 심한, 사람이 많은 곳이나 커피숍에서 원고 교정하는 것을 좋아한다. 보통 휴식이 필요하다고 느낄 때까지 책상에 앉아 아주 오랫동안 작업을 한다. 내겐 작업한 글을 명확하고 객관적으로 보기 위해 어떤 다른 환경이 필요하다.

톰 슐먼 나는 조그만 작업실에서 글을 쓴다. 그곳에는 간이 부엌과 화장실이 있으며, 한쪽 벽면에는 아주 멋진 팰리세이드Palisades 공원이 내다보이는 창문이 있다. 비록 그 창문을 통해 밖을 내다본 적이 없어 전혀 쓸모 없는 창문이긴 하지만 말이다. 그리고 사무실 벽 쪽으로 책상과 컴퓨터, 자료 책들이 놓여 있다.

로빈 스위코드 내 작업실 문 앞에는 정원이 있기 때문에 감옥 같은 느낌이 들지 않는다. 작업실 안으로는 많은 햇빛이 들어오며, 스탠드가 놓인 책상 그리고 무언가를 쉽게 찾아볼 수 있는 책들이 방 안을 둘러싸고 있다. 모든 사람들이 오직 글을 쓰기 위해서만 자신만의 공간이 필요한 것은 아니다. 그러나 작업하는 공간에서 잠을 자지 않는 것이 매우 중요하다고 생각한다. 뉴욕에 방 하나짜리 아파트에 살 때 가장 힘들었던 점 중 하나는 단 한 번도 잠을 제대로 잘 수 없는 것이었다. 침대에 누우면 발끝에 해야 할 일들이 날 기다리고 있었기 때문이다. 휴식을 취하는 것도 중요하므로 적당한 시기에 작업을 중단해라. 그리고 특히 밤에 작업을 해야 한다면 침대가 없는 다른 공간으로 가라.

기술자에게 공구보다 더 귀중한 것은 없다. 그리고 그 누구도
어떤 공구가 당신에게 가장 좋은지 말해줄 수 없다.
——— 케네스 애치티Kenneth Atchity, 『작가의 시간*A Writer's Time*』

의사소통을 하기 위해 여러분에게 필요한 것은 글 쓰는 도구인 연필,
펜, 붓, 컴퓨터 그리고 글 쓸 종이나 캔버스 혹은 프린터다. 그 어떤 도
구도 성공을 보장해주지는 않는다. 여러분도 알게 되겠지만 작가들에
게는 각자 선호하는 자신만의 도구가 있다. 중요한 점은 작가들이 그
도구들에 대해 편안하게 생각한다는 것이다. 편안함은 긴장이 이완되
는 것을 의미하며, 긴장의 이완은 높은 창의력을 의미한다. 글 쓰는 데
도움이 될 만한 것이라면 어떤 도구를 써도 상관없다. 그런데도 어떤
사람들은 시나리오를 쓰기 위해 최신 시나리오 컴퓨터 프로그램이 있
어야 한다고 착각하기도 한다.

론 배스　나는 나중에 파일에 끼울 수 있도록 한쪽에 세 개의 구
멍이 뚫린 종이에 연필로 글을 쓴다. 현재 작업 중인 시나리오가 있는

파일 안에는 연필 두 개를 끼울 수 있는 연필꽂이가 있다. 한쪽에는 새로 깎은 연필을, 다른 한쪽에는 글을 쓰느라 닳은 연필을 꽂아둔다. 난 한 번도 일반 노트에 글을 쓴 적이 없다. 왜냐하면 시나리오의 아웃라인에 따라 원고를 이리저리 배열할 수 있는 것을 좋아하기 때문이다.

제럴드 디페고 보통 나는 적당한 속도로 메모지와 노트에 글을 쓴 다음, 그것을 비서에게 준다. 그러면 그녀는 그것을 깔끔하게 교정본 후 타자로 쳐서 내게 돌려준다. 하지만 최근에 컴퓨터를 샀기 때문에 지금은 손으로 쓴 원고들을 컴퓨터로 옮긴다.

마이클 시퍼 아직까지도 나는 IBM의 셀렉트릭Selectric II라는 낡은 타자기로 글을 쓰며, 내 조수가 그 원고를 컴퓨터에 입력해준다.

에드 솔러먼 나는 다양한 색깔의 컬러펜으로 글을 쓸 수 있는, 벽에 거는 커다란 게시판을 좋아한다. 예전에는 노트 위에 글을 쓴 다음 컴퓨터에 옮겨 적었다. 하지만 지금은 손이 컴퓨터 자판 위에 있어야 더 많은 생각을 할 수 있다. 하지만 컴퓨터로 작업하더라도 노트에 글을 쓸 때처럼 게을러지기 쉽다는 사실을 알게 되었다.

로빈 스위코드 나는 내 컴퓨터를 사랑한다. 컴퓨터에 바로 글을 쓰기도 하지만 책상 위에 노트 한 권을 놓아둔다. 왜냐하면 종종 대사를 쓰거나 모니터의 여백과 깜빡거리는 커서가 보기 싫을 때 대화를 요약하기 위해서이다. 때로는 대화가 술술 진행되고, 나는 그저 펜을 움직여 종이에 그 대화를 옮겨 적기만 하면 된다. 그런 다음, 모니터로 되돌아가 방금 요약한 내용으로 그 씬을 마무리한다.

이 습관은 정말로 중요해서 더 이상 강조할 필요가 없다.

당신이 새벽 4시에 글을 쓰기로 결심했다면, 그 시간에 글을 써야 한다.

──── 도로시아 브랜드Dorothea Brande

어떤 사람은 '규칙적으로' 또는 '생산적인 시간'에 글을 쓰라고 말하기도 한다. 일반적으로 시나리오작가들의 글 쓰는 시간은 반드시 그들이 좋아하는 시간이 아닐 수 있기 때문이다. 하지만 그 시간이 그들에겐 가장 질 높은 창작의 결과물을 가져다주는 시간임에는 틀림없다. 대부분의 작가들이 신선한 기분으로 하루를 시작하고, 숙면 뒤 산뜻한 느낌으로 매일 계속되는 삶의 요구에 부담을 느끼지 않는 아침에 글쓰기를 좋아한다 할지라도, 그들의 작업 시간은 매우 다양하다. 다시 말해, 여러분 스스로 정한 작업 시간은 여러분 자신의 창작 스타일과 잘 맞아야 한다.

레슬리 딕슨　나는 언제나 오전보다 오후에 글이 더 잘 써지고, 저녁에 글이 제일 잘 써진다. 하지만 한밤중에 글을 썼다면 아마 난 결혼하지 않았을 것이다. 아주 가끔씩 남편이 한밤중에 일을 하면 나도 컴퓨터로 달려가 글을 쓴다. 새벽 3시쯤 잠자리에 들어 상황이 허락한다면 오전 10시까지 잠을 잔다. 그리고 오후가 되어 시간이 경과하면서 놀라울 정도로 점점 예민해지고 현명해진다. 그러다가 해가 지는 10분 동안 활력이 솟구친다. 바로 이런 이유 때문에 보통 아침에 일어난 다음에는 시나리오 읽기나 이메일 답장하기 같은 평범한 일을 한다.

에이미 홀든 존스 나는 일반적으로 오후와 저녁에 글을 쓴다. 아침에 운동을 한 다음, 신문을 읽고 컴퓨터로 이메일을 확인하고 인터넷을 둘러보면서 서서히 글쓰기에 빠져들기 시작한다.

스콧 로젠버그 글이 쉽게 써지지 않거나 영화제작 현장에 있을 때, 또 원고 마감시간에 임박해서 주어진 모든 시간에 글을 쓸 때를 빼고는, 내게 최상의 작업 시간은 11시부터 오후 4시까지다.

에릭 로스 나는 한밤중에 거의 선잠이 든 상태로 작업하는 것을 좋아한다. 아마도 꿈에서 비롯되었을 수도 있는 상상력을 가지고 글 쓰는 것을 좋아하기 때문이다. 그 상상이 흥미롭고 현재 작업 중인 시나리오와 통하는 것이 있다면 그것을 이용할 방법을 찾는다. 하지만 보통 매일 같은 시간대에 글을 쓴다. 아침 8시나 9시에 글쓰기를 시작하여 약 4시간 동안 창의적으로 작업한다. 오후에는 아이들과 놀거나 경마장에 간다. 그런 뒤, 저녁 9시경에 다시 작업을 시작해서 피곤해지거나 따분해질 때까지 계속 글을 쓴다. 그 후 컨디션이 좋으면 한밤중에 일어나기도 한다. 약 1시간 정도 글을 쓴 다음, 내일을 위해 아침 기상 전에 조금 더 잔다.

마이클 시퍼 나는 차를 몰고 8시 혹은 8시 반까지 사무실로 출근한다. 이것이 매일 가장 우선적으로 신경 쓰는 일이다. 나는 간밤에 떠오른 사건이나 생각을 종이에 적는 것을 좋아한다. 타자기 앞에 앉아 글을 쓰기 시작할 때까지 간밤에 꾼 꿈들을 기억한다. 하루 종일 작업해야 할 때는 계속 책상에 앉아 있지 않는다. 아침에 일을 시작하지 못하면, 그날의 작업은 날아가버리는 것이다. 그럴 때 할 수 있는 최상의 일은 이미 써놓은 글들을 편집하는 것이다.

톰 슐먼 나는 항상 아침 9시에 글을 쓰기 시작해서 오후 4시 반에 작업을 끝내려고 노력한다. 그러니까 아침 9시부터 정오까지 글을 쓰고, 점심을 먹으면서 30분가량 CNN 뉴스를 시청한 다음, 12시 반에서 4시 반까지 글을 쓴다.

에드 솔러먼 내 작업 시간은 일정하지 않다. 아침 6시에 일어나 작업하고 싶지만 한 번도 그 시간에 일어나본 적이 없다. 작업을 끝내면 언제나 기분이 좋다. 그러나 보통 나의 하루는 작업 중인 시나리오가 어느 단계에 있느냐에 달려 있다. 아웃라인을 잡는 단계에 있을 때는 하루에 2시간 정도만 작업한다. 초고를 쓰는 단계에 있을 때는 좀 더 오랫동안 작업하고, 초고를 고쳐 쓰는 단계에서는 밤낮을 가리지 않고 계속 작업한다.

로빈 스위코드 현재 나는 교외 지역에 거주하는 평범한 주부로서 해야 할 일들이 있다. 아침에 일어나 아이들을 학교에 보낼 준비를 한 다음, 남편과 함께 각자의 경건한 책상 앞으로 가서 앉는다.

· · ·

여러분도 알고 있듯이 잘 개발된 아웃라인이 있는 이야기일지라도 그 자체가 120페이지의 시나리오로 변하지는 않는다. 그 이야기는 아직도 고된 작업을 필요로 한다. 성공한 시나리오작가들은 고도로 숙련되어 있으며, 다른 직업과 마찬가지로 규칙적으로 작업한다. 물론 여러분은 그들이 수년 동안 그렇게 해왔기 때문에 쉽게 그렇게 할 수 있다고 생각할 수도 있다. 그렇다면 여러분은 어떻게 스스로를 변화시키는 그런 훈련을 할 수 있을까? 자, 그럼 그것에 대해 알아보기로 하자.

03 Discipline

훈련, 의자에 앉기

소에게 말을 거는 것과 투우를 하는 것은

전혀 다른 일이다.

———— 스페인 속담

제8장   글 쓰는 습관

작가란 무엇인가? 글 쓰는 사람이다.

글쓰기를 계획하는 것은 글쓰기가 아니다.

책을 요약하는 것은 글쓰기가 아니다. 자료를 조사하는 것도 글쓰기가 아니다.

사람들에게 당신이 무엇을 하는지에 대해 얘기하는 것들도

모두 글쓰기가 아니다.

글쓰기는 실제로 글을 쓰는 것이다.

─── E.L. 독터로E.L. Doctorow

대부분의 작가들은 글을 쓰기 전에 흰 원고지를 마주하고 30분에서 1시간 정도, 때로는 하루 종일 빈둥거리기도 한다. 여러분도 미적거리면서 아침을 먹고, 신문을 보느라 시간을 소비하며, 커피를 찔금찔금 마시면서 이메일에 답장을 한 다음, 책상을 정리하고, 전날 작업했던 글이나 글 쓰는 데 영감을 주는 작가의 글을 조금 읽는다. 여러분이 규칙적으로 글을 쓴다면 이런 행동들은 문제가 되지 않는다. 단 1시간 동안 좋은 글을 쓰기 위해 하루 종일 준비한다 할지라도 전혀 글을 쓰지 않는 것보다는 낫다. 현장의 시나리오작가들은 영감이 떠오를 때까지 기

다리지 않는다. 물론 그들도 글 쓰는 데 홍이 나기를 기다리며 창 밖을 내다볼 때가 있다. 하지만 그들은 어느 정도 그것을 조절할 수 있다. 그런 상황은 거의 하루 이상 가지 않는다. 그들은 무엇이 문제인지를 알고 있으며, 글쓰기가 곧 그들의 임무이고, 정해진 마감일까지 시나리오를 완성해야 한다는 사실을 알기 때문이다. 많은 사람들은 글 쓰는 일을, 사용하면 할수록 사용하기 쉬워지는 근육에 비유한다. 따라서 매일 규칙적으로 글을 쓰는 습관은 여러분이 가질 수 있는 가장 좋은 습관이다. 성공한 시나리오작가와 공상가의 차이는 성공한 시나리오작가는 하루 일과를 마칠 때 전날보다 더 많은 분량의 글을 쓴다는 점이다.

론 배스 이 세상에서 나를 제외한 어느 누구도 내 글을 읽지 않거나 글 쓰는 대가로 단돈 10원을 받는다 할지라도 내겐 글 쓰는 과정이 매우 즐거우면서 상당히 만족스러우며 절대적으로 필요한 일이다. 글쓰기는 내가 사랑하고 관심 있는 사람들과 교감하면서 얻는 즐거움 외에 혼자서 할 수 있는 일 중에 가장 많은 즐거움을 주는 일이다.

레슬리 딕슨 나는 때때로 글 쓰는 육체적 활동이 즐겁다. 아니, 만족이라는 말이 더 적당할 것 같다. 그러한 느낌은 내면으로 느껴지는데 보통 한 번에 2시간 정도 지속된다. 나도 도로시 파커Dorothy Parker처럼 글 쓰는 일을 싫어하지만 글을 쓰고 난 뒤의 느낌은 좋아하는 사람에 속한다.

아키바 골즈먼 글쓰기는 기쁨과 고통이라는 양면성을 갖고 있다. 글 쓰는 일이 정말 혐오스럽고 즐겁지 않을 때도 있는 반면, 매우 좋고 재미있으며 신기할 때도 있다. 그러나 그런 것은 중요하지 않다. 내 직업은 글 쓰는 일이다. 나는 글을 쓰기 위해 홍이 날 때까지 기다리지 않는다. 당신이 아침 9시부터 오후 5시까지 일하는 평범한 직업을 갖고 있다면, 기분에 상관없이 그냥 일을 할 것이다. 나 역시 아침에 글을 쓰기 시작해서 하루 종일 글을 쓴다. 성공한 시나리오작가들은 천재가 아닌 이상, 글 쓰는 흥이 날 때까지 기다리지 않는다. 나 또한 천재가 아니다. 나는 단지 똑똑하고 약간의 재능과 센 고집을 갖고 있을 뿐이다. 내겐 인내력도 있다. 물론 나는 대학 시절 동급생들 중에 가장 뛰어난 작가였다. 하지만 지금은 그저 계속 글을 쓰고 있는 한 명의 사람일 뿐이다.

니콜러스 카잔   나는 요즘 아이들 때문에 비워둔 주말을 빼고는 매일 글을 쓴다. 하지만 만약 초고를 쓰는 중이라 계속 작업을 해야 한다면, 비록 하루에 2시간밖에 쓰지 못해 작업이 별로 진척되지 않더라도 매일 글을 쓰는 게 훨씬 낫다. 이것이 바로 내가 시나리오의 세계 속으로 빠져드는 방법이다. 그리하여 월요일 아침, 다시 글을 쓰려고 할 때 별로 힘들지 않게 글을 쓸 수 있다. 이틀 동안 전혀 글을 쓰지 않다가 다시 글을 쓰려고 하면 글쓰기가 훨씬 더 어렵다.

스콧 로젠버그   규칙적인 글쓰기는 기계적인 하루 일과, 즉 습관이다. 당신은 아침에 일어나 커피를 마시고, 대충 신문을 읽은 후 의자에 앉아 글을 쓰기 시작한다. 물론 작업이 잘 안 되는 날도 있다. 내게도 1시간 반 동안 가만히 앉아 아무런 생각도 하지 않는 날이 있다. 그럴 때면 "억지로 하느니 안 하는 것이 낫지. 내일도 있잖아"라고 나 자신에게 말할 뿐이다.

마이클 시퍼   글 쓰는 일이 내 적성에 맞지 않지만, 오랫동안 열심히 작업을 해오면서 상당한 인내심을 키웠다. 하지만 아직도 매일 글 쓰는 일이 고통스럽다. 그러나 이런 반복적인 습관이 글쓰기를 쉽게 만든다. 종이에 내 생각을 기록하는 것이 자연스러울 정도로 습관이 되었지만, 나는 선천적으로 타고난 작가는 아니다.

톰 슐먼 나는 글쓰기가 즐겁지 않다. 직접 글을 쓰는 것보다 이미 쓰여진 글을 좋아한다. 새 작품을 준비하는 것과 글 쓰는 작업을 좋아하지 않는다. 어떤 때는 글로 써야 할 단어들이 저절로 흘러나온다. 만일 해야 한다면 하루 종일 글을 쓸 수도 있다. 하지만 아직도 내게 글쓰기는 하나의 고통이다.

에드 솔러먼 글쓰기는 매번 고통스러운 일이다. 하지만 때때로 멋진 글이 써지면 그것이 글쓰기를 가치 있게 만든다. 당신은 언제 글을 쓸지와 언제 단순히 생각만을 할지, 그런 다음 언제 (그리고 어떻게) 이 두 가지를 다 해야 할지 알아야 한다.

로빈 스위코드 나는 항상 글을 쓰면서 글 쓰는 일로 생계를 유지하길 원했다. 나 자신을 글을 써서 사람들에게 이야기를 들려주는 사람 이외의 모습으로는 생각해보질 않았다. 그러므로 내게 글쓰기는 간단히 그것을 추구하는 문제일 뿐이다.

프로란 일할 기분이 내키지 않아도 그 일을 잘할 수 있는 사람이다.

———— 앨리스테어 쿡Alistair Cook

어떤 작가들은 이 단계를 탐구를 위한 즐거운 기회로 생각할지 몰라도 많은 작가들은 매일 아침 새하얀 원고지를 대면하는 정신적 고통에 대해 불만을 토로한다. 그럼에도 불구하고 성공한 작가들은 새하얀 원고지를 그대로 두지 않음으로써 불안감을 최소화한다. 그들은 전날 미리 아웃라인을 만들었거나 혼자서 써야 할 씬을 대략적으로 요약함으로써 글 쓸 준비를 했거나 또는 전날 쓴 글을 읽고 그 글을 가볍게 고침으로써 긴장을 풀기도 한다. 어니스트 헤밍웨이Ernest Hemingway는 매일 아침 작업할 분위기에 젖어들기 위해 20개의 연필을 깎았다고 한다. 반면에 다른 작가들은 명문장을 읽고 습관의 강요에 의해 컴퓨터를 켜고 그냥 글을 쓸 뿐이다.

론 배스 글쓰기가 고통스럽지 않고 많은 사람들이 말하는 이른바 '글 막힘'이 내게 없는 이유 중 하나는 철저한 준비를 하기 때문이다. 보통 하루에 14시간 동안 작업을 하는데, 무슨 일이 있어도 하루 6 시간 동안은 현재 작업 중인 시나리오를 작업하고, 2, 3시간 동안은 전화를 하거나 사람들을 만나며, 다음 작품의 최초 아이디어부터 그 다음의 모든 단계까지, 즉 다음 작품을 개발하는 데 4시간을 사용한다. 따라서 작업 중인 시나리오에 "암전. 끝"이라고 쓰게 되면 그 작품에 대해 기록한 노트를 옆에 놔두고(컴퓨터가 없기 때문에 모든 작품은 각각의 노트에 기록한다), 다음 작품을 기록한 노트로 이동하여 메모한 내용들을 꺼내본다. 그 안에는 다음 작품의 첫 씬에 대한 아웃라인이 이미 완벽하게 그려져 있고, 모든 씬에 대한 블로킹, 메모와 함께 원고지 분량이 계산되어 있다. 씬에 대한 모든 메모를 꺼내어 읽은 다음, 메모한 종이를 내려놓고 그 씬을 쓴다. 이런 방법으로 글을 쓰면 아무것도 쓰여지지 않은 하얀 원고지에서 작업을 시작하지는 않게 된다. 왜냐하면 어떤 씬을 쓰기 전에 이미 그 씬에 대해 많이 생각했기 때문이다. 준비가 곧 해결책임을 기억해라. 대부분의 사람들은 먼저 첫 씬을 쓰고 싶어한다. 즉 글 쓸 준비가 될 때까지 기다리지 못한다. 그러나 그들은 첫 씬 외의 나머지 부분에 대해서는 알지 못한다. 마지막 씬과 중간 씬들을 모르면서 첫 씬을 쓸 수는 없다. 왜냐하면 그 작품은 당신이 생각하는 첫 씬이 전부가 아니기 때문이다. 즉, 그 작품은 곧 첫 씬에 의해 인도되는 세상이자 그 씬 다음에 오는 모든 내용에 대한 의미이기 때문이다. 당신은 또 다른 작품을 쓰고 싶어 죽을 지경이 된다. 하지만 당신의 성급한 출발을 방지해주는 것은 당신이 그 첫 번째 작품을 쓰느라 너무 바쁘다는 사실이다. 일단 첫 번째 시나리오를 끝내면 다음 작품을 쓰는 것을 미룰 수 없다. 왜냐하면 이미 여러 달을 기다려왔기 때문이다. 당신은 지금까지 그 작품을 계속 생각해왔고, 대사와 등장인물에 대해 계속 메모를 했으며, 샤워나 저녁식사 중에도 그 작품에 대해 생각했다. 두 번째 작품을 쓸 준비가 되었을 때 그 모든 준비 과정이 작업의 시작을 즐겁게 만들어준다.

제럴드 디페고 나는 항상 작가들이 새하얀 원고지에 대해 불평하는 것을 듣곤 한다. 그런 면에서 나는 행운아라는 생각이 든다. 왜냐하면 하얀 원고지에 글 쓰는 것을 정말로 즐기기 때문이다. 머릿속에 어떤 이야기가 떠올라 그것을 시나리오나 소설로 쓸 때마다 그 이야기를 종이에 옮기는 것이 기분 좋게 느껴질 정도로 그 이야기는 내 머릿속에 아주 선명하다.

아키바 골즈먼 나는 아웃라인의 순서에 따라 글을 쓴다. 그리하여 글쓰기를 시작할 때는 시작을 위해 뒷장으로 가서 보통 이미 작업한 글 중에 마지막 10~20페이지 정도를 읽는다.

에이미 홀든 존스 글쓰기 전에 하는 운동은 작업에 도움이 된다. 왜냐하면 운동은 혈액순환을 원활하게 하여 일하는 데 더 많은 활력을 주기 때문이다. 그러나 난 충분한 계획을 세우지 않기 때문에 보통 새하얀 원고지를 대면하는 것이 고통스럽다. 어떤 사람들은 미리 계획을 잘 세워놓는다. 그런 사람들은 더 이상 걱정할 필요가 없지만, 불행하게도 나는 그렇지 못하다. 일반적으로 나는 아웃라인과 비슷한 초고를 아주 열심히 써서 쓰고 싶은 것에 대해 감이 잡히면 처음부터 다시 시작한다.

니콜러스 카잔 나는 하얀 원고지의 공백을 좋아한다. 그것은 곧 가능성의 세계이기 때문이다. 전날 밤 미리 글 쓸 준비를 했기 때문에 다음날 아침에 글을 쓰는 데 아무런 문제가 없다. 난 이 방법을 헤밍웨이에게서 배웠다. 헤밍웨이는 문장을 쓰는 도중에 글쓰기를 멈추곤 했다고 한다. 왜냐하면 그는 자기 자신에게 그 문장이 어떻게 끝날지를 알게 함으로써 다음날 그 문장을 마무리하려 했기 때문이다. 나 또한 그처럼 그날 쓸 수 있는 모든 것을 다 쓰지 않으려고 애쓴다. 예를 들면, 원고지 10페이지의 글을 썼는데 그에 만족하고 나니 새벽 1시가 됐다. 하지만 아직 2시간 정도 일할 수 있는 힘이 내게 남아 있다면, 그 다음 날 작업할 씬들을 가지고 이리저리 짜맞춰본다. 즉 작업할 씬들을 대략적으로 생각하며 등장인물의 이름이나 맞춤법에 구애받지 않고 아주 소박한 방법으로 이미지나 대사들을 요약한다. 때때로 다음날 그것을 보았을 때 나쁘게 보이기도 하지만, 무척 마음에 드는 경우가 훨씬 더 많다. 그것을 보는 내겐 아무런 부담이 없기 때문이다. 나는 그 전날 썼던 글을 교정하고 다듬기 때문에 시나리오에 다시 집중하는 데 아무런 문제가 없다. 그리하여 힘든 부분을 끝내고 나면 많은 시간적 여유가 생기게 되어 계속 작업을 할 수 있다. 하지만 하루 일과를 마치고 아직 시간과 힘이 남아 있거나 생산적인 하루를 보낸 뒤에도 집에 가기가 너무 이를 경우에만 그렇게 하곤 한다.

스콧 로젠버그 나는 새로운 작품의 첫 페이지에 글 쓰는 것을 아주 좋아한다. 나는 늘 첫 씬에 대해 잘 알고 있기 때문에 그것을 옮겨 적는 것에 재미를 느낀다. 매일 하얀 원고지를 대면하면서 글을 쓰기 시작하는 이상, 그리고 전날까지 정말 작업이 잘 되었고 쓰고 싶은 씬을 코앞에 두고 있다면, 본능이 당신에게 계속 글을 쓰라고 할지라도 그냥 거기서 작업을 멈추는 것이 최선의 방법이다. 그냥 다음 날까지 기다려라. 그러면 다음 날 글쓰기를 시작할 때 무엇을 써야 할지 알 수 있게 된다.

에릭 로스 대개의 경우 나는 쓰고 싶었던 것, 즉 한밤중에 썼던 메모나 씬에 대한 아웃라인을 갖고 있다. 그런 다음, 책상에 앉아 그것을 읽는다. 그러면 어느 순간 그것에 빠져든다. 전날 썼던 글을 다시 읽으면 여유가 생겨, 읽으면서 썼던 글을 고치게 된다.

마이클 시퍼 나를 글 쓰는 분위기로 몰아넣는 것은 절망과 두려움이다. 나는 경제적으로 어려우면 그런 기분을 느꼈다. 하지만 지금은 부양해야 할 가족이 있기 때문에 글을 쓴다. 나는 아침에 맨 먼저 "자, 나는 활력이 넘치고 정신이 깨어 있어. 지금부터 작업을 해야지"라고 쓰면서 작업을 시작하는 것을 좋아한다.

톰 슐먼 이것은 이미 내 습관이 되어버렸기 때문에 원고지를 대면하는 것에 대해 별다른 느낌이 없다. 오전 9시에 컴퓨터가 켜지면, 나는 준비가 된다. 나는 스스로에게 "아, 오늘은 정말 글 쓰기 싫다"라고 말하며 그냥 글쓰기를 시작한다. 작업을 시작하면 처음에는 아주 순수해진다. 그것은 정말 상쾌한 과정이다. 그때는 얼마나 작업이 힘들 것인지 미처 알지 못한다. 그런 순수한 마음이 점차 사라지면 글을 쓴다는 것이 어떤 것인지를 알게 된다. 나를 가르쳤던 선생님 한 분은 내게 "자네는 채소가게 주인처럼 일을 해야 하네. 시간이 몇 시든 자네는 문을 열고 '영업중'이라고 쓰인 팻말을 내걸고 일을 해야만 하네"라고 말씀한 적이 있다. 나는 사무실로 출근하여 컴퓨터를 켜고, 가져온 점심을 냉장고에 넣는다. 그리고 커튼을 걷고, 핫초콜릿을 만든 다음, 컴퓨터의 워드 프로그램을 연다. 그러면 모니터의 커서가 그 전날 작업을 마친 지점에서 정확히 깜빡거린다.

에드 솔러먼 나는 아무것도 쓰여 있지 않은 하얀 원고지를 좋아한다. 그것은 모노폴리 Monopoly (주사위를 던져 대지를 구입하고, 구입한 대지에 호텔들을 세워 렌트비를 받고, 다시 대지를 구입, 재판매하는 과정을 거쳐 돈을 제일 많이 모으는 사람이 이기는 보드게임. 옮긴이) 게임에서 공공금고 Community Chest(모노폴리 게임에서 돈을 대출해주는 장소. 옮긴이)에 도달하는 것과 비슷하다. 당신은 다음 페이지를 넘기면 그 위에 무엇을 써야 할지 모른다. 작가들이 왜 하얀 원고지를 대면하는 것에 대해 불평하는지 잘 모르겠다. 아무것도 쓰여지지 않은 하얀 원고지는 무엇이든 쓰여질 수 있는 넓게 펼쳐진 초대장이다. 글 쓰는 일의 또 다른 장점은 더 활기차게 글을 쓰면서, 필요에 따라 작업 속도를 낮추거나 높일 수 있도록 빡빡한 작업 일정을 갖지 않아도 된다는 점이다.

로빈 스위코드　나는 항상 글을 쓴다. 심지어 일부러 나 자신이 다른 일들을 하도록 만들어야 하기도 한다. 하루 동안 아이들이나 남편과 떨어져 지내다가 그들을 다시 만났을 때 그들에게 관심이 가듯이, 내 마음은 작업 중인 시나리오로 향한다. 책상에 앉아 원고를 보는 것은 원고와 나의 만남이다.

음악은 영혼의 가장 깊은 곳을 두드리는 힘이 있어서
상상의 나래를 펴게 해준다.
─── 플라톤

많은 작가들은 글 쓰는 분위기에 젖기 위해 음악을 이용한다. 음악은 확실히 뇌에 효과가 있다. 음악에 대한 많은 연구들은 음악이 스트레스를 해소하고 긴장을 푸는 데 도움이 된다는 사실을 증명했다. 강한 비트의 템포가 빠른 음악은 심장박동과 혈압을 증가시키는 흥분 효과가 있다. 반면, 어떤 연구에 의하면 클래식 음악을 들으면 두뇌활동을 향상시키는 데 도움이 된다고 한다.

론 배스　나는 보통 공원에서 글을 쓰지만 실내에서 글을 써야 할 때는 주위에 재즈를 틀어놓는다. 소리 크기는 그 순간의 기분에 따라 결정된다. 나는 같은 CD를 반복해서 듣는 것을 좋아한다. 음악이 주변 환경에 묻히는 것을 좋아하기 때문이다. 새로운 CD를 틀면 오랫동안 그 음악이 내 주의를 끈다. 그래서 난 음악을 듣고 있다는 사실도 모를 정도로 귀에 익은 음악을 좋아한다. 그런 음악은 따뜻하고, 아늑하며, 집 같은 편안함을 만들어주면서 주변 환경의 일부가 된다. 하지만 사람의 말소리는 정말로 날 방해한다. 나는 주변에 굴착기 소리가 들리는 센트럴 파크에 앉아서 글을 쓸 수도 있다. 그때 굴착기 소리는 전혀 방해가 되지 않는다. 그 굴착기가 악기라면 마치 음악이 주변 환경의 일부가 되듯이 주변 환경에 묻혀버린다. 하지만 사람의 목소리는 언제나 내 신경에 거슬린다.

스티븐 드수자 난 항상 음악을 틀어놓는데, 보통 작업 중인 시나리오와 비슷한 장르의 영화음악을 틀어놓는다.

니콜러스 카잔 최근 2년간 나는 주로 클래식 음악이나 그레고리오 성가 같은 음악을 들으면서 글을 써왔다. 영화음악은 대개 음의 변화가 심하기 때문에 좋아하지 않는다. 내겐 좀 더 규칙적이고 중립적인 음악이 필요하다. 나는 그런 음악이 내 오른쪽 뇌를 마사지해주는 효과가 있다는 것을 알고 있다.

스콧 로젠버그 음악을 듣는 것은 중요한 습관이다. 하지만 난 영화음악만은 듣지 않는다. 보통 내가 듣는 음악은 로큰롤이다. 그리고 내가 쓴 각각의 작품은 특정 밴드나 음악 스타일처럼 자체적인 음악적 요소를 갖고 있기 때문에 내게 음악은 매우 중요하다. 실제로 작품 속에 노래를 집어넣기 위해 난 항상 음악을 듣는다. 예를 들면 〈콘 에어 *Con Air*〉에서 남부 록의 모든 종류를 보여주는 올먼 브러더스All-man Brothers와 레너드 스키너드Lynyrd Skynyrd의 영향을 많이 받았다. 그것이 바로 내가 니컬러스 케이지Nicolas Cage의 캐릭터를 설정한 방법이다.

적막함이 가장 큰 소리로 들릴 때도 있다.

────── 르로이 브라운로Leroy Brownlow

완벽하게 조용한 분위기 속에서 글 쓰는 것을 선호하는 작가들이 많다. 음악이 그들에게는 방해가 되기 때문이다. 적막함이 마음을 진정시켜 눈앞에 있는 씬에 완전히 몰두할 수 있게 해준다.

레슬리 딕슨　나는 음악에 관심이 많기 때문에 음악을 들으면서 글을 쓸 수가 없다. 음악을 듣게 되면 얼마나 베이스 라인이 흥미로운지 디스코 리듬이 얼마나 형편없는지에 대해 생각하기 시작한다. 또한 음악은 운전하는 데도 몹시 방해가 되기 때문에 차 안에서조차 음악을 듣지 않는다. 음악을 청취하는 것이 아니라 정말 음악을 즐길 수 있었으면 좋겠다.

에이미 홀든 존스　나는 글이 막히면 잠깐 동안 보기 위해 자주 CNN 뉴스를 틀어놓는다. 하지만 보통 난 아주 조용한 분위기 속에서 글을 쓴다.

에릭 로스　나는 글을 쓰면서 음악을 듣지 않는다. 하지만 매일 아침 산책 하면서 워크맨으로 다양한 음악을 듣는다. 때때로 어떤 작곡가는 지금 내가 작업 중인 작품에 도움이 될 수도 있는 아이디어나 느낌을 효과적으로 표현하기도 한다.

로빈 스위코드　나는 음악에 쉽게 동요되기 때문에 음악을 들으면서 글을 쓰지 않는다. 음악은 내게 너무나 방해가 되는 수준 높은 방해물이다. 가끔은 책상에 앉아 어제 쓴 글을 읽으면서 오늘 쓰고 싶은 것이 무엇인지를 생각하며 음악을 틀어놓기도 한다. 그럴 때 듣는 음악은 작업 중인 작품의 느낌을 연상시켜주는 음악이다. 그런 음악은 문제를 조금이나마 해결해주고, 지금 하고 있는 일에 몰두하는 데 도움이 된다.

만약 독창적인 아이디어를 찾고 있다면, 밖으로 나가 산책을 하라.
천사들은 산책 나온 사람에게 무언가를 속삭인다.

————— 레이먼드 인먼Raymond Inmon

운동은 혈액순환에 매우 좋다. 우리는 에어로빅이 창의력과 사고력을 향상시키는 데 도움이 된다는 사실을 알고 있다. 결국 여러분의 글 쓰는 두뇌는 혈액순환의 효율성에 달려 있다. 어떤 작가들은 운동이 글 쓰는 작업에 미치는 효과를 알기 때문에 글쓰기 전에 운동을 한다. 반면에 다른 작가들은 글을 쓴 다음이나 너무 피곤해서 글을 쓸 수 없을 때 운동을 한다. 또한 어떤 사람은 운동의 영향이 다음 날까지 지속되기 때문에 글쓰기 전날 미리 운동을 해야 한다고 주장하기도 한다. 여러분도 알게 되겠지만, 산책은 시나리오작가들이 좋아하는 운동이다. 산책을 하면 혈액순환이 빨라진다. 하지만 다리근육은 보다 활동적인 운동에 필요한 여분의 산소를 필요로 하지 않는다는 사실이 증명되었다. 이 말은 곧 산책이 다른 운동들보다 효율적으로 뇌에 산소를 공급한다는 것을 의미한다. 아마도 이런 연유로 몇몇 작가들은 산책이 '머리를 맑게' 하여 더 나은 생각을 하는 데 도움이 된다고 말하는지도 모른다.

론 배스 나는 매일 운동을 하려고 노력한다. 아침에 일어나자마자 30분 동안 헬스 사이클을 타고 이틀에 한 번씩 웨이트 트레이닝을 한다. 또한 주말에는 아내와 함께 오랫동안 산책을 한다.

스티븐 드수자 나는 일주일에 3번 정도 작업이 끝난 오후쯤 운동을 하려고 애쓴다. 방송국에서 일할 때는 생각이 잘 나지 않으면 머리를 때리거나 혈액순환이 잘될 때까지 촬영장에서 자전거를 탔다. 지금도 머리가 둔하다고 느끼면 그렇게 한다.

제럴드 디페고 머리를 맑게 하고 체력을 재충전하는 것은 중요하다. 그리고 긴 산책이 아이디어를 개선하는 데 도움이 된다.

레슬리 딕슨 나는 아이가 잠든 뒤에 운동을 한다. 그때가 되서야 집안이 매우 조용해지고 아무도 날 방해하지 않기 때문이다. 산책은 하지 않으며 명상은 하는 법을 모르기 때문에 하지 않는다. 하지만 거의 매일 잠자리에 들기 전 명상의 일환으로 욕조에 몸을 담근다. 깊은 생각을 하기 위해 긴장을 풀려고 하는 것이 아니라 모든 생각들을 머리 밖으로 내보내기 위해서이다.

에이미 홀든 존스 나는 아침에 운동을 한다. 산책하고 골프를 치고 필라테스Pilates(20세기 초 독일의 요제프 필라테스가 요가와 스트레칭을 접목시켜 창안한 운동법. 옮긴이)와 요가를 한다.

니콜러스 카잔 나는 하루 일과를 마치고 나서, 조깅과 수영을 하고 자전거를 탄다.

짐 커프 매일 아침 글쓰기 전에 운동을 한다.

스콧 로젠버그 작업을 끝내고 운동을 한다. 체육관에 가서 요가를 하고, 역기를 든 다음, 러닝머신 위에서 조깅을 한다.

에릭 로스 글을 쓰기 전에 운동을 한다. 보통 일주일에 4, 5일은 산책을 하려고 노력한다.

톰 슐먼 산책이 최고다. 모든 육체적인 활동이 글을 쓰는 데 도움이 된다. 예를 들어, 아내와 함께 춤을 춘 다음 날 종종 많은 아이디어들이 떠오른다.

로빈 스위코드 보통 아침에 글을 쓰기 전 40분 동안 산책을 한다. 산책을 하면서 책상에 앉을 준비를 한다. 만약 수영이나 에어로빅 같은 좀 더 활동적인 운동을 해야 한다면, 글을 쓴 다음에 할 것이다.

나는 보기 위해서 눈을 감는다.

———— 폴 고갱Paul Gauguin

여러분은 가끔씩 휴식을 취함으로써 마음을 진정시키고 마음속 내면의 생각들과 교감할 수 있다. 작가들은 종종 스트레스 때문에 글이 막힌다. 근육이 경직되면서 몸에 에너지가 부드럽게 전달되지 않는다. 작가들은 휴식, 긴장완화, 명상 또는 기분전환을 통해 힘을 재충전하여 정신을 집중할 수 있으며 내면의 비평가와 경쟁심을 잠재울 수 있다. 그리하여 그들은 자신의 마음을 아무런 부담 없이 자유롭게 사유하도록 만든다.

스티븐 드수자 낮잠을 규칙적으로 자지는 않는다. 가끔 생리적인 이유로 새벽 4시에 깨곤 한다. 그리고 그때 번쩍이는 아이디어가 떠오르면 사무실이 문을 여는 아침 7시까지 기다릴 수 없을 정도로 매우 흥분이 된다. 그런 때는 곧바로 글을 쓰기 시작하는데 아침 9시쯤이면 지치게 된다. 바로 그때가 짧은 낮잠이 하루를 버티는 데 정말 도움이 되는 순간이다. 나는 전등 스위치처럼 어떤 상황에서도 바로 잠들 수 있다는 점에서 축복받은 편이다.

니콜러스 카잔 일주일에 3번 정도 낮잠을 잔다. 글 쓰는 일은 사람을 매우 지치게 하므로, 오후에 15~20분 정도 낮잠을 자는 것은 작업의 생산성을 매우 높여준다.

톰 슐먼 낮잠을 자주 즐긴다. 보통 한낮에 마루에 누워 12~20분 정도 낮잠을 잔다.

로빈 스위코드 하루 일과를 마칠 즈음 욕조에 몸을 담근다. 난 쉽게 잠들지 못하기 때문에 보통 낮잠을 자지 않는다. 그 대신 정원을 산책한다.

음식은 균형 잡힌 다이어트의 중요한 한 요소이다.

─── 프랜 리버위츠Fran Lebowitz

음료수를 비롯해 자극성이 있는 음식은 가장 강력한 약물이다. 따라서 음식이 얼마나 여러분의 사고력에 큰 영향을 미치는지 안다면, 이것은 좋은 습관이 될 수 있다. 우리의 조언자들도 음식, 술 그리고 약물이 그들의 창의적인 생각에 미치는 영향을 알고 있다. 이 말은 그들의 영양 습관이 가장 건강하다는 뜻이 아니라 그저 그들은 음식물의 효능을 알고, 자신들에게 효과적인 것은 모두 받아들인다는 뜻일 뿐이다. 여러분도 스스로 책임지고 그렇게 한번 해보길 바란다.

론 배스　나는 세 끼 식사 중에 아침식사를 가장 좋아하지만, 아침식사를 하지 않고 글을 쓴다. 저녁은 대개 적게 먹으려고 노력한다. 이렇게 하는 것이 건강에 나쁘다는 것을 알기 때문에 여러분에게 그렇게 하라고 추천하진 않겠다. 하지만 하루에 세 끼를 다 챙겨 먹으면 살이 많이 찌는 체질이기 때문에, 지금은 이렇게 하는 것에 익숙하다.

스티븐 드수자 나는 불량식품과 단 음식을 많이 먹지 않는다. 그러나 내게 마약 같은 효과가 있는 크래커 잭Cracker Jack(팝콘에 땅콩과 카라멜을 섞은 스낵. 옮긴이)의 일종인 '파피콕Poppycock'이라는 과자를 좋아한다. 흥미롭게도 제조업자는 원래 그 과자를 필름통에 담아 팔았다. 또한 커피도 마신다. 그리하여 밤새 일을 해야 할 때면 이 두 가지 음식을 먹으면서 늦게까지 글을 쓸 수 있다.

제럴드 디페고 카페인을 좋아하지 않는다. 지난 15년 동안 카페인을 섭취한 적이 없다. 몇 년 전까지만 해도 아침마다 커피 한 잔을 마시곤 했지만, 그것이 내 집중력에 어떤 영향을 주어 깊이 집중할 수 없게 만든다는 사실을 알게 되었다. 게다가 담배도 전혀 피우지 않는다. 나의 글 쓰는 에너지는 책상에 앉기를 기다리는 것으로부터 비롯된다.

에이미 홀든 존스 커피나 차를 마시지는 않지만, 보통 오후 3시경에 먹는 초콜릿이 글 쓰는 데 도움이 된다.

니콜러스 카잔 커피는 너무 부담스러워 마시지 않지만, 낮에 차를 마신다.

짐 커프 카페인은 영양학적인 측면에서 나를 하루 종일 일하게 만드는 유일한 것이다.

스콧 로젠버그 일을 시작하기 위해 아침에 커피 한 잔을 마신다. 물을 자주 마시거나 가끔 당근 주스를 마시기도 한다. 하지만 작업하는 동안 과자나 설탕이 들어간 음식은 절대 먹지 않는다.

톰 슐먼 나는 커피를 마시지 않는다. 작업을 시작하는 아침에 먹는 것이라곤 고작 카페인 없는 커피 한 잔에 핫초콜릿을 섞은 것뿐이다. 그리고 하루 종일 물을 많이 마신다. 보통 아침은 시리얼 한 접시에 과일을 약간 얹어 간단히 해결하고, 점심은 작은 샌드위치와 사과한 개로 대충 때운다. 과식을 하면 오후에 피곤해진다는 사실을 알기 때문이다.

에드 솔러먼 졸음이 오기 때문에 낮에는 설탕을 섭취하지 않는다. 담배는 한 번도 피운 적이 없고, 커피도 이젠 마시지 않는다. 그렇게 하는 것이 글 쓰는 데 도움이 된다. 하지만 글이 막혔을 때 계속 글을 쓰게 만드는 음식이나 기호식품에 대해 내가 선택할 수 있는 폭은 좁다. 가령 아침에 도넛을 먹으면 졸음을 느껴서 정오까지도 육체적으로 계속 깨어 있을 수 없게 된다. 그래서 지금은 가볍고 건강에 좋은 음식을 먹으려고 노력한다. 커피, 불량식품, 담배, 술에 손을 대지 않는다.

로빈 스위코드 카페인에 의존해 창의력을 얻지는 않지만, 보통 아침과 점심식사 후에 차를 한 잔씩 마신다.

나는 다음과 같은 3개의 테스트를 통해 나 자신이 작가임을 알게 되었다.

1. 글을 쓸 때 한 번도 다른 일을 해야 한다고 느낀 적이 없다.

2. 글 쓰는 일은 자주 만족감과 자부심을 느끼게 해준다.

3. 글 쓰는 것이 두렵다.

——— 글로리아 스타이넘Gloria Steinem

글쓰기란 두려움을 느끼면서도 어쨌든 쓰는 것이다. 사실, 약간의 불안감은 창의력 엔진의 속도를 높이는 데 충분한 연료를 발생시키는 귀중한 도구가 될 수 있다. 우리는 모두 불안함을 느낀다. 그것은 작가가 되는 하나의 과정이다. 우리는 스스로에게 "내 글이 아주 형편없으면 어떡하지? 혹평을 받으면 어떡하지? 내게 재능이 별로 없다면 어떡하지?"라고 질문한다. 이런 의구심을 해결하는 유일한 방법은 그냥 글을 쓰는 것뿐이다. 불행하게도 대부분의 작가 지망생들은 온갖 방법으로 이런 두려움을 감추려고 애쓴다. 『글을 쓰려는 용기 *The Courage to Write*』의 저자인 랠프 카이스Ralph Keyes는 그런 사람들을 '두려움에 허풍떠는 사람들false fear busters'이라고 불렀다. 즉 우리 모두는 글 쓰는 두려움을 덜기 위해 한 번 또는 그 이상 그렇게 행동한다. 그런 사람들은 좀 더 새롭고 빠른 컴퓨터나 글 쓰는 데 적합한 컴퓨터 프로그램같이 새로운 도구를 사거나, 더 산뜻한 작업실로 옮기거나, 글 쓰기에 완벽한 환경을 만들거나, 글을 쓰는 대신 세미나에 참석하거나, 혹은 훌륭한 시나리오 판매 에이전트가 그들의 문제를 풀어줄 거라고 기대한다. 또한 그들은 추가 자료조사, 자세한 아웃라인, 다시 고쳐 쓴 원고처럼 '작업 시 필수적이라고 하는' 작업에 시간을 낭비하거나 심 부름, 개 산책시키기, 집안 청소 등과 같이 글을 쓰지 않을 구실을 찾기 도 한다.

제럴드 디페고　자기 자신에 대한 의심은 매우 자연스러운 것이 다. 작가로서 우리는 많은 아이디어를 얻고, 그만큼 많은 아이디어를 버리기도 한다. 우리는 '무엇이 효과적일지', '무엇이 가치 없는지' 그 리고 '우리에게 어떤 느낌을 주는 것은 무엇인지'를 고민한다. 그런 다 음, 하나의 아이디어를 따라 머릿속에서 이야기를 발전시킨다. 한 글자 조차 쓰지 않더라도 스스로에게 이야기하면서, 글을 쓰는 일에 흥분을 느끼기 시작한다. 이런 과정이 끝나면 정말로 영감을 주는 이야기가 머릿속에 떠오른다. 그 이야기는 우리를 울거나 웃게 만든다. 그러고 나서 우리는 그 이야기에 대해 많은 의심을 하게 된다. 내가 그 이야기 를 할 수 있을까? 내가 그 이야기를 충분히 잘할 수 있을까? 다른 사람 들이 나처럼 느끼도록 내 머릿속에 있는 이야기를 제대로 종이에 옮길 수 있을까? 내가 그 이야기를 노래로 만들 수 있을까? 내가 그 이야기 를 제대로 표현할 수 있을까? 나는 대부분의 두려움은 글을 쓰기 전인 아주 초기 단계에 온다고 생각한다. 그러니 자기 자신에게 불평하고 한탄한 뒤에야 "그냥 시작하지 그래?"라는 목소리를 듣게 된다.

에이미 홀든 존스 사람들에게는 자기 자신에 대한 의구심이 있다. 당신은 자기 자신을 비평하고, 좀 더 열심히 노력함으로써 그 의심을 극복한다. 그리고 앞이 깜깜하게 느껴질 때는 다른 사람들로부터 도움이나 의견을 구하고, 그 의견에 따라 행동함으로써 의구심을 극복한다.

니콜러스 카잔 나는 〈네 번의 결혼식과 한 번의 장례식 *Four Weddings and a Funeral*〉을 쓴 작가 리처드 커티스Richard Curtis로부터 어려운 씬을 쓸 때 필요한 최고의 조언을 얻었다. 내 생각에 타자기를 이용해 글을 쓰는 그는 어떤 씬을 쓰다가 어려움을 느끼면 5장의 종이 상단에 1부터 5까지 쓰고, 첫 번째 종이에다 그 씬에서 가능한 이야기 하나를 적는다. 그런 다음, 두 번째 종이에 그 씬에서 가능한 또 다른 상황을 적는다. 그리고 계속 그렇게 한다. 그는 똑같은 씬에서 각각의 상황이 합쳐질 수 있는지를 생각한다. 바로 이것이 스스로 느끼는 부담감을 줄이는 또 하나의 방법이다. 때때로 문제에 봉착하면 아마도 당신이 씬을 잘못 이해했거나 대개는 그 씬이 전혀 필요 없는 것일 수도 있다. 또 하나의 실용적인 방법은 다음과 같다. 나는 보통 낮에 글을 쓰는데 만약 아주 감정적인 씬을 써야 할 때 어려움을 느끼면, 피곤해서 작업을 마칠 때나 감정의 방어벽이 낮은 잠들기 직전에 그 씬을 쓰려고 노력한다.

짐 커프 글쓰기에 대한 유일한 내 두려움은 이미 썼던 것을 반복하지 않으려고 노력하는 것에서 비롯된다. 언제나 "어떻게 이것을 더 낫게 만들 수 있을까?"라고 생각한다. 가장 어려운 일은 계속 독창적인 아이디어를 만드는 일이다. 제대로 된 하나의 아이디어를 찾기 위해서는 100개의 아이디어를 거쳐야 한다. 그 과정은 아주 많은 생각과 노력을 필요로 한다. 작가는 계속해서 글을 쓸 뿐이다. 또 다른 두려움은 "제작자들이 더 이상 내 시나리오를 사지 않을 때"를 생각하는 것이다.

에릭 로스 내 작품들이 많이 영화로 제작되었다는 경험에서 비롯된 특별한 자신감으로 두려움을 극복한다. 분명 상을 받는 것도 멋진 일이지만, 영화가 상업적으로 성공하지 못하면 나는 조금 불안해진다.

톰 슐먼 만약 내게 자신에 대한 의구심이 없었다면 작가가 되지 않았을 것이다. 나는 글 쓰는 과정 자체를 즐기는 법을 찾을 수 있기를 원했다. 두려움 역시 글쓰기를 몹시 괴롭게 만드는 한 부분이기 때문이다. 그 두려움을 극복하는 유일한 방법은 계속 글을 쓰면서 매일 그 글을 더 낫게 만들려고 노력하는 것뿐이다. 아마 평생 위대한 작품을 쓸 수 없을지도 모른다. 하지만 하루하루 글을 조금씩 더 나아지게 만들 수는 있다.

에드 솔러먼 두려움은 글쓰기에서 가장 어려운 부분이자 작가를 가장 무력하게 만드는 자기 자신에 대한 의구심이다. 반대로, 자존심과 지나친 자신감은 다른 어떤 것보다 창의력을 저해하는 요소이다. 그러므로 당신은 그 둘 사이에서 균형을 유지할 필요가 있다. 나는 최악과 최선의 양 극단적인 상황에 자주 빠지기 때문에 평균적으로 그 둘 사이를 오간다. 나는 좀 더 자주 그 중간적인 상황에서 글을 쓰고 싶다.

로빈 스위코드 당신은 작가로서 항상 스스로를 의심한다. 그런 의구심은 그저 글쓰기를 통해 극복된다. 스스로에게 질문하는 것은 건

강한 습관이다. 당신은 하얀 공백의 원고지를 볼 때마다 겸손해져야 한다. 글쓰기에 대한 나의 유일한 큰 두려움은 이상하게도 나를 매료시키고 완전하게 몰입하게 만드는 것들이 다른 누구에게도 아무런 흥미를 주지 못한다는 사실이다. 그것은 아무도 재미있거나 슬프다고 느끼지 않는 지극히 개인적이고 기이한 느낌이다. 하지만 그럴 때는 "제기랄, 난 단지 나 자신을 즐겁게 하려고 했을 뿐이야"라고 말한다.

만약 당신이 자기 내면으로부터 "넌 화가가 아니야"라는
소리를 듣게 된다면, 포기하지 말고 꼭 그림을 그려라……
그러면 그 소리는 점차 사라질 것이다.

———— 빈센트 반 고흐Vincent van Gogh

시나리오를 쓰는 일은 예술인 동시에 기술이기 때문에 우리는 가슴과
머리 모두를 이용해 글을 쓰게 된다. 문제는 머리에만 의존해 글을 쓰
는 작가들이 너무 많다는 점이다. 그 결과 우리의 창의력을 차단하면
서 평가하고 방해하는 우리 안에 있는 비평의 목소리, 즉 내면의 비평
이 우리에게 고통을 준다. 성공한 작가들은 글을 쓰는 도중이 아니라
글을 쓰기 전과 후에 머리를 사용한다. 그들은 글을 창작할 때 본인의
의식을 배제시키는 것과 편집이나 고쳐 쓰기 단계에서 내면의 의식이
작품에 대해 평가하는 것, 이 두 가지를 적절히 선택할 줄 안다. 작가 J.
마이클 스트라친스키J. Michael Straczynski는 『라이터스 다이제스
트Writer's Digest』에서 그 과정을 춤추는 것에 비유한 할런 엘리슨
Harlan Ellison의 말을 인용했다. "늙은 프레드 밀러Fred Miller(저

술가, 카운슬러, 교수. 방송과 영화 제작 분야에서 오랫동안 일했다. 일과 생활에서 극도의 스트레스에 시달렸던 그는 스스로 마음을 다스리고 긴장과 스트레스를 해소할 수 있는 방법을 연구하고 훈련한 끝에 '마음의 평화를 안겨주는 세 번의 호흡법'을 개발했다. 옮긴이)가 연습실 한 편에서 긴장한 채 걱정스러운 표정으로 땀을 흘리며 반복적으로 '하나, 둘, 셋'이라고 중얼거리며 발동작을 연습하고 있다. 춤을 추려고 애쓰고 있는 것이다. 그리고 그 반대편에는 프레드 어스테어Fred Astaire(20세기 중반에 활약한 미국의 무용수 출신 배우. 옮긴이)가 쉽게 춤을 추고 있다. 다시 말하자면, 글 쓸 때는 생각을 하지 마라. 가슴으로부터 글을 써라. 만약 내면의 비평가가 당신을 괴롭힌다면 작업이 끝났을 때 비평할 기회를 주겠노라고 말해라.

스콧 로젠버그 내게도 이런 내면의 비평가가 있었지만 오래 전에 없애버렸다. 어떤 교수는 "자네가 글을 보여주기 전까지는 아무도 무엇을 썼는지 보지 못한다는 사실을 기억하게"라고 내게 말했다. 이 말이 나를 정말 자유롭게 글을 쓰도록 만들었다. 그것은 재즈 기타 연주와 비슷하다. 즉 당신은 반복 악절을 연주할 뿐이고 좋게 들리는 소리는 미리 녹음된 소리인 것이다. 나머지 소리들은 단지 조화 속에서 흘러나오는 것뿐이다. 글이 완벽해져야 한다고 해서 모든 문장에 대해 지나치게 고심한다면, 당신의 몸과 마음은 마비될 것이다. 내 주변에 작품 하나를 쓰는 데 6개월에서 8개월이 걸리는 친구가 있는데, 그것은 어리석은 행동이다. 그 이유는 이렇다. 첫째, 당신이 누구든 그리고 어떤 이유로 그렇게 많은 시간이 걸렸든, 그 시나리오가 팔릴 가능성은 매우 희박하다. 만약 그 시나리오를 팔지 못하면 당신은 절망할 것이다. 둘째, 당신은 빈 여백이 아주 많은 120페이지 분량의 시나리오를 쓰고 있다는 사실이다. 그런 분량을 쓰는 데 어떻게 6개월씩이나 걸릴 수 있는가? 특히 작품에 대한 전체적인 아웃라인이 있다면 더더욱 그만큼의 시간은 걸리지 않는다. 만약 아주 적게 잡아 하루에 3페이지씩 쓸 수 있다면 120페이지를 쓰는 데 현실적으로 40일, 즉 한 달 반이 걸린다. 따라서 글이 완벽해져야 한다고 생각하는 것은 위험한 습관이다. 그런 생각을 버릴 수 있다면 빨리 버려야 한다. 누구도 당신의 초고를 보지 않는다. 그렇다면, 초고를 다듬어서 달콤하게 만들어라. 그리고 더 낫게 만들기 위해 할 수 있는 모든 방법을 동원해라.

에릭 로스 내가 아는 유일한 사실은 무엇이 거짓이며 진실인가이다. 그러나 내 안의 비평가는 날 힘들게 하지 않는다. 만약 어떤 것이 비효과적이라고 느껴지면, 다른 것을 시도할 뿐이다. 컴퓨터로 작업하는 것의 장점 중 하나는 이럴 경우 아주 쉽게 바꿀 수 있다는 것이다.

톰 술먼 내게도 내면의 비평가가 있지만 그 비평가가 활동하지 못하도록 만들려고 애쓴다. 이따금씩 글을 쓰다가 방향을 잃게 되더라도 그 비평가의 말소리가 느껴지지 않는다. 하지만 그때 내게 현실을 깨닫게 해주는 어떤 일이 일어나면서 내면의 비평가는 방금 쓴 내 글이 아주 형편없다고 말하며 갑자기 내 등 뒤에서 내 글을 지켜본다. 그러면 다시 처음으로 되돌아가 그 씬을 다시 고쳐 쓰거나 최소한 감정적으로 그 씬을 나중에라도 고칠 수 있다고 생각한 다음 작업을 계속 진행한다. 반대로 내가 쓴 씬이 아주 형편없게 느껴지지만, 나중에 그 씬을 읽었을 때 그렇게 나쁘지 않다고 생각되는 경우도 많이 있다. 그리하여 나는 내면의 비평가를 적당히 무시하는 것에 익숙해졌다. 요즘은 마지막 판단을 내리기 위해 작품을 다시 읽을 때까지 내면의 비평가에게 신경 쓰지 않는다.

로빈 스위코드 글을 쓰는 동안 내면의 비평가가 활동하게 내버

려두지 않지만, 꽤 유동적으로 두 지점을 오간다. 글을 다시 고쳐 쓸 때
는 비평적으로 글을 읽는다. 고칠 점을 메모한 뒤 책상에 앉아 글을 쓰
면서 내면의 비평가를 방 밖으로 내보내고, 그 누구도 내 어깨너머로
글을 못 보게 하면서 글을 고친다.

중간자적인 입장을 고수하라.

그런 다음, 자신이 그곳에 있다는 사실도 잊어버려라.

─── 노자

대부분의 사람들은 불안감, 피로, 의심, 상한 감정 등 수백 가지 요인으로 인해 글 쓰는 에너지를 낭비한다. 그러나 그런 에너지를 지금 하고 있는 작업에 집중시킬 수 있는 성공한 작가들에게는 여러 방해물에도 불구하고 자신들의 목표를 알고, 그 목표에 집중해서 꾸준히 굳은 마음을 유지하여 진행 중인 작품을 완수하는 통제력이 있다. 작가들이 현실세계에서 가상세계로 들어가 원고지나 컴퓨터 스크린 위의 낱말들이 등장인물이 되어 씬에 따라 움직이고 다른 등장인물과 서로 대화하며 매우 생동감이 넘칠 때, 그들은 철저히 작품에 몰두하게 되어 글이 '샘솟는' 경험을 하게 된다. 그들은 자신들이 창조한 세계 속에서 살아간다. 시간은 사라지고, 키보드를 치는 손가락의 감각을 포함한 모든 육체감각과 어떤 것을 쓰라고 지시하는 생각조차도 느끼지 못한다. 그 대신 자신들의 마음의 눈 속에 있는 사건들과 등장인물들을 명확하게 보고 귀를 기울여 마치 받아쓰기를 하듯이 글을 쓴다.

론 배스 진행 중인 작품에 철저히 몰입하는 방법을 설명하기는 어렵다. 솔직히 말하자면 그냥 그 작품 속으로 들어가려고 노력하는 것뿐이다. 이 습관은 작품 속으로 빠져들어가는 것에 관한 것이다. 그 것은 자동적인 글쓰기와 비슷하다. 당신은 씬에 대해 생각하지만(그 밖에 다른 무슨 일을 할 수 있겠는가?), 경제나 수학 문제를 푸는 사고방식으로 그 씬을 생각하지는 않는다. 작가는 그 씬 속으로 들어가보고 느낀 후 바로 그 등장인물들이 된다. 즉 그 씬을 관찰하는 동시에 그 씬 안에서 행동한다. 그리하여 그 씬이 실제 일어나는 사건처럼 느껴지다가 마침내 실제 일어나는 사건이 된다. 등장인물들은 각자의 대사를 말하기 시작한다. "만약 그녀가 이렇게 말하면 더 낫지 않을까?" 같은 생각은 절대 들지 않는다. 그녀가 말하는 것이 곧 사건이 될 뿐이다. '글이 저절로 쓰여진다'는 말은 글쓰기 전에 단어를 미리 생각하지 않는다는 뜻이 아니다. 손이 저절로 글을 쓸 뿐이고, 그 써진 글에 놀라게 된다는 말이다. 나는 미리 단어를 생각하고, 글을 쓰면서도 단어를 생각한다. 하지만 그것들은 자연스럽게 떠오른다. 그런 단어들은 원작 시나리오에서 구상된 것은 아니었지만 매우 자연스럽다. 글을 다시 고쳐 쓰는 단계에서는 더 분석적으로 글을 보게 된다. 작품에서 자기 자신을 제거하면 할수록 더 객관적으로 작품을 보게 된다.

스티븐 드수자 나는 거의 소름 끼칠 정도로 작품에 집중할 수 있다. 어떤 씬을 쓰다가 방향을 잃기도 한다. 그때 내 눈 밖 한구석에서 흔드는 손이 보이고, 누군가 내 관심을 끌기 위해 말 그대로 소리치고 있음을 깨닫게 된다.

니콜러스 카잔　어디선가 양쪽의 뇌가 90분마다 서로 번갈아가며 사람의 몸을 지배한다는 기사를 읽은 적이 있다. 그리하여 글쓰기의 문제를 왼쪽 뇌가 인지하면 자동적인 글쓰기는 중단되고, 문제가 발생한 지점에서 오른쪽 뇌가 다시 그 문제를 인계받는다고 생각한다. 아마도 이러한 사실이 아침에 기상해서 1시간 반 동안 글을 쓴 뒤, 나중에 그 글을 이해하지 못하는 내 경험을 설명하는 것인지도 모른다.

톰 슐먼　나는 어떤 씬이 나를 작품 속으로 데려가 그 작품세계 속에서 헤맬 때 쉽게 작품에 집중할 수 있다는 것을 알고 있다. 일단 그 세계 속으로 들어가면 그 어떤 것도 나를 방해하지 못한다. 그러나 아침 일찍 전화벨이 울리거나 집주인의 방문 같은 방해되는 일이 생기면, 종종 1시간가량은 집중할 수가 없다. 또한 내 집중력은 작업 중인 원고가 몇 번째 원고인가에 따라 다르다. 나는 초고 단계에서 보통 2시간가량 헤맨다. 원고를 다시 고쳐 쓰는 단계에서는 곧 점심시간이 된다는 사실을 알고 혼잣말로 '조금 뒤에 점심을 먹어야지' 라고 말한다. 그리고 잠시 후에 시계를 보면 오후 4시 반이다.

에드 솔러먼　나는 쉽게 방해를 받지만, 흥미로운 아이디어에 대해 글을 쓰거나 상상 속의 삶이 실제의 삶보다 더 재미있을 때는 좀 더 잘 집중할 수 있다. 어떤 경우에는, 집중할 수 있는 능력이란 말 그대로 그저 집중하는 것이다.

로빈 스위코드　나는 방해받고 싶지 않으면 쉽게 방해받지는 않는다. 글쓰기가 잘 안 된다 할지라도 작업을 그만두고 쇼핑을 가거나 하지는 않는다. 마치 청교도처럼 오후 4시까지 책상에 앉아 있다. 절대로 쉬운 길을 선택하지 않는다.

나는 책을 쓰다가 어려워지면 쓰고 있던 다른 책을 쓴다.

또한 문제가 생기면 내 무의식이 그 문제를 해결하도록 한다.

──── 아이작 아시모프Isaac Asimov

반드시 동시에 쓸 필요가 없더라도, 여러 작품을 동시에 작업하는 것이 작가들에게는 다양한 문제를 경험한다는 측면에서 도움이 된다. 예를 들면, 시나리오를 거절당했을 때 감정 조절하는 것이 그렇다. 여러분은 다른 여러 작품을 쓰느라 바쁘기 때문에 작품을 거절당하더라도 절망하지 않으며, 창의력의 샘을 신선하게 유지하는 데도 도움이 된다. 어떤 작품에 대한 아이디어가 메말랐을 때는 가볍게 다른 작품으로 옮겨가라. 현장의 시나리오작가들의 가장 공통적인 습관은 2, 3개의 작품을 개발하고 아웃라인을 잡는 동안 또 다른 작품을 쓴다는 점이다. 그것은 모두 준비하기에 달렸다.

　　론 배스 초보작가들이 생애 첫 시나리오의 초고를 끝내고 저지르는 가장 큰 실수는 그 초고를 다시 고쳐 쓰는 것이다. 그리하여 많은 초보작가들은 헤매게 된다. 그들은 시나리오를 완벽하게 만들기 위해 같은 작품의 원고를 계속 반복해서 쓰기 때문이다. 그런데도 그 작품은 여전히 좋지 못해 팔리지 않게 되고, 그들은 실패감 같은 것을 느끼면서 결국 글쓰기를 그만둔다. 두 번째, 세 번째, 네 번째 시나리오, 즉 계속해서 다른 작품을 쓰는 것이 첫 번째 시나리오를 다시 고쳐 쓰는 것보다 훨씬 낫다. 그냥 계속해서 다른 작품을 쓰는 것이다. 되도록이면 각각의 시나리오를 다르게 만들어라. 글을 쓸 때 당신이 앞뒤로 왔다갔다 하듯 물론 나도 시나리오를 모두 다시 고쳐 쓴다. 하지만 당신이 그 작품 전체를 끝냈고 그 작품이 최선의 상태라고 느껴지면서 최선을 다했다면, 그 시나리오를 내려놓고 한동안 그 시나리오를 잊어버려라. 그리고 두 번째 작품을 시작해라. 아마도 이것이 내가 작가들에게 반드시 알려줘야 할 단 한마디의 가장 중요한 조언일 것이다. 지금 작업 중인 시나리오를 쓰면서 항상 다음 작품을 준비해라.

제럴드 디페고 하나 이상의 작품을 작업하는 것이 중요하다. 당신이 시나리오를 어딘가에 제출하면 그 시나리오는 6, 7명의 결정권자들 앞에 놓이게 되고, 만약 오랫동안 그들의 결정을 기다려야 한다면 그 자체가 힘을 소진시킬 수 있기 때문이다. 어떤 사람이 일주일 안에 당신에게 결과를 알려준다고 말한다면, 그 말이 실제로는 2, 3주를 의미하는 것임을 알 것이다. 만약 그들이 매우 바쁘다면, 그 어떤 것도 기대할 수 없다. 다음 작품에 마음을 집중시키는 것이 항상 최선의 방법이다.

에이미 홀든 존스 나는 여러 작품을 작업해야 할 때면 오전에 한 작품, 오후에 또 다른 작품을 작업하거나 아니면 격일이나 격주로 한 작품씩 한다. 그렇게 하는 것이 바람직하다. 왜냐하면 작품에서 멀어졌다가 신선한 마음으로 다시 그 작품으로 돌아오기 때문이다. 그러나 한 번에 많은 작품을 진행하는 다른 작가들과는 달리 난 2개의 작품만 동시에 작업할 수 있을 뿐이다.

니콜러스 카잔 작품을 쓰다가 막혔을 때 그 작품 외의 다른 작품에 집중하는 것도 괜찮은 방법이다. 많은 위대한 작가들은 다른 작품을 쓰다가 막혔을 때 걸작을 만들어냈다고 한다. 그러므로 다른 작품을 작업할 때는 항상 집중해라. 농땡이를 부려라. 이 말은 당신의 머리가 바닷가에 가고 싶다고 해서 바닷가에 가라는 뜻이 아니다. 만약 바닷가에서 시간을 보낸다면, 당신은 작가가 아니다. 당신은 그저 바닷가를 거니는 부랑자일 뿐이다. 그러나 다른 시나리오에 신경이 쓰인다면, 그 시나리오에 대해 메모해라. 당신이 그날 하루 종일 그리고 다음 날도 그 시나리오를 작업하고 싶고, 스스로 그 시나리오에 대해 집착하고 있다고 느껴진다면, 계속 그렇게 해라. 아마도 당신은 작업 중인 작품에서 벗어나려고 애쓰면서 또 다른 위대한 한 편의 작품을 쓸지도 모른다.

톰 슐먼 작업 중인 시나리오를 마치자마자, 다음 작품을 쓰기 시작하는 것이 작업에 많은 도움이 된다. 특히 시나리오를 거절당했을 때 더욱 그렇다. 이런 방법으로 작업하면, 그 어떤 작품도 글쓰기를 포기할 정도로 마음의 상처를 주지 못한다. 초창기 때 난 작품을 끝내면 몇 달을 그냥 앉아서 시간을 낭비하고 있다는 사실을 깨달을 때까지 전화를 기다리며 생사를 오가는 실수를 범했다. 만약 시나리오가 거절당한 사실을 알게 될 때까지 제대로 작업한다면, 좋아하는 새 작품의 3분의 1을 쓰고 있을 것이며, 거절당한 사실을 떨쳐버리고 계속 작품을 쓸 것이다. 나는 보통 3~4편의 작품을 동시에 작업한다. 하지만 만약

외부에서 각색작업을 부탁받으면, 다른 작품들을 개발할 동안 부탁받
은 작품을 쓴다. 오후 3시 반쯤 작업 중인 작품에 싫증이 나면 종종 또
다른 작품을 가지고 1시간 더 작업을 한다.

문을 닫아라. 전화선을 빼라. 만약 필요하다면 친구들을 속이고
거짓말로 그들을 실망시켜라. 하지만 작업은 꼭 끝마쳐라.
———— 개리슨 킬러Garrison Keillor

창작의 즐거움은 아주 쉽게 변하기 때문에 전화, 신문, TV, 인터넷, 자
료조사, 친구, 가족 등 아주 사소한 것까지 방해되는 요소들을 멀리하
는 것이 중요하다. 물론 여러분과 가족이 '집이 곧 당신의 작업실'(28
번 습관 참고)이라는 사실을 인정한다면, 그렇게 하는 것은 별로 어렵지
않다. 어떤 면에서는 내면의 비평가(39번 습관 참고)를 다루는 것도 작
업을 방해한다. 왜냐하면 내면의 비평가를 다룬다는 것은 강제로 창의
적인 오른쪽 뇌에서 편집적인 왼쪽의 뇌로 이동하게 만드는 것이기 때
문이다. 이미 배웠듯이 작품을 다시 고쳐 쓰는 단계를 위해 그 내면의
비평가를 살려두는 것이 최선의 방법이다.

스티븐 드수자 할리우드 사람들은 미친 듯이 사람을 만나기 때
문에 그런 미팅 약속들이 프로작가들을 망가뜨리는 진짜 요인이다. 때

때로 미팅 약속들은 작품개발 담당자development executive들이
자신의 존재 의미를 확인하는 유일한 방법이다. 왜냐하면 누군가 좋은
작품을 썼다고 해서 그 작품이 영화로 제작되는 것이 아니라 유명한
배우나 잘 나가는 감독이 그 작품에 관심을 가져야 영화로 제작되기
때문이다. 만약 작품이 무산되면 그들은 다른 작품을 할 수도 있다. 또
는 심지어 〈사이코*Psycho*〉를 다시 만들고 싶어하는 어떤 감독이 그
작품에 참여함으로써 그들은 그 작품을 제작하게 되거나 그와 유사한
내용의 영화가 흥행에 성공하기도 한다. 나는 수많은 미팅 약속들처럼
작품개발 기간도 단지 시간 낭비일 뿐이라고 생각한다. 하지만 당신은
가야 할 길이 있다. 나는 한 달 동안 만날 사람들을 하루에 만나기 위
해 일정을 조절해서 그날 딱 하루만 작업을 중단한다.

니콜러스 카잔 나는 일할 때 전화를 받지 않는다. 그렇기 때문에
오후 3시 반부터 6시까지 집에 있는 시간에 전화를 했던 사람들에게
다시 전화를 건다.

짐 커프 나는 의학책과 수많은 역사책, 백과사전과 사전 등 많
은 책들에 둘러싸여 있다. 따라서 오랫동안 작업을 중단할 필요가 없
다. 나는 어떤 자료조사가 필요할 때 책상에서 일어나 차를 몰고 어디
론가 가는 것을 싫어한다.

로빈 스위코드 나는 모든 미팅 약속을 같은 날 잡으려고 노력한
다. 보통 한 달에 한 번 특별한 날이 있는데, 그날은 모든 미팅 약속에
따라 차를 몰고 돌아다닌다. 그 외 나머지 다른 날들은 신성한 시간이
며 오직 작업만을 위해 존재한다.

제9장　시간 조절

어떤 일에 대해 푸념하고 불평할 시간이 있다면,
당신에게 그 일과 관련된 무엇인가를 할 시간이 있음을 깨달아라.
———— 작자 미상

여러분에게 부유한 배우자가 있는 것도 아니고 저축해놓은 은행예금만으로 살 수 없다면, 작가 지망생으로서 여러분의 가능성은 낮에는 일하면서 정기적으로 글을 쓰는 것이다. 나중에 알게 되겠지만, 여러분이 정말로 글을 쓰고 싶다면 어떻게든 글 쓸 시간을 만들 것이다. 하지만 대부분의 초보작가들은 글쓰기를 우선시하지 않는다. 그들은 글을 쓰려고 하지만, 글쓰기에 대한 열망이 다른 더 긴급한 일들을 하는 것을 막을 정도로 대단하지 않다. 하지만 프로 시나리오작가들은 글쓰기를 다른 일을 하지 못하는 구실로 삼는다. 그들은 글 쓰는 일을 정해진 마감일이 있고, 엄격한 시간 준수를 요하면서 돈을 벌게 해주는 하나의 직업으로 여긴다. 내가 아는 어떤 여성작가는 작품을 마칠 때까지 약 8주 동안 매일 잠자기 전에 한 개의 씬을 쓰곤 하였다. 하나의 씬을 쓰는 데 때로는 15분이 걸리기도 하고, 4시간이 걸리기도 했다. 그러나 그녀는 그 씬을 스스로 끝내고 나서야 편안히 잠을 잘 수 있는 선물을 자신에게 주었다.

론 배스 이 세상 누구도 내 글을 보지 않거나 글 쓰는 일로 전혀 돈을 벌지 못하더라도, 나는 이 일이 바로 내가 살면서 하고 싶은 일임을 깨달았다. 낮에는 변호사로 일을 하기 때문에 난 평일과 주말 그리고 휴가 기간에 글 쓸 시간을 만들어야 했다. 절실하게 글을 쓰고 싶었으므로 글 쓸 시간을 만들어냈다. 소설을 쓸 때는 취미 삼아 글을 썼다. 남는 시간과 주말 그리고 휴가 기간에 글을 쓰거나 저녁에 취미 삼아 글을 쓰거나 또는 출근 전에 1시간 일찍 일어나 글을 썼다. TV를 보거나 책을 읽는 대신 글을 썼다. 지금은 글부터 먼저 쓴다. 왜냐하면 그 일이 내겐 가장 중요한 일이고 그 일을 무심코 지나치지 않기 위해서이다. 하지만 늘 이런 식으로 글을 쓰는 건 아니다. 그것은 작품의 우선순위에 따라 다르다. 나는 항상 독서, 피칭 준비, 미팅 약속 등 할 일이 매우 많다. 꼭 해야 할 다른 일이 마음에 걸리고, 글을 쓰면서도 그 일이 신경 쓰이면 글 쓰는 일이 고통스럽다. 그렇기 때문에 글을 쓰기 전에 먼저 그 일을 한다.

스콧 로젠버그 내겐 언제나 본업이 따로 있었다. 그래서 항상 밤과 주말에 글을 썼다. 글쓰기를 통해 1달러라도 벌게 되면 절대 다시는 밤과 주말에 글을 쓰지 않겠다고 나 스스로에게 다짐했다. 나는 글쓰기를 내 직업으로 만들려고 애썼고, 지금은 거의 내 직업이 되었다. 나는 아침에 일어나 월요일부터 금요일까지 정해진 시간 동안 글을 쓴다. 당신 친구들도 대부분 낮에 일을 하기 때문에 당신도 다른 사람들과 조화를 이루려고 노력할 것이다. 내가 밤과 주말에 글을 쓰는 경우는 작업이 잘되어 재미있거나 마감 시간을 앞두고 있을 때뿐이다.

에릭 로스 예전에 낮에 일할 때는 따로 글 쓸 시간을 만들어서 글을 썼다. 난 많은 고생을 했다. 세미나에 가면 항상 사람들에게 "당신이 하루에 2페이지씩, 일주일 중 5일 동안 글을 쓴다면, 10주 동안 100페이지의 글을 쓰게 될 것이다"라고 얘기한다. 따라서 당신도 하루에 단 2페이지씩 글을 쓰도록 충분히 자신을 훈련시키면 된다. 칵테일 냅킨 위에 글을 써야 한다 할지라도 누구나 2페이지를 쓰는 데 필요한 1시간은 만들 수 있다.

로빈 스위코드 어디선가 파티장의 냉장고 앞에 서 있는 두 사람에 관한 재미있는 만화를 본 적이 있다. 주름 없는 얼굴에 말쑥한 신사처럼 보이는 사람이 환하게 웃으며, 작고 뚱뚱하며 눈 아랫살이 많이 처진 사람에게 말을 건다. 그 말쑥한 인상의 남자는 이렇게 말한다. "혹시, 작가세요? 저도 항상 글을 쓰고 싶지만 글 쓸 시간이 없어요." 그러나 누구나 글 쓸 시간은 있다. 중요한 것은 당신에게 자신의 꿈을 이루기 위해 눈 아랫살이 많이 처진 그 사람처럼 자신을 바꿀 의지가 있느냐는 것이다. 물론 2개의 직업을 갖는다는 건 매우 힘든 일이다. 하지만 당신이 작가라면 그것은 꼭 필요한 희생이다. 다른 방법은 없다. 미리 무언가를 써놓지 않은 이상, 누구도 글을 쓰라고 당신에게 돈을 주지는 않는다.

시간이 나를 지배해서는 안 된다. 반드시 내가 시간을 지배해야 한다.

──── 골다 메이어Golda Meir

프로작가들은 오전 9시부터 오후 5시까지, 일주일에 5일을 일정표에 따라 글을 쓰든, 써야 할 씬들을 달력에 기입해 글을 쓰든, 항상 시간을 효율적으로 이용한다. 글 쓰는 시간이 그들에게 가장 귀중한 자산 중 하나이므로 그들은 시간 낭비를 싫어한다. 그들은 글쓰기를 우선으로 여기므로 끊임없이 글쓰기를 하루의 일과에 넣는다. 시간 조절이란 그 날 해야 할 일에 시간을 할애하는 것뿐만 아니라 하고 싶은 일에도 시간을 할애하는 것을 의미한다. 프로작가들의 경우는 좀 특별하다. 그들은 하고 싶은 일과 해야 하는 일이 같기 때문이다. 예정된 약속이나 친구들과의 점심 약속이 거의 매번 지켜지듯이 여러분의 하루 일과 속에 글 쓰는 시간을 배정함으로써 게으름과 우유부단함을 피할 수 있다. 그러면 현장의 시나리오작가들의 하루 일과가 어떠한지 알아보자.

론 배스 내겐 글 쓰는 일정표가 있다. 하지만 예를 들어, 매일 9

시부터 정오까지 글을 쓴다든가 하는 것 같은 일정표에 따라 글을 쓰지는 않는다. 당신은 스스로를 위한 어떤 일에 대하여 예상 목표를 세울 때마다 그 목표를 달성하지 못했을 때 따라오는 실패감을 무릅쓰면서 그 일을 하게 된다. 나는 손으로 대여섯 달 동안의 모든 주가 표시된 표를 그려서 작품을 완성할 때까지 그날그날 써야 할 씬을 표에 기록한다. 다만 중요한 점은 내가 그 일정표를 따라가지 못하는 순간, 그 일정표을 바꾼다는 것이다. 나는 일정표보다 4일이나 처짐으로써 느끼게 되는 실패감을 싫어한다. 그렇기 때문에, 그 일정표를 지우고 새로운 일정표를 만든다. 일정표보다 앞서가더라도 너무 편안한 느낌 또한 싫기 때문에 또다시 일정표를 바꾼다. 그러한 일정표를 통해서 내가 어디쯤 쓰고 있어야 되는지를 안다. 그러나 일정표에 맞추지 못하더라도 나 자신을 꾸짖지는 않으며, 밤에는 거의 글을 쓰지 않는다. 즉, 보통 새벽 4시 반부터 저녁식사 전까지 글을 쓴다. 물론 그 시간 내내 계속 글을 쓰진 않는다. 중간에 사람을 만나고, 점심을 먹으며, 전화통화를 하기도 한다. 일과를 끝내면 재빨리 샤워를 하고, 아내와 함께 저녁을 먹는다. 저녁식사 후의 일은 그날그날에 따라 다른데, 그다음 날 전화할 목록을 챙기거나, 꼭 읽어야 할 책을 읽거나, 아니면 원고 교정 같은 자질구레한 일들을 한다. 만약 무엇인가를 끝내고 싶다거나, 아직 나에게 작업할 힘이 남아 있지 않은 이상, 밤에 글 쓰는 일은 거의 없다. 그러나 작업할 에너지가 남아 있더라도 보통 샤워를 하면서 모든 것을 잊고 나머지 저녁 시간에는 휴식을 취한다.

스티븐 드수자 보통 하루 중 가장 이른 시간에 글을 쓴다. 아침 6시 반에 일어나 커피를 마시고 신문을 보면서 30분 정도 미적댄다. 그런 다음, 욕조에 몸을 담그고 정신을 차린 후 시리얼 한 접시를 먹고는 책상에 앉아 지칠 때까지 글을 쓴다. 컨디션이 안 좋은 날은 5페이지,

컨디션이 좋은 날은 12페이지가량 쓴다. 그러고 나면 12시 반쯤 된다. 월, 수, 금요일에는 그 시간 이후 운동을 하고, 점심을 먹은 다음, 업무를 보고 전화통화를 하거나 사람을 만난다. 화, 목요일에는 그 시간 이후 운동을 하지 않고 점심 약속을 위해 지옥 같은 할리우드에 간다.

제럴드 디페고 나는 아침 컨디션에 따라 창작의 우물을 파기 때문에 보통 아침 일찍 일어나 간단하게 아침을 먹고, 대충 신문을 훑고는 8시 반에는 책상에 앉아 약 4시간 동안 글을 쓴다. 그런 다음, 12시 반쯤 긴 산책을 한다. 바로 이런 것이 캘리포니아에서 사는 좋은 점이다. 이곳에서는 일년 내내 산책을 할 수 있기 때문이다. 오후 일정은 내가 어디에 있느냐에 따라 다르다. 내게는 도시에서 떨어진 교외 지역에 집이 한 채 더 있는데, 난 그곳에서 더 많은 활력을 느낀다. 그곳에서는 오후뿐만 아니라 저녁에도 글을 쓸 수 있다. 이곳 도시에서는 오후에 보통 업무상 전화나 미팅이 아니면 자질구레한 일을 한다. 그렇지 않으면 다리를 쭉 펴고 아무 일도 하지 않거나 책을 읽는다.

레슬리 딕슨 나에게 특정한 작업 성향이 있긴 하지만, 그것이 철저한 작업 습관은 아니다. 나의 일반적인 작업 성향은 집에서 일하면서 업무상 점심 약속으로 인해 집중력을 흩뜨리지 않는 것이다. 난 정확히 무엇을 쓸지를 결정하는 데 오전 시간의 일부를 할애하고, 오후에는 결정한 것을 작업한다. 나는 비교적 글 쓰는 훈련이 잘 되어 있어서 일주일에 5일은 글을 쓰고 주말에는 휴식을 취한다. 가끔씩 동료 작가가 전화를 걸어 "같이 영화나 보자구. 오후에는 좀 쉬지 그래?"라고 말하면 마음이 약해진다. 그리고 실제로 내가 로봇이 아님을 알기 때문에 가끔 그렇게 하기도 한다.

아키바 골즈먼 내 글쓰기 습관은 건강한 편이 아니다. 그래서 지금 나 자신이 이제 막 글을 쓰기 시작한 초보작가였다면 지금처럼 하지 않았을 것이다. 나는 약간 몰아서 일을 하는 편이다. 그저 글 쓰는 일에만 집중한다. 집에서 7~10시간 정도 글을 쓰고, 글쓰기 외에는 아무것도 하지 않는다. 아침도 안 먹고, 신문도 안 보며 작업 중인 작품에만 몰두한다. 보통 아침 8시 반쯤 일어나 목욕가운을 입고, 커피를 만들면서 담배를 피운다. 그런 다음 8시 45분까지 컴퓨터 앞에 앉아 글을 쓰기 시작한다. 점심은 먹지 않지만 가끔씩 싱크대 옆에 서서 15분간 CNN 뉴스를 보며 참치 캔 하나를 먹기도 한다. 그런 다음, 제자리로 돌아가 오후 5시나 저녁 8시까지 계속 글을 쓴다. 그러고 나서 체육관에 운동을 하러 가거나 샤워를 한 다음, 저녁을 먹기 위해 외출한다. 또한 워너브러더스 스튜디오 안에 내 사무실이 있어서 가끔씩 그곳에 가서 제작자로서 일을 하기도 한다. 하지만 올해는 그럴 필요가 없다.

에이미 홀든 존스 아침 7시 반에 일어나 신문을 읽고 산책을 한다. 그 뒤 전화통화를 하고 세금 납부나 인터넷, 이메일 답장 같은 자질구레한 일을 한다. 그러고 나서 보통 전날 쓴 글을 다시 고쳐 쓴다. 점심식사를 위해 휴식을 취하고, 잠시 산책을 한 다음, 두세 시간 동안 새로운 시나리오 작업을 한다. 만약 시나리오가 초고이면 보통 점심식사 후 서너 시간 넘게까지 작업을 할 수가 없다. 그러나 초고가 아니라면 체력에 따라 잠들 때까지 하루 종일 글을 쓸 수도 있다. 만약 마감시간이 닥쳤다면 일주일 내내 한밤중까지 글을 쓴다. 그러나 마감시간을 앞두고 있지 않다면 보통 독서를 하면서 저녁 시간을 보낸다.

니콜러스 카잔 보통 아침 9시부터 오후 3시까지 글을 쓴다. 아이들을 학교에 데려다 주고, 집에 돌아와 신문을 읽은 다음, 아침을 먹는다. 아침 9시까지 걸어서 사무실로 출근해 정오까지 일하고, 가게로 가서 먹을 것을 산 다음, 사무실로 되돌아온다. 책상에 앉아서 점심을 먹고, 3시 반까지 일을 한 다음, 집으로 돌아와 운동을 하고, 아이들과 시간을 보낸다. 그 시간 이후의 생활은 다른 보통 사람들과 비슷하다.

짐 커프 나는 대여섯 잔의 커피를 마시고, 잠시 신문을 보며, 내야 할 공과금들을 처리한 다음, 카페인이 몸속으로 퍼지기를 기다린다. 그런 다음, 글쓰기에 매달려 하루 종일 글을 쓴다.

에릭 로스 나는 아이들을 학교에 데려다 주고, 집으로 돌아와 산책을 한 다음, 시나리오를 집어든다. 첫 페이지부터 읽으면서 필요에 따라 교정을 하면, 결국 써야 할 지점에 이르게 된다. 그러면 글 쓸 것을 충분히 생각한 다음, 약 4시간가량 글을 쓴다. 그리고 나서 저녁에 그 작품을 다시 집어들고 그날 낮에 작업한 부분을 검토한다.

톰 슐먼 나는 일주일에 5일 동안만 글을 쓰고, 주말에는 가족들과 함께 시간을 보낸다. 하지만 원고 마감시간이 다가오면, 가끔 토요일 오전에도 일을 한다. 평일에는 아침 6시 15분에 일어나 샤워를 하고, 몸을 풀어준 다음, 아래층으로 내려가 아이들 아침식사 준비를 하는 아내를 돕는다. 아이들이 학교에 갈 준비가 되면, 10대인 아들을 8시 15분까지 학교에 데려다 주고, 8시 반까지 사무실로 출근한다. 그런 다음, 가방에서 모든 것을 꺼내고, 컴퓨터를 켠 다음, 사무실에서 해야 할 자질구레한 일을 한다. 내게 제일 중요한 핫초콜릿 커피가 준비되었는지를 확인한 다음, 9시부터 작업을 시작한다. 낮에 전화를 받지 않는 대신 오후 4시 반쯤 15분가량 사람들과 전화통화를 한다. 그리고 나서 5시경 집으로 돌아온다. 5시부터 6시까지 운동을 한 뒤, 가족과 함께 저녁을 먹는다.

로빈 스위코드 바깥세상에는 글쓰기보다 재미난 일이 없다. 나는 차 한 잔을 만들어 책상에 앉아 6시간 동안 움직이지 않고 글을 쓴다. 보통 9시까지는 책상에 앉은 다음, 오후 4시까지 글을 쓴다. 점심은 책상에서 간단하게 먹는다. 대낮에 밖에 나가 사람들과 어울리는 것을 좋아하지 않지만, 작업이 끝나면 밖에 나가 사람들을 만난다. 만약 작업이 잘되고, 아이들도 즐겁게 잘 놀아서 날 필요로 하는 사람이 없다면, 오후 늦게까지 최선을 다해 낮에 쓴 글을 반복해서 읽는다. 그런 다음, 다음 날 작업 준비의 일환으로 하고 싶은 것이 무엇인지를 생각한다. 나는 작품을 끝낼 때쯤이면 더욱 자주 그렇게 하곤 한다. 가끔씩 남편이 출장을 가거나 아이들이 친구들과 밖으로 놀러나가 집에 혼자 남게 되면 지칠 때까지 저녁에도 글쓰기 축제를 벌인다. 만약 글이 잘 안 써지면 남편에게 이번 주말에 글을 쓸 거라고 미리 얘기한다. 이것은 보통 금요일 또는 토요일 밤부터 그다음 날 새벽 3, 4시까지 글 쓰는 것을 의미한다. 이렇게 하면 마음이 차분해지기 때문에 가끔은 이렇게 하는 것이 좋다. 작업이 잘 안 될 때는 글 쓰는 시간을 다양화해서 글을 써보길 바란다.

위대한 작품은 순간적인 충동에 의해서 만들어지는 것이 아니라
일련의 작은 노력들이 모여 하나가 됨으로써 만들어진다.
———— 빈센트 반 고흐Vincent van Gogh

대부분의 프로작가들은 미리 작업량을 정한다. 그들의 목표량이 실제 글을 쓰는 시간이거나 하루에 쓰는 원고지의 양이나 씬의 개수 등 무엇이든 간에 꾸준히 일정한 원고량을 생산해낸다. 만약 여러분이 스스로 특정한 원고량을 마칠 때까지 책상을 떠나지 않겠다고 약속(필요하다면 스스로에게 상을 주어라)한다면, 여러분 스스로 얼마나 빨리 작품을 완성하는지 놀랄 것이다.

스티븐 드수자　난 스스로 작업량을 정한다. 나 자신에게 '매일 하루에 6페이지씩 써야지' 라고 얘기한다. 어떤 때는 4, 5페이지만 쓰고 그만두기도 하지만, 그럴 경우 그다음 주에 보충한다. 작품을 끝마칠 때까지 이런 식으로 작업한다.

레슬리 딕슨 나는 스스로에게 특정한 원고량을 부여하려고 애쓴다. 그리하여 만일 그 양을 완수하고 글의 내용까지 아주 탄탄하다면, 그날은 일찍 작업을 마친다.

아키바 골즈먼 초고를 작업할 때는 하루에 10페이지씩 쓰려고 노력한다. 그러면 나머지는 여느 다른 일처럼 시간의 문제일 뿐이다. 대개 밤과 주말에는 글을 쓰지 않는다. 글쓰기의 위험성은 언제든지 할 수 있다는 것이어서 나름대로 규칙을 만들어놓지 않으면 절대 글 쓰는 일로부터 자유로울 수 없기 때문이다.

톰 슐먼 나는 보통 써야 할 정확한 작업량을 미리 정한다. 한 편의 작품을 끝낼 때까지 몇 주의 시간이 있다면, 그 작품을 언제쯤 끝내고 싶은지 그리고 초고, 재고, 삼고 등을 각각 얼마 동안 작업할지를 아주 구체적으로 생각한다. 평균적으로 나는 하루에 12페이지 정도 쓰려고 노력한다. 하지만 어떤 때는 12페이지를 2시간 만에 쓸 수도 있기 때문에, 하루 작업량은 그날그날에 따라 다르다. 따라서 내 목표는 정해진 날짜까지 처음의 3분의 1을 끝내고, 또 다른 날짜까지 그다음 3분의 1을, 그리고 계속 그런 식으로 작업을 하는 것이다.

에드 솔러먼 일정한 작업 시간을 정하는 것이 내게는 아무런 의미가 없다. 내 작업목표는 어떤 생각을 통해 안고 있는 문제를 해결하는 것이다. 그것은 원고지의 양이나 씬의 개수가 아니다. 내가 작업을 멈추는 이유는 시간이 부족하기 때문이다. 지칠 때까지 작업에 집중할 수 있는 자유가 내게 있기를 바라지만, 미팅 약속, 전화통화 등 업무상 일정과 가족들 때문에 보통 시간이 허락할 때까지만 글을 쓴다.

무의식과 관련된 창의적인 노력의 발전 가능성은
무한하기 때문에 예측할 수가 없다.
그런 가능성이 사람들의 경외심을 불러일으킨다.
———— 너폴리언 힐Napoleon Hill

글 쓰는 작업은 컴퓨터 앞에서 이루어지는 것이 아니다. 여러분은 4번째 습관(타고난 관찰자 되기)과 24번째 습관(글 쓰는 재미를 돋우는 데 도움되는 일들 알기)에서처럼 항상 주변을 관찰한다. 그러면서 여러분의 무의식은 절대 쉬지 않는다. 타자기를 두드리고 있지 않더라도, 잠잘 때, 산책할 때, 요리할 때, 비디오게임을 할 때 또는 친구들과 어울려 놀 때도 여러분은 계속 글을 쓰고 있다. 이 책의 조언자들에게 글을 쓰지 않을 때 글쓰기에 관련된 어떠한 일을 하는지 질문했더니 다음과 같이 대답했다.

　　아키바 골즈먼 글이 잘 써지면 마음이 계속 작품을 향하게 된다. 그렇기 때문에 이따금 잠에서 깨거나 샤워를 하는 중에도 계속 작품에 대해 생각한다. 하지만 어떤 때는 작품에서 멀어지는 게 도움이 되기도 한다. 작업을 하고 있지 않더라도 무의식은 계속 작업에 대해 생각하므로, 시간을 갖고 기다리면 무의식이 문제를 해결해주기 때문이다.

에이미 홀든 존스 외출해서 당신의 무의식이 작품상의 문제를 생각하는 동안, 당신은 사람들의 대화를 듣고 다른 일들을 생각한다. 예전에 한번 글이 막혀서 주말에 작업을 하지 않고 샌타바버라Santa Barbara에 간 적이 있다. 작품에 대해 잊고 있었는데 갑자기 한밤중에 잠에서 깨어 내가 무엇을 잘못 썼는지 그리고 무엇을 고쳐야 하는지를 깨달은 적이 있다. 당신의 마음은 작업에 노련해지기 위해 작품에서 해방되어야 한다. 가끔 피가 잘 순환되지 않아 근육이 꽉 뭉칠 때 피를 다시 순환시키기 위해 근육이 휴식을 취하듯이 말이다.

스콧 로젠버그 당신은 밖으로 나가 사람들을 관찰하고 대화를 듣게 된다. 내가 좋은 대사 한 마디를 접했을 때, 나를 알거나 나와 얘기를 나누던 모든 사람들은 그 대사가 내 시나리오에 나올 수 있다는 것을 알고 있다.

마이클 시퍼 나이를 먹으면서 내가 터득한 교훈 하나는 글을 쓰지 않을 때는 작품에 대한 집착을 멈추라는 것이다. 그래서 난 글을 쓰지 않는 시간에는 작품에 대해 생각하지 않으려고 부단히 애를 쓴다. 그러나 진짜로 커다란 문제가 발생하여 먹구름이 나를 덮쳐오고 글 쓰는 재미를 전혀 느끼지 못할 때도 있다. 더구나 난 늘 일하기 때문에 이 일이 항상 나를 충족시켜줄 수는 없다. 그리하여 난 사무실을 벗어나 차를 몰고 집으로 가면서 그 문제들을 되새겨본다. 하지만 집 문을 여는 순간, 더 이상 그 문제에 대해서 생각하지 않는다. 나는 일에 대해 잊어버리고 삶을 활기차게 즐기려고 애쓴다.

에드 솔러먼 글이 잘 써진다면 내 말을 들을 필요가 없다. 글이 잘 써지지 않을 경우에는 계속 의자에 앉아 있기가 힘들다. 경우에 따라서는 일부러 글을 열심히 쓰지 않고 그 작업에 대해 잊는 것이 어떤 문제를 해결하는 최선의 방법이기도 하다. 하려고만 하면 무의식이 글을 쓰는 데 나름대로 훌륭한 역할을 한다는 사실을 알게 되었다. 실제로 난 내 무의식에게 할 일을 부여한다. 즉 나 자신에게 "월요일까지 X, Y, 그리고 Z라는 문제를 해결해"라고 말하면서 그 말을 컴퓨터에 친 다음, 주말 내내 그대로 놔둔다. 그렇게 하면 보통 월요일까지 그 문제들을 해결하게 된다.

만약 A가 성공이라면 A=X+Y+Z이다.

X는 일, Y는 놀이, Z는 침묵.

───── 알베르트 아인슈타인Albert Einstein

가족이 있거나 다른 중요한 인간관계를 맺고 있는 작가 지망생들에게 가장 어려운 일 중 하나는 사랑하는 사람들과 함께 시간을 보내고 싶은 열망과 그들을 부양하게 해주는 일에 대한 책임감 사이에서 고민하는 것이다. 시나리오작가로서 성공하는 것에 너무 집착해 인간관계를 망치고, 이혼을 하며, 고소득의 직업을 잃는 작가들을 많이 보아왔다. 우리의 조언자들이 성공했기 때문에 일과 가족을 조화롭게 꾸려나가는 법을 어디선가 익혔을 것이라고 생각할지도 모른다. 하지만 실제로 2, 3명을 제외하고는 그들이 글쓰기를 시작했을 때 가족이나 사랑하는 사람이 있었고, 지금도 그들은 똑같은 사람들로부터 여전히 사랑을 받고 있다. 그들은 다만 선결과제가 무엇인지를 알고 있었을 뿐이다. 사실, 어떤 작가는 무엇이 중요한지를 앎으로써 한 인간으로서 자기 자신을 수양했고, 그럼으로써 더 나은 작가가 되었다고 얘기하기도 한다.

제럴드 디페고　나 역시 전에 다른 사람들처럼 직장에 다녔다. 그때 직장과 글 쓰는 일을 병행하기가 쉽지 않았다. 그렇게 하는 것은 그 직장이 얼마나 힘드냐에 달려 있다. 학교에서 아이들을 가르칠 때 출근하기 전 글을 쓰기 위해 1시간 반이나 더 일찍 일어나곤 했다. 만약 심리적으로 부담이 덜 되는 다른 직업을 갖고 있었다면, 저녁에 글을 썼을 것이다.

아키바 골즈먼　결혼을 한 뒤 결혼 전보다 글을 더 잘 쓰고 싶었는데, 지금 난 이혼을 한 상태다. 창작할 때 내 작업 규칙은 밤과 주말에 글을 쓰지 않는 것이다. 그렇지 않으면 인간으로서 사생활이 전혀 없게 된다. 글 쓰는 일 외에 다른 직업이 있었을 때 아주 일찍 일어나 출근하기 전에 1시간 정도 글을 썼다.

에이미 홀든 존스　나는 아이들이 낮잠을 자거나 잠든 뒤에 작업을 했다. 약 3시간 정도만 글을 쓸 수 있었기 때문에 그렇게 하는 것이 효과적인 작업동기가 되었고, 다른 일을 하느라 작업 시간을 낭비하지 않을 수 있었다. 그저 책상에 앉아 글만 썼다. 어떤 면에서는 시간에 제한이 없을 때 글쓰기가 더 어렵다고 생각한다. 그렇기 때문에 가진 기회가 적다면 그 기회를 낭비하지 않게 된다. 실제로 낮에는 또 다른 직업을 갖거나 아이 돌보기처럼 다른 책임감을 필요로 하는 일을 갖는 게 좋다. 진실한 의지가 있다면 작품은 완성될 수 있다. 하루에 2, 3시간 동안만 작업해서 짧은 시간 안에 작품을 완성할 수 있다. 글 쓰는 일을 진지하게 여기지 않는 사람들은 글을 쓰지 않기 위해 보통 수백만 가지의 핑계들을 댄다. 정말로 무엇인가를 하고 싶다면 그 일을 할 시간을 만들게 된다.

니콜러스 카잔 글 쓰는 일을 하면서 가장 힘든 점은 혼자였다가 가족이 생기는 변화를 겪는 일이다. 그것은 급박한 변화다. 아기가 생기는 순간, 당신의 생활은 바뀌게 된다. 전에는 사무실로 출근해서 신문을 읽고, 낮잠을 자며, 편안하게 일을 했다. 이젠 일을 할 때 더 이상 그런 편안함이 없다. 난 사무실로 출근해 컴퓨터를 켜고, 곧바로 일을 시작한다. 일을 하고 싶다면, 일을 할 수 있는 시간에 집중해서 그 시간의 효율을 최대로 만들어야 하기 때문이다.

에릭 로스 글 쓰는 일을 하기 훨씬 전부터 내겐 가족이 있었기 때문에 글 쓰는 일을 시작하고 나서는 글만 썼다. 다만 가족이 있다는 사실 자체를 글 쓰는 과정의 한 부분으로 여겼다. 심지어 가족들이 오가는 번잡스러운 거실에서 작업을 하기도 했다.

마이클 시퍼 초보작가 시절 무리해서 작업을 하려 했고, 내 자신을 너무 강하게 몰아댔다. 첫 번째 책이 출간되고 나서도 늘 글을 썼다. 그러자 기자였던 친구가 "자네, 그런 속도로 일하면 자기 자신을 죽이게 될 거야. 밤낮없이 일을 하면 안 돼. 저녁 6시가 되면 작업하던 것을 내려놓든지 규칙적인 작업 시간을 만들든지 아니면 작업을 하고 좀 쉰 다음, 다음 날 다시 작업을 하란 말이야. 글쓰기는 마라톤이지 단거리 전력질주가 아니야"라고 말했다. 그는 내게 리듬감 있게 생활하라고 말했다. 글쓰기에 대해 헤밍웨이가 인용한 명언이 있다. "글이 잘 써질 때 작업을 중단해라. 쓰레기 같은 글이 쓰여지는 순간 바로 작업을 멈춰야 한다. 그다음 날 그 글에 손을 대기가 두렵다면 작가가 되지 말아야 한다." 이 말은 의역한 인용구이지만 의미는 명확하다. 글 쓰는 일의 균형은 깨지기 쉽기 때문에 글이 잘 써지지 않아 그만두고 싶다고 해서 당신은 게으름을 피우거나 한창 일할 낮 시간에 일찍 작업을 마치고 싶어하지 않을 것이다. 하지만 하루 일과를 마칠 시간이고, 피곤해서 글이 점점 생기를 잃어가고 있다고 느껴지면, 그때는 작업을 멈춰라. 플러그를 뽑고 다음 날 활기차게 다시 글을 쓰기 시작해라.

앞으로 하려고 하는 일에 대한 명성을 지금 쌓을 수는 없다.

──── 헨리 포드Henry Ford

여러분은 배가 고플 때 밥 먹는 것을 나중으로 미루는가? 좋아하는 TV 프로그램이 방송되고 있을 때 그 프로그램의 시청을 나중으로 미루는가? 기회란 어떤 일이 하고 싶고, 그 일이 두렵지 않다면 그냥 그 일을 하는 것이다. 많은 조언자들이 늑장 부리는 것을 두려움에 대한 또 다른 표현으로 생각할지라도(38번째 습관을 보라), 그것은 아이디어가 무의식 속에서 넘쳐나는, 창작 과정중 부화 단계의 한 부분이 될 수도 있다. 따라서 그렇게 하는 것이 아주 나쁜 것만은 아니다. 사실 모든 작가들이 한 가지 또는 그 이상의 방법으로 글쓰기에 대한 부담감을 덜기 위해, 혹은 그날의 작업 속으로 들어가기 위해 꾸물거리면서 그냥 '시간을 낭비한다'. 여러분과 그들의 차이는, 그들은 꾸물거리는 시간을 잘 조절한다는 점이다. 그럼 우리의 조언자들은 어떻게 꾸물거리면서 시간을 허비하는지 알아보자.

스티븐 드수자 글을 쓰기 전 난 결벽증 환자가 되어 펜과 연필을 반복해서 정리하고, 머릿속으로 작업에 대해 곰곰이 생각하면서 섭취한 카페인이 효과가 있을 때까지 그냥 시간을 허비한다.

레슬리 딕슨 나는 꾸물거림을 '시간을 지연시키는 교묘한 기술'이라고 생각한다. 우리 모두에겐 그런 경향이 있다. 친한 작가들은 솔직하게 서로에게 "맞아, 난 작업을 회피하고 있어"라고 말한다. 그런 다음, 그들이 느끼는 것은 벌써 서로 45분 동안이나 대화를 하고 있다는 사실이다. 당신은 아침에 일어나 커피를 마시거나 신문을 보면서 이메일을 확인하느라 시간을 낭비한다. 죄책감을 느끼면서 자기 자신에게 작업과 친해지라고 외치면서 꾸물거림을 극복한다. 어떤 경우에는 스스로에게 "너, 이 작품 끝내고 싶지 않아? 이 등장인물들 정말 형편없지? 다른 작품을 쓰기 위해 이 작품을 끝내서 빨리 제작자에게 건네주고 싶지 않니? 그렇다면 글을 써!"라고 말하기도 한다. 꾸물거림은 실제로 성공을 위한 아주 흥미로운 수단이 될 수 있다. 꾸물거림을 조절할 수 있다면 무기 하나를 더 갖고 경쟁을 하는 것이기 때문이다. 당신이 적절한 시간 안에 좋은 작품을 쓸 수 있는 사람으로 제작자들에게 인식된다면, 그들은 한 편의 작품을 쓰는 데 1년이나 걸리는 작가 대신 그 작품을 쓰도록 당신을 재빨리 고용할 것이다.

에이미 홀든 존스 모든 작가들은 작업을 하면서 쉽게 꾸물거린다. 작품에 충분히 몰입하고 그 작품에 대해 진정으로 걱정한다면, 더욱더 꾸물거리기 쉽다. 등장인물들이 살아 숨쉬고 생동감이 넘치면 훨씬 더 쉽게 글을 쓸 수 있다. 왜냐하면 등장인물들에게 애착이 가고 그들을 자신이 원하는 인물로 만들려고 하기 때문이다. 그 전까지 글쓰기는 아주 피곤하고 힘든 과정이다. 바로 그것이 대부분의 사람들을 꾸물거리게 만드는 원인이다. 하지만 그럴 때마다 굳은 마음을 먹고 써야 할 원고량을 생각해야 한다. 작업 중인 시나리오가 창작 시나리오이면 내 작업량은 하루에 3페이지이다. 그러나 각색 작업일 경우 보통 하루에 5〜10페이지 정도 작업한다.

스콧 로젠버그 작업 시간을 가장 많이 뺏는 요인은 전화통화다. 하지만 내가 하는 전화통화의 대부분은 일과 관련된 것이다. 그렇더라도 작업할 때 전화통화는 시간 낭비라고 생각한다. 나는 아주 활발하게 사회생활을 즐긴다. 사회생활을 그만둘 생각이 내겐 전혀 없으므로 필요할 때 그냥 외출을 한다. 당신에게는 스스로 삶을 통제할 수 있다는 것이 일종의 사치처럼 들리겠지만 매일 그렇게 하지는 않는다.

에릭 로스 나는 시간을 많이 낭비한다. 앞에서 말했듯이 경마장에 가는 것, 아이들과 시간 보내는 것 그리고 책 읽는 것을 좋아한다. 글을 쓰지 않는 것은 매우 쉽다. 하지만 결국 작업을 진행시켜야 하는 지점에 도달하게 된다. 그럴 때 자신이 프로답지 못하다고 느낀다. 하지만 그것도 진행 중인 작품에 따라 다르다. 만약 진실로 작품을 재미있어 한다면, 그 작품에서 멀어지고 싶지 않을 것이다. 하지만 글쓰기가 힘들 때는 그 작품을 들여다보는 것이 고통스럽기 때문에 조금이라도 더 그 작품을 피하려고 한다.

톰 슐먼 자기 자신에게 변명하는 건 괜찮지만, 나를 고용한 사람들에게 변명하는 것은 절대 용납할 수 없다. 그들에게는 당신이 어떤 상황에 처해 있는지가 전혀 중요하지 않다. 오늘도 난 모든 연필을 뾰족하게 깎으면서 시간을 허비했고, 작업실을 L.A.에서 가장 깨끗한 작업실로 만드느라 시간을 낭비했다. 새 작품을 시작하는 것은 언제나 가장 힘든 일이다. 새 작품을 쓰는 첫 2, 3일간은 게을러져서 연필만 뾰족하게 깎으며, 사무실을 청소하고, 물건들을 정리할 뿐이다. 글쓰기를 회피하려고 할 때 얼마나 많은 일을 할 수 있는지를 알게 되면 놀랄 것이다.

에드 솔러먼 작업을 방해하는 일들은 상당히 자주 발생한다. 그러나 그럴 때면 나는 죄책감을 느끼고 일단 작업을 시작한다. 그러면 오히려 작업을 중단하기가 어렵다. 내게 글쓰기는 아주 뜨거운 물이나 찬물만 있는 호텔에서 샤워를 하는 것과 비슷하다. 그런 상황에서는 아무 일도 할 수 없거나, 반대로 하던 일을 멈출 수도 없다. 아침에 2시간씩 글을 쓰고 오후가 되면 파리를 돌아다녔던 헤밍웨이처럼 훌륭하게 작업하는 법을 아직 모른다. 시나리오를 쓴다는 핑계로 꾸물거린다. 내겐 시나리오 작업이 실제로 행복하고 건강한 삶을 사는 것으로부터 시간을 지체하는 일이다. 솔직히 내겐 글을 쓸 수 있는 일정한 양의 시간만 있을 뿐이다. 물론 나 역시 시간을 낭비한다. 하지만 글쓰기를 미루는 것과 그것조차 하지 않는 것 사이에는 커다란 차이가 있다. 꾸물거림은 실제 삶인 동시에 작업하지 않는 동안 하는 모든 일이다.

 원고 마감시간을 작업 동기로 삼기

마감시간을 놓침으로써 육체적인 상처를 크게 받게 된다면,
나는 모든 마감시간을 지키게 될 것이다.
———— 꾸물거리는 사람의 신조

"그 무엇도 사람을 마지막 순간만큼 더 생산적으로 만들지 못한다"는
말이 있다. 마감시간은 제 시간에 작품을 끝내거나 글이 막히는 것을
극복해야 할 때 글을 쓰게 만드는 가장 큰 동기가 된다. 또한 다른 사
람이 정한 마감시간은 스스로 정한 마감시간보다 글을 쓰는 데 더 큰
동기를 유발시킨다. 만약 여러분 스스로 정해진 날짜까지 누군가에게
시나리오를 주겠다고 약속한다면, 그러한 사실이 책임감을 가지고 계
속 작업을 진행하게 만든다.

스티븐 드수자 마감시간은 내가 알고 있는 가장 커다란 동기유
발 수단이다(어떻게 그렇지 않을 수 있겠는가?). 매일 내가 6페이지라는
작업량을 갖는 이유도 바로 마감시간 때문이다. 정해진 시간까지 얼마
만큼의 시나리오를 써야 할 필요가 있으면, 남은 날의 수로 써야 될 원

고량을 나눈다. 따라서 달력은 곧 나의 가장 친한 친구다.

에이미 홀든 존스 마감시간은 정말로 정신을 집중시키게 만든다. 하지만 창작 과정에 부담을 주기 때문에 해가 될 수도 있다. 마감시간은 할당된 시간 안에 반드시 아이디어를 내지 못할 것이라는 많은 스트레스와 불안감을 유발하기도 한다. 하지만 글을 다시 고쳐 쓸 때는 마감시간이 효과적이라고 생각한다.

스콧 로젠버그 내 목표는 시나리오를 완성하는 것이기 때문에 문제는 원고량이나 시간이 아니라 마감시간이다. 나는 나 자신이 주어진 시나리오에 2, 3달 이상의 시간을 소모하는 것을 용납하지 않는다.

톰 슐먼 난 항상 주어진 날짜에 왜 작업을 시작할 수 없는지 수백만 개의 그럴듯한 이유들을 생각해낼 수 있기 때문에 스스로에게 마감시간을 부여한다. 마감시간은 '지금 내겐 작업할 시간이 충분치 않아, 서둘러야겠어'라고 느끼게 하면서 실제로 나 자신을 압박하는 유일한 것이다. 만약 작업을 일찍 시작해서 여유를 부릴 수 있을 만큼 많은 시간이 남았다면 바로 작업을 시작하지 않는다. 그러나 무슨 일이 있어도 반드시 작업을 시작해야 할 경우에는 바로 작업을 시작한다.

제10장　　　　　　　　　　　　　　　　글 막힘

글을 쓰다가 막히는 것은 아마도 작가들 사이에 가장 논쟁이 분분한 문제 중 하나일 것이다. 많은 작가들이 글이 막혔다고 느낄 때 중요한 것은 그것이 단순히 마음의 상태일 뿐이기 때문이다. 그런 경우 여러분은 글이 막힌 사실을 인정하고 모든 종류의 방법으로 그것을 극복하려고 애쓰거나 그것을 인정하지 않고 그대로 글을 쓰기도 한다(이것 또한 하나의 해결 방법이다). 무엇이 맞거나 틀리다고 얘기할 수는 없다. 여러분도 알게 되겠지만 어떠한 자세를 취하든 여러분은 바로 다시 작업을 할 것이다.

만약 당신이 작가가 되려고 한다면

첫 번째 필수조건은 그냥 글을 쓰는 것이다.

아이디어를 기다리지 마라.

무엇인가를 쓰기 시작하면 아이디어는 반드시 떠오른다.

물을 나오게 하려면 수도꼭지를 돌려야 한다.

———— 루이 라모어Louis L'Amour

때때로 머리에 안개가 자욱하면서 아무것도 보이지 않는 경우가 있다. 좀처럼 어떤 단어나 영상도 떠오르지 않는다. 그것은 완전한 공백 상태와 같다. 어떤 작가들은 글 막힘의 초기 증상에 불안해하면서 정신과 의사에게 달려간다. 반면에 또 다른 작가들은 일시적인 것이라고 여기면서 극복할 수 있는 많은 방법을 알고 있다. 작가들은 글이 막힐 때 극복할 수 있는 수천 가지의 방법을 알고 있다. 가장 일반적인 방법은 헤밍웨이가 선호했던 방법으로, 어떤 장면을 쓰다가 작업을 멈추고 그 장면에 써야 할 내용을 남겨둠으로써 그 장면이 어떻게 끝날지 힌트를 남겨놓는 것이다. 이런 방법으로 작업을 하면 그 장면을 끝내기를 학수고대하면서 다음 날 작업을 시작하게 된다. 또 하나의 방법은 순서에 관계없이 글을 쓰는 것이다. 만약 특정한 부분에서 막혔다면 그 부분을 지나쳐 쓰고 싶은 부분을 쓰는 것이다. 또한 이미 썼던 글을 교정하는 것도 또 하나의 방법이다. 마지막으로 작가들에게 가장 인기 있는 방법은 간단하게 마음에 떠오르는 것들을 타자기로 치기 시작하는 것이다. 나중에 그 아이디어들을 전혀 사용하지 않게 되더라도 글쓰기라는 단순한 동작이 지속적인 활력을 가져다준다.

제럴드 디페고 확실히 작업이 잘 안 되는 날이 있다. 그럴 때는 달콤한 유혹에 빠진다. 나는 스스로 알맞은 창작 에너지 속으로 빠져들지 못하고 있다고 느껴지고, 그러면서 시간을 허비하고 컴퓨터 스크린이나 원고지를 멍하니 응시하게 될 때면 때때로 외출을 한다. 하지만 가끔 특정한 방법을 사용하기도 한다. 예를 들어, 만약 어떤 씬이 효과적이지 않으면 작품의 배경을 완전히 바꿈으로써 모든 것을 뒤흔들어 놓거나 그 씬의 중요한 요소 하나를 바꿔 어떤 일이 벌어지는지 지켜본다. 하지만 무엇인가가 잘못되었을 경우, 보통 그것은 성급하게 작업했기 때문이다. 다시 말해 그 이야기의 핵심적인 현실성을 충분히 검토하지 않았거나 등장인물들을 충분히 개발하지 않은 상태로 완전하게 살이 붙기도 전에 그 등장인물들을 가지고 글을 쓰기 시작했기 때문이다.

레슬리 딕슨 글을 쓰다가 막힌 적이 딱 한 번 있었는데, 그 경험은 매우 끔찍했다. 그러한 증상이 2주 동안 지속되었다. 그 원인은 하나의 꿈처럼 느껴졌던 소설의 각색 작업이 쉬울 거라고 생각했기 때문이다. 그 각색 작업을 시작했을 때 소설을 영화로 만들기 위해서는 많은 내용을 바꿔야 한다고 생각했다. 그래서 영화제작자에게 돈을 돌려주면서 그 작업을 할 수 없다고 말하려고 했을 만큼 절망에 빠져 있었다. 그 일은 정말로 내가 하기 원했던 열정을 느낀 일이었던 동시에 내 자신이 쓸모 없는 바보라고 느껴진 일이기도 했다. 그래서 가끔씩 상담을 하곤 했던 정신과 의사에게 전화를 걸어 "전에는 이런 경험을 해본 적이 없어요. 실제로 글쓰기가 막힐 때가 있나요? 이 증상이 얼마 동안이나 지속될까요?"라고 물었다. 그러자 그는 "한 2주에서 5주 정도 지속될 겁니다. 그러니 너무 걱정 마세요"라고 대답했다. 이와 같이 그는 아주 자세한 대답을 해주었고 그 대답은 아주 명쾌했다. 어쨌든 그 대답이 의식적으로 글 막힘을 해결할 수 있는 실마리를 주었다. 그리하여 지금, 그 영화는 제작 중이다. 나는 그의 말이 옳았다고 생각한다.

에이미 홀든 존스 약 1년 동안 아주 심각하게 글쓰기가 막힌 적이 있다. 그것이 다른 무엇보다 우울증에서 비롯됐다고 생각한다. 보통 그런 느낌은 작품을 마쳤을 때 제대로 작품을 쓴 것 같지 않은 느낌이나 절대로 그 작품을 어디에도 내밀지 못하게 될 것 같은 느낌에서 비롯된다. 때때로 작가들은 써야 할 필요가 있는 모든 내용을 쓰고 난 후 글쓰기가 막힌 것을 작가의 생명이 끝난 것으로 여기며 고통스러워한다. 작가들은 다양한 방법으로 글 막힘을 얘기하면서 쓸 만한 새로운 내용이 없다고 말한다. 그런 경우 가끔 잠시 동안 그냥 글쓰기를 멀리할 필요가 있다. 반면에 어떤 때는 계속 글쓰기를 연습하여 노력하고 또 노력해야만 한다. 왜냐하면 글쓰기는 근육과 비슷하기 때문이다. 글을 잘 쓰기 위해서는 계속 글을 쓸 필요가 있다. 너무 오랫동안 글쓰기를 멀리하면 글쓰기 능력은 쇠퇴하기 때문이다. 글 막힘을 극복하는 나만의 방법이란 내가 선호하면서 할 수 있다고 생각되는 아주 쉬운 작품을 쓰는 것이다. 그것이 자신감을 회복시켜준다. 자신감은 어느 누가 무슨 일을 하든 매우 중요하다. 당신의 직업이 교사, 의사, 예술가, 또는 그 무엇이든 간에 최선의 방법은 할 수 있다고 생각되는 일로 되돌아가거나 자신감이 회복될 때까지 더 쉬운 일을 하는 것이다.

니콜러스 카잔 글을 쓰다가 막힐 때가 있다는 것을 믿지만, 한 번도 글 쓰는 데 어려움을 겪은 적이 없다. "내가 신뢰를 받았다면, 그것은 내가 특정한 업적들이 나타날 수 있는 곳에 있었기 때문이다"라는 말을 했던 사람이 심리학자인 스키너B.F. Skinner였던 것으로 기억한다. 작가로서 당신이 일을 잘하고 있다면, 본인의 재주를 창의력을 통해 효과적으로 발휘할 수 있는 곳에 쏟아붓고 있는 것이다. 이런 내 말이 모호한 얘기처럼 들리겠지만, 글쓰기는 기본적으로 집단적 무의식인 사회와 인류의 권력의 문을 두드려서, 비교적 지시나 검열을 받지 않은 내용들을 내면으로부터 써낼 수 있는 상황 속으로 작가 자신을 집어넣는 것이다. 어떤 때는 글이 평소보다 잘 써지기도 한다. "오늘은 그냥 쓰지 말자"라고 말하는 것도 괜찮다. 하지만 대개 작품에 대해 간단히 메모를 하는 작업 초기 단계와 스스로 작품 속으로 빠져들지 못할 때 이런 마음이 든다.

스콧 로젠버그 글이 막힐 때가 있다고는 생각하지만, 그런 일이 한 번도 일어나지 않았다(제발 날 미워하지 않길 바란다). 나는 원고지 2,000페이지 분량이나 되었던 〈원더 보이스Wonder Boys〉를 썼을 때처럼 오히려 정반대의 상황에 빠지곤 한다. 하지만 내게도 글쓰기가 잘 안 되거나 글을 쓸 기분이 나지 않는 날들이 있다. 어쨌든 그런 느낌을 없애려고 노력한다. 가끔 그런 시간들은 바로 내 최고의 작품들이 배출되는 시간이다. 글쓰기가 정말 잘 안 될 때 글쓰기에 성공하면 커다란 승리감이 느껴진다. 내게도 글 막힘을 극복하지 못할 경우가 있는데, 그런 일은 보통 두 번째 액트 끝 부분에서 발생한다. 나는 글을 쓰기 위해 어떤 각성제를 쓰지는 않기 때문에, 정말 글이 막히면 이렇게 한다. 금요일 저녁에 늘 차가운 맥주를 책상 위에 놓고 마시면서 글쓰기를 시작한다. 그렇게 5시간 동안 하고 나면 완전히 취하게 된다. 약 2주 전에도 그렇게 했다. 오직 글을 쓰기 위해 나만의 파티를 연 다음, 음악을 틀어놓고 긴장을 푼 뒤 미친 듯이 글을 썼다. 다음 날 아주 심한 숙취와 함께 잠에서 깨니 나 자신도 모르게 35페이지나 썼다는 사실을 깨달았다. 예상대로 그중 30페이지는 몹시 나빴지만, 쓸 만한 나머지 5페이지가 작품상 좋지 못한 부분을 통과하게 해주어 결국 그 작품을 끝낼 수 있게 되었다. 당신에게 술을 마시면서 글을 쓰라고 권하진 않겠다. 하지만 때때로 그렇게 하는 것이 글쓰기에 대한 부담감을 덜어주고 나쁜 상황을 통과하는 데 도움을 준다.

에드 솔러먼 나는 글 막힘 때문에 자주 고통을 겪지는 않는다. 오히려 쓰고 싶은 것이 너무 많아서 그 반대 상황으로 고통을 받는다. 하지만 누구나 글을 쓰다가 막힐 때가 있다는 사실을 알고 있다. 그런 일은 역사적인 사건에 대해 쓰고 있거나 며칠 동안 특정한 씬에 대해 어려움을 겪고 있을 때 발생한다. 그럴 때 유용한 한 가지 방법은 책상에 앉아 지금 겪고 있는 문제에 대해 쓰는 것이다. 말 그대로 "왜 지금 내가 이 문제를 해결할 수 없는지를 알려고 노력할 것이다. 내가 어떻게 해야 할지를 알았을 때……"라고 쓰는 것이다. 실제로 겪고 있는 문제에 대해 적는 것이 그 문제를 해결해주면서 새로운 많은 아이디어를 가져다주기도 한다. 또 다른 방법은 능동적으로 글을 쓰지 않으면서 자신의 무의식이 그 문제를 해결한다고 믿는 것이다. 이 말은 글쓰기를 그만두라는 의미가 아니다.

글 막힘은 투덜대기 좋아하는 사람들이
술을 마시기 위해 꾸며낸 변명이다.
———— 스티브 마틴Steve Martin

어떤 작가들은 글을 쓸 때 막히는 일은 없다고 믿는다. 그 말은 곧 두
려움의 또 다른 표현이다. 즉, 작품이 현실성이 없다고 판명되거나 충
분히 좋지 못할 경우 느끼게 되는 실패에 대한 두려움이다. 이 말만으
로도 여러분의 창작의 배출구가 닫혀 있을 때 그 배출구를 여는 데 도
움이 될 것이다. 중요한 것은 글이 잘 써지는 날도 있고, 잘 써지지 않
는 날도 있다는 점이다. 여러분은 글이 잘 써지는 날에는 글을 쓰면서
행복해한다. 글이 잘 써지지 않는 날에도 글 쓰는 것이 만족스럽지 않
지만 어쨌든 글을 쓴다. 유일한 해결책은 종이에 무엇인가를 쓰는 것
이다. 언제라도 나중에 그 글을 편집할 수 있다. 이런 태도를 수용하면
글 막힘은 더 이상 여러분을 꼼짝 못하게 하는 초자연적인 현상도, 악
마도 아니다.

스티븐 드수자 나는 한 번도 글을 쓸 때 막힌 적이 없었다. 그 이유는 내가 다른 사람들처럼 그런 장벽에 부딪히지 않아서라기보다 어떤 씬에서 글이 막힐 때마다 그 작품의 다른 부분으로 뛰어넘어 가기 때문이다. 오늘 어떤 씬에서 글이 막혔다면 계속해서 작업할 수 있는 또 다른 씬이 존재한다. 난 언제나 마음속에서 가장 확실한 생각만을 쓴다. 나는 그런 증상을 '글 막힘'이 아니라 '길 막힘'이라고 부른다. 당신이 길에서 장애물을 만났을 때 어떻게 하는가? 대안의 길을 선택할 것이다. 즉, 그 지점을 통과하기 위해 인부들이 공사를 마칠 때까지 그냥 거기서 기다리지는 않는다는 말이다.

아키바 골즈먼 물론 내게도 전혀 좋은 글을 쓸 수 없는 날들이 있었다. 하지만 그런 가운데에서도 그냥 글을 써라. 그냥 좋지 않은 글을 써라.

짐 커프 내겐 당신처럼 그냥 써야 할 씬을 바라보면서 생각이 나지 않는 경우가 한 번도 없었다. 가끔은 내가 생각하는 것이 최고의 아이디어가 아닐 수도 있다는 것을 안다. 하지만 보통 이런 사실이 나를 더 좋은 것으로 인도하므로 쓸 것이 하나도 생각나지 않은 경우는 없었다. 내게 글 막힘은 정글 속 길에 있는 것과 비슷하다. 길을 많은 나뭇가지들이 막고 있다면 당신은 그 길을 헤치고 나갈 것이다. 당신은 "아, 이 길은 너무 험난해"라고 투정도 하지 않는다. 칼을 집어들고 나뭇가지들을 잘라낼 것이다. 아마도 그 길이 가기에 편하거나 쉽지 않겠지만 결국 무엇인가를 찾게 된다. 이것이 당신에게 어떤 확신을 주었으면 좋겠다. 나는 그 정반대의 문제를 갖고 있다. 내겐 아이디어가 너무나 많아서 어떤 아이디어에 집중해야 할지 모르겠다. 나는 어떤 아이디어가 다른 아이디어보다 더 나은지 잘 모른다. 그럴 때는 한 가지 아이디어에 전념한다. 제작자들도 그 작품을 좋아하지만, 그 작품을 영화로 만들고 싶어하지는 않는다. 그래도 상관없다. 내가 잘못된 아이디어를 선택했을 뿐이다. 그럴 경우 처음부터 다시 시작하면 된다.

에릭 로스 한 번도 글을 쓰다가 막힌 적이 없다. 하지만 그럴 경우 보통 작가들은 아무것도 할 수 없으리라고 생각한다. 어떤 점에서 그 문제는 실패할 용기를 갖는 것에 관한 것이라고 생각한다. 이것은 실패에 대한 두려움이 없는 것과는 큰 차이가 있다. 당신은 억지로 자신이 그런 상황을 극복하고 글을 쓰도록 해야 한다. 그렇지 않으면 절대로 그 작품을 끝낼 수가 없다. 따라서 어떤 씬이 당신을 괴롭힌다면 그 씬을 대충 써서 지나친 다음, 나중에 다시 그 씬으로 되돌아오면 된다. 아마 그 씬이 전혀 필요하지 않다는 사실을 알게 될지도 모른다. 어려운 씬에서 글이 막히면 난 가끔 그 씬의 날씨를 바꾼다. 예를 들어, 어떤 씬에서 비가 오는 것으로 상황을 바꾸면, 날씨를 바꿈으로써 전혀 새로운 세계에 도달하게 된다. 혹은 반대로 잘못된 길로 접어들었다는 사실을 깨닫고는 뒤로 되돌아가 다른 길로 간다.

마이클 시퍼 예전에 어떤 내 친구가 만화를 한 편 갖고 있었다. 그 만화의 첫 번째 칸에는 '글 막힘'이라고 적혀 있고, 어떤 남자가 걱정스러운 얼굴로 양손으로 머리를 받친 상태로 타자기 앞에 앉아 있었다. 둘째 칸에는 '영원한 글 막힘'이라고 적혀 있고, 생선가게 안에서 한 남자가 앞치마를 두르고 많은 생선들 앞에 서 있었다. 전혀 글을 쓰지 않는 것보다 나쁜 글이라도 쓰는 것이 낫다고 생각한다. 당신은 언제라도 글쓰기를 그만둘 수 있지만 최소한 쓰려고 노력해야 한다. 하루 종일 작업해서 겨우 두 줄의 좋은 문장을 쓰더라도 그것은 시간 낭비가 아니다. 가끔 써야 할 글이 말라버린다. 적절하게 글을 쓸 활력을 잃어버릴 경우, 정신 건강을 위해 하루를 쉬면서 힘을 재충전해야 한다. 그러나 실제로 글을 쓰는 것보다 더 빈번하게 쉰다면 그것은 문제가 있다. 내겐 단순한 철학이 하나 있다. 그것은 글을 쓰지 않는다면 그 작품을 완성하지 못할 것이고, 그 작품을 완성하지 못하면, 나 자신이 작가가 아니라는 사실이다. 작가가 아니라면 어떤 다른 일을 할 것인가? 나는 주어진 일에 대해 거짓말을 할 수 없다. 내 앞에는 해야 할 일이 있다. 초보작가 시절 나는 작가가 되려고 노력했지만 내 작품은 아직 그러기에 충분하지 못했다. 나는 원인과 결과에 대해 스스로에게 솔직해야만 했다. 그것은 세상의 잘못이 아니라, 나 자신이 영화로 제작될 만큼 좋은 작품을 쓰기 못했기 때문이다. 간단하게 말하면 더 좋은 작품을 쓰면 되는 일이었다.

톰 슐먼 살다 보면 평소보다 사물들로부터 더 많은 감동을 느끼면서 더 깊이 흔들리게 되는 때가 있다. 내가 쓴 5개의 씬들 중 3개의 씬이 마음에 들지 않더라도 하얀 원고지를 응시하면서 아무것도 떠오르지 않은 적이 내겐 한 번도 없었다. 첫 부분을 쓸 수 없으면 그냥 중간 부분으로 넘어가라. 어떤 씬에서 어려움을 느낀다면 또 다른 씬으로 넘어가라. 당신은 항상 무엇인가를 쓸 수 있다.

내 최고의 작품은 반복적으로 쓰고 다듬어서 만들어진다.
나는 글을 쓰면서 단번에 좋은 작품을 쓰려는 욕심을 버린다.
―――― 리처드 바크Richard Bach

대부분의 프로 시나리오작가들은 약간의 좋은 글을 얻기 위해 아주 많은 양의 좋지 못한 글을 쓰는 것을 편안하게 받아들인다. 그들은 글을 쓰기에 충분히 신선한 한 줄을 쓰기 전에 수천 단어들을 생각한다. 그들은 어떤 형편없는 글도 모두 나중에 고쳐질 수 있음을 알기 때문에 어떠한 것이든 쓸 수 있는 권한을 자신에게 부여한다. 그리하여 그들은 내면의 비평가가 잠잠한 시간 동안 마음에서 우러나 글을 쓰는 창작 단계에서 스스로를 자유롭게 하는 힘을 지니게 된다.

스티븐 드수자 나는 맞춤법 검사나 작품 방향에 문제가 될 수도 있는 사실을 확인할 시간도 갖지 않고 재빨리 불타듯이 쓰는 초고 작업을 특히 좋아한다. 그리고 편집한 원고를 컴퓨터로 다시 옮겨 치는 것은 싫지만, 믿음직한 빨간 펜을 가지고 프린트된 초고를 편집하는 것을 좋아한다. 다른 한편으로는 내가 쓴 글로 인해 절대 우울해하지 않는다. 왜냐하면 그 글을 다시 고칠 거라는 것을 알기 때문이다. 프랜시스 코폴라Francis Coppola에게서 작업을 마칠 때까지 작업 중인 작품을 읽지 말라는 글 쓰는 요령을 배운 조지 루카스George Lucas의 인터뷰 기사를 기억한다. 그는 계속 글을 쓰면서 쓴 원고를 파일에 집어넣고, 초고를 마칠 때까지 작업 중인 원고를 읽어볼 여유가 없다고 한다.

니콜러스 카잔 아주 형편없는 초고를 쓸 수도 있다. 난 초고가 넓은 땅을 간단하게 설계하는 것이고, 모든 작품은 고쳐 쓰기를 거쳐 완성된다고 생각한다. 난 글 쓸 준비 단계의 메모를 끝낸 다음, 시나리오를 쓰는 데 32일이 걸린다. 10일 동안 초고를 쓰고, 하루를 쉰 다음, 10일 동안 재고를 작업하고, 또 하루를 쉰 다음, 다시 10일 동안 삼고를 작업한다. 이렇게 하는 것이 시나리오의 작업 속도를 높여주지만, 종종 시나리오 속에 내재된 이야기의 구조적 문제점을 야기하기도 한다. 요즘은 문제점을 발견하면 더 이상 그냥 지나치지 않는다. 글을 쓰기 전에 계속 그 문제를 해결하려고 애쓴다.

짐 커프 당신은 그냥 무턱대고 종이에 무엇인가를 적으면서 글을 쓰는 존재이다. 단순히 무언가를 쓴 다음, 또 다른 무언가를 쓴다. 그렇게 하는 것이 모든 선택사항들을 고려해나가는 과정이기 때문이다. 작업을 중단할 의지도 있어야 한다. 형편없는 글을 썼다면, "괜찮아, 적어도 노력은 했잖아"라고 말할 뿐이다. 그리고 때로는 작품을 마친 뒤 그 작품이 별 가치가 없다는 것을 발견하기도 한다. 어쨌든, 글을 써야 한다. 실수하는 것을 두려워하지 마라.

톰 슐먼 적어도 초고를 쓰는 동안 내면의 비평가를 잠재우는 것이 중요하다. 초고를 쓰는 동안 내면의 비평가를 몰아내지 않는다면 그러한 기회가 언제 또 있겠는가? 나는 고쳐 쓰기를 하기 전에 초고를 끝내려고 노력해서, 궁극적으로 10~12번 정도 반복해서 고쳐 쓴다. 하지만 나는 보통 시나리오의 처음 3분의 1을 쓰고 나서 글이 충분히 좋아질 때까지 다시 고쳐 쓴다. 앞부분이 좋다면 나머지 부분도 잘 써질 거라고 생각되기 때문이다.

제11장 원고 고쳐 쓰기

우선 쓰고 나서 나중에 걱정하라.

———— 네드 로럼Ned Rorem

편집을 하기 전에 작업 중인 작품을 끝까지 쓰는 일에는 두 가지 장점이 있다. 그렇게 하는 것은 꾸물거림의 위험한 형태가 될 수도 있는, 즉 작품을 지나치게 오래 만지작거리는 것을 막아준다. 간혹 많은 작가들은 똑같은 10페이지의 도입부를 수년 동안 과도하게 작업하느라 작품을 끝내지 못한다. 또 다른 장점은 일주일에서 한 달가량 일정 기간 동안 여러분 자신을 그 작품으로부터 격리시켜 새로운 눈을 갖고 그 작품으로 되돌아가 가능하면 객관적으로 볼 수 있게 해주는 것이다.

스티븐 드수자 나를 가르쳤던 미술 선생님 한 분은 "거울에 그림을 비춰 그 그림의 숨겨진 결점을 찾아보라"고 가르친 적이 있다. 하지만 글쓰기에서는 절대 그렇게 할 수가 없다. 시나리오를 거울에 비춘다면 그것은 단지 반대로 보일 뿐이다! 그 작품으로부터 멀어져 있는 시간만이 그 작품의 결점을 찾아낼 수 있는 눈을 갖게 해주는 유일한 방법이다. 따라서 고쳐 쓰기를 하는 요령은 가능하면 오랫동안 그 작품으로부터 멀어져 있는 것이다. 글을 쓰면서 동시에 편집을 한다면, 아마도 한 문장이나 한 줄의 대사를 반복적으로 고민하여 작업을 마칠 즈음에는 완전무결한 한 페이지의 원고를 얻을 수 있을 것이다. 그런 다음, 당신은 3주 정도 지난 후에 완전한 그 한 장의 원고가 작품에 전혀 필요하지 않다는 사실을 깨닫게 될지도 모른다. 그렇기 때문에 나는 가능하면 빨리 초고를 쓴 다음, 처음으로 되돌아가 잔인한 편집자가 된다. 편집을 해보면 많은 부분이 아주 형편없어서 괜찮은 3분의 1 가량까지도 버린다. 하지만 반복해서 다시 고쳐 쓰면 작품은 점점 좋아진다.

아키바 골즈먼 나는 스토리 구조가 효과적인지를 확인하면서 이야기를 가능하면 명확하게 만들려고 애쓴다. 그런 다음, 최대한 빨리, 정말 아무렇게나 글을 쓴다. 하루에 말도 안 되는 10페이지의 글을 쓰거나, 때로는 실질적인 대사를 쓰거나 나 자신을 속이지 않는 이상 고쳐 쓰기를 하지 않으려고 애쓰면서 작품에 대한 감을 잡기 위해 그 씬 등장인물들의 대사에 대해 메모를 하기도 한다. 그러고는 처음으로 되돌아가 고쳐 쓰기를 시작한다. 사실 글쓰기란 글을 고쳐 쓰는 것을 의미한다. 물론 나 말고도 여러 사람들이 이 사실을 얘기했다. 앞으로 이 당연한 사실을 지적하는 사람이 더 이상 없기를 바란다. 또한 가능하면 그 글이 빈틈없고 흠이 없을 때까지 반복해서 씬과 씬별로, 그다음 액트와 액트별로, 그다음 시퀀스와 시퀀스별로 검토하면서 고쳐 쓴다.

짐 커프 원고를 몇 번이나 고쳐 쓰느냐는 그 작품에 대한 만족도에 따라 다르다. 보통 나는 작품의 약 75퍼센트를 쓴 다음, 처음으로 되돌아가 작품을 다시 검토하기 시작한다. 어떤 때는 모든 단어를 반복해서 보면서 작품을 검토하기 전에 작품을 끝까지 쓰기도 한다. 당신은 가끔씩 한동안 작품을 손에서 내려놓고, 그 작품으로부터 멀어져야 한다. 작품이 만족스러우면 난 그 작품을 아내에게 읽어보라고 건네준다. 그리고 아내가 그 작품에 만족한다면, 그 작품을 내 에이전트에게 보낸다. 그리고 내 에이전트들이 그 작품을 좋아한다면, 우린 그 작품을 제작자에게 팔려고 애쓴다. 만약 내 에이전트가 그 작품을 좋아하지 않거나 모든 사람이 그 작품으로부터 어떠한 전율도 느끼지 못하면, 그 작품은 세상의 빛을 보지 못하고 난 그저 그 작품을 보관할 뿐이다. 당신은 자신의 작품을 판단할 수 있어야 한다.

스콧 로젠버그　내가 하는 일이란 우선 쏟아내듯이 글을 쓴 뒤, 그 작품의 처음으로 되돌아가는 것이다.

· · ·

만약 한 페이지의 원고가 충분히 마음에 들 때까지 다음 부분으로 넘어가지 못한다면, 다음과 같은 방법을 한번 시도해보기 바란다.

글을 써가다가 고쳐 쓰는 것은 밤에 차를 운전하는 것과 비슷하다.

당신은 헤드라이트가 비추는 곳보다 결코 멀리 볼 수가 없다.

하지만 그런 식으로 끝까지 여행할 수는 있다.

————E.L. 독터로E.L. Doctorow

제럴드 디페고 원고를 끝까지 쓴 다음 처음으로 되돌아가 고쳐 쓰기를 하든, 글을 써가면서 고쳐 쓰든, 이 두 가지 과정의 끝에는 각각 걸림돌이 있다. 당신은 두렵기 때문에 스스로를 압박해서 초고를 만들어내고 그럼으로써 스스로에 대해 잘 알게 된다. 많은 작가들은 글이 완벽해질 때까지 그 페이지를 넘어갈 수 없다고 느낀다. 또 다른 경우는 신속하게 글을 씀으로써 작품을 마치는 것이다. 하지만 그때 원고지에 쏟아낸 내용은 종종 밋밋하고 공허한 내용들뿐이어서 그 부분으로 되돌아가 또다시 작업을 해야만 하므로 문제만 가중시킬 뿐이다. 그러나 고쳐 쓰는 것은 만족스런 수단이 되어야 한다. 만약 작품의 아웃라인을 잡았다면, 이미 많은 것에 대해 결정을 했다는 의미이므로 좋은 초고가 나올 것이다. 많은 작가들이 그러하듯 나 또한 전날 쓴 글을 읽어본다. 그리고 그렇게 하는 것이 시간적인 여유를 주면서 그날의 작업 속으로 빠져드는 데 도움이 된다. 글쓰기를 시작하면, 낙서를 하듯이 글을 쓴 후 그 글을 다듬는다. 따라서 기본적으로 난 글을 쓰면서 고쳐 쓰기를 병행한다. 나는 지금까지 아주 오랫동안 그렇게 해왔기 때문에 요즘 내가 쓴 초고는 최종 원고에 가깝다. 그래서 더 필요한 작업이라고는 세심한 교정만 남을 뿐이다.

레슬리 딕슨 글쓰기가 잘 안 될 때가 있다. 그래서 난 보통 글을 쓰면서 고쳐 쓰기를 병행한다. 하지만 때때로 최대 관심사는 이미 쓴 글에 대해서는 잊고 얼마만큼의 원고량을 썼는가이다. 난 보통 작품의 첫 30페이지를 수도 없이 고쳐 쓴다. 만약 첫 30페이지를 만족스럽게 썼다면 그 사실이 글쓰기를 다시 멈추지 않고 끝까지 갈 수 있는 힘을 준다.

에이미 홀든 존스 형편 없는 초고를 쓰는 것이 두렵다. 그래서 거의 매일 첫 페이지부터 끊임없이 고쳐 쓰기를 하면서 오랫동안 초고를 쓴다. 그렇지 않을 경우 고쳐 쓰기를 하지 않고 한 번에 20페이지를 쓰려고 노력한다.

에릭 로스 먼저 형편 없는 초고를 쓴 뒤, 그것을 고쳐 쓰는 방식에 동의하지 않는다. 나는 매일 작품의 첫 페이지로 되돌아가 원고를 검토하고, 글을 써 나가면서 계속 교정을 본다. 때로는 나중에 검토하려고 초고에 교정이 필요한 부분을 그대로 놔두기도 한다. 글쓰기에 대한 충분한 경험이 쌓이면 무엇이 작품이 되게 하는지 또는 무엇이 작품을 망치는지를 알기 때문이다. 하지만 초고에 있는 그런 것들은 나중에 읽을 목적을 위해 남겨두는 어떤 지불 유예 같은 것이다.

마이클 시퍼　나는 작품으로부터 멀어지는 것을 부담스러워 하지 않는다. 하나의 씬을 끝내고 다음 씬으로 넘어가는 것은 즉흥적인 결정이다. 당신은 그 씬을 한 번 혹은 50번 만에 더 좋게 만들 수 있다. 심지어 한 줄의 대사를 제외하고는 그 씬의 나머지 부분이 좋지 않다는 것을 알게 되더라도 그것은 대단한 것이다. 난 많은 종이를 타자기에 밀어넣는다. 내 방에는 몇 톤이나 되는 구겨진 종이들이 널려 있다. 마치 씬을 리허설하듯이 원고를 읽은 뒤 던져버리고는, 다시 작업을 시작해 고친 원고를 읽고, 또다시 작업을 시작한다. 많은 사람들이 편리함 때문에 글을 고치는 데 컴퓨터를 이용한다. 하지만 타자기로 글을 쓰면, 원고 전체를 다시 쳐야 할 때마다 그것이 곧 또 한 번의 연습이라는 사실을 알게 되었다. 그것은 연극배우들이 연극을 무대에 올리기 전에 6주 동안 리허설하는 것과 같다. 배우들은 자신들의 역할을 자기 것으로 만들기 시작해 반복적인 연습을 통해 등장인물을 만들어낸다. 타자기로 같은 씬을 반복적으로 치는 일은 작품이 제대로 형태를 갖추기 시작해 작품에 힘이 느껴질 때까지 글을 쓰면서 끊임없이 고쳐 쓰고, 또 고쳐 쓰고, 계속 고쳐 쓰면서 정말로 좋은 씬과 대사를 얻는 과정의 한 부분이다. 그 후에도 그 원고는 최종 원고가 될 수 없다. 난 6개월이면 정말로 좋은 씬을 쓸 수 있다. 하지만 그 씬을 제출하기 2주 전 나 스스로 그 씬이 진부하다고 느껴지거나 감독이나 유명 배우가 수정을 원할 수도 있다. 예전에 어떤 영화감독은 내게 "당신은 절대로 시나리오를 끝낼 수 없어. 다만 제작자들이 당신을 그 작품으로부터 떨어뜨려놓을 뿐이지"라고 말한 적이 있다. 학생들을 가르칠 때 어떤 학생이 자신의 시나리오에 '최종 원고' 라고 쓴 것을 보면, 나는 우선 그 글씨를 지우고 "누가 그렇게 말했지?" 라고 쓴다.

에드 솔러먼　나는 어느 누구보다도 원고를 많이 고쳐 쓴다. 프로작가와 초보작가의 차이는 그들 둘 다 많은 양의 쓰레기 같은 글을 쓰지만, 프로작가는 그러한 사실을 알고 언제 그 글을 보여주어야 할지, 보여주지 말아야 할지를 안다는 사실이다. 그것은 좀 더 효율적으로 편집하기에 관한 것일 뿐이다. 나의 글 쓰는 방식은 이론적으로는 초고를 완전히 쓴 다음, 고쳐 쓰기를 하는 것이다. 그러나 실제로 다음 날, 바로 전날 쓴 글을 검토하곤 한다. 그렇게 하는 것을 막는 방법은 15~20페이지 분량의 파일을 만드는 것이다. 마지막 페이지를 다 쓰면 그 파일을 치우고 새로운 파일에 글을 쓰기 시작한다. 이런 식으로 하면 20페이지 안에서만 시나리오를 검토하게 된다. 그리고 가능하면 시나리오의 전반부를 계속 고치지 않으려고 노력한다.

평범한 작가만이 늘 최선을 다한다.

─────── W. 서머싯 몸W. Somerset Maugham

보통 초보작가들이 흔히 저지르는 가장 큰 실수는 초고 상태인 시나리오를 성급하게 넘겨주는 것이다. 그들은 앞으로 발생할 일을 못 견딜 정도로 알고 싶어하면서 너무 조급해 한다. 왜냐하면 정말 오랫동안 그 작품을 작업해왔기 때문이다. 그들은 최근에 극장에서 본 실패한 할리우드 영화보다 본인의 시나리오가 훨씬 낫기 때문에 아마도 자신의 시나리오가 아주 좋다고 생각할지도 모른다. 또 다른 가장 일반적인 실수는 그 시나리오가 힘들게 완성되었다는 이유만으로 그 시나리오를 좋다고 생각하는 것이다. 그렇게 생각하는 것은 커다란 실수다. 그런 행동은 그 작품을 읽을 의지가 있던 사람들과의 유일한 연결고리를 끊어놓는다. 왜냐하면 할리우드에서는 성공할 수 있는 기회가 단 한 번밖에 없기 때문이다. 초보작가들은 완성도가 부족한 시나리오를 넘겨줌으로써 그들의 시나리오를 이미 읽은 적이 있는 제작자나 에이전트, 제작자의 비서들이 결코 다시는 그들에게서 온 것을 하나도 읽지 않을 것이라는 사실만을 보장받게 된다. 시나리오에 단 한 번의 교정이 필요하든, 50번의 교정이 필요하든 프로작가들은 아직도 그 시나리오가 부족하다고 느끼며, 심지어 최선을 다했다고 느낄 때에도 다른 사람들에게 그 시나리오에 대한 의견을 묻는다.

스티븐 드수자 나는 작품에 관한 한 매우 잔인한 편집자다. 예술가로서 당신이 어떠한 재능을 가졌든, 다시 말해 당신이 화가든 무용가든 작가든 간에, 편집자나 비평가로서의 능력에 따라 그 재능은 한계가 있을 수도 있고 없을 수도 있다. 무엇이 효과적인지, 무엇이 효과적이지 않은지를 인정하는 이런 과정이 성공하지 못한 사람들과 성공한 사람들을 구별하는 기준이 된다. 내 경험으로는 영화계에서 일을 했거나 계속 일을 하는 사람들은 자체적인 강한 비평 감각과 높은 성취 기준을 갖고 있다. '초고'라고 적힌 내 시나리오는 6~10번 정도 고쳐졌음을 의미한다. 그 말이 모든 페이지가 반복해서 다시 쓰여졌음을 의미하는 건 아니지만 많이 고쳐 썼음을 의미한다. 누구나 어머니에게서 첫인상을 다시 만들 수 있는 기회는 절대 다시 오지 않는다는 말을 들어본 적이 있을 것이다. 그 말은 모든 영화사 임원들끼리 서로 알고 지내는 할리우드에서 특히 적합한 말이다. 한 편의 시나리오가 완성되면 즉시 할리우드 곳곳으로 보내진다. 따라서 제작자에게 제출하는 시나리오는 당신이 만들 수 있는 최상의 시나리오가 되어야 한다.

제럴드 디페고 완성도가 떨어지는 시나리오를 제출하는 것은 위험한 행동이다. 항상 최상의 작품을 만들어서 제출해야만 한다. 그렇게 하려면 인내가 필요하다. 〈페노메논 *Phenomenon*〉의 시나리오를 팔기 전에 난 5편의 시나리오를 썼다. 서두르지 마라. 당신이 건네준 시나리오를 받아서 정리하는 제작자의 비서들에게 그 어떤 것도 기대하지 마라. 그 반대로 시나리오를 떠나보낼 수 없을 정도로 지나치게 걱정하는 함정에도 빠지지 마라. 누군가는 시나리오는 단지 설계도일 뿐이고, 감독이 그 시나리오에 다시 모든 것을 채워넣는다고 말한다. 나는 그 말에 동의하지 않는다. 한 장의 설계도가 관객을 웃거나 울게 만들 수는 없다. 시나리오란 스크린을 위한 희곡인 것이다.

레슬리 딕슨 신랄한 내면의 비평가가 되는 것은 매우 중요하다. 나는 다른 사람의 작품보다 내 작품에 더 엄격하다. 만약 레이저광선과 같은 정확한 눈으로 자신의 작품을 볼 수 있다면, 당신은 훨씬 유리하다. 왜냐하면 만약 다른 사람이 당신의 작품에 대해 무엇이 잘못되었다고 말하기를 기다리기보다 스스로 그 작품을 통제할 수 있다면, 시나리오가 바뀌는 과정에 직접 참여함으로써 그 작품에 발생하는 사건을 더 많이 통제할 수 있기 때문이다. 너무나 많은 작가들이 그들의 작품에서 무엇이 잘못되었는지를 다른 사람들에게서 듣게 되기를 기다린다.

에이미 홀든 존스 초보작가가 스스로에 대해 비평적인 태도를 갖는 것은 좋은 작품을 쓰는 데 도움을 준다. 많은 사람들은 작품을 쓴 다음, 스스로 그 작품이 훌륭하다고 생각하며 글쓰기를 그만둔다. 그런 사람들은 다른 사람이 그 작품에 대해 더 다듬어질 필요가 있다고 말하면 그 말을 무시한다. 한 편의 좋은 시나리오는 여러 번 반복해 고쳐서 완성된 것이다. 훌륭한 작가들은 작품을 더 낫게 만들 수 있다고 생각하면서 그 작품을 반복해서 고쳐 쓴다. 그렇게 하는 것은 여러 면에서 삶과 비슷하다. 실제로 일을 잘하지도 못하면서 자기 자신만 믿는 사람들은, 항상 더 나아지려고 노력하면서 스스로 의심하고 비평하는 사람들만큼 성공할 수가 없다. 만약 그림을 딱 한 번 그리고 나서 그 그림이 훌륭하다고 말한다면, 그 사람은 위대한 화가가 될 수 없을 것이다.

톰 슐먼 시나리오를 다른 사람들에게 보여주기 전에 스스로 그 시나리오를 더 나아지게 할 수 있는 방법이 더 이상 없는지 확인해야만 한다. 만약 어떤 씬에 대해서 조금이라도 의심이 들거나 특정 씬이 좋지 않고 혼란스럽게 느껴진다면, 다른 사람들에게 작품에 대한 의견을 구할 필요가 없다. 왜냐하면 그들도 시나리오를 읽고 혼란스러움을 느낄 것이기 때문이다. 너무 빨리 작품을 보여줘서는 안 된다. 참아라. 잠시 그 작품에 대해 잊어라. 그런 다음, 처음으로 되돌아가 그 작품을 다시 읽으면서 작품에 대해 잔인해져라. 만약 자신에게 좋은 내면의 비평가가 없다면, 그러한 비평가를 구할 필요가 있다.

모든 사람에게 조언을 구하라. 하지만 자신의 결정에 따라 행동하라.

―――― 유대 격언

여러분이 초고에서 할 수 있는 모든 일을 다했더라도, 그 초고에 대해 좋고 공정하면서 현실적인 의견을 구할 필요가 있다. 이러한 이유 때문에 가족, 특히 여러분의 어머니는 다른 사람들처럼 작품에 도움이 될 수 없다. 하지만 여러분이 가족들의 정직함을 신뢰하고 그들이 시나리오에 대한 어떤 부정적인 느낌을 듣기 좋게 둘러 말하지 않는다면 그들의 의견도 작품에 도움이 될 수 있다.

론 배스　나 역시 전에는 다른 작가들처럼 내 작품에 대해 방어적이고 보호적인 태도를 취했기 때문에 논쟁에 빠지곤 했다. 내 작품에 대한 의견을 물을 경우 나를 도와주는 창작팀원의 집 뒤뜰에서 작업을 한다. 따라서 하나의 씬을 끝내면 보여줄 사람이 가까이 있기 때문에 바로 의견을 얻게 된다. 또한 컴퓨터가 없는 대신 조수가 내 글을 타이핑하고 프린트한 다음, 그것을 내 창작팀원들에게 팩스로 보내준다. 그러면 그들은 하루 일과를 마치기 전까지 바로 의견을 보내준다.

스티븐 드수자   나는 예전처럼 많은 사람들에게 시나리오를 보여주지 않는다. 왜냐하면 그들이 내게 시나리오에 대한 의견을 써줄 동안 그 시나리오를 두 번이나 검토할 수 있기 때문이다. 솔직히 말하자면 나 자신만큼 내 작품에 엄격한 사람을 찾기가 힘들다. 그러나 나는 작가들에게 작품에 도움이 되는 의견을 구할 것을 절대적으로 권한다. 많은 작가들은 내게 시나리오를 보내면서 "이것이 내 시나리오라네. 나는 자네가 이 작품을 좋아할 것이라 생각하고 정말로 자네의 의견을 듣고 싶네. 왜냐하면 자네가 액션영화에 있어서는 최고이기 때문이지. 이 시나리오의 첫 번째 액트는 약간 긴 느낌이 들고, 이야기 구성도 조금 더 다듬어질 필요가 있네. 그리고 주인공의 친구가 남자여야 하는지 여자여야 하는지를 잘 모르겠네. 그럼, 읽어보게나"라고 얘기한다. 그러면 나는 "지금 만약 자네가 이 원고에서 그런 것들이 잘못되었는지를 안다면, 그 원고를 지금 보내지 말게"라고 대답한다. 그러면 그들은 거의 매번 "아니…… 아니야. 내가 다음 수정 작업에 자네의 의견을 반영할 수 있도록 정말 자네의 의견이 필요해"라고 말한다. 그러면 "난 이 시나리오를 한 번만 읽을 거라네. 따라서 자네는 내게서 한 번의 의견만을 들을 수 있어. 그러니까 시나리오를 내게 주기 전에 그 시나리오를 최대한 좋게 만들어야 해. 그러니 나중에 보내게"라고 말한다.

제럴드 디페고   나는 시나리오든 소설이든 글을 쓰면 저녁식사 후 밤에 그날 쓴 글을 아내에게 소리내어 읽어준다. 그러면 아내는 내 작품을 즐기는데 그렇게 하는 것이 내겐 많은 도움이 된다. 왜냐하면 내 글을 큰소리로 들으면서 다시 한 번 보게 되고, 아내의 반응을 관찰할 수 있기 때문이다. 아내는 영화를 좋아하지만 영화를 전공한 사람이 아니기 때문에 완벽한 관객이다. 일단 초고를 마치면 그것을 같은 시나리오작가이자 내게 귀중한 의견을 주는 두 아들에게 건네준다. 내 아들들은 시나리오 쓰는 법을 알 뿐만 아니라 젊은 세대이다. 나는 아내와 두 아들로부터 귀중한 의견을 얻을 수 있어서 좋다.

레슬리 딕슨 나는 가끔씩 내 작품을 로버트 타운Robert Towne(작가, 영화감독, 영화제작자이자 배우로 활동. 시나리오작가로서 1970년대에 명성을 얻었으며, 1980년대에는 자신의 시나리오로 감독으로 데뷔하기도 했다. 옮긴이)에게 보낸다. 이런 내가 부러운가? 그 또한 자신의 작품을 영화평론가인 폴린 케일Pauline Kael에게 보낸다. 하지만 내게 남편과 에이전트 외에 작품에 대한 의견을 물을 수 있는 진지하고 신뢰할 만한 조언자가 많지는 않다. 또한 경우에 따라서는 서로의 시나리오를 교환해 보는 동료작가가 둘 있다. 하지만 그 무엇보다 내 결단력을 많이 믿는다. 단지 나 스스로를 즐겁게 하려고 노력할 뿐이다. 나 스스로 이 작품을 좋아하는가? 나는 이 영화를 보기 위해 8달러 50센트를 투자하겠는가? 만약 당신이 자기 자신에게 솔직하다면, 이런 질문들은 아주 의미심장한 질문들이다.

아키바 골즈먼 나는 보통 믿을 만한 2명의 평가단에게 내 시나리오를 건네 준다. 그 평가단은 친구나 가족이어서는 안 되지만, 당신이 그들의 의견을 신뢰한다면, 친구나 가족도 평가단이 될 수 있다. 왜냐하면 스필버그가 내 작품에 대해 나쁘다고 말하는 것보다 그들이 나쁘다고 말하는 게 덜 비참하기 때문이다. 그런 뒤 당신이 그 시나리오에 만족한다면, 바깥세상의 사람들에게 그 시나리오를 읽게 해라.

니콜러스 카잔 나는 시나리오를 제출하기 전에 2~10명의 사람들에게 보여준다. 내겐 시나리오 의견에 대한 두 가지 기준이 있다. 만약 한 사람이 무엇인가를 말했을 때 그 말이 설득력이 없으면 그 말을 무시한다. 만약 두 사람이 그렇게 말하면, 걱정되기 시작한다. 만약 세 사람이 그렇게 말하면, 그 말이 좋든 싫든 진짜 문제가 있는 것이고, 어떤 조치를 취해야만 한다. 만약 나에게 새로운 착상의 좋은 아이디어가 있지만 그 아이디어를 어떻게 해야 할지 모른다면, 나는 별로 걱정하지 않는다. 어떤 작품을 더 낫게 만드는 기막힌 아이디어들은 늘 존재하지만, 그 아이디어는 내가 쓰고 싶은 시나리오가 아니거나 내가 쓸 수 없는 시나리오일 수도 있다. 나는 자주 친구들로부터 작품에 대한 의견을 듣고 나서 "내가 당신들이 원하는 시나리오를 쓸 수만 있다면!" 하고 말한다. 하지만 그렇게 할 수 없다. 그래서 그냥 걱정하지 않는다.

에릭 로스 나는 작품에 대한 의견을 많이 구하지 않는다. 보통 아내에게 묻거나 친구 한 명에게 자랑스러운 몇몇 씬들을 시험해본다. 하지만 그것은 사람들의 반응을 좀 더 제대로 알아보려는 시도일 뿐, 작품에 많은 도움을 주지는 않는다. 난 단지 나 자신에게 기댈 뿐이다. 지금은 내 작품이 어떠한지 스스로 판단할 수 있고, 지적을 받게 되면 약간 방어적인 자세를 취하는 경향이 있다.

스콧 로젠버그 초고를 끝내고 그것을 누구에게 보여주기 전에 기본적으로 네 사람, 즉 두 명의 친구, 여자친구 그리고 동생에게 그 초고를 읽게 한다. 그들에게 초고를 준 뒤, 그들이 그 초고를 읽는 2주 동안 아무 생각도 하지 않는다. 그들이 내게 초고에 대한 의견이 적힌 메모를 주면, 다시 초고를 읽고 메모를 철저히 검토한 다음, 필요한 것들을 고친다.

톰 슐먼 내겐 솔직하게 모든 것을 보여주는 사람들이 셋 있다. 그들은 작가는 아니지만 무엇이든 말해주기 때문에 그들을 신뢰한다. 때때로 그들은 어떤 것에 대해 무엇이 맞는지 틀린지를 정확하게 표현하지 못하지만, 이런 부족한 반응을 통해 내가 생각한 씬이 특별히 좋다거나 내가 생각했던 것에 대한 그들의 관심이 부족하다는 사실을 알 수 있다. 또한 "이 등장인물이 맘에 드니? 정말로 이 등장인물이 여기 있는 것에 동의하니? 이 등장인물이 죽고 싶어하는 것에 대해 어떻게 생각해?" 등과 같은 많은 질문들도 할 필요가 있다. 당신이 묻지 않으면, 사람들은 의견을 잘 말하지 않는다.

에드 솔러먼 나는 글 쓰는 초기 단계에서 시나리오를 비평적인 사람들에게 보여주지 않으려고 애쓴다. 왜냐하면 그들이 작품을 죽일 수도 있기 때문이다. 특히 이제 막 글쓰기를 시작했다면 누구에게 시나리오를 보여줄 것인가를 결정하는 것은 매우 중요한 문제다. 당신의 위치에서 접할 수 있는 사람들도 역시 어리고, 상처받기 쉬우며, 자신만의 자아와 위험스런 자화상을 가진 사람들이다. 어떤 면에서 종종 그들은 적극적일 수도 있지만, 좀 더 깊은 관점에서 보면 반드시 절망할 필요가 없는데도 절망하기도 한다. 당신은 주변의 평가를 조심스럽게 받아들일 필요가 있다. 사람들이 작품의 문제점에 대해 말하는 해결책을 일단 의심하는 것이 바람직하다.

평가를 거부하지는 마라. 그 평가가 사실이 아니라면 무시해라.

그 평가가 공정하지 않더라도 화내지 마라.

그 평가가 무지에서 비롯된 것이라면 웃어라.

그 평가가 옳다면, 그 평가로부터 배워라.

———— 옛 중국 속담

작품에 대해 평가받을 때, 잘못된 점을 조금이라도 듣고 싶은 작가는 없다. 우리는 자주 상처를 받고 방어적으로 될 수밖에 없다. 그러한 원인은 거의 우리의 전부, 즉 우리의 영혼과 땀 그리고 눈물이 작품 속에 담겨 있기 때문이다. 따라서 작품에 대한 칭찬이 우리의 자존심을 높여주듯이, 작품에 대한 건설적인 비평 역시 우리에게 상처를 준다. 그렇기 때문에 우리가 얼마나 쉽게 상처받는지를 아는 친구나 가족으로부터 솔직한 의견을 구하는 것은 쉽지 않다. 내가 한때 회장직을 맡았던 어떤 작가 모임에서는 시나리오에 대해 평가받는 작가들은 평가를 받은 뒤 방어를 할 수 없다는 것이 첫 번째 규칙이었다. 여러분은 진심으로 평가받기를 원하는가? 왜냐하면 여러분이 정말로 원하는 것이 누군가가 여러분을 칭찬하고, 여러분의 작품이 한 번도 본 적이 없는 가장 위대한 작품이라고 말하는 것이라면, 어떻게 그 작품을 더 낫게 만들 것인가? 헨리 데이비드 소로Henry David Thoreau는 "진실을 말하는 데는 두 사람이 필요하다. 즉 말하는 사람과 듣는 사람이다"라고 말했다. 여러분은 정직한 평가에 마음을 열어야만 한다. 모든 의견을 받아들이고 그 평가에 대해 생각해라. 여러분은 작가로서 평가를 받아들이거나 그대로 놔둘 수도 있다. 하지만 먼저 그 평가를 객관적으로 고려해야만 한다.

제럴드 디페고 나는 대학 시절, 주위의 평가를 받아들인다는 것이 얼마나 어려운 것이었는지를 지금도 기억한다. 나는 작품에 대한 의견을 듣기 위해 강의실에 앉아 있는 모든 사람들 앞에서 작품을 발표하는 것이 두려웠다. 나의 영혼과 마음이 작품에 담겨 있기 때문이었다. 만약 누군가 당신의 시나리오에 대해 아주 부정적인 감정으로 다가온다면 당신은 방어적으로 되기 쉽다. 당신은 그런 일에 익숙해져야만 한다. 그것은 하나의 도전이지만 가능하다면 열린 마음으로 그 평가에 대해 심사숙고할 가치가 있다. 그러한 마음을 잃지 않길 바란다.

에이미 홀든 존스 나는 많은 사람들이 다른 사람들에게 자신들의 작품에서 무엇이 잘못되었는지를 말하도록 내버려두지 않는다는 사실을 알고 있다. 그들이 진실로 듣고 싶은 말은 그들의 작품이 얼마나 훌륭하고 완벽한가이다. 만약 그들에게 작품에 대한 의견이 적힌 메모를 주려고 한다면, 그들은 자신을 방어하려고만 한다.

니콜러스 카잔 작품에 이로운 비평이란 존재하지 않는다. 비평은 작가를 절망적으로 만들기 때문에 모든 비평은 해롭다. 모든 비평은 "이 부분은 잘 쓰여지지 않은 것 같군"이라거나 "자네, 그 부분에서 무언가 잘못 생각했어"라는 식으로 지적한다. 적어도 이런 것이 바로 노련한 비평 방법이다. 왜냐하면 글을 쓸 때 당신은 자신의 전부를 쏟아붓기 때문에 사람들이 평가하는 것은 바로 당신 자신이기 때문이다. 이러한 사실을 받아들이는 것은 매우 어려운 일이다. 사람들이 건설적인 비평을 하려고 하면, 그들의 비평 방법은 좀 더 파괴적이 된다. 그들은 무언가를 제안하려고 애쓴다. 하지만 그들은 작품의 양상에 대해, 즉 "중간 부분에서 이야기 전개가 느려지는군" 등과 같이 말하지 않는다. 하지만 당신은 그런 비평을 원한다. 그들이 "만약 이런 일이 일어나면 더 좋지 않을까?"라고 말하면 당신은 "왜 이 일이 일어나길 원하지?" 하고 의아해한다. 항상 사람들에게 제안이 아닌 양상에 대한 의견을 요구해라. 자기 자신이 개성을 갖고 있는 개인이라는 사실을 인정해야 한다. 아마도 당신은 매우 키가 작거나 크고, 마르거나 뚱뚱할 수도 있고, 만화나 대수롭지 않은 유머를 좋아할 수도 있다. 당신만의 독특한 취향이 있을 수도 있다. 어떤 면에서 당신의 미적 감각이 다른 많은 사람들의 취향과 겹칠 수도 있다. 그것이 바로 시나리오를 쓸 때 당신의 바람이다. 즉, 수백만 명의 사람들이 영화를 보게 만들기 위해 아주 많은 사람들이 그 시나리오를 좋아하길 바란다. 하지만 당신의 취향이 모든 사람의 취향과 일치하지 않을 수도 있다. 스스로 재미있다고 생각한 것들이 다른 사람들을 짜증나게 할 수도 있다. 가끔 사람들은 당신의 작품을 잘못 받아들이기도 하지만, 거의 있는 그대로 받아들인다. 인간으로서 당신은 완벽하지 않으며, 당신의 시나리오에는 불완전한 부분이 있을 수 있기 때문에 비평에 귀 기울일 필요가 있다. 그렇다고 그 비평을 반드시 좋아하라는 것은 아니다. 비평을 듣는 것은 재미없고 두려운 일이다. 비평가들이 죽도록 밉겠지만, 그들의 의견에 귀 기울일 필요가 있다. 최근에 난 노트북 컴퓨터를 가지고 어떤 시나리오 회의에 갔는데, 그것이 상당히 도움이 되었다. 내가 느끼는 모든 고통이 그저 손가락을 통해 컴퓨터로 옮겨졌기 때문이다. 그들이 무엇을 말하든 나는 그 말을 키보드에 치기만 했다. 그런 다음, 집에 가서 그 말들을 생각해보았다. 그랬더니 처음 들었을 때만큼 기분이 나쁘지 않았다. 당신이 어떤 문제에 대해 사람들에게서 의견을 듣고 그 문제를 분석하면 해결책은 저절로 나타난다.

로빈 스위코드 한 명 이상의 사람들에게 시나리오를 주는 것의 장점은 결국 비평 내용이 한 사람만의 생각은 아니라는 점이다. 만약 내가 시나리오를 두세 명의 사람들에게 주면 누군가는 내 시나리오의 어떤 점을 좋아할 것이다. 가장 중요한 사실은 만약 당신이 작품에 대한 어떤 문제점을 한 번만 듣게 된다면, 그 문제를 지적한 사람이 틀린 것이다. 하지만 똑같은 문제점을 한 번 이상 듣게 된다면, 그 문제에 신경을 써야만 한다. 비평을 적은 메모들은 작품의 징후를 담고 있으므로 그런 내용을 해석할 수 있도록 비평을 잘 이해해야 한다. 그리고 또 다른 해결책이 있을 수도 있으니 너무 서두르지 마라.

• • •

훈련은 중요하다. 하지만 듣는 사람이 없다면 소리를 내지 않는 한 그루의 나무처럼, 할리우드에서 좋은 시나리오가 없는 작가는 어떤 주목도 받지 못한다. 무엇이 훌륭한 시나리오를 만드는가? 그것은 예술적 재능과 기술이다. 예술적 재능은 곧 당신만의 재능이다. 따라서 누가 가르쳐줄 수 있는 것이 아니다. 하지만 기술에 관해서 우리의 조언자들이 무엇을 말하고 있는지 알아보기로 하자.

04 Storycraft

스토리만큼 중요한 것은 없다.

바로 스토리가 감독과 배우, 제작사 그리고 돈을

끌어들이기 때문이다. 따라서 스토리가 가장 중요하다.

——— 데이비드 브라운 David Brown, 제작자

제12장 훌륭한 시나리오를 만드는 요소

나는 이 책 서두에서 또 한 권의 시나리오 '쓰는 법'에 관한 책을 만들고 싶지 않다고 말한 바 있다. 그래서 이 장의 내용을 이 책에 넣어야 할지에 대해 동료들과 논쟁까지 벌였다. 그러나 성공한 시나리오작가들은 글 쓰는 재주를 터득했기 때문에 지금의 명성을 얻었다는 사실에 주지하면서, 훌륭한 이야기 만드는 법과 관련된 몇몇 습관들을 이 책에 포함시켜야겠다고 결정했다. 비록 아리스토텔레스 이후 시나리오와 관련된 세미나와 책에서 아직 다루어지지 않은 관점을 얘기한다는 것이 어렵다는 것을 알면서도 말이다.

자신의 예술을 설명할 수 있는 예술가는 거의 없음에도 불구하고, 우리의 조언자들을 인터뷰하는 동안 최소한 12개의 필수 습관들을 발견하였다. 그것은 모든 시나리오작가 지망생들이 시나리오 작법과 관련해 받아들일 필요가 있는 습관들이다. 나는 우리의 조언자들이 특정 습관에 대해 그들의 소중한 식견을 말할 때만 그들의 의견을 이 책에 넣었다.

길이 인도하는 대로 가지 마라.
길이 없는 곳으로 가서 발자국을 남겨라.
——— 작자 미상

프로 시나리오작가들의 공통점은 만약 작품이 어떠한 방법으로든 그들 자신을 감동시키면서 그 작품 속에서 등장인물, 연관성, 놀람, 만족감, 참여도 또는 카타르시스 등이 명확하다면, 그 작품을 좋은 작품이라고 생각한다는 것이다. 반면에 그 작품이 독창적이지 않고 진부하고 지루하다면, 그 작품을 형편없는 작품이라고 생각한다. 영화 제작자들의 공통점은 매주 너무나 많은 시나리오를 읽기 때문에 어떤 작품이 좋고 나쁜지조차도 생각하지 않는다는 점이다. 그들의 작품평가 기준은 그들 자신이 시나리오를 끝까지 읽는다면 그 시나리오는 좋은 작품이라는 것이다. 길버트 체스터턴Gilbert Chesterton의 말을 인용하자면, "좋은 시나리오는 그 작품의 주인공에 대해 진실을 얘기하지만, 나쁜 시나리오는 그 작품을 쓴 작가에 대한 진실을 말한다." 여러분은 자신의 작품을 더 낫게 만들려고 애쓰는 시나리오작가로서 어떠한 중요한 사람(시나리오 구매자)이 마음의 결정을 내리기 전에 좋은 작품과 나쁜 작품을 구분할 수 있는 능력을 가질 필요가 있다. 무명작가인 여러분에게는 자기 자신을 표현할 기회가 단 한 번만 있을 수도 있다.

스티븐 드수자 시나리오가 흥미롭긴 하지만 그 시나리오가 내게 맞는 장르가 아닌 경우, 많은 작품개발 담당자들에게 미안함을 느낀다. 나는 잘만 쓰여졌다면 역사드라마나 심지어 애절한 멜로 영화에도 매혹될 수 있다. 때때로 나는 대사만 쭉 읽은 다음, 선택적으로 지문만 골라 읽는다. 이상적으로 이야기는 두 요소 중 하나의 요소만으로 이해될 수 없다. 따라서 대사를 시험하는 좋은 방법은 시나리오의 어느 한 부분의 대사만을 읽는 것이다. 만약 그렇게 해서 무언가 더 필요하다고 느껴지면, 그 시나리오는 좋은 작품이다. 그러나 만약 대사만 읽어도 전체 이야기가 이해된다면, 지문은 단지 짐만 될 뿐 아무런 쓸모가 없는 것이다.

아키바 골즈먼 당신은 그저 어떤 작품이 좋고 나쁜지를 안다. 거기에는 정답이라는 것이 있을 수 없으며 당신의 생각이 항상 옳지 않을 수도 있다. 어떤 사람은 왜 형편없는 문장을 쓰는지를 내게 묻는다. 그러면 난 그가 좋다고 느끼는 다른 모든 문장들과 똑같은 방식으로 그 형편없는 문장을 썼다고 말한다. 그 형편없는 문장은 내가 책상에 앉아서 "자, 지금부터 정말로 나쁜 문장을 써야지" 하면서 쓴 것이 아니다. 우리는 매 순간마다 계속 예술가일 수는 없다. 우리는 글 쓰는 과정 속에서 창조적인 참여자이다. 우리가 하는 일이란 무엇인가를 꾸며내는 것이다. 때때로 우리는 그것을 잘 만들기도 하고 잘못 만들기도 한다. 한 편의 영화를 만드는 것은 밤중에 번갯불만 가지고 벽화를 그리는 것과 같다. 그리하여 번쩍거리는 빛만을 가지고 매우 빨리 그림을 그리기 시작해 점점 전체를 그린다. 그런 다음, 아침이 되면 우리 자신이 그린 그림을 보고 "와! 훌륭한데"라고 말하거나 "오, 하느님, 제가 과연 지난밤에 무슨 짓을 했습니까?"라고 절망하기도 한다. 피할 수 있는데도 초보작가들이 범하는 두세 가지 잘못들이 있다. 우선 그들은 제대로 형식을 공부하지 않는다. 형식은 이야기 구조와 글이 원고지 위에서 어떻게 보이는가에 관한 것이다. 어떤 알 수 없는 이유로 인해 초보작가들이 종종 무시하고 넘어가는 일정한 형식적인 관습들이 있다. 어떤 시나리오를 읽어보면 매우 긴 6개의 절이 보이거나 대사들이 맨 오른쪽에 위치하거나 아니면 카메라 지시사항이 너무나 많아서 초보작가가 쓴 작품임을 알 수 있다. 또한 특히 맞춤법이 중요한 이 시대에 맞춤법에 맞지 않는 단어들은 나를 미치게 만든다. 이런 모든 실수들은 게으름을 드러낸다. 따라서 그런 점에 현명하게 처신해야 한다. 그런 다음, 그들은 사람들이 실제로 말하는 방식대로 쓰고 듣기보다는 스스로 시나리오처럼 생각되는 것을 쓰려고 애쓴다. 다른 사람들의 말에 귀 기울이는 법을 배우는 것은 작가들이 해야 할 일 중에 매우 중요한 일이며, 말을 잘 못하는 사람을 보면 그러한 사실을 알 수 있다. 안타깝게도, 좋은 귀는 실제로 배움을 통해 터득할 수 없다. 예를 들면 나는 음치다. 만약 내가 음악을 공부한다면, 아마도 좀 더 노래를 잘 부를 수 있을 것이다. 하지만 노래를 아주 잘 부를 수는 없다. 만약 누군가 내게 음악을 듣고서 악보를 받아쓰는 일을 부탁한다면, 그것은 불가능한 일이다. 하지만 대사에 대해서는 좋은 귀를 갖고 있어서 사람들이 어떻게 말하는지를 안다. 내겐 문장을 보고 그 문장의 리듬을 볼 수 있는 능력이 있다. 그런 능력의 일부는 학습에 의한 것이고, 대부분은 독서와 듣기로부터 왔으며, 약간은 염색체의 알맞은 배열에서 왔다.

에이미 홀든 존스 보통 나는 시나리오의 첫 페이지를 보고 작품을 평가할 수 있다. 안 믿겠지만, 실제로 많은 사람들이 틀린 문법을 사용하며, 너무 게을러서 그것을 교정하지 않는다. 또한 그들은 시나리오를 읽는 많은 사람들이 복잡한 표현, 특히 그 표현이 문법상 틀렸을 때 그런 시나리오를 읽기 싫어한다는 사실을 모른다. 문학적인 부담감이 없는 대사에는 그 작품을 전문작가가 썼는지, 일반인이 썼는지를 알게 해주는 어떤 특성이 있다. 그것이 독자를 작품 속으로 끌어당겨 다음에 무슨 일이 벌어질지 알고 싶게끔 만든다.

니콜러스 카잔 일반적으로 좋은 작품은 특이하다. 그런 작품은 시나리오라기보다 한 편의 영화처럼 느껴진다. 그런 작품에서는 특별한 섬세함과 언어를 자유자재로 구사하는 힘이 느껴진다. 그것은 모닥불 주위에 앉아서 누군가의 이야기를 듣는 것과 비슷하다. 이야기하는 법을 잘 아는 사람이 이야기를 하면 사람들은 "이 이야기 재미있겠는데!"라고 얘기한다. 당신은 시나리오를 읽을 때 그와 똑같은 기대감을 바란다. 그 작품의 내용이 어떻게 될지 모르지만 그 작품의 첫 페이지를 보고 그 시나리오가 좋은 시나리오임을 알 수 있다.

짐 커프 나쁜 시나리오를 읽었을 때, 당신은 그 작품이 완성도가 떨어지는 작품임을 안다. 대사는 예리하지 못하고, 등장인물들은 등장인물로서 흥미롭고 재미있거나 매력적이지도 않으며, 이야기는 이야기로서 좋지 못하다. 궁극적으로 좋은 시나리오는 지루함을 느낄 수가 없다. 시나리오작가는 현명해야 한다. 사람들이 왜 2시간 동안 영화를 끝까지 보려고 하겠는가?

스콧 로젠버그 당신은 작품의 첫 페이지를 보고 내용의 확실성과 자신감을 통해 그 작가가 제대로 글을 쓸 수 있는지를 안다. 다시 말해, 좋은 시나리오란 당신을 바로 편안하게 만들면서 "좋아, 이 사람 글 쓸 줄 아는군. 자, 그럼 지금부터 이야기를 해봐"라고 말하게 만든다. 만약 작품 속에 아주 긴 구절이 있다거나 그 글이 제대로 틀을 갖추지 못했다면, 그 작품이 아마추어 작가가 쓴 것임을 알 수 있다.

에릭 로스 나쁜 시나리오에 대해 내가 아는 한 가지 사실은 설명이 너무 많다는 것이다. 등장인물들은 지나치게 많은 대사를 하고, 당신이 이미 본 것을 다시 대사로 말한다. 그런 시나리오는 사건을 보여주기보다는 말로 표현하는 지루한 작품일 뿐이다. 나는 시각적인 묘사를 중요시한다. 따라서 내가 쓴 지문은 시각적으로 선명하다. 그리고 글 속에 담긴 의미도 매우 중요하다. 사건과 전혀 관계없는 내용을 써서 관객들에게 정말로 어떤 일이 벌어지고 있는지를 돌려서 말하는 작업은 항상 신나는 일이다.

마이클 시퍼 우선 알아야 할 점은 글은 어떤 방법으로든 사람들을 감동시킨다는 사실이다. 언어는 스스로 사람들에게 말을 한다. 작가로서 당신은 자신의 글이 흥분을 자아내고 어떤 기막힌 방법으로 그 무언가를 그 속에 담고 있기를 희망한다. 처음부터 그렇게 하기란 쉽지 않다. 그러나 당신이 찾고자 하는 것은 바로 그런 번뜩임이고, 다른 사람들 또한 그것을 발견할 것이다.

톰 슐먼 해리 콘Harry Cohn은 "사람들이 얼마만큼 의자에서 몸부림치느냐로 그 작품을 평가한다"고 말했다. 첫 작품을 쓰도록 나를 고용했던 제작자는 다른 시나리오들을 읽는 일도 시켰다. 약 4개월 동안 난 매일 5편의 시나리오를 읽었다. 읽을 시나리오를 고를 때 나는 낙관적이 되어 그 작품이 좋은 시나리오이기를 바랐다. "이 녀석이 무엇을 보여줄 수 있는지 한번 보자"는 식으로 시나리오를 고르는 태도는 옳지 않다고 생각한다. 그러나 작품의 첫 두세 페이지만 보고 나도 모르게 작품 속으로 빠져들거나, 아니면 억지로 그 작품에 몰두하려는 자신을 발견하게 된다. 만약 작품의 30페이지까지 지루해서 졸음을 느낀다면 그 시나리오는 무언가 잘못된 것이다. 물론 어떤 대단한 사건이 40페이지에서 발생할 수도 있지만 그건 너무 늦다. 보통 요즘의 제작자들은 5~10페이지 이상 읽지 않는다.

에드 솔러먼　만약 내가 어떤 시나리오로부터 감동을 받았다면, 그 작품은 좋은 시나리오이다. 작품이 어떤 방식으로든 당신에게 아무런 느낌을 주지 않는다면 그 작품이 나쁜 시나리오임을 알 수 있다. 또한 '완벽하게' 계획되거나 구성된 작품보다는 통일된 하나의 목소리나 흥미로운 목소리가 더 감동적이고 흡입력이 있다.

재능과 노력이 필요하다는 사실 알기

성공success이 노력work 보다 먼저 나오는 곳은 영어사전뿐이다.

─────── 비달 사순Vidal Sassoon

아마추어 작가들 사이의 가장 보편적이고 잘못된 믿음은 시나리오 한 편 쓰는 것이 영화를 한 편 보는 것보다 어렵지 않다고 생각하는 것이다. 또 다른 잘못된 믿음 하나는 영화와 TV프로그램이 흔하고, 길이가 다소 짧으며, 대개 내용이 평범하다고 해서 실제로 시나리오를 쓸 때 신경 써야 할 규칙이나 기준 그리고 전문적인 기술이 거의 없다고 생각하는 것이다. 다르게 말하면, 시나리오가 쓰기 쉽다고 생각하는 것이다. 우리는 모두 컴퓨터를 갖고 있다. 그리고 만약 시간과 적당한 시나리오 프로그램만 있다면 누구나 글을 쓸 수 있다고 생각한다.

우리의 조언자들에게 왜 그토록 형편없는 시나리오들이 많은지를(보통 1,000편의 시나리오 중 999편은 형편없다) 질문하자 다음과 같이 대답했다.

론 배스 이유는 잘 모르겠지만 글쓰기를 누구나 할 수 있는 일로 생각하는 경향이 있다. 누구나 컴퓨터를 한 대씩 갖고 있고, 말을 할 줄 알며, 영화나 책을 읽고 이야기에 대해 생각하는 것을 좋아하기 때문에 글을 쓸 수 있다고 생각한다. 중요한 것은 "모든 사람들이 글쓰기를 잘할 뿐만 아니라 관객이 그 작품을 보기 위해 기꺼이 돈을 지불할 정도로 글을 잘 쓰는가?"이다. 많은 사람들이 차를 운전하지만 그중 얼마나 많은 사람들이 인디애나폴리스에서 길을 알고 운전할 수 있겠는가? 이 세상 모든 여자들은 화장을 하지만, 얼마나 많은 여자들이 가출해서 하루아침에 밀라노에서 모델로 성공할 수 있겠는가? 그 누구도 당신이 화장하는 것을 막을 수 없다. 하지만 누군가가 당신에게 자신의 옷을 입는 모델이 되어달라고 부탁해야만 가출할 필요성을 느끼기 때문에 당신은 절대 가출하지 않는다. 시나리오작가가 되고 싶은 열망도 마찬가지다. 그렇게 하는 데 그 누구의 허락도 필요하지 않다. 시나리오작가가 되는 데 돈이 드는 것도 아니다. 단지 해야 할 일이란 120페이지의 글을 써서 그것을 프린터로 출력하는 것이다. 그것은 시나리오 속 어떤 씬에서 받게 되는 축복과 같은 것이다. 왜냐하면 아무도 당신을 막지 못하기 때문이다. 따라서 만약 시나리오작가가 되는 게 당신의 목표라면 왜 한번 도전해보지 않는가? 시작은 쉽다. 하지만 시나리오작가로서의 성공은 전혀 다른 이야기다. 어떠한 일을 하기 위해서는 필요한 특정 능력이라는 게 있다. 그 특정함이란 타고난 재주나 지성, 열정, 열망, 경험 등 어떤 일이든 잘하게 만드는 모든 요소를 포함한다. 그리고 그 일은 다른 사람들이 지지하고 싶을 정도로 충분히 높은 완성도로 만들어질 필요가 있다. 어떤 시나리오를 영화로 제작하려고 8천만 달러를 투자하는 사람을 만났다면, 그 일이 아무나 할 수 있는 일이라고 생각하는가?

레슬리 딕슨 시나리오가 대부분 형편없는 원인 중 하나는 많은 사람들이 글을 제대로 쓰지 못하기 때문이다. 시나리오작가가 되기 위해 해야 할 모든 일들을 생각해보라. 대부분의 사람들은 그 일을 할 수 없다. 그들은 시나리오를 어떤 식으로 써야 하는지 알기 위해 위대한 문학작품이나 위대한 영화조차 본 적이 없다. 그렇다면 그들은 어디서 이야기를 꾸미는 기본지식을 배우겠는가? 그것이 작가로서 가장 먼저 해야 할 일이다. 당신은 풍요롭고 흥미로운 등장인물을 창조하기 위해 자신의 영혼과 대화할 필요가 있고, 그런 등장인물을 종이에 쓰기 위해 글재주도 필요하다. 또한 사람들의 대화에 귀 기울일 필요가 있고, 무슨 수를 써서라도 계속 원고를 넘겨보도록 독자를 즐겁게 만들 필요가 있다. 이 말은 즉, 고민할 것들이 많다는 뜻이다.

아키바 골즈먼 안타깝게도 사람들은 자신들의 첫 작품이 훌륭하다고 생각한다. 글 쓰는 일 역시 다른 일들과 같아서 한 페이지의 글을 쓰고 그 글이 좋다고 생각해서는 안 된다. 단 한 페이지의 좋은 글을 얻기 위해 수천 페이지의 나쁜 글을 써야만 한다. 그것은 마치 달리기 시합에 대비해 훈련을 마치기도 전에 첫 훈련에 모든 사람들을 초대하는 것과 같다. 그러면 마치 예정된 일처럼 그 사람은 얼굴을 땅에 부딪치며 넘어진다.

에이미 홀든 존스 사람들은 무엇을 얘기하고 싶은지 모르며 그 것을 이야기하는 법조차도 충분히 배우지 않는다. 너무나 많은 사람들이 열심히 노력도 하지 않은 채 시나리오를 쓰려고 시도한다. 그들은 글쓰기가 쉽다고 생각한다. 하지만 글쓰기가 그들이 하기에 가장 어려운 일 중 하나일 수도 있다는 것이 현실이다. 우선 뛰어난 상업적 감각이 필요하다. 내가 아는 대부분의 훌륭한 작가들은 실패를 경험했다. 이런 상업적인 감각을 갖지 못했거나 매체를 잘 이해하지 못했기 때문이다. 만약 작가들이 열심히 노력하면서 반드시 필요한 자료조사를 하고 실제 일반 사람들이 행동하고 말하는 법에 대해 알았다면, 그들의 많은 시나리오들이 더 나은 작품이 되었을 것이다. 시나리오가 실패하는 또 하나의 원인은 주인공의 필요성이나 동기 또는 목표가 종종 명확하지 않기 때문이다. 등장인물이 무엇을 원하며 그것이 얼마나 바보같은 것이든 간에, 작가는 등장인물이 원하는 것을 알아야만 한다. 그리고 만약 등장인물이 원하는 것에 관심이 없다면 등장인물에게 감정이입이 안 될 것이다.

니콜러스 카잔 지금 현장에 나쁜 시나리오가 많이 쌓여 있는 원인은 시나리오 작법에 대한 많은 강좌와 책들이 모든 사람들에게 똑같이 어떻게 하라고 말하고, 사람들은 똑같은 방법 그대로 글을 쓰기 때문이다. 만약 내가 어떤 이야기를 했는데 당신이 전에 그와 비슷한 이야기를 다섯 번이나 들었다면, 내 이야기에 흥미를 느끼지 못할 것이다. 만약 당신이 들었던 이야기와 다른 이야기를 했는데 그 이야기가 당신이 최근에 들었던 또 다른 이야기와 똑같은 결말로 끝난다면, 결국 실망할 것이다. 그러나 만약 당신이 전에 들어본 적이 없고, 어느 정도 놀라운 부분이 있으면서 특이한 즐거움이 있는 이야기를 한다면, 당신이 그 이야기가 좋을 거라는 기대를 하지 않았더라도 그 이야기를 좋아할 것이다. 사람들은 자신의 직감을 믿고 정말로 기이하면서 재미있고 독특한 무언가를 접한 후에야 좋은 글을 쓸 수 있다.

짐 커프 나는 초보작가들의 시나리오를 자주 읽진 않지만, 대부분이 나쁘다는 말을 들었다. 내가 계속 작가로서 고용되는 사실로 보아 그 말은 맞는 말임에 틀림없다. 그것은 대부분의 사람들이 객관적으로 자신의 시나리오를 평가하지 못하기 때문이라 생각한다. 그들은 사실 그렇지 않은데도 자신들의 시나리오가 훌륭하다고 생각함으로써 그 시나리오에 대해 좋은 평가를 얻는 데 실패한다. 통계적으로 초보 작가가 쓴 99퍼센트의 시나리오가 나쁜데도 불구하고, 그들이 내게 보내는 거의 모든 편지에는 자신들의 시나리오가 훌륭하다고 말한다. 참으로 웃기는 일이다.

스콧 로젠버그 글 쓰는 일도 순전히 하나의 작업이다. 영화계에서 시나리오 쓰는 일은 집에서 누구나 혼자 할 수 있는 유일한 일이다. 배우에게는 대사가 필요하고, 감독에게는 설계도가 필요하다. 그리고 우리는 영화를 보러 극장에 가고, 항상 그 영화들에 실망한다. 사람들은 극장을 나오면서 "저 영화를 만든 사람들은 이렇게 저렇게 했어야지"라고 말한다. 그리하여 기본적으로 글 쓸 자격이 없음에도 컴퓨터가 있는 사람들은 모두 시나리오를 쓸 수 있다고 생각하며, 또 실제로 그렇게 한다. 나는 가끔씩 세미나에 참석해 수천 달러의 돈을 낭비하는 사람들을 만난다. 그들은 서로 알고 지내며 모든 세미나에 참석한다. 왜냐하면 그들은 우리 같은 프로작가들에게 어떤 마법의 펜이 있다고 생각하기 때문이다. 그들의 작품을 읽어보면, "맙소사! 태어나서 글이라곤 한 번도 써 본 적이 없는 우리 할머니가 기분이 최악인 날에 써도 이것보다는 잘 쓰겠네"라는 느낌을 받는다. 그들이 올라가려고 하는 산은 매우 높다. 그들이 평생 그것을 달성할 수 있을까? 아마도 그러지 못할 것이다. 그러나 만약 그들이 글을 쓰면서 행복을 느낀다면, 아무도 그들을 비난할 수는 없다.

에릭 로스 나는 사람들이 충분한 시간 동안 시나리오를 고쳐 쓰지 않으며, 또한 작가로서 등장인물을 제대로 이해하는 모든 세심한 작업을 하지 않는다고 생각한다.

마이클 시퍼　할리우드는 고생하면서 쉽게 돈을 벌기를 바라는 사람들로 넘쳐난다. 사람들은 나쁜 영화를 보고서 "저 정도 시나리오는 나도 쓸 수 있어"라고 말한다. 글 쓰는 일은 실제로 매우 힘들지만, 시나리오를 쓰려고 하는 사람들은 대부분 그러한 사실을 믿지 않는다. 그들은 작업에 필요한 만큼 노력하지 않으며, 그러한 사실이 작품에서 느껴진다. 초보작가는 글 쓰는 것이 서툴러서 영화계에 발을 들여놓지 못하므로 스스로 "어떻게 하면 정말 훌륭한 작가가 될 수 있을까? 어떻게 내 시나리오를 읽는 모든 사람이 감동받을 정도로 작품을 완벽하게 훌륭한 경지에 도달하게 만들까?"라고 자문해야 한다. 사람들은 늘 내게 영화계에 발을 들여놓는 법을 묻는다. 솔직히 내 생각엔 작품을 작품 자체로 말하게 하면서 절대적 또는 객관적으로 훌륭하면서 관객을 감동시키는 경지에 도달시킨다면, 그때 방법을 알게 될 거라고 생각한다. 그런 작품을 읽은 사람들은 자리에서 일어나 "와, 이 작품 잘 썼는데!"라고 말할 것이다. 물론 그들이 그 작품을 사고 싶어하지 않을 수도 있지만, 당신과 함께 일을 하고 싶어할 것이다.

톰 슐먼　많은 작가 지망생들은 첫 작품을 성급하게 완성한다. 댄 페트리 주니어Dan Petrie Jr.(《베벌리 힐스 캅*Beverly Hills Cop*》, 〈맥시멈 리스크*Maximum Risk*〉를 쓴 시나리오작가. 옮긴이)는 "의사가 되기 위해서는 의과대학 4년과 인턴, 레지던트 생활 4년이 걸리고, 변호사가 되기 위해서는 법과대학 3년과 법률회사에 취직해 경험을 쌓아야 하는, 정말 오랜 시간이 걸린다"고 말했다. 대부분의 사람들은 시나리오 쓰는 일을 이틀 안에 할 수 있는 일이라고 생각한다. 하지만 좋은 작품을 쓰는 데 걸리는 시간은 아마도 다른 분야에서 기술을 완전히 습득하는 데 필요한 시간만큼 걸리는 것이 현실이다. 따라서 우리가 접하는 99퍼센트의 시나리오는 그만큼의 시간과 노력을 기울이지 않은 사

람들이 쓴 것이며, 그들의 첫 번째 또는 두 번째 작품이다. 물론 짧은
시간 안에 훌륭한 작품을 쓸 수 있는 사람도 있긴 하지만, 그런 사람은
나머지 1퍼센트에 속한다.

당신이 아는 것을 쓰지 말라. 당신이 아는 것은 아마도

당신 자신을 지루하게 만들 수 있고, 관객들을 지루하게 만들 수도 있다.

당신 자신을 흥미롭게 만드는 것에 대해 써라.

그러면 독자들도 당신의 글에 열광할 것이다.

───── 밸러리 셔우드Valerie Sherwood

이 습관은 여러분 자신을 흥미롭게 만드는 것을 글로 써보기로 선택하면서, 절대로 자신의 직감을 의심하지 않는 것에 관한 것이다. 이 습관에 대한 일반적인 조언은 여러분이 아는 것에 대해 쓰는 것이지만, 나는 이 습관을 "당신에게 어떤 느낌을 주는 것에 대해 쓰기", 즉 당신을 흥미롭게 매혹시키는 것에 대해 쓰는 것이라고 생각한다. 왜냐하면 궁극적으로 여러분이 정말로 아는 유일한 것은 자신의 감정이기 때문이다. 결국 모든 사람들은 같은 언어 속에서도 다르게 느끼지 않는가? 위대한 작품에서 느껴지는 감동은 장르, 세대, 경제적 위치 그리고 정치적 범주를 초월한다. 윌리엄 포크너William Faulkner도 "글을 쓰려면 인간성에 대해 써라. 그것만이 시대를 초월하는 유일한 것이다"라

고 말했다. 여러분은 시대의 유행을 걱정해서는 안 되며 방금 전 극장에서 본 것 또한 절대로 쓰면 안 된다. 왜냐하면 그러한 글을 쓰기 시작할 때 이미 여러분은 2년이나 시대에 뒤처진 것이기 때문이다. 따라서 그 누구도 시나리오 시장이 어떻게 될지 모른다(이 말을 해준 윌리엄 골드먼William Goldman에게 감사한다). 자기 자신에 대한 의심은 자신의 독창적인 목소리를 죽일 뿐이다. 여러분이 할 수 있는 일이란 자신이 하고 싶은 것에 대해 솔직해지고, 다른 사람들도 그것에 감동하기를 바라는 것이다. 누군가 "글 쓰는 일은 50퍼센트의 마법과 50퍼센트의 인내다"라고 말했다. 만약 여러분이 시나리오 시장을 염두에 두고 작품을 쓴다면, 스스로 그 마법을 포기하는 것이다. 그리고 결국 남는 것은 노력뿐이며, 노력하는 것은 재미를 전혀 느낄 수 없는 일이다. 그러나 자신의 직감을 믿더라도, 여러분은 작품의 보편성에 대해 생각해야만 한다. 어떤 사람들은 그것을 '상업적' 요소라고 부르며, 대중 오락산업이 생긴 이래 순수예술주의와 상업주의의 논쟁은 계속되고 있다. 중요한 사실은 관객을 즐겁게 만드는 것이다. 여러분이 자기 자신만을 즐겁게 하기 위해 글을 쓰지 않는 한, 중요한 사실은 당신이 수백만 명의 사람들이 당신의 작품에 감동받기를 원한다는 것이다. 그리고 만약 사람들이 보고 싶어하고, 제작사가 만들기를 원하는 작품을 쓴다면, 여러분은 당연히 성공한 시나리오작가가 될 것이다. 에이미 홀든 존스도 이미 앞에서 좋은 실력을 가진 작가들이 이런 상업적 감각이 없다는 이유로 실패를 겪는다고 언급한 바 있다. 이 말은 영화흥행 성적의 노예가 되라는 뜻이 아니다. 이 말은 그저 자신이 가진 독특한 영혼을 성공 가능성이 있는 보편적인 주제 속으로 대입시키라는 뜻이다.

론 배스 내가 작품개발 팀원들과 작품에 대해 논의할 때면 이 습관이 커다란 문제가 된다. 왜냐하면 내가 정말로 좋아하는 씬을 써서 팀원들에게 나눠주면, 그다음 날 아침 6명의 팀원들에게서 그 씬에 대한 의견을 팩스로 받게 되고, 그중 4명은 그 씬이 맘에 들지 않는다고 말하기 때문이다. 이런 일들은 당신의 자신감을 잃게 하지만, 억지로 그런 평가를 객관적으로 받아들이게 만든다. 만약 자신이 쓴 글이 맘에 든다면, 마지막 결정권은 결국 당신에게 있다. 시나리오에 대한 다른 사람들의 의견을 듣고 난 뒤 다시 그 씬을 읽으면, 자신의 생각이 옳지 않을 수도 있다. 하지만 자신의 느낌에 귀를 기울여 자신의 판단을 믿어야 한다. 두려울 수도 있겠지만, 그렇게 하는 것이 다른 사람들의 의견으로 도저히 당신의 배우들을 이끌 수 없다고 느낄 때 도움이 된다. 또한 그렇게 하는 것이 다른 면에서도 효과적이다. 만약 내 팀원 중 5명이 어떤 씬을 좋아하고 나머지 1명이 그 씬을 싫어하지만, 내가 그 1명의 의견에 동의한다면 나는 돌아가 그 씬을 다시 보고 그 문제를 푸는 또 다른 방법을 찾는다. 그리고 하루 일과를 마칠 때에야 비로소 자기 자신을 만족시키는 글을 쓸 수 있다. 물론 모든 사람을 즐겁게 만들고 싶고, 이 세상 모든 사람들이 그 작품을 좋아하기를 간절히 희망한다.

스티븐 드수자 나는 기발한 아이디어가 시나리오를 쓰는 최선의 방법인지는 잘 모르겠다. 당신에게 '30일 안에 시나리오 파는 법'이나 '독자를 사로잡는 법'을 가르치는 '할리우드에서 살아남는 법'에 관한 모든 세미나들이 오늘날 99퍼센트의 시나리오를 형편없게 만든 현실의 주범이다. 몇 편을 제외한 대부분의 최고 흥행 영화들은 바로 사고방식의 틀을 깬 영화들이다. 영화시장은 계속 순환한다. 한 편의 영화가 성공하고 나면 20~30개월 후에 그 영화를 모방한 형편없는 영화들이 쏟아져나오고, 이런 유사 영화들이 실패할 때 그러한 경향이 끝나게 된다. 예를 들어, 지난 주 영화계 소식지에는 10대 아이들을 주인공으로 하는 영화의 경향이 끝났다는 기사가 실렸다. 따라서 당신에게 대학생들을 주인공으로 하는 아주 좋은 한 편의 스릴러 시나리오가 있더라도 이번 주에는 아무도 그 시나리오를 읽지 않는다. 왜냐하면 그런 경향이 '공식적으로 끝났기' 때문이다. 물론 나중에 다시 효과가 있기 전까지 말이다. 자기 자신을 흥분시키는 소재나 스스로 글로 잘 옮길 수 있다고 생각되는 것들을 글로 써라. 그것이 반드시 기발한 아이디어일 필요는 없다. 〈아메리칸 뷰티 *American Beauty*〉를 보라. 그 영화는 많은 문제를 안고 있는 한 가족의 모습을 보여주기 때문에 도저히 팔 수 없을 거라 생각됐지만, 놀라울 정도로 잘 만들어졌고, 독창적이며 신선하지 않은가.

아키바 골즈먼 자신의 직감을 믿는 방법은 아는 것을 글로 써서 그 내용을 자신이 상상하는 소재와 주제 면에서 구체적으로 연결시키는 것이다. 내 첫 시나리오의 경우, 내가 알고 있던 것은 정서적으로 불안한 아이들과 자폐증이었다. 나는 그것들에 대해서 잘 쓸 수 있을 것 같았다. 자신의 직감을 믿는 또 다른 방법은 자신을 흥미롭게 만드는 것을 글로 쓰는 것이다. 왜냐하면 만약 당신 자신이 그 작품 내용에 매력과 흥분을 느끼지 못한다면, 그 작품을 읽는 사람들도 그렇게 될 수 없기 때문이다. 왜 그러한지는 잘 모르겠다. 만약 작품 속에 재미라는 요소가 첨가된다면, 같은 방식으로 재미는 작품 밖으로 분출된다. 만약 냉소적으로 시나리오를 쓴다면, 읽는 사람도 냉소적으로 느낄 것이다. 그런 맥락에서 보면 TV 시리즈 〈사랑의 보트 *The Love Boat*〉(1977년부터 1986년까지 방송되었던 TV 드라마. 우리나라에서도 〈사랑의 유람선〉이라는 제목으로 방송된 적이 있다. 옮긴이)의 에피소드조차도 누군가의 최고의 작품이었을 것이다. 그 누군가는 책상에 앉아 당시 자신이 하는 일을 좋아했으며, 그 사실이 바로 그에게 계속 작업할 수 있도록 힘을 주었다. 내 경우에, 예전부터 자폐증에 대해 알고 있었고, 스릴러 영화를 좋아했기 때문에 그 두 가지 소재를 결합시켰다. 소재를 가지고 하나의 소설 또는 자서전으로 만들어라. 그 속에서 자신에게 호소하는 무언가를 찾으려고 노력해라. 그것이 당신이 하고 싶은 이야기 속에서 믿을 만한 진실과 강렬한 느낌을 주는 것이다. 사람들은 기발한 아이디어에 너무 집착한다. 아는 것을 글로 씀으로써, 즉 당신 자신을 흥분시키는 것을 글로 씀으로써 상상력이 독창적인 이야기 세계 속에서 편안하게 나래를 펼치도록 그 글을 연구하라. 만약 그 작품의 완성도가 높다면, 어떤 작품이 팔리는지를 안다고 생각하는 작가가 쓴 작품보다 그 글이 더 잘 팔릴 것이다.

마이클 시퍼 많은 초보작가들이 목표를 낮게 잡는다. 그들은 "할리우드에서는 절대로 작품성 있는 영화를 만들 수 없어. 그러니까 난 바보 같은 코미디를 쓰겠어"라고 생각한다. 그런 생각은 좋은 성공 전략이 아니다. 나는 작가들에게 목표를 가능하면 높게 정해서 최대한 개인적이고 복잡하면서 흥미로운 이야기를 쓰라고 강조한다. 그런 다음, 작품 속 작가의 목소리가 다른 작품과 차별성을 지닌 가치 있는 목소리가 되는 것을 목표로 삼으라고 강조한다. 따라서 이것은 상업적인 노력의 문제가 아니라 작가 자신이 좋아하는 영화 장르 중에서 최고의 작품을 쓰는 것에 관한 문제이다. 판매에 대해 걱정하지 말고 자신이 보고 싶어하는 장르의 시나리오를 써라. 그리고 만약 그 이야기가 뜻밖에 상업적이라면, 당신은 더 유리하다. 잘난 척하는 지식인이 되는 것도 좋지만, 영화는 대중매체이며 대중들이 선호하는 시나리오를 쓰는 것이 잘못된 것이 아니라는 사실을 존중해야만 한다.

예술은 예술가가 자신이 가진 영혼의 비밀을 확대하여
그 비밀을 사람들에게 보편적인 사실로 보여주는 현미경이다.
——— 레프 톨스토이Lev Tolstoy

글 쓰는 과정이란 이야기의 의미와 주제, 그 이야기가 정말로 무엇에
관한 것인지, 무엇이 그 이야기에 존재 의미와 목적을 부여하는지, 더
불어 어떻게 유명배우와 영화제작사에게 수백만 달러를 벌게 해줄지
에 관한 연구이다. 여러분 자신이 무엇을 말할 것인지를 알 때까지 작
품은 완성된 것이 아니다. 모든 위대한 작품은 무언가에 관한 것이다.
일부 비본질적인 영화들을 제외하곤 이 세상에 할 이야기도 없으면서
3개월에서 1년 동안 작품에 몰두하는 프로작가는 없다. 왜냐하면 프로
작가들은 훌륭한 관찰자이면서 예민한 사람들이기 때문이다. 즉, 그들
은 인간 현상을 통찰하고 가치관을 제시할 수가 있다. 작가 도로시 브
라이언트Dorothy Bryant는 이러한 사실을 "우리 작가들은 다른 사
람들의 마음속에 있는, 매우 깊고 한 번도 이야기로 만들어지지 않은
이야기를 말하는 화자다"라고 표현했다. 중요한 점은 그 이야기를 지

나치게 명확하게 만들어서 설교적인 내용이 되지 않도록 조심하는 것이다. 20세기폭스사의 회장을 지낸 대릴 재넉Darryl Zanuck은 "어떤 메시지를 보내고 싶다면, 나는 웨스턴 유니언Western Union(전신환 회사의 이름. 옮긴이)에 전화를 걸겠다"라고 말했다.

위대한 작품들은 뚜렷한 주제를 갖고 있다. 하지만 그 주제는 즐거운 방식으로 사람들에게 들려진다. 좋은 유추란 한 잔의 아이스티를 달콤하게 만들려고 노력하는 것이다. 아이스티에 일반 설탕을 넣으면 설탕은 매우 달게 느껴질 컵의 밑부분을 빼곤 맛을 쓰게 만들면서 밑바닥에 가라앉을 것이다. 그 아이스티를 전체적으로 맛이 같아지도록 저어라. 그러면 전체적으로 달콤해질 것이다. 달콤함이 곧 당신의 메시지이며, 그 메시지는 즐거움이라는 음료수 속에 보이지 않게 담기기 위해 완전히 희석되어야만 한다.

제럴드 디페고 때때로 당신은 스스로 '순수한 즐거움'이라고 부를 수 있는 무언가를 가질 수 있으며, 주제 역시 별로 중요하지 않을 수도 있다. 그러나 만약 당신이 단지 즐거움 이상의 것을 원하거나 즐거움과 함께 어떤 영감을 주거나 세상과 인간사에 대해 말하고 싶다면, 철저히 이야기 속에 원하는 것을 추상적으로 넣기 위해 말하고 싶은 것에 대해 고민해야 한다.

에이미 홀든 존스 나는 할 말이 있기 때문에 글을 쓴다. 많은 사람들이 시나리오작가가 되고 싶어하지만, 그들에겐 할 말이 없다. 따라서 그들이 할 수 있는 일이란 다른 영화들을 베끼는 것뿐이다.

에릭 로스 작가가 글로 쓰는 모든 내용은 작가 자신의 주제를 반영해야 한다고 생각한다. 그것이 내가 가장 먼저 생각하는 일이며 모든 것은 그것을 위해 존재한다. 예를 들어, 만약 당신의 주제가 '외로움'이라면, 사람들을 외롭게 만드는 것과 그것이 어떻게 사람들에게 영향을 주고, 그로 인해 사람들이 세상 속에서 어떻게 행동하는지를 보여주려고 애쓴다. 나는 의도적이든 의도적이지 않든, 모든 이야기는 무엇인가를 말한다고 생각한다. 당신은 성장기에 대해 얘기하는 영화 〈아메리칸 파이 *American Pie*〉 같은 10대 코미디물이나 대부분 사람들이 생각하는 것보다 훨씬 더 심오한, 즉 재미있는 장면을 보다가 어떻게 역사를 돌이킬 수 있는지에 대해 얘기하는 영화 〈터미네이터 *The Terminator*〉 같은 액션물도 쓸 수도 있다.

마이클 시퍼 되도록이면 난 관객들이 똑똑하다고 생각하려고 하며, 공감이 안 되는 작품을 쓰기보다는 "극장에 가서 똑똑한 사람들이 말하는 똑똑한 사실을 보는 것이 낫지 않을까?"라고 생각하는 관객들을 존경하는 마음으로 글을 쓰려고 한다. 그리하여 관객들을 자극적으로 즐겁게 만들어 그 이야기 속으로 빠뜨리면서, 다른 한편으로는 관객을 지적으로 즐겁게 해주면서 가능하면 의미 있는 글을 쓰려고 노력한다.

내게 이야기를 하나 해봐! 이 말의 의도는 당신이 하고 싶은 이야기도 없이
논리적 문장 안에서 낱말들을 연결시킬 수 있음을 증명하기 위해
단순히 낱말들을 이용하고 있는지를 보기 위함이다.
———— 앤 매카프리Anne McCaffrey

무엇이 좋은 이야기를 만드는가에 대한 의견은 거의 주관적인 판단이
다. 비록 대부분의 시나리오 작법 책들이 똑같은 내용을 말한다 할지
라도, 100권이 넘는 각각의 시나리오 작법 책들은 나름대로의 정의를
갖고 있다. 어떤 책들은 좋은 이야기란 명확한 시작, 중간 그리고 결말
을 가진 구조라고 말하고, 또 어떤 책들은 이야기를 좋게 만드는 것이
명확하고 강력한 갈등과는 반대로 예상치 못한 행동을 하는 흥미로운
등장인물들이라고 주장한다. 그 외에 다른 책들은 아직도 할리우드에
서 좋은 이야기를 만들기 위해서는 발상이 기발한 상업적인 아이디어
가 필요하다고 말한다. 하지만 나는 그런 책들 대부분이 좋은 작품이
란 반드시 어떤 방법으로든 작품의 핵심 내용에서 관객이나 독자에게
감동을 주는 작품이라는 말에 동의할 거라고 믿는다.

론 배스 좋은 이야기를 만드는 요소는 바로 그 작품에 대한 당신의 반응 정도이다. 좋은 이야기는 나를 그 이야기의 깊고, 독창적이고, 즐거운 상태로 빠져들게 하며, 그런 느낌들이 계속 남아 있게 해준다.

스티븐 드수자 훌륭한 이야기란 관객의 예상을 그대로 보여주는 것과 깨는 것 사이에서 미묘한 균형을 이루는 작품이다. 작가는 관객이 특정한 일을 예상하도록 만든 다음에 때때로 그것을 보여주거나 전혀 다른 길을 택하기도 한다. 나도 3개의 액트 구조를 가진 이야기와 긴장고조 그리고 갈등처럼 좋은 이야기들이 가져야 하는 요소를 강조하는 아리스토텔레스의 글 쓰는 법을 강력히 믿는다. 그러나 기본적으로 좋은 이야기를 만드는 요소는 관객이 기대하는 것을 예상치 못한 방법으로 보여주는 것에 관한 문제다. 언제나 관객을 깜짝 놀라게 만드는 것과 이야기를 꼬는 것은 효과가 있다.

레슬리 딕슨 훌륭한 이야기를 만드는 요소는 그저 작품 끝까지 무슨 일이 일어날지 알고 싶게 만드는 것이다. 내 남편은 캠프파이어를 하면서 이야기를 들려주는 법을 전공한 캠핑 컨설턴트다. 이야기꾼이 이야기를 이리저리 꼬아서 듣는 사람들이 다음 사건을 궁금하게 만들듯, 당신은 사람들 시선을 끄는 법을 빨리 배워야 한다. 작가들은 거의 언제나 "이 이야기는 미칠 정도로 지루하군"이라고 느끼는 관객의 입장을 결코 고려하지 않는다. 그들이 그러한 작품을 독자에게 주면 그들은 그 시나리오를 바로 쓰레기통에 던져버린다.

아키바 골즈먼 훌륭한 이야기를 만드는 요소는 독자와 작품 사이에서 생기는 감동을 통해 나타나는 감정적 반응과 그 감정적 반응의 힘이다. 그러한 감정적 반응은 독자들을 현실의 삶으로부터 떨어뜨렸다가 그들이 현실의 삶으로 돌아왔을 때 자신의 삶을 더 잘 이해하게 만들며, 삶에 대한 공감대를 형성하게 만든다. 이것이 바로 독서와 영화감상이 글을 쓰는 데 도움이 되는 이유이다. 당신은 작품에서 멀어져 있음으로써 예술의 마력으로 생각이 더 풍부해진다. 또한 예전에 매우 생소했던 것을 체험을 통해 알게 되고, 그 경험을 더욱 새롭게 이해하게 된다.

에이미 홀든 존스 훌륭한 이야기는 나를 특정한 상황 속으로 데려가, 놀라운 사건 속에서 뛰어넘을 수 없어 보이는 장애물에 직면하여 그 장애물을 극복할 방법을 찾는 등장인물들을 내게 소개시켜준다. 유머도 이야기를 훌륭하게 만드는 데 많은 도움이 된다. 기본적으로 나를 즐겁게 하는 모든 것이 이야기를 훌륭하게 만드는 요소이다.

니콜러스 카잔 당신은 작품 속에서 어떤 일이 벌어질지 모른다. 따라서 당신은 계속 놀라게 되고, 그 놀람에 만족해한다. 그리고 결국 이야기의 즐거움은 좀 더 심오한 주제와 함께 반향을 일으킨다.

스콧 로젠버그 나는 등장인물에게 감정이입이 되어야 한다. 내 생각에 지금까지 만들어진 가장 훌륭한 액션 영화는 〈다이 하드*Die Hard*〉다. 그 이유는 모든 것이 폭발하기 때문이 아니라 여배우 보니 베델리아*Bonnie Bedelia*의 얼굴이 보일 때마다 그녀는 자신을 구하기 위해 무슨 일이든 하는 사람이 바로 자신의 남편이라는 사실을 알고 있기 때문이다. 두 등장인물 간의 이런 연결점이 내 관심을 끌었다. 인간관계에 대해 알 수 있는 또 다른 영화는 〈48시간*48 Hours*〉이다. 그 외 다른 영화들도 마찬가지다. 하지만 나는 〈인디펜던스 데이*Independence Day*〉, 〈고질라*Godzilla*〉 그리고 〈볼케이노*Volcano*〉를 경멸한다. 나는 당신이 기술적으로 무엇을 할 수 있는가에 대해서는 관심이 없다. 만약 등장인물에 아무런 관심이 없다면, 나는 다른 어떤 것에도 관심이 가지 않는다. 그게 전부이다.

에릭 로스 비록 이 점이 내 글의 가장 커다란 약점이기도 하지만, 이야기의 재미는 독자를 전에 한 번도 가본 적이 없는 곳으로 데려가는 것이다. 그리고 심지어 전통적인 이야기 종류보다 더 우연한 구조의 이야기라 할지라도 그 이야기는 드라마 법칙을 따라야 한다.

마이클 시퍼 좋은 이야기를 만들어 보기 전에는 좋은 이야기를 만드는 요소가 무엇인지 알 수 없다. 코미디이든 비극이든, 내게 좋은 이야기란 주인공에 대하여 심리적인 반감이 없는 단단한 가마솥 같은 이야기다. 대개 이야기들은 모든 면에서 허술하다. 그런 이야기들은 주목받지 못하는 이유가 백만 개나 될 정도로 매우 허술하게 짜여 있다. 그러나 이야기 속에 무엇인가가 확실하게 짜여 있다면 독자는 그 작품에서 눈을 떼지 못하고 이야기 속 상황을 곧 현실처럼 느끼게 된다.

톰 슐먼 결국 좋은 이야기를 만드는 것이란 감정적으로 우리를 감동시키면서, 우리 내면에 있는 어떤 심오한 것을 두드리는 문제다.

에드 솔러먼 좋은 이야기는 이야기는 들으면서 그곳에 앉아 있다는 사실을 잊게 할 정도로 나를 지루하지 않게 만들거나, 영화를 보면서 극장 안에 앉아 있다는 사실조차 잊게 만든다.

제13장　시나리오 작법의 기초

063 　드라마와 갈등에 대한 뛰어난 감각 개발하기

모든 드라마는 갈등이다. 갈등 없이는 사건을 만들 수 없다.

사건 없이는 등장인물을 만들 수 없다.

등장인물 없이는 이야기를 만들 수 없다.

그리고 이야기 없이는 시나리오를 쓸 수 없다.

———— 시드 필드Syd Field

글 쓰는 기술에 관한 모든 작법 책과 세미나에서 지적하듯이 이것 역시 터득해야 할 명백한 습관이다. 그럼에도 나는 요즘 흥미로운 요소나 등장인물, 배경을 가진 많은 초보작가들의 시나리오와 피칭이 이 습관과 관련해서는 형편없다는 사실에 놀라곤 한다. 왜냐하면 그런 작품에는 갈등이 절대 부족하거나 관객의 흥미를 불러일으킬 만한 갈등이 충분하지 않기 때문이다.

최대한 간단히 말하자면, 이야기란 우리가 지지하는 어떤 영웅이 장애물에도 불구하고 목표를 성취하는 것에 관한 것이다. 드라마와 갈등은 장애물로부터 비롯된다. 장애물 없이는 이야기가 될 수 없다. 갈등이란 관객의 흥미를 높이고 지루한 사건을 어쩔 수 없는 상황 속으로 몰고

감으로써 긴장을 유발시키는 것이다. 비록 사람들이 현실에서는 갈등을 피하면서 아무런 갈등 없이 평화롭게 살고 싶어하지만, 그들이 이야기에서 원하는 것은 바로 이런 갈등이다. 다시 말해, 이야기는 현실이 아니다. 앨프리드 히치콕Alfred Hitchcock은 "드라마는 모든 지루한 부분을 잘라낸 삶이다"라고 말했다. 그리고 여러분의 주인공이 이야기 끝까지 무엇을 이루려고 하느냐는 별로 중요하지 않다. 중요한 점은 등장인물들에게 목적 달성이 그리 쉽지 않으며 목적을 달성하기까지 장애물이 많다는 사실이다. 여러분이 갈등을 생각하면서 스스로에게 해야 할 중요한 질문 두 가지는 "등장인물들이 원하는 것이 과연 무엇인가?"와 "등장인물들의 목표 달성을 가로막는 것은 무엇인가?"이다. 이 두 가지 요소가 없다면, 관객들이 무엇 때문에 두 시간씩 어두운 극장에 앉아 있겠는가?

레슬리 딕슨 간단하게 말해서 갈등이란 등장인물이 원하는 것을 얻지 못하게 만드는 것이다.

마이클 시퍼 좋은 드라마는 이야기가 전개됨에 따라 장애물이 등장한다. 그러므로 이야기의 어떤 부분이 매우 지루하다면, 작가가 할 수 있는 일이란 자기 자신에게 "등장인물들에게 이것은 너무 쉬워. 그것을 정말로 어렵고 고통스럽게 그리고 괴롭고 불가능하게 만들면 어떨까?" 하고 질문하는 것이다. 만약 당신에게 A 지점에서 B 지점으로 가는 좋은 이야기가 있다면, 누군가 A에서 B로 가는 여정을 지켜본다고 할 때 그 여정을 더 재미있고 흥미롭게 만드는 장애물이 과연 무엇인지 스스로에게 물어보라. 그 장애물이 좀 더 논리적으로 타당하고 어려울수록, 그리고 등장인물들이 목적 달성에 집착하면 할수록, 그 이야기의 재미는 높아진다.

톰 슐먼 글을 쓰다가 등장인물들이 행복하거나 등장인물들 간에 이견이 없으면 그 작품에는 문제가 있는 것이다. 왜냐하면 그 이야기에 갈등을 집어넣기 전에 그 단계에서 쓸 수 있는 원고지가 겨우 두 페이지 남아 있을 뿐이기 때문이다. 당신은 등장인물을 개발하는 데 많은 시간을 쓸 수는 있다. 하지만 그 등장인물들을 시험하는 갈등이 작품 속에 없다면, 아무런 재미가 없다.

로빈 스위코드 그저 시나리오를 읽고 영화를 보는 것만으로 시나리오 쓰는 법을 배울 수는 없다. 그것은 드라마를 구별하고 만들 수 있는 감각을 개발하는 문제다. 그런 감각은 위대한 문학작품과 시, 희곡을 읽으면서 역사책, 신학책, 심리학책을 읽는 전체론적인 방법 속에서 개발할 수 있다. 당신은 모든 것의 구조를 꿰뚫어보는 눈을 개발하여 시나리오작가가 되는 데 도움이 되는 일정한 양식을 찾아야 한다.

나는 밧줄 끝에 매달려 있지 않은 사람에 관한 글은 절대 쓰지 않는다.

———— 스탠리 엘킨Stanley Elkin

위기감을 고조시키는 것은 갈등을 증폭시키는 것만큼이나 중요하다. 위기감은 반드시 점점 더 고조되어야 한다. 이것이 바로 대부분의 시나리오를 실패하게 만드는 또 하나의 일반적 요소이다. 이야기 속의 중요한 무엇인가가 반드시 어떤 등장인물에게 위험스러워야만 한다. 만약 등장인물들이 간절히 무언가를 얻고 싶어하는 동시에 그것을 얻지 못할까 봐 매우 두려워한다면 그 이야기는 더욱 재미있어진다. 주인공이 결말에서 목적을 달성하든 못하든, 이러한 위기감 고조가 바로 독자들을 드라마 끝까지 완전히 몰입시키는 원인이 된다. 만약 그 주인공이 목적 달성에 실패한다면, 무엇이 위험해지는지 스스로에게 물어보라. 일반적으로 이야기들은 주인공이 필요로 하는 한 개 또는 그 이상의 기본적인 생존요건이 위험에 처해 있는 상황에 관한 것이다. 심리학자 에이브러햄 매슬로Abraham Maslow의 정의대로 그런 것들은 우리에게 힘을 주고, 필요한 것이며, 만약 얻지 못한다면 우리에게 불행을 가져올 것이다. 그런 것들에는 생존과 안전(세계를 구한다는 내용의 여름 블록버스터 영화나 스릴러물들), 사랑(로맨틱 코미디와 멜로 영화), 소속감과 자존심(성장기 영화 또는 바보스런 인물에 관한 영화들), 그리고 알거나 이해하고 싶은 욕망(미스터리 영화들)이 포함된다. 좋은 이야기들은 등장인물들이 위험에 직면함에 따라 위기감을 고조시킨다. 만약 관객이 이런 모든 갈등 속에 내재된 위험에 웬만큼 동요하지 않는다면 관객들의 관심을 기대할 수 없으므로 이것은 매우 중요하다.

제럴드 디페고 누군가 내게 시나리오를 읽어보라고 부탁하거나 내 작품을 쓸 때면, 난 늘 "이 부분에서 위험은 무엇일까?"라고 자문한다. 만약 당신에게 그런 시각이 없다면, 결국 관객의 관심을 끌지 못하게 될 것이다. 그리고 당신은 무엇이 위험한지를 알 필요가 있을 뿐만 아니라, 이야기가 진행되면서 그 위험이 고조되어 상황을 점점 더 악화시켜야 한다. 만약 이야기의 중간 부분에서 아무런 갈등도 없이 모든 등장인물이 행복하다면, 어떻게 관객들의 관심을 바랄 수 있겠는가?

마이클 시퍼 사건이 발생하지 않는 영화는 거의 존재하지 않는다. 주인공이 위험을 감지하면 작가는 최대한 높은 수위의 위험을 작품에 집어넣고 싶어한다. 일반적으로 영화 장르가 그 위험의 종류를 정의하는데, 예를 들어 액션 어드벤처 영화에서의 위험은 육체적인 함정이고, 〈아메리칸 뷰티 *American Beauty*〉 같은 영화에서의 위험은 심리적인 것과 동시에 생존정신이다. 심지어 코미디 영화에서도 등장인물들에게는 위험이 거대하고 심각하게 여겨지지만, 관객들은 재미있게 받아들인다. 당신은 등장인물들이 위험에 직면하기를 바라며, 그들을 위태롭게 만드는 중요한 요소들을 갖고 있어야 한다.

모든 것들은 독자들을 어떤 등장인물에 대해

걱정하게 만들기 위해 존재한다.

──── 프랭크 캐프라Frank Capra

모든 위대한 영화들은 문제를 해결하려고 애쓰는 등장인물들에 관한 내용을 담고 있다. 미국영화협회AFI가 선정한 역사상 가장 위대한 100편의 영화 목록을 보면 얼마나 많은 고전 영화들이 등장인물을 쫓는 내용을 담고 있는지를 알게 된다. 90퍼센트 이상의 영화들이 그러한 내용이다. 이런 사실이 의미하는 것은 무엇인가? 여러분이 꼭 등장인물을 쫓는 시나리오들만을 써야 한다는 뜻인가? 꼭 그런 것은 아니다. 다만 여러분을 흥분시키는 것을 글로 써라. 하지만 등장인물이 모든 이야기의 엔진을 작동시키는 연료라는 사실을 알아야 한다(다시 말하지만 이것은 명백한 요소임에도 자주 무시된다). 등장인물이 없으면 이야기가 될 수 없다. 여러분이 등장인물을 개발할 때 반드시 질문해야 할 것들은 첫째, "왜 관객들이 등장인물들에 신경을 쓰는가?" 둘째, "등장인물들이 현실성 있게 보이는가?" 그리고 가장 중요한 질문인 셋

스토리기술:
좋은 이야기
만들기

째, "관객들이 자신들을 주인공과 동일시할 수 있을까?"이다. 심리학자들은 이것을 사람들이 눈앞에 펼쳐진 상황을 자신의 것으로 느끼는 경향, 다시 말해 '감정이입'이라고 부른다. 관객과 영화를 연결하는 데 사용되는 감정이입은 관객이 스크린 위의 상황과 등장인물을 관객 자신의 것으로 느끼는 동질감을 의미한다. 관객들이 등장인물의 생각과 감정 그리고 행동을 자기 것으로 여기면 여길수록, 그들은 그 영화를 더 좋아하게 된다.

여러분이 무엇보다 등장인물에 신경 써야 하는 또 다른 이유는 다음과 같다. 오늘날 한 편의 영화를 만든다는 것은 점점 더 어려워지고 있다. 그리고 스타급 배우들이 동참해야 영화 제작에 청신호가 켜지므로 여러분도 어떻게 하면 인기스타들이 연기하고 싶어하는 캐릭터를 만들 수 있을지에 대해 생각해야 한다.

론 배스 어떤 작가가 말했듯이 등장인물이 중요하다는 말은 전혀 놀라운 사실이 아니다. 또한 관객이 관심과 호기심을 가질 수 있는, 복잡하면서도 정말 진짜 같은 등장인물이 작품에 도움이 된다. 이러한 사실은 전혀 새로운 것이 아니다. 하지만 내겐 이야기와 등장인물의 사이에 구분이 없다. 왜냐하면 대부분의 이야기는 사람들 사이에 발생한 사건에 관한 것이기 때문이다. 만약 이야기 내용이 산을 오르거나 홀로 육체적인 위험에 직면한 인물에 관한 이야기라면 그것은 다른 이야기이지만 내가 읽고 쓰고 관심 있는 이야기는 등장인물들이 서로 상호 작용하면서 발생하는 일이기 때문에 등장인물이 곧 이야기가 된다.

제럴드 디페고 자, 당신에게 "이제 막 은행을 털 새롭고 기막힌 방법을 고안한 인물이 있는데, 이것을 갖고 시나리오를 써야지"라는 아이디어가 있다고 가정하자. 만약 당신이 그들이 누구인지, 그들의 꿈과 악의가 무엇인지에 초점을 맞추지 않는다면, 이 괜찮은 아이디어는 허망한 결말을 맞게 될 뿐이다. 왜냐하면 그들이 바로 관객, 즉 사람들의 관심을 끄는 요소이기 때문이다. 의미 있는 방법으로 그들과 관객들을 연결시킬 수 있다면, 관객들은 그 영화 속으로 완전히 빠져들 것이다. 그리고 그들은 완전히 영화에 몰입하면서 모든 이목을 끄는 행동과 기발하게 꼬인 이야기 그리고 대사에 경탄할 것이다. 왜냐하면 그들은 당신의 등장인물에 관심을 갖고 있기 때문이다.

짐 커프 등장인물은 그에 맞는 캐스팅을 미룰 수 없을 정도로 정말 흥미롭고 강렬해야 한다. 사람들이 왜 영화를 보면서 끝까지 앉아 있겠는가? 그것은 관객들이 영화의 대사가 훌륭하고, 등장인물에 대한 무엇인가를 본 후에 그 등장인물을 좋아하거나 혹은 미워하게 되기 때문이다. 그것은 마치 현실의 삶과 비슷하다. 당신은 좋아하는 사람들과는 이야기를 하지만, 별로 좋아하지 않는 사람들이 당신을 저녁 식사에 초대하면 그 초대를 거절한다. 그러한 이유는 무엇인가?

톰 슐먼 아리스토텔레스의 말이 맞다. 이야기 구조가 등장인물을 결정한다. 그러나 등장인물의 캐릭터를 해결하고 나면 그 등장인물이 이야기 구조보다 점점 더 중요하게 된다. 등장인물이 없으면 아무도 그 이야기에 관심을 갖지 않는다. 나는 항상 이야기 구조에 따라 등장인물들을 조절하려고 애쓴다.

작품을 크게 소리내어 읽으면, 잘못된 점을 찾는 데 도움이 된다.

———— 개리슨 킬러Garrison Keillor

폴 루시Paul Lucey 교수는 자신의 책 『스토리 감각 *Story Sense*』에서 에이전트에게서 배운 대사에 관한 소중한 교훈을 소개하고 있다. 그의 에이전트는 루시 교수의 작품을 펼쳐보이면서 특이한 점을 찾아보라고 했다. 루시 교수는 자신의 작품 속에서 벽돌 크기만 한 문단 속의 긴 대사들을 발견하였다. 그런 다음, 에이전트는 루시 교수에게 상을 받은 작품의 시나리오를 펼쳐보라고 했다. 그러자 루시 교수는 그 시나리오에 흰 여백과 공허한 부분이 많다는 사실을 발견했다. 왜냐하면 그 작품의 대사들은 단지 한 줄 또는 두 줄로만 이루어졌기 때문이다. 이 교훈의 의미를 알겠는가? 가능하면 대사를 적게 써라. 관객은 흘러나오는 라디오 방송이 아닌 움직이는 영상을 보기 위해 돈을 지불한다.

최고의 대사란 원래 대사가 해야 할 모든 역할, 즉 단순히 정보를 주거나 이야기 구조를 계속 끌고 가거나, 아니면 등장인물의 성격을 나타내는 역할만을 하는 것이 아니다. 관객에게 가장 잘 기억되는 대사는 등장인물을 자극해서 상처, 사랑, 미움 혹은 이해와 같은 감정 반응을 유발하면서, 등장인물이 말하지 않는 내용(지문과 프레임 아웃된 등장인물들의 대사)을 나타내주는 대사다. 여러분이 가장 좋아하는 대사에 대해 생각해보고 그 대사들이 이런 범주에 속하는지를 살펴보라. 사람들은 훌륭한 영화의 대사를 기억한다. 왜냐하면 그 대사들은 등장인물에게 일어나는 감정이면서 결국 실제로 사람들에게 일어나는 감정이기도 하기 때문이다. "당신은 정말 똑똑하지 않군, 안 그래? 나는 인간의 그런 점이 좋아"(로렌스 캐스딘Lawrence Kasdan, 〈보디 히트*Body Heat*〉), "난 옛 친구와 저녁식사를 하려고 해"(테드 톨리Ted Tally, 〈양들의 침묵*Silence of the Lambs*〉), "여보, 솔직히 난 정말로 상관없어"(시드니 하워드Sidney Howard, 〈바람과 함께 사라지다*Gone with the Wind*〉) 등이 그런 대사들이다. 대사를 크게 소리내어 읽는 습관은 대사를 검토하는 데 도움이 된다. 그렇게 해보면 대사를 읽는 것과 듣는 것의 차이에 놀라게 될 것이다. 또한 당신의 대사가 다른 사람들에게 어떻게 들리는지만 듣는 것이 아니라, 그 등장인물의 개성이 대사를 통해 나온다는 사실도 알게 될 것이다. 각각의 등장인물은 독창적으로 스스로를 표현해야지 작가처럼 말을 해서는 안 된다.

아키바 골즈먼 가끔 나는 대사를 크게 소리내어 읽는다. 특히 두뇌회전이 잘 되지 않을 때 그렇게 한다. 이런 내 모습을 보는 사람이 없어 천만다행이다. 하지만 그렇게 하는 것이 대사를 검토하는 좋은 방법이다. 나는 촬영 현장에 가서 전문 배우들의 입에서 나오는 내 대사를 종종 듣는다. 그럴 때면 나는 항상 전율을 느낀다.

에드 솔러먼 대부분의 사람들은 글이 빨리 써질 때 큰 즐거움을 느낀다. 왜냐하면 자신의 생각을 원고지에 옮기는 단순한 뿌듯함과, 다른 누군가에게 어떤 의미가 된다는 관점에서 제대로 생각을 정리함으로써 느껴지는 기쁨의 차이를 구분하지 못하기 때문이다. 글을 빨리 쓰면 대개 의미 있는 생각을 담지 못하게 된다. 즉, 대사를 소리내어 읽는 것은 바로 독자들에게 흥미로운 내용과 이야기를 만들어내는 아이디어들을 정리하는 방법이다. 때때로 우리는 어떤 것에 대해 대단하다고 느낀다. 왜냐하면 그것이 글로 쓰기에 대단한 것처럼 느껴지기 때문이다. 경우에 따라서는 방에서 다른 사람들에게 시나리오를 읽어서 들려주는 것이 더 나을 수도 있다. 더 나아가 만약 당신이 정말로 그 작품에 대해 진지하게 생각한다면, 씬 중 두세 개를 무대에 올려 연출해보라. 자기 자신이 바보처럼 느껴질 것이다. 하지만 그렇게 하는 것은 씬이 제대로 작용하는지를 알아보는 데 좋은 방법이다. 우리 중에 자신의 작품이 이미 영화로 만들어진 경험을 갖고 있는 사람들은 어떤 것들이 효과적인지 알 수 있는 이점을 갖고 있지만, 그런 경험이 없는 사람들은 그런 이점을 갖고 있지 못하다. 때때로 자신의 대사가 읽히는 것을 듣는 것은 매우 고통스러운 일이다.

로빈 스위코드 나는 항상 대사를 크게 소리내어 읽는다. 그러한 행위는 바로 당신이 실제로 누군가의 말을 듣는 방식이다. 만약 당신이 그 대사를 읽을 수 없다면, 그 대사를 잘라내라.

제14장　가장 중요한 요소, 관객

작품 속 등장인물들에게 무슨 일이 일어나는가는 별로 중요하지 않다.
중요한 점은 작품을 읽는 독자의 가슴과 마음에 무슨 일이 일어나는가이다.
———— 고든 리시Gordon Lish

매우 중요한데도 현실적으로 작가들에게 무시되는 또 하나의 중요한 습관은 여러분의 작품을 읽게 될 사람, 즉 독자, 조수, 에이전트, 작품 개발 담당자, 제작자, 감독 또는 배우에 대해 아는 것이다. 읽을 작품들은 매우 많은 데 비해 시간이 부족하기 때문에 사람들은 이미 읽은 작품들을 좋아한다. 하지만 그들은 무엇보다 작품을 통해 놀람과 즐거움을 얻기를 원한다. 그러므로 여러분은 원고를 고칠 때 독자들을 고려해야만 한다. 여러분은 이러한 사실을 잘 알고 있다고 말할 것이다. 내가 읽은 작품들의 반 이상에서 발견되는 인쇄기술자의 실수, 맞춤법과 문법의 실수, 과도한 묘사들, 지나친 대사들 그리고 형식상의 실수들이 아직도 많다는 점을 고려해보면, 이 습관은 터득해야 할 중요한 습관이다. 우선 작품이 독자에게 감동을 주지 못하면, 그 작품은 어느 누구에게도 보여지지 않을 것이다.

론 배스 당신은 누군가 당신의 작품을 읽을 거라는 사실을 알면서 시나리오를 쓴다. 나는 대사들 사이사이에 있는 지문에 대해 대부분의 작가들보다 더 많이 안다고 생각한다. 지문은 내가 많은 시간을 할애하며 계속 신경 쓰는 부분이다. 나는 지문을 영화사 임원, 감독, 또는 배우일 수도 있는 독자들에게 내 의도를 전달하는 순간이라고 느끼기 때문이다. 독자들이 지문에서 내 등장인물들이 생각하고 느끼는 것을 알기를 희망한다. 대사가 명확하지 않으면 독자들은 등장인물의 행동을 알 수 없고 그저 단어만 읽을 뿐이다. 그리고 지문은 씬에 들어 있는 모든 애매한 표현과 풍자를 없애지 않으면서 지금 직접 그 영화를 보지 않고도 독자들이 아이디어와 사건의 분위기를 이해하는 데 도움을 준다.

스티븐 드수자 내가 들은 최고의 조언은 "처음 10페이지 안에서 독자들의 흥미를 끌어야만 한다"는 것이다. 당신은 1년 뒤 200명의 사람들이 힘을 합쳐 만든 영화를 보게 될 관객을 위해서가 아니라 그 시나리오를 읽는 독자를 위해 글을 쓰고 있다는 사실을 항상 기억해야만 한다. 또한 모든 카메라 앵글을 서술할 때 적게 서술하면 할수록 더 좋은 시나리오가 된다는 사실을 충분히 알게 될 것이다. 난 실제로 카메라 렌즈까지 권장했던 내 초창기 작품들을 읽는 것을 꺼린다.

제럴드 디페고 만약 당신이 "난 감독을 위해 글을 쓰고 있고, 반드시 그 사람은 내 작품을 읽을 거야"라는 생각으로, 또 다른 예술가를 당신의 관객이라고 여기며 시나리오를 쓴다면, 스스로를 바보로 만드는 것이다. 왜냐하면 시나리오는 당신이 판매할 하나의 도구이기 때문이다. 당신은 독자에 대해 생각하고 그들의 손을 잡아당겨 그들을 이야기 속으로 빠져들게 해야 한다.

스콧 로젠버그 "자기 자신을 위해 작품을 재미있게 만들어라." 독자들을 재미있게 사로잡는 방법이자 윌리엄 골드먼William Gold-man(〈미저리 *Misery*〉, 〈내일을 향해 쏴라*Butch Cassidy and the Sundance Kid*〉의 시나리오작가. 옮긴이)이 개발하고 셰인 블랙Shane Black(〈롱 키스 굿나잇 *The Long Kiss Goodnight*〉, 〈리셀 웨폰*Lethal Weapon*〉의 시나리오작가. 옮긴이)이 대중화시킨 이 소설적인 접근법을 가지고 난 글을 쓰기 시작했다. 당신은 반드시 그 방법을 터득해야 한다. 만약 당신이 아직 그 방법을 터득할 준비가 안 됐다면, 내게 어떤 것을 기대하지 마라. 난 항상 그런 방법으로 글을 쓴다. 왜냐하면 감독, 제작자, 작품개발 담당자, 에이전트 그리고 배우들이 매주 30편 정도의 시나리오를 읽는다는 사실을 알기 때문이다. 따라서 당신은 그들을 위해 시나리오를 재미있게 만들어야만 한다. 그것만이 당신을 그들의 눈에 띄게 하는 유일한 방법이다.

톰 슐먼 나는 내가 상상하는 독자들이 실제로 영화를 보고 있다고 가정한 다음, 이야기를 최대한 흥미롭고 재미있게 만드는 데 몰두한다. 그리고 그 독자들이 보는 것을 그대로 원고지에 옮겨 적을 뿐이다. 따라서 나는 독자가 곧 관객이라고 생각한다.

에드 솔러먼 당신이 최종 원고에 가깝게 써갈수록 독자들과 영화사 임원들이 그것을 영화로 인지하기가 점점 어려워지므로 주의해라. 한 편의 영화를 볼 때 그 영화로부터 느끼는 것은 한 편의 시나리오를 읽으면서 느끼는 것과는 전혀 다르다. 편집된 영화를 보면, 그 영화는 나름대로 특정한 의미를 담고 있다. 당신이 최종 원고에 가깝게 써갈수록, 영화 제작의 결정권을 가진 사람들이 그 시나리오를 읽을 가능성은 점점 더 희박해진다. 왜냐하면 그 시나리오를 읽을 때 그들이 받게 되는 내면의 느낌은 종종 문자상의 영화적인 해석과 다르기 때문이다. 시나리오가 영화로 제작된다고 그 영화의 완성도가 매번 만족스러운 것은 아니다. 거꾸로 훌륭한 영화 한 편을 종이에 옮겨 적은 다음, 그 시나리오를 영화 제작자에게 팔려고 한다면, 예상과 달리 결과는 만족스럽지 못할 것이다.

죽고 싶을 정도로 지루한 것은 어느 누구에게도 팔 수 없다.

─────── 데이비드 오길비David Ogilvy

여러분은 이미 한 말을 또다시 반복한다고 느낄 수도 있을 것이다. 하지만 독자를 생각하는 앞의 습관이 전문적인 시나리오와 긍정적인 시나리오 읽기 경험을 나타내는 것에 관한 습관인 반면, 이번 습관은 관객의 즐거움과 감정적 경험뿐만 아니라 일반적인 태도까지 더 광범한 범위를 포함한다. 이 습관은 원래 다음 장의 내용인 피칭(피칭하는 방의 분위기를 절대 지루하게 만들지 않기)의 일부분이지만, 초보작가들을 위해 이 습관을 시나리오를 쓰는 과정 속에 포함시키는 게 더 낫겠다는 생각에서 이 장에 포함시켰다. 왜냐하면 그들은 자신에게는 흥미 있는 것이 대중에게는 지루할 수도 있다는 사실을 모르기 때문이다. 당신은 의자에 앉아 글을 쓸 때마다 항상 독자의 관심을 잃는 것을 경계해야 한다. 할리우드에서 저지르는 가장 나쁜 잘못은 시나리오를 읽은 독자나 영화를 본 관객이 "그래서 뭘 어쨌는데?"라고 말하게 하는 것이다. 다시 말해, 나는 글을 쓰면서 그 말을 수도 없이 자주 떠올린다. 그 어떤 독자도 지루한 시나리오를 읽으라고 다른 사람에게 추천하지 않는다. 그리고 지루한 시나리오는 영화로 제작되지 않으며(물론 아주 유명한 배우가 그 영화를 만들고 싶어하지 않는 이상), 2시간 동안 지루해지기 위해 8달러 50센트를 지불하는 관객도 없다. 극작가 윌리엄 깁슨Wil-liam Gibson은 "시나리오작가의 첫 번째 의무는 관객들을 영화 도중에 밖으로 걸어나가지 않게 하는 것"이라고 말했다.

론 배스 그 누가 시나리오작가들에게 지루한 작품을 쓰라고 조언한 적이 있는가? 나는 작가들이 지루함을 피하는 것에 신경 쓴다고 확신한다. 물론 무언가를 재미있게 만드는 것이 점점 어려워지고 있긴 하지만, 그것이 바로 작가의 능력이다. 당신은 항상 사람들을 즐겁게 만드는 무언가를 쓰려고 애쓴다. 작품이 지루하다면, 사람들은 그 작품을 보기 위해 돈을 쓰지 않을 것이고, 따라서 당신은 시나리오를 써서 생계를 유지할 수 없게 된다. 이러한 현실은 "재미있는 것을 만들기 위해 필요한 것은 무엇인가?"라는 물음을 파생시킨다. 때때로 사람들은 정직함과 작품 판매 사이에서 혼란스러워 한다. 그들은 자기 자신이 중요한 이야기를 갖고 있으며 그 이야기가 지루하다는 사실을 고상함이라고 여길 뿐이다. 고상함이란 이야기를 사실적으로 말하는 것을 보증하는 것이며, 당신은 연관성 없는 서스펜스, 액션, 코미디 또는 갈등처럼 사람들이 즐거워하는 모든 할리우드 영화의 기법을 이용해 그러한 고상함을 포기하려 하지 않는다. 또한 당신은 즐거워지길 원하는 관객들의 열망에 영합하지 않는다. 즉, 당신은 존경할 만한 존재이지만 결국 사람들로부터 "이 작품 형편없군"이라는 말을 듣게 될 것이다. 당신의 이야기가 사람들에게 흥미를 끌지 못하고, 사람들이 그 영화를 보려고 하지 않을 때, 그런 사실이 숭고함이나 고결함을 의미하는 것은 아니다. 그래도 당신은 스스로를 위해 글을 쓸 수 있고, 그 글을 읽고 싶어하는 모든 사람들에게 보여줄 수는 있다. 하지만 난 이야기가 지루하다는 점에서 그 작품에 뛰어난 매력이 없다고 생각한다. 훌륭한 작가들이 들려주는 상상 가능한 모든 장르에는 매력적이면서 강렬한 이야기들이 있다. 만약 당신에게 이야기를 흥미롭게 만드는 능력이 충분히 있다면, 재미있는 이야기보다 더 좋은 이야기는 없다. 그리고 당신은 자기 자신을 위해 글을 쓰는 것이 아니라 다른 사람들에게 자신의 이야기를 읽게 함으로써 생계를 유지하려는 노력의 일환으로 글을 쓴다. 그러므로 지루하지 않은 작품을 만드는 것이 작품 판매를 떠나 선행되어야 할 중요한 요건이다.

짐 커프 지루한 영화를 끝까지 앉아서 보고 싶은 사람은 아무도 없으며, 할리우드에서는 아무도 따분한 시나리오를 읽고 싶어하지 않는다. 나는 사람들을 즐겁게 하기 위해 글을 쓴다. 모든 방법을 동원해 사람들이 계속 페이지를 넘기게 하여 그들이 시나리오를 손에서 내려놓지 않기만을 바란다. 나는 한 편의 좋은 이야기를 최상의 방법으로 하고 싶을 뿐이며, 누구든 그 작품에 매료되기를 희망한다. 작품 속 등장인물들은 생동감이 넘쳐야 한다. 작품 속 세계는 우리가 싫어하는 현실의 삶과 다르다. 작품 속의 등장인물들이 실제 삶 속의 사람들보다 훨씬 더 재치 있고, 흥미롭고, 자유로울 때 작품의 현실성이 높아진다.

마이클 시퍼 만약 등장인물들이 당신이 아는 가장 생동감 있는 인물들이라면, 그것은 굉장히 멋진 일이다. 현실의 삶은 매순간마다 그렇게 생동감 넘치고 다채롭지 못하다. 따라서 글을 쓰기 시작하면서부터 계속되는 작업 속에서 내가 항상 염두에 두는 것은 각각의 대사에 대해 "이 점을 표현할 때 이것이 과연 가장 흥미로우면서 생동감 있는

다채로운 방법인가? 등장인물들을 내가 살면서 매일 만나고 싶은 사람들로 만들기 위해 어떻게 부각시킬 수 있을까?"라고 생각하는 것이다. 그렇게 하기 위해 당신은 모든 대사와 등장인물에 대해 끊임없이 질문하고, 작품 속에 있는 지루한 순간들을 보충해야 한다. 당신 자신에게 "내가 과연 파티에 이런 사람과 함께 있고 싶을까? 착하든 착하지 않든, 그들은 내 삶 속으로 들어와도 좋을 만큼 흥미로운 사람들인가?"라고 질문해라. 만약 그렇지 않다면, 그 등장인물들을 더 흥미롭게 만들어라. 당신은 관객에게 흥미로운 등장인물이라는 선물을 빚지고 있는 셈이다.

톰 슐먼 상상력과 독창성은 모든 사람들이 작가에게서 찾으려고 하는 중요한 특성이다. 만약 누군가 이미 당신의 작품을 읽은 적이 있다면, 그가 그 작품에서 지루함을 느끼는지의 여부가 당신 작품의 가능성이 되기 때문이다. 따라서 이야기와 등장인물 그리고 이야기 구성 요소들을 생각할 때 "내가 전에 이러한 것을 본 적이 있는가?"라고 자기 자신에게 질문해야 한다. 실제로 그렇다면, 그 작품에 대한 또 다른 독창적인 접근법을 찾을 필요가 있다.

스토리기술:
좋은 이야기
만들기

당신의 감정을 자극하는 것을 찾아라.

즉, 당신에게 재미를 주는 행동은 무엇인가?

그것을 알았다면 독자들도 볼 수 있도록 그 행동을 명확하게 글로 써라.

─── 어니스트 헤밍웨이Ernest Hemingway

모든 이야기에서 가장 중요한 요소, 즉 사람들이 영화를 보러 가고, 소설을 읽고, TV를 보며, 연극을 보러 가게 만드는 가장 강력한 동기를 초보작가들의 시나리오에서 찾아볼 수 없다는 사실은 쉽게 믿기지 않는다. 그것은 즉 감동을 의미한다. 모든 이야기의 힘은 정서적으로 독자들에게 읽히고 궁극적으로는 영화 관객들에게 보여지는 이야기의 역량에 달려 있다. 이것이 바로 글을 쓸 때 내가 가장 중요하게 여기는 점이다. 감동은 좋은 시나리오를 만드는 열쇠다. 그것이 영화 제작자들이 시나리오작가에게 많은 돈을 지불하게 만드는 필수 요건이다. 하지만 작가 지망생들의 황당한 작품들에서는 시나리오를 쓸 때 너무 많이 생각한 것에 비해 읽는 사람이 느끼는 것은 별로 없다.

나는 로베르토 베니니Roberto Benigni의 〈인생은 아름다워*Life Is*

Beautiful〉를 보고 느꼈던 감정들을 아직도 선명하게 기억한다. 나는 후에 이 영화가 관객에게 미치는 힘을 분석했다. 그 영화는 웃음을 비롯해 슬픔, 호기심, 긴장감, 사랑, 화까지, 감정의 모든 범주를 경험하게 해주었다. 이것이 바로 이야기꾼으로서 우리가 해야 할 일이며, 이것이 바로 우리가 돈을 받고 하는 일이다. 감동을 만들어내는 것은 예술적 재능의 핵심이어서 배움을 통해 터득할 수 없다(나는 이 말에 동의한다)는 것에 논쟁의 여지가 있다 하더라도, 여러분은 글을 쓰면서 이 습관을 계속 마음에 담아두어야 한다. 그리하여 그것을 생각하면서 자기 자신에게 "이 순간에 내 등장인물이 느끼는 감정은 무엇이고, 관객에게 감동을 주기 위해 이 느낌을 어떻게 보여줄 수 있을까?"라고 질문해야 한다. 여러분은 이런 질문들에 대한 답을 구함으로써 글을 쓰기에 앞서 계속 감정을 유지해야 한다. 관객이 원하는 것에 영합해 관객을 교묘히 조종하라는 의미가 아니라 반드시 등장인물이 느끼는 감정을 알고 그것을 관객에게 보여주라는 것이다. 등장인물이 어떠한 감정을 느끼는지에 대해 서술하기보다는 특정 감정을 유발하는 상황을 표현하여 관객이 그러한 감정을 느끼게 만들어야 한다. 달리 말하자면, 원고지에 적힌 여러분의 이야기를 어두운 극장에서 느끼는 순간처럼 상상해라.

현재 상영되고 있는 영화들의 신문광고를 훑어보면, 영화를 보고 관객이 느껴야 할 약속과도 같은 평론가들의 묘사는 다음과 같다. "맥박이 고동친다, 손톱을 물어뜯을 만큼 초조하게 만든다, 긴장과 흥분이 느껴진다, 자리를 떠날 수 없다, 전율이 느껴진다, 아주 강렬하다, 꼼짝 못할 정도로 놀랍다, 강렬하게 매혹적이다, 자극적이고 열정적이다, 최고로 재미있다, 배꼽 빠지게 웃긴다, 매혹적이다, 흥미를 자아낸다, 애통하다, 황홀하다, 아찔하다, 심금을 울린다, 매우 만족스럽다, 비명을 지를 정도로 긴장된다, 천재적인 이야기 구조, 심장이 멎는 듯하다, 신경

이 마비될 정도로 무섭다, 꼼짝 못하게 한다, 무자비하게 긴장시킨다,
도전적이다, 매력적이다."
여러분의 시나리오가 관객에게 이런 약속을 할 수 있는가? 이 습관을
개발하는 데 철저히 몰두하지 않고, 즉 독자들에게 강렬한 감동을 줄
수 있을 때까지 많은 작품을 쓰지 않고는 시나리오를 팔려고 하는 시
도는 헛수고일 뿐이다.

론 배스 "이 부분이 관객을 울게 만들 거야, 관객의 눈물을 이
끌어내기 위해 이것을 써야지"라는 말처럼 등장인물들이 느끼는 감정
보다는 관객이 어떻게 반응할 것인지에 대해 더 신경을 쓰는 이 습관
에는 약간의 추측이 담겨 있다. 이것은 절대 해서는 안 되는 일이다. 당
신이 할 일은 등장인물들이 느끼는 감정을 있는 그대로 느낀 다음, 그
감정이 당신 자신에게 가장 강렬하게 느껴지면서 진실되고 효과적이
면서 감동적으로 표현되는 방법 중에서 가장 좋은 방법을 찾는 것이
다. 만약 당신이 쓴 작품을 읽거나 생각하거나 말만 해도 그 감동이 느
껴진다면, 그것이 다른 사람들 역시 감동시키기를 바랄 뿐이다. 따라서
이 습관은 관객들의 감정적 반응보다는 등장인물들 사이의 감정적 반
응과 그 등장인물들에 대한 자신의 감정적 반응에 몰두하는 것이다.
그러한 부분이 등장인물들 간에 그리고 당신과 등장인물 간에 교감이
발생하는 부분이다.

제럴드 디페고 대부분의 영화들이 실패하는 원인은 관객에게
아무런 감동을 주지 못하기 때문이다. 그런 작품들은 왠지 공허하게
느껴진다. 그런 작품들은 피상적으로 쓰여져서 읽는 사람에게 무엇을
투자하라고 만들거나 그 등장인물에 대해 관심을 갖게 만들지 못하기
때문이다. 따라서 그런 작품은 완전한 체험이 될 수 없다.

에릭 로스 드라마는 확실하게 감정적인 것들을 표현한다. 그리고 당신이 관객들이 알 수 있는 인간적인 방법으로 등장인물의 행동을 만들려고 노력함으로써 그 작품은 관객에게 보편적으로 이해가 된다. 때로는 가장 기이한 상황 속에서도 모든 사람들이 공감하는 인간적인 감동이 조금이라도 느껴질 수 있다. 나는 작업할 때 그 작품이 무언가를 느끼게 하면, 그 감정이 관객에게 전달되기를 바란다. 그것은 구성과 결말에 관한 문제다. 강렬한 감정 반응을 불러일으키기를 바라면서 모든 것이 관객의 예상을 뒤집는 결말이 되도록 구성하려고 애쓴다.

마이클 시퍼 코미디를 쓰든 드라마를 쓰든, 작가로서 우리의 목표는 관객의 갈등을 반영하는 끔찍한 상황 속으로 관객을 잡아당겨 등장인물들의 감정에 관객들이 반응하도록 만드는 것이다. 관객들이 작품에 공감하면, 그들은 감정이 정화되는 것을 경험한다. 관객들도 삶 속에서 스트레스와 고통을 겪으므로 감정이 정화된다. 관객들이 그런 사건들과 영광을 경험한 배우를 자기 자신과 동일시할 때 그들은 희망으로 충만하여 다시 태어난 것 같은 느낌을 갖게 된다. 그 후 그것은 관객들에게 공감대가 모든 사람에게 있음을 알게 하는 공통적인 경험이 된다.

톰 술면 당신은 관객들이 다른 사람들의 삶의 드라마, 이를테면 인간관계와 강박관념, 그리고 그들은 누구이며, 어디 있는지 등을 겪게 하려고 노력한다. 그리고 만약 관객이 동일시할 만한 등장인물들이 갈등 속으로 빠져들기 시작하면, 이론적으로 관객들 역시 그런 상황에 빠져들게 된다. 따라서 감동은 다른 방식이 아닌 작가가 구성한 방식의 결과로 발생해야 한다.

로빈 스위코드 훌륭한 이야기는 어떤 강렬한 요소, 다시 말해서 일반적으로 위대한 인간적인 감정을 필요로 한다. 왜냐하면 이야기가 때로는 '정보'라는 측면에서 매우 흥미로울 수 있지만, 그 이야기를 드라마로 만드는 것은 어떤 상황의 감정적인 흡입력이기 때문이다. 관객으로서 우리의 역할은 주인공의 세계로 들어가 그 이야기가 우리에게 줄 느낌에 대해 고민하는 것이다. 바로 그것이 관객을 드라마 속으로 잡아당기는 커다란 감동이 된다.

· · ·

만약 여러분이 지금까지의 모든 습관들을 연구하고 터득해서 한 편의 좋은 시나리오를 썼다면, 다음 내용인 시나리오 판매에 대해서는 신경 쓰지 않아도 된다. 왜냐고? 만약 여러분에게 좋은 시나리오가 있다면, 말 그대로 그 시나리오를 베벌리 힐스 공원에 떨어뜨려 놓는다 하더라도, 그 시나리오는 영화로 제작될 것이다. 하지만 여러분의 시나리오는 완벽하지 않으므로 다음 작품을 쓰면서 어떻게 여러분의 재주를 팔 수 있을지 알아보기로 하자. 지금 여러분은 두 번째 작품을 쓰고 있어야만 한다. 만약 그렇지 않다면 제2장으로 돌아가 다시 시작해라. 최소한 3편의 좋은 시나리오를 갖게 될 때까지 여러분은 시나리오 판매에 신경 쓸 필요가 없다.

05 Marketing

마케팅, 중요한 것은 당신이 누구를 알고 있느냐가 아니다.

문제는 바로 당신의 작품이다.

영화 제작에서 가장 중요한 부분은

시나리오작가들의 역할이다.

우리는 무슨 수를 써서라도

그들이 그 사실을 알지 못하도록 막아야 한다.

——— 어빙 샬버그 Irving Thalberg

제15장 　　　　　 할리우드 시스템

시나리오작가가 되는 길에는 한 가지 방법만 있는 것이 아니기 때문에 이 장에서 다루는 습관들은 영화산업의 개요와 시나리오를 판매할 때 어떻게 행동해야 하는지를 알려줄 것이다. 몇몇의 습관들은 논쟁의 여지가 있을 수 있다. 다시 말하면 그러한 습관들은 자리 잡은 '전문가들'이 인정한 보편적인 생각에 반대될 수도 있다. 하지만 여러분이 이미 다양한 출처를 통해서 수천 번이나 들었던 조언을 그들이 반대로 얘기하든, 사실 그대로 증명하든, 전체적으로 그 습관들이 상식적인 습관들임을 알게 될 것이다.

할리우드 명예의 거리에는 동물 스타의 사인이 유명 작가의 사인보다 더 많다.

──── 앨진 하메츠Aljean Harmetz

일반적으로 작가 지망생들은 영화산업의 현실로부터 도피한다. 그들이 연예잡지에서 얻는 것이란 '매혹적인' 기사와 팔린 프로젝트, 액수, 배우들의 사생활에 대한 단편적인 소식들뿐이다. 이런 얘기들은 여러분이 어떤 작품을 팔고 나서, 꼭 알아야 할 현실 흐름을 발견하는 시스템 속으로 편입된 후에 필요한 것들이다.

첫째, 좋은 시나리오가 영화계에서 가장 인기 있는 상품이라 할지라도, 이 세계에서 여러분을 모르는 사람들은 여러분이 실제로 그렇게 좋은 시나리오 한 편을 썼다는 사실에 아무런 감동을 받지 않는다는 것을 알아야 한다. 작가들이 영화산업의 생존에 꼭 필요한 존재이긴 하지만, 그들의 가치가 아직도 과소평가받고 있는 것은 재미있는 역설이다. 이러한 세계가 바로 여러분의 작품이 버려지고, 여러분이 각색을 부탁받고, 예고 없이 해고당하고, 같은 회사에 소속된 변호사들이 원고료를 늦게 지불하기 위해 부지런히 일하는 곳이다. 여러분이 시나리오 한 편을 팔거나 적어도 규모가 큰 공모전에서 수상하거나 혹은 제대로 된 에이전트를 구할 때까지, 여러분의 존재를 아는 사람은 아무도 없다. 만약 영화사 임원들이 여러분의 작품이 그들 자신의 성공을 앞당겨줄 것이라고 여긴다면, 그들은 여러분을 좋아할 것이다. 만약 그렇게 생각하지 않는다면, 그들은 여러분을 무시할 것이다. 앞에서 로빈 스위코드가 작품개발 담당자 한 명의 사무실 책장에 얼마나 많은 시나리오가 꽂혀 있는지를 보고 충격을 받았다는 사실을 기억해라. 그 작품 수와 이 도시에 있는 사무실 수를 곱하면, 결과를 기다리며 밖에서 돌아다니고 있는 전체 시나리오 양을 알게 될 것이다. 작가조합Writers Guild(할리우드 시나리오작가들의 권익을 보호하기 위해 만들어진 작가들을 위한 일종의 노동조합. 옮긴이)의 통계에 따르면 각색작품을 제외하고 매년 약 4만 5천 편의 장편 시나리오들이 쓰여지고 등록된다고 한다. 만약 이런 모순점을 심리적으로 받아들일 수 없다면 여러분은 정말 크게 성공할 수 없을 것이다.

둘째, 많은 사람들이 이미 알겠지만, 할리우드라는 도시는 예술가들을 잃는 위험을 감수하면서 오직 돈을 벌기 위해 존재하는 곳이다. 이 산업은 기본적으로 주요 상품이 영화이고, 제작과 배급을 위해 많은 돈을 투자하며, 궁극적으로 극장이나 TV에서 그 영화를 상영하여 이윤을 얻으려는 대기업들의 집합이다. 이런 영화산업은 미술관보다 영리추구라는 목표가 강하기 때문에 모든 비용을 되찾아 더 많은 영화를 만들 수 있는 이윤 창출 없이 예술작품 하나에 8천만 달러를 지출하지는 않는다.

셋째, 대부분의 작품개발 담당자들은 자신들의 몸값을 정당화하려고 훌륭한 소재를 찾아 그 소재에 작가를 붙이기 위해, 심지어 고칠 필요가 없는데도 시나리오를 고쳐야 한다고 생각한다. 그들에게는 "만약 고장나지 않았다면 고치지 말라"는 이론이 통하지 않는다. 그들에게 그 이론은 "만약 고장나지 않았다면 망가뜨려라"가 되며, 그것이 바로 여러분이 한 편의 작품을 팔자마자 경험하게 되는 과정을 '지옥 같은 작품개발'이라고 부르는 이유이다. 작가 존 그레고리 던John Gregory Dunne(《업 클로즈 앤 퍼스널 *Up Close & Personal*》의 시나리오작가. 옮긴이)은 유명배우나 감독이 작품에 참여하기 전에는 "작가들은 아주 흔한 클리넥스 화장지처럼 사용되고 버려진다"고 말했다. 그리고 그런 다음에야 그 작품은 영화로 제작된다.

내 말은 이러한 사실이 바람직하다는 뜻이 아니라 다만 그것이 현실임을 얘기하는 것일 뿐이며, 이렇게 상어들이 만연한 물속에서 여러분은 가라앉거나 헤엄쳐야 한다. 어떤 남자에 관한 재미있는 옛날 이야기가 하나 있다. 그 남자는 신에게 단 한 번만이라도 복권에 당첨되게 해달라고 기도할 정도로 무척이나 복권에 당첨되고 싶어했다. 그 남자는 신에게 기도하고 또 기도하고 또 기도했지만 복권에 당첨되지 못했다. 마침내 화가 난 신이 그 남자에게 말했다. "아들아, 들어라. 제발 나 좀 도와줘…… 최소한 복권이라도 한 장 사야 하지 않느냐?"라고. 당신은 규칙을 깨버리기 전에 그 규칙에 따라 노는 법을 알아야 한다. 할리우드에서 시나리오작가가 되는 것에 대한 더 많은 정보를 알고 싶다면, 11번째 습관을 참조하라.

스티븐 드수자 항상 예상치 못한 작품들이 흥행을 하고, 규칙에서 벗어나며, '영화사 임원들'이 말한 것과 정반대의 작품이 된다. 내 생각에 그들이 범하는 가장 커다란 실수는 관객과 함께 극장에서 영화를 제대로 보지 않는 것이다. 만약 관객이 무엇을 원하고 좋아하는지 알고 싶다면, 관객과 함께 영화를 보라. 아마 형편없는 영화를 보게 될 수도 있다. 하지만 그 영화 속에는 관객을 어느 순간 갑자기 의자 앞쪽에 걸터앉게 만드는 부분이 늘 있다. 이것이 당신의 작품이 지녀야 할 것에 대한 약간의 힌트가 될 수도 있을 것이다. 왜냐하면 모든 것은 변하기 때문이다. 관객은 점점 더 똑똑해지고 대체로 영화에 대해 더 깊이 이해하게 된다. 따라서 작가인 우리는 세련되어야 한다. 만약 당신이 자기 자신을 놀라게 할 수 없다면, 관객도 놀라게 만들 수 없을 것이다. 정말 많은 영화들이 극장에서 상영되고 있고, 당신은 그 극장에 앉아 "이 부분은 이 영화를 베꼈고, 이 부분은 저 영화를 베꼈군, 이 영화의 3분의 1은 〈리셀 웨폰Lethal Weapon〉이군, 그다음 3분의 1은 〈다이 하드Die Hard〉, 그리고 나머지 3분의 1은 지루하군"이라고 말한다. 만약 어떤 영감을 원한다면, 캐그니Cagney와 보가트Bogart(James Cagney, Humphrey Bogart. 이 둘은 〈더럽혀진 얼굴의 천사Angels With Dirty Faces〉, 〈오클라호마 키드The Oklahoma Kid〉, 〈로어링 트웬티스The Roaring Twenties〉에 함께 출연하였다. 옮긴이)가 남자주인공으로 출연하는 고전 영화를 보라. 만들어진 지 50년이나 된 한 편의 고전 영화가 〈베벌리 힐스 캅Beverly Hills Cop〉을 베끼고, 베끼고, 또 베껴서 지난주에 개봉한 어떤 영화보다 더 많은 영감을 줄 수도 있다.

니콜러스 카잔　당신이 메이저 영화사의 임원들에 대해 반드시 알아야 할 점은 그들의 주요 업무가 당신의 시나리오를 영화로 제작하는 것이 아니라 그저 해고당하지 않고 그들의 지위를 계속 유지하는 것이라는 사실이다. 우리 사회의 많은 사람들이 항상 "내가 이 사람을 이용할 수 있을까? 그리고 그럴 수 있다면 어떻게 이용하지?"라고 생각하듯이, 그것이 바로 항상 그들이 생각하는 것들이다. 만약 당신이 그럭저럭 괜찮은 시나리오 한 편을 갖고 있다면, 그들은 모험을 하지 않는다. 그러나 그 시나리오가 충분히 좋은 데다가 그들이 개인적으로 당신을 좋아한다면, 그들은 당신과 함께 작업하는 모험을 하여 그 시나리오를 정말로 좋은 영화로 만들려고 노력할 수도 있다. 만약 당신이 무명작가일 경우 그들의 최후 선택은 상사의 사무실로 가서 "이 시나리오 정말 좋은데요"라고 말하는 것이다. 그러면 상사는 그 시나리오를 읽고 "이 시나리오 정말 형편없군, 자네 도대체 무슨 생각을 하는 거야?"라고 말한다. 그런 일이 세 번 발생하면 그들은 해고된다. 따라서 그들은 스스로를 자랑스럽게 만드는 정말 좋은 시나리오가 아니면 상사에게 보고하지 않는다. 괜찮은 정도의 시나리오로는 부족하다. 당신에게는 특이한 주제를 가진 정말 좋은 시나리오가 필요하다. 그러나 만약 당신이 좋은 시나리오 한 편을 썼는데, 그 시나리오가 '2명의 형사'에 관한 시나리오라면, 그와 유사한 시나리오들이 아주 많기 때문에 질적인 면에서 좋지 않을 수도 있다. 당신이 알아야 할 또 하나의 중요한 사실은 영화사 임원들은 놀랄 만큼 과도하게 일을 한다는 것이다. 그들은 시나리오 회의와 읽어야 하는 시나리오들 때문에 하루에 수백 통의 전화통화를 한다. 그들은 일에 집중할 시간이 없다. 능률이야 어떻든, 그들이 그렇게 열심히 오랫동안 일할 수 있다는 건 거의 기적이다. 특히 당신이 무명작가라면, 그들의 흥미를 끄는 것을 기대하는 것은 무모한 일이다.

스콧 로젠버그 스튜디오 시스템studio system(파라마운트나 워너브러더스처럼 영화의 생산과 공급이라는 특수 목적을 위해 설립된 대형 영화제작사. 영화제작을 위해 자체적으로 여러 가지 장비, 특히 스튜디오 시설 등을 갖추고 있다. 옮긴이) 안에서 모든 사람의 업무는 "노No"라고 말하는 것이다. 그 사람들은 밖에 있는 악당에 맞서 궁전을 지키는 경비원이다. 하지만 사실 그들이 정말로 하고 싶어하는 일은 "예스Yes"라고 말하는 것이다. 그 사람들은 놀랄 만한 시나리오를 찾아다닌다. 그래서 놀라운 시나리오 한 편이 발견되면, 그 도시 안의 모든 사람들이 그 시나리오에 대해 알게 된다. 나는 〈유주얼 서스펙트*The Usual Suspects*〉의 시나리오가 돌아다니던 때를 기억한다. 나 역시 그 영화에 대해 알고 있었다. 이 도시에 인기 있는 신인작가가 등장하면, 모든 사람들은 귀를 쫑긋 세운다. 현실적으로 당신에게 필요한 모든 것은 좋은 시나리오를 쓰는 것이다. 그건 매우 쉽다. 나는 그 일이 쉽다고 자부할 수 있다. 나또한 이 말이 아주 그럴듯하게 들린다는 것은 알지만, 이 말은 정말 사실이다. 대부분의 내 작가 친구들도 훌륭한 작품을 쓰려고 노력하므로 내 말은 사실이다. 나는 처음 이 도시에 왔을 때 시나리오를 쓰려고 노력하지 않았다. 그저 당황하느라 바빠서 글을 쓸 수가 없었다. 내가 만났던 사람들은 모두 시나리오작가 지망생들이었다. 다음과 같은 일화가 기억난다. 내가 어떤 영화사 임원의 집에 저녁식사 초대를 받아 갔을 때, 그는 내게 무엇을 하고 싶은지 물었다. 그래서 시나리오작가가 되고 싶다고 말했다. 그러자 그는 "내 정원사도 시나리오작가가 되고 싶어하죠. 저기 저 밖에 있는 남자 보이죠? 호세, 저 사람이 내 정원사인데 시나리오작가가 되길 원하죠. 그리고 수영장에서 일하고 있는 저기 저 남자 보이죠? 그 사람도 시나리오작가가 되길 원하죠. 그리고 저기 있는 사람이 제 아내 수지입니다. 그녀 역시 시나리오작가가 되고 싶어하죠"라고 말했다. 그때부터 나는 몹시 당황해서 만약 다시 내게 똑같은 질문을 한다면, 독일 나치를 잡으러 다닌다고 말했을 것이다. 시나리오작가가 되는 것 말고 어떠한 대답이라도 했을 것이다.

에드 솔러먼 영화계는 이중성이 많기 때문에 일하기 힘든 세계다. 사람들은 어떤 한 가지를 말하고는 다른 것을 의미한다고 말한다. 그들은 일종의 윤활유로서 우리에게 아첨을 하고, 우리는 그 말에 매우 민감하기 때문에 그 말은 효과가 있다. 우리는 자신의 작품에 대한 사람들의 의견에 우리 자신의 의견을 섞으려고 한다. 그러나 사람들은 거의 의견을 말하지 않는다. 따라서 우리는 혼란스러움을 느낀다. 우리는 정말로 무엇이 진실인지 더 이상 알 수가 없다.

로빈 스위코드 내가 느끼는 가장 큰 실망은 사람들이 정말 그 '완벽한' 스튜디오 시스템의 시나리오가 얼마나 쓸모없는지 모른다는 점이다. 이른바 수많은 '작품개발'은 실제로 그 제작사에게 시간을 벌어주기 위한 것이다. 그것은 이것을 해보거나 그것이 잘 안 되면 저것을 해보는 것에 가깝다. 제작사 사람들이 항상 작가들을 방 안에 있는 드라마 전문가로 생각하지는 않는데, 그 생각은 틀리다. 왜냐하면 결국 제작사 사람들에게는 무슨 이야기를 하고 있는지도 모르는 그들 자신으로부터 무언가를 받아 적을 수 있는 능력이 뛰어난 작가가 필요하기 때문이다. 그리하여 그들은 10년 동안 글쓰기에만 전념해온 뛰어난 작가들을 집합시켜놓고는 그 작가들의 말에 귀 기울이지 않으며, 캐스팅, 촬영, 편집 등 현실적인 일들을 해야 할 때가 되면 작가들에게 실례한다고 말하며 방을 빠져나간다. 나는 그러한 사실에 놀랐다. 그것은 베이위밍 I.M. Pei(유명한 중국계 미국인 건축가. 옮긴이)에게 건물을 설계해달라고 부탁하고는 첫 설계도면이 나오면 그를 해고하고, 그 설계도면을 여러 명의 보조 계약자들에게 보여주면서 빌딩에 대해 결정하라고 하는 것과 같다. 나는 이런 일들이 아직도 일어나고 있다는 사실이 그저 놀라울 뿐이다. 그런 시스템은 좋은 영화를 만드는 효과적인 시스템이 아니다.

할리우드에서는 정보가 곧 힘이다. 영화계에서 성공하기 위해서는
—누구에게, 어디서, 언제, 어떻게 그리고 왜—
무슨 일이 일어나고 있는지를 알아야 한다. 그것도 세계적으로 광범위하게.
───── 린다 버젤Linda Buzzell, 『할리우드에서 성공하는 법』

지금 여러분은 이 도시에 있는 모든 제작사 CEO들의 이름을 바로 말할 수 있는가? 주요 제작사들의 작품개발 감독의 이름은 알고 있는가? 만약 그렇지 않다면, 공부해야 한다. 여러분은 선수—에이전트, 감독, 영화사 임원, 제작자, 시나리오작가—가 누구인지(지금 시나리오작가들 중 14명은 알고 있다), 그들이 어디에 있으며, 무엇을 좋아하는지, 그리고 어떤 영화에 참여하고 있는지 알 필요가 있다. 지금이 바로 사업가로서 시장을 배울 때이다. 가능한 한 많은 책을 읽어라. 영화잡지를 읽어라. 하지만 매일 읽지는 마라. 왜냐하면 여러분 자신을 제외한 모든 사람들이 일하고 있다는 생각에 지치거나 좌절하게 되기 때문이다. 대여섯 개의 주요 잡지들은 매년 할리우드에서 가장 영향력 있는 100명의 사람들 목록을 발간한다. 영화산업에 관한 많은 책들과 유명 영

화인들의 자서전들이 있는 도서관에 가라. 인터넷을 통해 조사해라. 대부분의 영화사와 제작사들은 자신들의 정보를 제공하는 웹사이트를 갖고 있다. TV 또한 정보를 얻는 데 좋은 도구가 될 수 있다. 여러분은 〈엔터테인먼트 투나이트 *Entertainment Tonight*〉와 〈액세스 할리우드 *Access Hollywood*〉 같은 TV연예프로그램을 통해서도 많은 것을 배울 수 있다. 또한 영화산업에 관한 영화도 많다. 예를 들면, 최근 영화로는 〈플레이어 *The Player*〉, 〈겟 쇼티 *Get Shorty*〉, 〈벼랑 끝에 걸린 사나이 *Swimming with Sharks*〉, 〈할리우드의 출세기 *The Big Picture*〉, 〈보핑거 *Bowfinger*〉 그리고 〈뮤즈 *The Muse*〉 등이 그런 영화들에 속한다. 고전 영화로는 〈선셋 대로 *Sunset Boulevard*〉와 〈배드 앤 뷰티풀 *The Bad and the Beautiful*〉이 있다. 또한 무언가를 배우는 가장 좋은 방법이 그 세계로 들어가는 것이듯이, 영화현장에서 일하는 것도 가치가 있다.

에릭 로스 가능한 한 누구에게 파워가 있고 없는지를 아는 것은 영화계를 이해하는 데 도움이 된다. 항상 "예스 Yes"라고 말할 수 있는 사람과 함께 일하는 것이 그렇지 못한 사람과 함께 일하는 것보다 낫다. 제작사의 최고 책임자나 작품이 완성되면 그 작품에 대해 그만 잊으라고 말하는 사람들과 함께 일하려고 노력해라. 당신은 좀 더 성공한 사람들을 위해 일하려고 할 것이다. 하지만 꼭 그래야만 한다는 규칙은 없다. 내 말을 오해하지 않길 바란다. 난 그렇게 권모술수가 뛰어난 사람이 아니다. 하지만 특정 영화사 임원들을 잡아당기는 특정 작품들이 존재하므로 그런 사실들을 알아야 한다. 그리고 오랫동안 이 도시에 살거나 작품 판매에 대한 기사를 읽거나 아니면 누가 무엇을 하고 있는지에 주의를 기울임으로써 그런 사실을 알게 된다. 당신은 영화시장이 무엇을 필요로 하는지, 무엇을 필요로 하지 않는지에 대해 냄새를 맡게 된다.

로빈 스위코드 당신은 영화 일이 어떻게 진행되는지를 알아야
만 한다. 난 가끔 이런 것이 영화 일이라는 사실이 믿기지 않을 정도로
매우 어리둥절해질 때도 있다. 당신은 파도가 밀려들어오고 빠져나간
다는 사실을 이해해야만 한다. 영화계에서는 인물에 대한 평가가 끊임
없이 바뀐다. 어떤 제작사가 다른 곳보다 더 안정적인지 알기 위해 각
각의 제작사에 대해 알아야 한다. 내 남편이 '영화산업의 스포츠 신문'
이라고 부르는 『버라이어티 *Variety*』나 『할리우드 리포터 *The Holly-
wood Reporter*』를 구독함으로써 이러한 사실을 배울 수 있다. 이런
잡지를 읽는 것의 문제는 많은 정보들이 홍보담당자에 의해 기사화되
기 때문에 당신 자신을 제외한 모든 사람들이 어디선가 대단한 활약을
하고 있거나 이제 막 발표된 어떤 대단한 작품에 참여하고 있는 것처
럼 보인다는 점이다. 그러면 당신은 어쩔 수 없이 그들을 부러워한다.
이러한 업계 동향을 알 수 있는 잡지는 가끔씩 읽는 게 좋다. 영화계를
아는 또 다른 방법은 당신의 에이전트나 변호사와 이야기를 나누거나
작품과 관련된 끔찍한 경험을 해보는 것이다. 한번은 어떤 제작사가
내게 "우리는 뮤지컬 시나리오가 필요해요. 우리 생각엔 뮤지컬 영화
가 다시 유행할 것이고, 배우 셰어Cher가 뮤지컬 영화를 하고 싶어해
요. 그래서 만약 당신이 6주 안에 그 뮤지컬 시나리오를 써서 우리의
혈액은행에 매일 피를 공급해줄 수 있다면, 당신은 셰어가 출연하는
뮤지컬의 시나리오를 쓰는 운 좋은 작가가 될 수 있습니다"라고 말했
다. 내가 알고 싶었던 사실은 "셰어 자신이 뮤지컬 영화를 하게 될 거
라는 사실을 아는가? 누군가 그녀에게 그러한 사실을 알려준 적이 있
는가? 내가 행복해하기 전에 그녀의 에이전트와 이야기를 나눌 수 있
는가?" 하는 것들이었다. 당신이 접하는 모든 정보의 출처를 조사해라.

왜냐하면 당신 자신이 바로 가장 오랫동안 그 어려운 일을 하게 될 유일한 존재이기 때문이다. 당신이 "좋아요, 내가 그 시나리오를 쓰죠"라고 말할 때까지 나머지 모든 사람들은 할 일조차 없거나 돈을 벌 수도 없다. 따라서 그들은 그 작품에 대한 지원 준비를 하거나, 만약 원작이 책이라면 판권을 사서 작가에게 적절한 시간 동안 그 시나리오를 쓰게 하거나, 아니면 작가를 끝까지 버리지 않는다는 소문을 만들어야 한다. 항상 스스로를 최상의 조건 안으로 집어넣고 있는지 확인해라.

제16장 인간관계 만들기

삶은 낚시와 비슷하다. 큰 물고기를 잡고 싶다면,

큰 물고기들이 있는 곳에 가야만 한다.

————— 피터 밀러Peter Miller가 인용한 할리우드 옛 속담

이 명제는 작가 지망생들 사이에서 가장 논쟁이 되는 주제 중 하나다. 비록 시나리오를 어디서든 쓸 수 있더라도, 그 시나리오를 누군가에게 읽게 하기 위한 접촉은 L.A. 밖의 다른 곳에서 하기가 어려울 수도 있다. 인간적인 접촉은 중요하다. 그것은 사람을 만나고 시나리오 구매자와 접촉하는 것이다. 에이전트가 이 도시에 살지 않는 작가들을 대신할 수는 있다. 하지만 에이전트가 여러 도시에서 만나는 약속을 하게 한다면, 그것은 제작자와 작가 양쪽 모두에게 지리적인 면에서 악몽이 될 수 있다. 그러나 작가 지망생들은 좋은 시나리오, 즉 가급적이면 그들의 능력을 잘 나타내는 3~5편의 포트폴리오를 쓴 다음에 이 도시에 와야 한다. 이 책의 시나리오작가들도 모두 L.A.에 살고 있다. 물론 그들에게는 이 도시를 떠나고 싶을 때마다 갈 수 있는 집이 다른 곳에 있을지도 모른다. 하지만 그들은 L.A.에서 대부분의 시간을 보낸다. 왜냐

하면 L.A.가 바로 영화 일이 이루어지는 곳이기 때문이다. 따라서 만약 여러분이 이사를 하고 싶지 않다면 어떻게 할 것인가? 이 문제를 에이전트나 제작자에게 묻지 마라. 이 도시 밖에 사는 작가들은 특히, 제작사로 문의하는 편지를 보낼 때 아마추어로 인식된다는 내 말을 믿기 바란다. 그 대신 여러분 최고의 작품을 영화제나 시나리오 공모전에 보내는 게 더 낫다. 만약 여러분이 주요 시나리오 공모전에서 입상한다면, 에이전트들과 제작자들을 만나게 될 것이고, 그들과 만나기 위해 비행기를 타고 이 도시로 날아와야 할지도 모른다. 만약 공모전에서 4등 안에조차 입상하지 못하거나 기준 미달의 시나리오를 공모전에 제출한다면, 어떻게 수천 명의 프로작가들과 경쟁하여 할리우드를 움직이는 주요 에이전시로부터 기회를 잡을 수 있을 것인가?

론 배스 나는 L.A.에 사는 것이 초보작가에게도, 그리고 어느 정도 자리 잡은 프로작가에게도 매우 유용하다고 생각한다. 왜냐하면 참석해야 하는 미팅을 위해서도 그렇고, 함께 작업할 사람들과의 교류를 위해서도 그렇다. 전화로도 정말 많은 일들이 이루어질 수 있다. 하지만 L.A.에 살지 않으면 그렇게 하기가 쉽지 않다.

짐 커프 당신은 누군가를 아는 어떤 사람을 알게 되어 이 도시에 왔을 것이다. 이 도시 밖에서는 영화를 할 수가 없다. 만약 당신이 영화에 출연하거나 영화계에서 일을 하고 싶다면, L.A.에 살아야 한다. 나는 여기가 좋아서 이곳에 사는 게 아니다. 난 자주 몬태나Montana에 가 있지만, 일정 시간은 이 도시에 있어야만 한다. 영화계 사람들을 만나고, 직접 얼굴을 대면해야 한다. 왜냐하면 항상 누군가에게 고용되어 일을 해야 하기 때문이다. 그것은 글쓰기 자체보다 더 힘든 일이다.

마이클 시퍼 반드시 이곳 L.A.에 살아야 하는 것은 아니지만, 이곳에 살면 유리한 점들이 많다. 이곳에 살면 영화제작에 대해 끔찍할 정도로 많이 배울 수 있으므로, 시나리오 쓰는 것 역시 배울 수 있다. 이곳에서는 연기강의를 수강할 수도 있고, 다른 젊은 작가들을 만날 수도 있으며, 서로의 시나리오를 돌려 볼 수도 있다. 나는, 뉴욕을 제외하면, 다른 곳에서는 이곳처럼 강한 집중력을 갖고 역작을 만들어 내는 창의적인 사람들을 볼 기회가 별로 없을 것이라 생각한다. 그리고 업무적인 면에서도 L.A.에 사는 것이 계속되는 미팅 약속을 지키는 데 도움을 준다. 왜냐하면 당신을 고용하고 싶어하는 사람을 찾을 수 있을 때까지 당신은 수많은 문을 노크해야 하며, 미네소타에 있는 사람과 같이 작업하는 것은 잘 상상이 되지 않기 때문이다.

톰 슐먼 만약 당신이 글을 쓴다면 분명 이곳에 살고 싶지 않을 것이다. 그러나 시나리오 판매는 오직 두 곳에서만 이루어진다. 그 장소는 주로 L.A.이며, 나머지는 뉴욕에서 이루어진다. 따라서 만약 L.A.에 사는 사람을 알지 못한다면, 시나리오 판매에 도움이 될 사람들을 만나기 위해 L.A.에 사는 것이 당연하다.

지식인은 어떤 사실들을 알고 있다.

성공한 사람들과 부유한 사람들은 어떤 사람들을 알고 있다.

——— 존 디마티니John Demartini

글재주가 좋은 시나리오작가들의 성공은 그들 작품의 후원자, 조언자, 친구, 옹호자, 그리고 승리자들과의 인간관계를 통해 이루어진다. 할리우드가 인간관계 위에서 유지되는 산업이라는 사실은 잘 알려져 있다. 따라서 많은 초보작가들은 그런 인간관계를 만드는 데 신경을 쓴다. 초보작가들이 모르고 있는 사실 하나는 작가에게 각색 일을 가져다주는 것은 그들의 포트폴리오이지 제작자들의 눈에 띄기 위해 그들이 참석한 할리우드의 파티가 아니라는 점이다(다음 습관을 보라). 비록 인간관계를 형성하는 것이 작가에게 작품의 완성도만큼 중요하지 않더라도, 여러분의 작품이 후원자들의 책상에 있으면 그들은 그 작품을 반가워하고 지지한다. 따라서 그들과 인간관계를 만들기 위해서 인맥 쌓기도 양성해야 할 중요한 습관이다. 인맥 쌓기는 양자 모두에게 이익이 되게 하기 위해 씨를 뿌리는 행동으로 보아야 한다. 인맥 쌓기란 다른 사람들이 목표를 성취하도록 그들을 도와준 다음, 여러분이 목표를 성취하는 데 그들이 여러분을 돕도록 하는 것이다. 여러분은 그들이 여러분 작품에 기회를 줄 때 승리하며, 그들이 절실히 필요로 하는 훌륭한 작품을 여러분이 제공할 때 그들도 역시 승리한다.

제럴드 디페고 영화계에서는 인맥 쌓기가 매우 중요하지만, 나는 그렇게 하는 데 별로 소질이 없다. 처음에는 부끄러움이 많아서 그것을 극복하려고 애썼다. 시나리오를 팔거나 장편 시나리오를 쓰는 일자리를 찾으려고 애쓰면서, 장편 시나리오 쓰는 일이 내 본업이 되기를 꿈꾸며 이곳에 왔다. 그래서 현장에 어떤 시나리오가 나와 있는지 알기 위해 광고제작자에게 전화할 때마다 그들에게 누구를 알고 있느냐고 물었다. 그리고 그들 중 누군가 시나리오를 찾고 있는 어떤 사람을 알고 있다고 말할 때까지 계속 전화를 했다.

레슬리 딕슨 영화로 만들어진 내 첫 시나리오가 매우 성공했기 때문에 자연스럽게 많은 사람들을 알게 되었다. 이렇듯 영화가 성공하면 모든 사람들이 당신을 저녁식사에 초대하거나 만나고 싶어한다. 따라서 나도 수많은 사람들을 만났다. 하지만 난 절대로 인맥을 쫓는 수다스러운 사람처럼 행동하지 않았다. 영화계에는 아무런 부끄러움 없이 인맥을 쫓는 사람들이 있고, 그들 중 몇몇은 그런 방법으로 성공하기도 한다. 그것은 남자의 특성이다. 여자들은 새미 글릭Sammy Glick(버드 슐버그Budd Schulberg의 소설 『새미를 달리게 하는 것 *What Makes Sammy Run*』에 나오는 주인공 이름. 할리우드에서 성공을 쫓는 인물. 옮긴이)처럼 행동하지 않는다. 그러나 이렇게 인맥을 쫓는 작가들이 은둔자처럼 집에만 있는 작가들보다 성공할 가능성이 더 많다고 생각한다. 당신도 그렇게 하기를 권한다. 내게도 그런 능력이 있었으면 좋겠다.

하지만 나는 "내가 스티븐 스필버그와 아주 친한 사이였다면, 영화계에서 더 성공했을 거야"라고 스스로에게 말하면서도, 자존심이 세서 거짓으로 친구인 척할 수 없을 뿐이다. 당신의 글 쓰는 활동은 통장의 잔액에 달려 있다. 만약 부양해야 할 가족이 있고 창작의 우물이 말라 간다면, 당신은 성공해야 한다. 에이전트가 모든 일을 다 알아서 할 거라고 생각해서는 안 된다. 완성도 있는 작품에 피곤한 인간관계를 결합시켜야 한다. 어떤 작가들은 계속해서 작품을 쓴 다음, 갈 수 있는 모든 파티에 참석해서 5분마다 자신의 시나리오를 피칭하기도 한다. 이런 작가들이 1년에 한 편의 시나리오만 쓰면서 다른 곳에는 절대 가지 않는 작가들보다 더 성공할 가능성이 많다. 반면에 이런 행동이 당신의 작품 가치를 떨어뜨리는 면도 있다.

아키바 골즈먼 나는 할리우드에 아는 사람이 거의 없었다. 하지만 내겐 에이전시 회사인 ICM에서 조수로 일하는 대학 친구가 한 명 있었다. 그래서 내 시나리오를 그에게 보냈고, 그가 시나리오를 읽고 작품에 대한 의견을 말해주었다. 이런 과정이 몇 개월 동안 지속되었고, 어느 순간 그 시나리오가 그의 책상 위에 놓여 있었는데, 어떤 에이전트가 그 시나리오를 읽게 되었다. 그 다음 기억나는 사실은 그 에이전시에서 에이전트가 되고 싶다는 연락이 왔다는 것이다.

니콜러스 카잔 작가는 혼자 있는 것을 좋아하므로 작가일 수밖에 없다. 작가로서 당신의 욕구는 방 안에 혼자 앉아 있는 것이다. 만약 당신이 활발하게 어떤 사회적 활동을 한다면, 그 일에 확실하게 집중해라. 왜냐하면 인간으로서 친구를 사귀는 일은 중요할 뿐만 아니라 성공에 방해가 되지 않기 때문이다. 다른 사람들은 유쾌하면서 자신들의 말을 잘 듣고 이해하며 만나면 재미있는 사람들과 함께 작업하고 싫어한다. 친구를 사귀는 것과 작품개발 담당자들을 알고 지내는 것은 매우 중요하다. 왜냐하면 그들은 당신의 시나리오에 좀 더 호의적이기 때문이다. 당신에게 필요한 것은 30편의 시나리오 더미 중에 15번째일 수도 있는 당신 작품을 학수고대하며 기다리는 사람뿐이다. 별것 아닌 것 같아도 조금이라도 유리해지는 단 한 가지 방법은 시나리오 더미 맨 위에 당신의 시나리오가 놓이게 하거나 시나리오를 읽는 사람이 당신과 아는 사이여서 당신의 시나리오를 아침에 가장 먼저 읽기 위해 시나리오 더미에서 분리시켜놓게 하는 것뿐이다. 당신은 파티에서 어떤 사람을 만났거나 그 사람이 아는 친구의 친구여서 이러한 이점을 얻게 된다. 그것은 경쟁하는 데 다소 유리하다. 나는 1976년에 몇몇 친구들과 L.A.에 와서 조금씩 성공하는 그 친구들과 계속 어울렸고, 그들을 통해 더 많은 사람들을 만났다. 당시 미혼이어서 L.A.에 온 후 처음 5년 동안 온갖 종류의 친구들을 사귀었다. 하지만 나는 인맥을 쌓기 위해 의식적으로 행동하거나 계산적인 행동을 하지는 않았다. 계산적인 방법으로 하는 일은 모두 해가 된다. 만약 쉽게 친구를 사귀지 못한다면 난 인맥을 쌓으려고 하지 않을 것이다. 왜냐하면 진정한 친구를 사귈 수 없기 때문이다. 사람들도 당신을 바로 꿰뚫어볼 것이다. 성공하는 데 도움이 되도록 싫어하는 사람들을 억지로 좋아하는 척할 수는 없다.

에릭 로스 당신이 각색하는 많은 작품들이 인간관계를 통해 온 것이라고 생각한다. 나는 영화 일을 했던 부모님과 타고난 성격으로 인해 인맥이 성공의 중요한 요소라는 사실을 항상 알고 있었다. 사람들은 같이 있어서 즐겁지 않은 사람보다는 즐거운 사람과 함께 작업하고 싶어한다는 사실을 알고 있었다. 하지만 비록 내가 의식적으로 그들과 친구가 되려고 노력하지 않더라도 난 인간관계를 두려워하지 않았으므로 자연스럽게 그들과 친구가 되었다. 나와 같이 일하든 일하지 않든, 사람을 이해하는 도박사로서 거리의 생리를 알고 있고, 내 시나리오가 영화로 만들어지는 데 최선의 기회라고 여겨지는 최선의 위치를 유지하려고 애쓴다. 작가는 단지 자신의 시나리오가 영화로 제작되는 특정 확률만을 가지고 있을 뿐이다. 따라서 당신은 자신의 작품이 제작되는 데 발생하는 어떤 장애물이든 극복하려고 끊임없이 노력한다. 그것은 경험과 계산에서 나온 선택이다. 만약 내게 선택할 수 있는 매력적인 시나리오가 세 편 있고 그 시나리오들이 모두 같다면, 나는 영화화될 가능성이 가장 높은 시나리오를 선택할 것이다.

모든 것은 원고지 위에서 시작된다.

———— 스티븐 스필버그Steven Spielberg

지금까지 우리는 초보작가들이 무시해버리는 많은 명백한 습관들을 보아왔다. 반면 초보작가들이 가끔 좋은 작품을 희생하면서까지 지나치게 받아들이는 습관이 하나 있다. 그 습관은 바로 인맥이 그들 자신을 성공한 작가로 만들어줄 것이라는 믿음이다. 여러분은 앞에서 인맥이 중요하다는 사실을 어느 정도 자리 잡은 시나리오작가들로부터 들었다. 그러나 중요한 말은 '자리 잡은'이라는 말이다. 다르게 표현하면 어느 정도 성공한 작가들은 그에 합당한 명성을 갖고 있다. 만약 여러분이 초보작가라면, 적어도 합리적인 범주 안에서는 여러분의 어떤 인맥도 시나리오를 팔거나 각색 일을 얻게 해줄 수 없다. 그 인맥이 여러분의 작품을 읽히게 만들 수는 있다. 만약 그 작품이 어느 정도 완성도가 있다면 더 유용하다. 하지만 만약 작품이 기준에 미치지 못한다면, 작가 스스로 자살행위를 하는 것과 같고, 시간을 낭비해가며 수다를 떨면서 구매 가능성이 있는 구매자와의 연결고리를 불태우는 것과 같다. 여러분에게는 성공할 기회가 오직 한 번만 있을 뿐이다. 시나리오 작가는 영화계에서 인맥이 필요하지 않은 유일한 존재이므로 운이 좋은 사람들이다. 왜냐하면 작품이 스스로 말해야 하기 때문이다. 전화번호 수첩을 두껍게 만들기보다는 작품의 완성도를 높이는 데 집중해야 한다.

스티븐 드수자 나는 편집작가 시절 인맥에 집착하는 어떤 작가와 유니버설 스튜디오에 있는 사무실을 같이 사용했다. 그의 초고는 늘 그의 작품의 최종 원고가 되었다. 그는 얼마 전 어떤 영화제작사에서 어떤 직책으로 승진한 사람과의 점심약속 등의 이유로 시나리오를 고쳐 쓸 시간이 없었다. 내 게시판에는 글을 쓸 때 어려움을 겪고 있던 최근 작품의 줄거리가 적힌 카드 한 뭉치가 있었다. 하지만 그의 게시판은 그가 아는 사람 중에서 승진한 사람들과 관련된 할리우드 소식 기사들로 가득 차 있었다. 나에겐 쉴 새 없이 일이 들어왔던 반면, 그에게 들어오는 일의 양은 그가 일하는 시간에 반비례했다. 지금도 난 전에 알고 지낸 사람들을 만나며, 글을 쓰느라 자주 외출하지 않기 때문에 만나보지 못했던 새로운 사람들을 만나기도 한다. 기회를 만들기 위해서는 인맥이 중요하다. 하지만 결국 그것이 당신을 더 나은 작가로 만들어주거나 당신의 부족한 시나리오를 팔게 해주지는 않는다. 인맥이 성공을 보장해주는 것은 아니다. 인맥은 많은 크리스마스 카드와 영화시사회의 초대장만을 보장할 뿐이다. 내 생각엔 어떤 작은 극장에서 연극 연출을 하는 사람이나 워크숍을 위해 시나리오를 찾는 사람을 알고 있는 게 더 낫다. 심지어 당신이 시나리오를 쓰는 작가이더라도 그곳에 가서 그들이 찾고 있는 작품이 당신에게 있다고 말해야 한다.

스콧 로젠버그 이 주제에 대한 나의 생각은 다음과 같다. 난 현존하는 가장 사교적인 작가이다. 자랑하려고 하는 게 아니다. 솔직히 그러한 사실이 조금 부끄럽다. 할리우드 파티에 가서 주위를 둘러보면 나를 빼고는 시나리오작가가 단 한 명도 없다. 왜 내 친구들 중 대부분이 영화사의 책임자나 에이전트, 매니저 또는 영화사 임원들인지 아는가? 다른 작가들은 모두 집에서 글만 쓰기 때문이다. 나는 한 번도 의식적으로 인맥을 쌓으려고 한 적이 없으며 그것은 내 성격일 뿐이다. 하지만 어느 누구도 "어젯밤 파티에서 내가 스콧 로젠버그와 놀았기 때문에 그의 시나리오를 영화로 만들 생각이네"라고 말하지 않는 것이 현실이다. 모든 것은 작품에 달려 있다. 지금까지 10년이나 글 쓰는 일을 해왔지만 파티에서 만났던 사람을 통해 작품을 부탁받은 적은 한 번도 없다. 오히려 그렇게 하면 작품이 노출될 염려가 많다. 왜 그런 짓을 하겠는가? 나는 사람 만나는 것이 재미있기 때문에 사람들을 만난다. 내게 그것은 인맥 쌓기가 아니다. 그저 밖에 나가서 내가 좋아하는 사람들과 어울리는 일일 뿐이다. 나는 한 번도 내 매력을 이용해 일을 구한 적이 없다. 지금 현장에서 가장 뛰어난 몇몇 작가들은 지극히 사교적이지 못하다. 당신은 그들과 함께 방에 있을 수 없을 것이다. 하지만 그들의 작품은 정말 뛰어나다.

에드 솔러먼 인간관계는 중요하다. 하지만 사람들은 어떻게 견실한 인간관계를 맺는지에 대해 잘못 알고 있다. 사람들은 인맥을 통해 더 나은 인간관계를 맺는다고 생각한다. 하지만 그렇지 않다. 인맥을 통해서 자신의 이름을 더 알릴 수는 있지만, 사람들은 무의적으로 당신을 인맥이 필요한 사람으로 받아들인다. 또한 자기 자신이 다른 사람들에게 일을 줄 수 있는 사람으로 인식되지 않게 주의해야 한다. 줄 수 있는 일이 많은 사람들은 항상 밖에서 자기 자신을 팔려고 애쓰지 않는다. 만약 당신에게 인맥이, 정보를 얻고 현장에 무엇이 나와 있는지를 이해하는 수단이라면 인맥은 소중한 것이다. 하지만 인맥이 밖에 나가 당신을 팔기 위한 수단이라면, 단지 그런 수단으로서의 자신을 팔게 될 뿐이다. 어떤 측면에서 당신은 이 영화계에 있음으로써 이미 인맥을 쌓고 있는 것이다. 당신의 시나리오는 항상 당신을 위해 현장에서 인맥을 쌓고 있다. 내 에이전트는 항상 초보작가였던 나에게 밖에 나가 많은 사람들을 만나라고 말했다. 하지만 통상적인 범주 안에서는 아무도 당신의 시나리오를 읽지 않고 당신을 만나지는 않을 것이다. 항상 작품이 당신을 대표한다. 모든 것은 좋은 시나리오를 쓰거나 정말 좋지 않더라도 독창적인 시나리오를 통해 진짜 재능을 보여주는 것으로 귀결된다. 파티에 가는 사람들은 그저 파티에 잘 참석한다는 사실만을 증명할 뿐이다. 사람들은 오직 자신의 성공에 도움이 되는 사람들과 함께 작업하고 싶어한다. 파티에서 만난 사람들이 보통 그렇게 할 수 없다는 것은 누구나 알고 있는 사실이다. 중요한 사실은 사람들은 연료를 찾아다니고 있으며, 당신이 그 연료를 갖고 있다고 생각하게 만드는 것이다.

로빈 스위코드 내 시나리오는 세상에서 나를 대표하는 특사이다. 또한 제작자나 제작사 임원 또는 감독들이 그 시나리오를 쓴 나와 함께 작업하고 싶다면, 그렇게 해줄 수 있다. 나는 의도적으로 성공에 도움이 되는 사람들을 만나려고 노력한 적이 없다. 심지어 그런 방법을 통해 작가들이 고용된다는 사실 자체도 몰랐다. 모든 것은 작품에 달려 있다. 다른 작가들의 작품을 각색하는 무명작가의 경우를 보면, 실제로 그가 쓴 독창적인 시나리오는 없다. 영화제작이 이미 시작되어서 그의 역할이 생기면, 그는 고용되어 다른 사람들의 시나리오를 다듬어 더 무섭거나 재미있게 만드는 사람일 뿐이다. 그는 글 쓰는 작업에서 간단한 음식을 주문받는 요리사와 비슷하다. 그런 일을 하는 사람은 모든 파티에 참석하는 것이 좋다. 왜냐하면 그는 감독이 어울리고 싶어하거나 세트장에서 4주 동안 함께 있고 싶은 유형의 사람이기 때문이다. 다른 사람들을 만나서 잡담을 하는 그의 성격과 능력이 그에게 일을 가져다준다. 중요한 점은 당신이 파티에서 어떤 사람을 만났다고 해서 당신의 평범한 작품이 절대 팔리지 않는다는 사실이다.

나는 삶을 너무나 사랑하기 때문에

하루 종일 책상에 앉아 있을 수 없다.

──── 파블로 네루다Pablo Neruda

여러분은 글쓰기가 오랜 시간 집중된 노력을 요하는 고독한 작업이고, 대부분의 작가들은 이런 고독에 익숙해져만 한다는 사실을 잘 알고 있다. 글 쓰는 직업은 일하고 싶은 시간에 작업할 수 있다는 장점이 있긴 하지만, 외로움이나 바깥세상으로부터 단절되는 느낌 같은 단점도 있다. 게다가 하루 종일 컴퓨터 앞에 앉아 있는 건 건강에 좋지 않으므로, 가끔씩 밖에 나가는 것을 두려워해서는 안 된다. 이런 이유 때문에 작가들은 작품에 대한 의견보다는 사교적인 즐거움을 위해 작가들 모임에 가입하거나 사람들과 접촉하는 장소인 영화계에서 아르바이트를 하기도 한다.

론 배스 비록 자주 모이지는 않지만 나는 일류작가들의 모임인 '목요일 밤 그룹Thursday Night Group'의 회원이다. 작가들은 사실 서로 알고 지내지 않으므로 개인적으로나 사교적으로 다른 작가들을 만나는 일은 상당히 즐거운 일이다. 왜냐하면 작가들은 다른 작가들과 함께 일하지 않기 때문이다. 작가들은 감독과 제작자들을 더 많이 알고 지낸다. 우리는 매달 누군가의 집에 모여 작가들이 얼마나 형편없는 대우를 받는지에 대해 불평하고, 스포츠와 가족에 대해 이야기한다. 그런 다음, 저녁 어느 순간이 되면 작가로서 보통 어떤 일을 할 수 있는지에 대해 얘기를 나눈다. 작가조합이 나름대로 훌륭한 역할을 하고 있지만, 단지 그 정도의 일만 할 수 있을 뿐이다. 때로는 훨씬 작은 모임에서 두각을 나타내는 사람들이 모든 작가에게 이익이 되는 일을 할 수도 있다[역사적인 소니 체결Sony Deal(1999년 2월 시나리오작가들과 소니 픽처스 엔터테인먼트Sony Pictures Entertainment사 사이에 합의된 새로운 시나리오 계약 조건. 옮긴이)같이〕 우리는 작가로서 영화 크레디트나 영상과 관련해 어떻게 좀 더 존중받을 수 있을지 그리고 관객이 작가 개개인을 알아볼 수 있도록 작가들을 상표화하는 문제에 대해 얘기를 나눈다. 나는 작가들이 개별적으로 일반 대중에게 알려질 때 제대로 존중받게 될 것이라고 확신한다. 우리는 유명한 감독들처럼 얼굴이나 이름, 그리고 목소리가 알려질 수 있는 공간이 필요하다. 그렇게 되면 우리는 제대로 된 상품가치를 갖게 되고, 영화제작사들은 감독에게 보이는 존경심을 작가들에게도 보이게 될 것이다.

스티븐 드수자 시나리오 콘퍼런스에 참석하는 것도 하나의 좋은 방법이다. 왜냐하면 초보작가들은 다른 작가들과 함께 공통적인 경험과 글 쓰는 정보를 공유함으로써 확신을 얻을 수 있기 때문이다. 다른 사람들의 이야기를 들음으로써 계속 글을 쓸 수 있는 용기를 얻게 된다. 또한 그것은 당신의 작은 고독의 벽장에서 빠져나올 수 있는 기회이기도 하다.

톰 슐먼 당신은 은둔자가 되어서는 안 된다. 작가란 관찰자이면서 세상에 대해 글을 쓰는 사람이므로 세상을 경험해야 한다. 물론 나는 많은 시간을 혼자 일하면서 보낼 수 있거나 몇 달 동안 숲 속에서만 지낼 수 있는 작가를 칭찬하고 존경한다. 그러나 당신은 은둔처에서 나와 사람들과 이야기를 하고, 영화를 보며, 세상과 교류하면서 균형 잡힌 삶을 살 필요가 있다.

마이클 시퍼 나는 아침에 일어나 커피를 사기 위해 집을 나선다. 세상을 경험한 뒤 내면에 담긴 세상의 빛과 에너지를 가지고 책상에 앉아 글을 쓰는 것은 항상 즐거운 일이다. 작가로서 당신은 단절된 삶을 산다. 홀로 많은 시간을 보내게 된다. 또한 가족도 없이 혼자 산다면, 글을 쓰는 데 오히려 더 나쁘다. 바깥세상과 교류할 필요가 있긴 하지만, 나는 집중력과 에너지를 잃어버릴 만큼 자주 바깥세상에 나가지는 않는다.

마 케 팅 :
중요한 것은
바로 당신의
작품이다

자기 자신을 돕지 않고 진심으로 남을 도울 수 있는 사람은 없다.
이것이 우리의 삶에서 가장 아름다운 은총 중 하나이다.

———— 랠프 월도 에머슨Ralph Waldo Emerson

"문제는 당신이 누구를 아는가이다"라는 귀에 익은 이 말 역시 작가들에게 적용될 수 있기 때문에 아주 사소하게 보이더라도 모든 인간관계는 기회를 가져다주는 원천이자 연결점이다. 이 책의 발상 자체가 하나의 좋은 예다. 난 영화사 임원으로서 한 시나리오 피칭 마켓에 참석하게 되었는데, 전에 몰랐던 어떤 여성작가가 내게 피칭했던 작품에 대해 특별한 역할로 그녀를 돕게 되었다. 그 일은 전혀 예상하지 못한 일이었다. 그녀는 그날 거기에 있었던 100명의 작가들 가운데 한 명이었다. 하지만 그녀가 나를 자신의 친구에게 추천할 정도로 그녀에게 강한 인상을 확실히 심어주었다. 그녀의 친구는 커다란 시나리오 콘퍼런스의 운영담당자였고, 내게 그 콘퍼런스의 조직위원으로 일해달라고 부탁해왔다. 나는 그 콘퍼런스에서 작업 중이었던 내 책들에 관심이 있는 여성 편집자 한 명을 소개받았다. 그래서 나는 이 책의 개요를 설명했고, 그녀는 마음에 들어 하면서 출판 계획서를 보내달라고 하여 그렇게 했다. 그리고 나중에 그녀의 회사 출판담당자가 그 계획서를 승인하였다. 이 모든 일은 내가 시나리오 피칭 마켓에서 전에 몰랐던 작가를 도운 사실로부터 일어난 일련의 사건이었다. 모든 만남이 곧 기회다. 그 기회들을 너무나 쉽게 놓치지 마라. 그리고 만나는 모든 사람들에게 좋은 인상을 심어주어라.

여러분이 해야 할 첫 번째 일은 집 밖으로 나가는 것이다. 영화계에서는 사람을 만날 수 있는 기회가 정말 많다. 그것이 바로 "six degrees of separation"(여섯 다리만 건너면 지구에 사는 사람들은 모두 아는 사이라는 뜻. 옮긴이)이라는 오래된 개념이다. 그리고 만약 여러분이 L.A.에 살고 있다면 그것은 'two degrees of separation'이다. 누구나 최소한 영화계의 누군가를 아는 어떤 사람을 한 명 정도 알고 있다. 여러분은 시사회, 세미나, 영화계 콘퍼런스, 시상식, 자선행사에 참석하거나 개를 산책시키는 공원에서 시간을 보냄으로써 항상 미팅 약속, 중개인, 아이디어, 정보 또는 약간의 조언으로 연결될 수도 있는 사람을 만날 수 있다. "영화 인생의 80퍼센트는 그저 모임에 참석하는 것이다"라고 우디 앨런Woody Allen도 말했다.

또한 영화 현장에서 일할 수도 있다. 인턴 제도는 영화계에 발을 들여놓는 효과적인 방법 중 하나이다. 급하게 사람을 구하는 많은 제작자들은 이력서를 들여다볼 시간이 없기 때문에 주위 동료들로부터 사람을 추천받는다. 작가에게 가장 일반적인 입문 단계의 업무는 시나리오를 읽는 일이다. 작가로서 여러분은 자신과 경쟁하는 사람들의 작품을 보게 될 것이다. 얼마나 많은 시나리오들이 영화계에 돌아다니고 있고, 그 작품들이 여러분의 작품보다 훨씬 우수함에도 불구하고 아직 팔리지 못했다는 사실을 깨달음으로써 좌절하여 글 쓰는 일을 그만둘 수도 있다. 아니면 그 사실이 여러분의 작품을 한 단계 더 높이도록 영감을

줄 수도 있다. 전업 시나리오작가가 되는 것을 진지하게 생각하고 있
다면 그것은 필연적인 선택이다.

스티븐 드수자 내게 돈을 많이 버는 자동차 세일즈맨과, 조금이
라도 영화계와 관계된 보수가 적은 일 중에 하나를 선택할 수 있는 권
한이 있다면, 나는 진심으로 영화 일을 선택할 것이다. 돈을 전혀 못 번
다 할지라도, 영화계 안에 발을 들여놓을 수 있는 모든 방법은 현명한
선택이라고 생각한다. 사람을 만나는 것도 좋은 방법이다. 당신은 사람
들을 만나게 될 것이고, 그중 누군가는 어떤 제작사에서 일하면서 당
신 책상 앞을 지나갈 것이고, 그럼으로써 당신은 다른 기회를 접하게
될 것이다. 나는 어디선가 잔심부름꾼으로 시작해 결국 그 잔심부름꾼
역할이 조수의 위치로 연결되었고, 그 조수의 위치가 경력을 쌓는 데
더 좋은 기회로 연결된 사람들을 여러 명 알고 있다. 쉴 시간이 없다고
불평하는 사람은 영화 일이 무엇을 의미하는지를 정확하게 알지 못하
는 것이다.

제럴드 디페고 나는 작가 지망생들에게 어떻게든 영화계에 취
직하라고 권한다. 왜냐하면 그 일로 인해 사람들을 만나기 시작할 것
이기 때문이다. 나의 두 아들도 제작부원으로 영화 일을 시작했다.

아키바 골즈먼 대부분의 사람은 어느 영화사의 조수를 아는 누
군가를 아는, 어떤 사람을 알고 있다. 만약 당신의 시나리오가 정말 좋
다면, 그 시나리오는 영화사 최고 책임자들에게까지 갈 것이다. 왜냐하
면 영화계에는 정말 좋은 시나리오가 드물기 때문이다. 이 말은 당신
의 작품이 누군가에게 보여지기 전까지 꼭 능력이 뛰어난 작가가 될
필요는 없다는 뜻이 아니다. 모든 사람들은 "내가 아는 사람 중에 할리

우드의 누군가를 아는 사람이 누가 있지?"라는 생각을 하며 일을 시작한다. 그것도 해야 할 일 중에 하나다. 문제는 당신이 어떻게 영화계에 발을 들여놓느냐이다. 조엘 슈마커Joel Schumacher는 내게 "만약 영화 일이 쉽다면 사람들은 그들의 친척을 고용하겠지"라고 말한 적이 있다.

다른 사람으로부터 조언을 구하는 사람은

하늘 아래 거대한 평원을 지배할 것이다.

자기 자신이 다른 사람보다 위대하다고 자랑하는 사람은 곧 망할 것이다.

다른 사람으로부터 배울 의지가 있는 사람은 훨씬 더 훌륭해질 것이다.

교만한 사람은 보잘것없고 하찮은 인물이 될 것이다.

───『서경書經』, 2,500년 전

'멘터mentor'(조언자)라는 말은 고대 그리스 신화에서 유래하였다. 현명한 스승이었던 '멘토르Mentor'는 오디세우스Odysseus에게서 그가 배를 타고 긴 항해를 하는 동안 아들을 돌봐달라는 부탁을 받았다. 양부모로서 멘토르는 그 아이를 돌보고, 사랑하며, 안내하고, 보호했다. 오늘날 우리는 다른 사람들을 자상하게 이끌면서 그 사람들을 성장시키는 사람들을 '멘터'라고 부르게 되었다. 멘터는 초보자들에게 요령을 가르치고, 자신의 지혜와 경험을 공유하며, 꿈을 추구하는 가치관을 형성시키는 스승과 상담자 그리고 보호자로서의 역할을 한다. 훌륭한 멘터는 작가 지망생들의 배움의 시간을 몇 년 단축시킬 수 있다.

하지만 "배움의 시간을 몇 년 단축하는 것"이 모든 것을 대신하지는 않는다. 그래도 작가가 당연히 해야 할 일은 해야만 한다. 조언자는 다만 그 일을 조금 더 쉽게 해줄 뿐이다.

스티븐 드수자 나는 직장상사들에게서 많은 것을 배웠다. 나를 편집실에 들어갈 수 있게 해주는 등 영화를 만드는 데 필요한 모든 경험을 할 수 있는 기회를 주었다. 그들은 혼자서 작품 고쳐 쓰는 법과, 대사 크게 읽는 법, 그리고 특히 영화계에 대해 가르쳐주었다. 내게 가장 큰 가르침을 준 사람들은 대부분 지금 비록 작가를 그만두었지만, 그들은 작가로서 영화 일을 시작했던 사람들이었다.

아키바 골즈먼 내겐 수많은 조언자들이 있다. 최초의 조언자는 감독 조엘 슈마커이다. 그를 만났던 당시 나는 여자친구와 함께 베니스 *Venice*에 살고 있었고, 내 첫 작품 〈인디언 서머 *Indian Summer*〉는 팔렸지만 아직 영화로 만들어지지 않은 상태였다. 그래서 워너브러더스에서 시나리오 개발 일을 하고 있었다. 나는 그때 내 작품 〈인디언 서머〉(영화 제목은 〈사일런트 폴 *Silent Fall*〉)를 마음에 들어했던 작품개발 담당자 로렌조 디 보나벤투라 *Lorenzo di Bonaventura*를 만나게 되었다. 그는 내게 "이 작품을 영화사에 팔 수 없을 것 같네. 하지만 내게 사람들로부터 잊혀진 급하지 않은 작품이 몇 개 있어. 아키바, 자네가 그 작품들 중 한 작품을 다시 고쳐 써보는 것이 어때?"라고 말했다. 그래서 나는 마음에 드는 작품 하나를 골랐고 내겐 엄청난 돈이 되었던 각색 일을 맡았다. 왜냐하면 나는 시나리오를 쓰면서 돈을 모두 썼고, 그 각색 일을 맡았을 때는 통장에 잔액이 200달러밖에 없었기 때문이다. 나는 항상 사람들에게 L.A.에서 할 일이 없으면 절대 L.A.에 오지 말라고 얘기한다. 먼저 시나리오를 쓴 다음 L.A.에 와라. 그렇기 때문에 나 또한 베니스에서 그 각색 일을 하고 있었다. 그러던 어느 날 창문에서 들려오는 대화를 듣고 이상한 느낌이 들었다. 왜냐하면 난 건물 3층에 살고 있었기 때문이다. 창 밖을 내다보니 조엘 슈마커가 〈폴링 다운 *Falling Down*〉의 장면을 찍기 위해 크레인에 올라타 있는 것을 발견했다. 그때 우리는 서로 전혀 모르는 사이였다. 그는 바로 내 방 창문 앞에 있었는데, 그런 사실이 이상하게 느껴졌다. 몇 달 뒤, 나는 로렌조로부터 〈의뢰인 *The Client*〉의 시나리오를 읽었느냐는 전화를 받았다. 그 영화를 제작하는 사람들이 곧 촬영을 시작하려고 하는데, 시나리오가 완벽하지 않아 그 시나리오를 다시 고쳐 쓸 사람을 찾고 있다고 했다. 그래서 나는 슈마커를 만나고 싶었다. 그리하여 원작소설과 시나리오를 읽은 다음, 어느 토요일 그의 집에 가서 대화를 나누었다. 우리는 그냥 각자의 생활과 원작소설 그리고 슈마커가 내 작품 〈인디언 서머〉를 읽은 느낌에 대해 애기를 나눴는데, 그는 〈인디언 서머〉가 매우 맘에 든다고 했다. 그의 집을 나설 때 그가 함께 일하고 싶다고 했지만, 나는 '글쎄, 난 아무런 도움이 안 될 텐데'라고 생각했다. 그런 다음 집으로 돌아왔는데 당시 내겐 휴대전화가 없었기 때문에 응답전화기에 6개의 메시지가 녹음되어 있었다. 막 메시지를 들으려고 할 때 전화기가 다시 울렸고, 그 전화는 로렌조에게 온 것이었다. 그는 "축하하네, 자네가 그 일을 맡게 되었네. 자네, 내일 아침 슈마커의 집에서 그를 만나야겠어. 슈마커는 〈폴링 다운〉 때문에 칸 영화제에 갈 예정이네. 그와 함께 리무진을 타고 공항으로 가면서 〈의뢰인〉의 시나리오에 대해 애기를 나누게. 그리고 비행기를 타고 뉴욕에 가서 수잔 서랜든 Susan Sarandon을 만나게"라고 말했다. 그리하여 모든 것은 슈마커와의 이상한 만남에서 비롯되어 운명 또는 숙명적으로 그와 함께 일하게 되었다. 얼마 후 그는 함께 촬영 장소인 멤피스에 가자고 했고, 그런 식으로 〈인디언 서머〉도 영화로 만들어졌다. 그래서 나는 〈의뢰인〉을 끝내고 곧장 〈인디언 서머〉의 세트장으로 갔다. 그 뒤 그가 다시 전화를 걸어와 "〈배트맨 포에버 *Batman Forever*〉의 시나리오가 마음에 들지 않는데……"라고 말했다. 그리하여 그 영화도 함께 작업하게 되었다.

에이미 홀든 존스 마틴 스코시즈Martin Scorsese가 심사위원이었던 영화제에서 입상을 한 뒤, 영화계에 발을 들여놓는 데 도움을 준 첫 번째 사람도 역시 그였다. 나는 조언자 역할을 해줄 사람이 필요했지만 현실은 그렇지 못했다. 하지만 나는 다른 작가들에게 열정적으로 조언을 해주었다. 몇몇 작가들은 굉장히 좋은 작품을 썼고, 다른 작가들은 그렇지 못했다. 보통 그 차이는 그들이 얼마만큼 인내하는가, 그들이 자신의 작품에 얼마나 엄격한가, 거듭된 실패 속에서 스스로를 일으켜 세워 계속 글을 쓸 수 있는 능력이 있는가, 그리고 작품이 영화화되기 위한 계획이 얼마나 현실성이 있는가 하는 사실과 관련된다. 하지만 가장 커다란 한 가지 요인은 그들이 한 편의 좋은 시나리오가 아니라 아주 좁은 범주 안에서 한 편의 영화로 정의될 수 있는 시나리오를 쓸 수 있는가 하는 사실이다.

짐 커프 도로시아 페트리Dorothea Petrie가 내겐 일종의 조언자이다. 그녀는 나를 시나리오 고쳐 쓰는 일에 몰두하게 만들었다. 아주 적은 돈을 주면서 시나리오의 각색 일을 계속해서 맡겼고, 그 각색 일의 가치는 작가로서 내가 배운 가장 귀중한 교훈이었다고 생각한다. 그리하여 나는 계속해서 다른 사람들의 작품을 각색할 수 있었다.

에릭 로스 내가 정말로 존경하는 작품을 쓴 두 사람이 있다. 그들은 내게 일종의 조언자이면서 특별한 관심을 갖고 주로 작품의 높은 완성도를 유지하는 것에 관하여 조언해준다. 하지만 나는 같이 일하는 사람들, 특히 감독들에게서 대부분의 조언을 구한다.

톰 슐먼 나의 유일한 조언자는 글 쓰는 일을 시작했을 때 읽었던 위대한 작가들의 시나리오들이다. 그 시나리오들은 로버트 리스킨Robert Riskin(1930~1940년대에 할리우드에서 활동했던 시나리오작가로, 〈미스터 디즈*Mr. Deeds*〉의 원작자. 옮긴이), 패디 차예프스키Paddy Chayefsky(1955년에 제작된 〈마티 *Marty*〉의 시나리오작가. 옮긴이), 그리고 빌리 와일더Billy Wilder의 작품들이다.

제17장 에이전트 구하기

우리가 작가를 고용하는 것이 아니라 그들이 우리를 고용한다.

─── 리 G. 로젠버그Lee G. Rosenberg, 에이전트

작가 지망생들은 어떤 순간이 되면 자신에게 에이전트가 필요한 게 아닐까라고 생각한다. 그 문제는 그들에게 얼마만큼의 사기꾼 기질이 있는지, 그들이 작품을 영화제작사의 미로를 통해 팔 수 있는 사람들을 얼마만큼 아는지, 그리고 얼마나 그들 자신을 잘 판매하는지에 달려 있다. 드물긴 해도 시나리오는 에이전트의 중개 없이 직접 제작자에게 팔릴 수도 있다. 그러나 대부분의 작가들이 그렇게 하는 데 익숙하지 않기 때문에 문제는 '여러분에게 에이전트가 필요한가?' 가 아니라 '여러분이 어떻게 에이전트를 구할 것인가?' 이다. 더 중요한 이유는 영화계의 시각에서 보면 에이전트를 갖는다는 건 프로작가임을 뜻하기 때문이다.

첫째로 중요한 사실은 언제나 좋은 시나리오가 자연스럽게 에이전트를 구해준다는 점이다. 항상 그렇다는 것을 보증한다. 그렇지 않은 예외는 있을 수 없다. 그것은 모두 돈과 관련된 문제이다. 에이전트는 좋

은 시나리오가 곧 팔릴 것이라는 사실을 알며, 심지어 시나리오 가격 경쟁을 유발시킬 수도 있다. 그리고 만약 여러분을 대표할 에이전트가 여러분의 시나리오로 돈을 벌 수 있다면, 더 이상 바랄 게 없다. 그것이 바로 시나리오를 적법하면서 명성이 높은 시나리오 공모전에 출품하는 것이 왜 좋은지에 대한 답이다. 공모전에서 입상을 하거나 본선까지 오르는 것은 바닷물에 피를 떨어뜨려 상어들을 달려들도록 유인하는 것과 같다.

그러나 만약 여러분의 시나리오가 아직 그렇게 좋지 못하다면 어떻게 할 것인가? 그렇게 될 때까지 시나리오를 계속 고쳐 써야 한다! 확실한 명성이 있는 에이전트는 여러분 대신 그저 그런 작품을 팔려고 하지 않는다. 시나리오는 에이전트 없이 작품 그 자체만으로 미팅을 이끌어낼 정도로 반드시 좋아야 한다. 만약 여러분의 시나리오가 에이전트를 매혹시킬 정도로 꽤 좋다고 가정해보자. 여러분은 어떻게 하겠는가? 아마 처음에는 한 곳 또는 더 많은 곳으로부터 답장을 기대하면서 작가조합WGA에 등록된 에이전시들에게 수백 통의 편지를 보내는 무차별적인 접근을 시도할 것이다. 그러한 행동은 커다란 실수를 범하는 것이다(다음 습관을 보라). 영화계의 일반적 합의사항은 작가가 중개인을 통해 에이전트를 만나는 것이다. 에이전트들이 알고 있는 어떤 사람이 여러분의 시나리오를 읽고 마음에 들어한다면 그 시나리오에 자신의 승인 도장을 찍어 에이전트들에게 추천한다. 이처럼 에이전트를 구하는 것은 간단하다. 물론 에이전시에 편지를 보내 답장을 받는 아주 예외적인 작가들도 있다. 그러므로 그런 방법으로 에이전트를 구하는 것이 불가능하다고 말할 수는 없다(적어도 그런 작가들은 좋은 시나리오를 갖고 있다). 99퍼센트의 합리적인(주의해라, 에이전트들은 자신들과 계약 맺은 작가들을 위해 일하느라 너무 바쁘다) 에이전시들은 초보작가들이 보낸 편지를 읽지 않는다. 따라서 여러분은 승산 있는 게임을 해야만 한다. 이 책의 조언자들에게 어떻게 첫 번째 에이전트를 구했느지 질문했더니 다음과 같이 대답했다.

론 배스 작가가 되기 전에 나는 연예계 관련 전문 변호사였기 때문에 쉽게 에이전트를 구했다. 그때 친했던 에이전트인 한 친구에게 전화를 걸어 "내가 소설 한 편을 끝냈는데 한번 읽어보겠어?"라고 물었더니 그렇게 하겠다고 했다. 나는 예전부터 영화계 안에서 일을 하고 있었기 때문에 운이 매우 좋은 편이었다.

스티븐 드수자 나는 중간에서 나를 소개시켜준 숙모를 통해 에이전트를 구했다. 하지만 그 뒤에도 그 에이전트를 감동시키기 위해 좋은 시나리오를 써야만 했다. 당신이 할 수 있는 유일한 일은 시나리오를 최고로 만드는 것이다. 왜냐하면 100퍼센트 완벽한 시나리오는 존재하지 않기 때문이다. 매년 모든 평론가들이 선정한 그해 10편의 베스트 영화 목록을 보면 각각의 목록들은 서로 다르다. 어떤 작품이 최고냐 아니냐는 주관적인 문제이다. 완벽한 시나리오란 당신이 생각할 수 있는 모든 것이 들어 있는 최고의 작품을 의미한다. 그것이 바로 완벽한 시나리오다. 다른 사람이 무슨 말을 하는가는 별로 중요하지 않다.

제럴드 디페고 내가 작품을 팔기 시작하자 어떤 에이전트가 내게 관심을 갖기 시작했다. 겨우 인맥을 통해 한 편의 시나리오를 옵션계약(계약 기간 동안 영화제작이 결정되면 제작사에서 판권을 구입하지만, 제작을 포기할 경우 원작은 다시 작가에게 귀속됨을 약속하는 시나리오 계약. 옮긴이)으로 팔고 난 뒤 어떤 모임에 참석하게 되었는데, 거기서 어떤 에이전트의 조수로 일하는 여자를 소개받았다. 그녀가 내 경력에 대해 궁금해하기에 나는 시나리오 한 편을 옵션계약으로 팔았다고 말했다. 그 사실이 내게 에이전트를 얻을 자격을 주었다고 생각한다. 왜냐하면 그녀가 자기 상사에게 나에 대해 말했기 때문이다.

레슬리 딕슨 초보작가의 경우 에이전트를 구하는 가장 좋은 방법은 에이전트로 일한 지 얼마 안 된, 당신의 작품에 매우 열정적인 에이전트를 구하는 것이다. 그런 에이전트가 전화로 메시지를 남겨도 절대 연락을 주지 않는 유명한 에이전트보다 훨씬 낫다. 내 친구는 나와 공동작업한 첫 시나리오를 들고 에이전트를 찾기 위해 이리저리 뛰어다녔고, 나는 타자기로 필요한 서류들을 준비하고 있었다. 그 친구가 어떻게 에이전트를 구했는지 잘 모르겠다. 그는 수완이 좋아서 거의 지도에도 나와 있지 않은 아주 작은 에이전시들을 찾아가 에이전트를 구하기 위해서라면 무슨 일이든 하겠다는 심정으로 그곳에서 일하는 여직원들을 꼬셨다. 에이전트가 없다면 당신에게는 아무것도 없는 것이라고 생각한다. 이 도시에 와서 해야 할 첫 번째 일은 에이전트를 구하는 것이다. 그렇게 하는 것이 바로 영화계로 들어가는 확인 절차이자 핵심 사항이다. 그렇게 하지 않으면 영화계 안을 들여다보면서 영화계 밖을 기어다니고 있을 뿐이다.

짐 커프 당신은 누군가의 관심을 끄는 좋은 시나리오 한 편을 써야 한다. 그게 전부다. 만약 좋은 시나리오 한 편을 썼다면 에이전트가 생길 것이다. 에이전트를 구하는 것은 이처럼 간단하다. 나와 같이 학교를 다녔던 한 친구의 아버지는 녹음 일을 하면서 1950년대에 수많은 TV 극본을 썼던 여성작가를 알고 있었고, 나를 그 여성작가에게 소개해주었다. 그녀는 작가로서 성공하기 위해 필요한 것이 무엇인지를 알고 있었고, 내게 "작가가 되고 싶다면, 작품을 써야 해. TV에서 프로그램 하나를 골라서 그 프로그램 대본을 한 편 써서 보내줘"라고 말했다. 이 말이 내가 얻은 첫 번째 조언이었다. 그 당시 내가 좋아했던 〈야전병원 매시 *M*∗*A*∗*S*∗*H*〉(한국전 당시의 한 야전병원을 무대로 한 코미디물. MASH는 'Mobile Army Surgical Hospital'의 약자로 미 육군의 이동식 야전병원을 말한다. 옮긴이)를 골라 그에 맞는 대본을 한 편 썼다. 그녀는 내가 쓴 대본을 읽고는 "좋아, 글재주가 있네, 한 편 더 써 보겠어?"라고 말했다. 그래서 집에 가서 또 한 편의 대본을 썼다. 그러자 그녀는 "좋아. 이 대본 참 좋네. 그런데 한 편 더 써보겠어?"라고 말했다. 그리하여 그 세 편의 대본들이 내가 처음 쓴 시나리오들이었다. 그 후 그녀는 "좋아, 자 그럼 네게 맞는 에이전트를 구해보자"라고 했다. 그리하여 그 세 편의 시나리오를 기초로 하여 에이전트를 구했다. 비록 그 세 편의 시나리오는 팔지 못했지만, 내가 작가로서 경력을 쌓는 데 도움이 되었다. 나는 첫 계약에서 친구 한 명과 함께 영화계에 발을 들여놓았다. 하지만 그 친구는 제작자가 되고 싶어했고, 결국 CM의 제작자가 되었다. 그는 회사 메일룸에서 일하면서 에이전트가 되려 했던 댄 페트리 주니어Dan Petrie Jr.에게 나를 소개해주었다. 그리고 댄은 내 시나리오를 제작자이자 그의 어머니인 도로시아 페트리Dorothea Petrie에게 옵션계약으로 팔았다. 그리하여 작가로서 내 첫 계약은 에이전트로서 그의 첫 계약이 되었다.

스콧 로젠버그 나는 모든 일에 도를 닦는 자세로 접근했다. 왜냐하면 내겐 이 도시에 오자마자 에이전시로 수많은 편지를 보냈지만 답장을 받지 못한 친구들이 많았기 때문이었다. 그래서 나는 항상 나 자신이 준비가 되면 에이전트들이 나를 찾아올 거라는 생각을 했다. 그리고 그렇게 일이 진행되었다. 난 끊임없이 글을 썼고, 그에 비례해 작품도 점점 좋아져서 시나리오 공모전에서 입상을 했으며, 에이전트를 고를 수 있는 기회가 생겼다. 처음부터 반드시 일류 에이전트가 필요한 건 아니다. 가장 어려운 일은 에이전트가 없는 상태에서 에이전트를 구하는 것이다.

에릭 로스 UCLA에서 새뮤얼 골드윈 상Samuel Goldwyn Award을 수상함으로써 나는 첫 에이전트를 구하게 되었다.

마이클 시퍼 나는 친구를 통해 알게 된 사람을 통해 내 최고의 작품 샘플을 보냈고, 답변을 얻음으로써 간단하게 첫 에이전트를 구하게 되었다.

톰 슐먼 L.A.에 왔을 때 내겐 아는 사람이 한 명도 없었다. 그래서 모든 작가 지망생들이 하는 대로 작가조합에 가서 등록된 에이전트들의 목록을 구해 에이전시에 편지를 보냈다. 100통 이상의 편지를 썼지만 내게 전화했던 단 한 명을 제외하고는 답장을 한 통도 받지 못했다. 내게 전화를 걸어온 그 남자는 "당신 편지를 받았는데 내용이 좋더군요. 그런데 왜 이 편지를 제게 보냈죠?"라고 말했다. 그래서 내게 시나리오 한 편이 있다고 하자, 그는 "저는 말 그대로 일반 에이전트가 아니라 배우 에이전트입니다. 내 옆 사무실에 있는 사람들이 바로 작가 에이전트들입니다. 하지만 편지 내용이 좋아서 당신을 그들에게 추천할 생각입니다"라고 말했다. 그리고 당연히 그들이 내게 전화를 했고, 나의 첫 에이전트가 되었다. 모든 일은 내가 전혀 알지 못했던 누군가가 뜻밖에 중간에서 소개해주었기 때문에 일어났다. 또한 에이전트를 구하기 전에 영화계 전문 변호사를 구할 것을 추천한다. 왜냐하면 대부분의 영화계 전문 변호사들은 처음부터 수수료를 받는 것이 아니라 소송 건당 수수료를 받으면서 상담을 해주고 많은 에이전트들을 알고 있기 때문이다. 따라서 만약 어떤 변호사가 당신의 시나리오를 좋아한다면, 당신을 많은 에이전트들에게 추천할 것이다.

에드 솔러먼 이렇게 말하긴 싫지만 만약 시나리오가 정말 좋다면, 그 작품이 자석처럼 에이전트들을 끌어당길 것이다. 그러나 슬픈 현실은 대부분의 시나리오가 그 정도로 좋지 않다는 사실이다.

로빈 스위코드 에이전트를 구하는 것은 정말 중요한 인간관계 만들기의 한 부분이다. 왜냐하면 당신에게는 시나리오 시장에서 자신의 작품을 대표할 사람이 꼭 있어야만 하기 때문이다. 그것이 이 바닥에서 올바른 방법이다. 나는 글 쓰는 일을 시작했을 때 내 희곡을 연극으로 제작하고 싶어, 희곡작가 에이전트를 찾아 다녔다. 뉴욕에 왔을 때 나는 정말 완벽할 정도로 순진했기 때문에 에이전트 구하는 법을 전혀 몰랐다. 그래서 그 희곡을 친구들과 함께 무대에 올렸고, 어떤 에이전트가 우연히 그 연극을 보고는 내 에이전트가 되겠다고 말했다. 지금까지도 그가 내 에이전트다. 만약 당신이 초보작가라면, "이 작품을 팔 수 있을 것 같군요. 그리고 아마 몇몇 제작자들과 만남을 주선할 수 있을 것 같아요"라고 말할 정도로 당신의 작품을 좋아하는 에이전트를 구할 것을 권한다. 작가들은 "당신은 좋은 작가예요. 내가 당신을 성공시켜 줄게요"라고 말하는 에이전트를 원한다. 나는 내 에이전트를 가족이라고 부를 정도로 좋아하므로 운이 좋은 편이다. 에이전트는 작가에게 해가 될 수도 있고, 작가의 자신감을 완전히 잃게 할 수도 있다. 에이전트들은 당신의 작품을 팔 수 있겠다고 느끼기 때문에 당신의 에이전트가 된다. 하지만 작품이 팔리지 않으면 에이전트는 당신에 대해 잊어버린다. 당신은 오랫동안 자신의 편이 되어 함께 열심히 일하는 에이전트를 원한다. 큰 사무실을 갖고 있고, 조수가 3명이나 되는 에이

전트는 초보작가의 작품을 읽지 않는다. 하지만 그런 에이전트의 조수
는 언젠가 에이전트가 될 것이고, 작품이 필요할 것이다. 따라서 당신
의 작품을 좋아하는 사람을 선택하는 것이 정말로 중요하다.

이 책에서 말한 모든 습관들 중에서 아마 이 습관이 가장 논쟁의 여지가 많을 것이다. 왜냐하면 이 습관은 지난 20년간 콘퍼런스, 세미나, 잡지 그리고 책에서 가장 자주 언급된 것이기 때문이다. 그러나 내 개인적 경험과 영화계 현장에 있는 동료들의 경험에 비춰보면, 이 습관은 바람직하다. 여러분도 보았듯이, 이 책의 조언자 중 한 사람도 제작자에게 편지를 보내 답장을 받음으로써 에이전트를 구하거나 작품을 팔게 된 사람은 없다. 현실은 이렇다. 이성적인 작품개발 담당자, 영화 제작자, 에이전트, 그들의 조수 그리고 매니저들은 그런 편지를 읽지 않는다. 만약 여러분이 100통이 넘는 전화를 하고, 많은 미팅과 점심 약속이 있으며, 시사회, 스태프 회의, 계약 협상 그리고 행사에 참석하면서 상사들, 계약한 작가들, 그런 작가들의 매니저, 에이전트, 제작자, 작품개발 담당자 그리고 변호사로부터 여러 가지 요구사항을 받느라 하루에 16시간씩 일한 후, 주말에 개인적인 시간을 가지려고 애쓰지만, 10~30편의 시나리오를 읽느라 주말을 보내버린다면 모르는 작가에게서 온 편지를 읽는 데 단 1분이라도 쓰겠는가? 아마 그렇지 않을 것이다. 따라서 그런 편지는 보낼 필요가 없다. 에이전트들은 자신이 맡고 있는 작가들로 인해 너무나 바쁜데, 왜 당신은 에이전트가 되어 달라고 애걸하는 편지를 200통이나 보내 우편배달 체계를 지연시키면서 동시에 편지지, 편지봉투, 우표를 사는 데 돈을 낭비하는가? 머릿속에서 '편지'라는 말 자체를 지워버려라. 그 말을 대신 '중개인'이라는 말로 바꿔라. 이것이 바로 이 도시가 굴러가는 방식이다. 그리고 만약 어떤 세미나에서 누군가 편지를 쓰는 법에 대해 강의한다면, 방을 뛰쳐나가 환불을 요구해라. 심지어 만약 진짜 작품개발 담당자나 에이전트가 편지를 읽어보겠다고 하더라도, 그들이 거짓말을 하는 것이거나 그 정도로 바쁘지 않으므로 어쨌든 작가로서 성공하는 데 도움이 되지 못함을 의미한다. 모든 작가들은 편지를 통해 영화계로 발을 들여놓은 어떤 작가에 대한 일화 하나 정도는 알고 있다. 모든 법칙에는 예외라는 것이 있다. 만약 아직도 그런 편지를 보내고 싶다면, 사업 확장을 계획 중인 작은 에이전시에만 보내야 한다. 나는 현실 그대로를 얘기하는 것뿐이다. 우리의 조언자들도 모두 이 말에 동의했으며, 특히 짐 커프가 이 문제에 대해 가장 잘 설명하고 있다.

짐 커프 나는 초보작가로부터 편지를 많이 받는다. 이렇게 편지를 보내는 것이 새로운 방법인가? 이것이 책과 세미나에서 당신에게 하라고 시키는 것인가? 그런데 문제는 아무도 그런 편지를 읽지 않는다는 사실이다. 나 또한 전혀 읽지 않는다. 말 그대로 책상에 앉아서 그런 편지들을 읽을 시간이 없다. 정말로 시나리오작가가 되고 싶다면, 영화계 안으로 들어가서 영화계 사람들과 함께 일해야 한다. 촬영 현장에서 일하면서 직접 제작자, 감독, 배우, 조수들을 만나야 한다. 그것은 편지를 통해서는 불가능하다. 일은 다음과 같은 식으로 진행된다. 소방수인 전 처남이 내게 전화를 걸어 시나리오를 쓴 동료 소방수가 있는데, 그 시나리오를 읽어줄 수 있는지 물었다. 그래서 나는 "자네의 부탁이라면 물론 기꺼이 그래야지"라고 말했다. 그래서 그 시나리오를 받아 앞의 두세 페이지를 읽고는 "좋아, 꽤 잘 썼군"이라고 말했다. 하지만 난 작품 전체를 읽을 시간이 없었기 때문에 그 작품을 아는 에이전시에 보냈다. 에이전트들도 그 시나리오를 읽고 마음에 들어했다. 그리하여 지금 내 에이전트에게 그 사람의 에이전트가 되어줄 수 있는지를 알아보는 중이다. 모든 일은 내 전 처남으로부터 비롯되었다. 일은 바로 이렇게 진행된다.

제18장   피칭

피칭이란 완벽하게 숙달하기까지 몇 년이나 걸리는 하나의 순수예술이다. 피칭을 요약하자면, 훌륭한 영화 한 편을 보고 나서 그 영화가 재미있게 느껴지도록 친구들에게 이 영화는 어떤 영화이며 이 영화의 최고 장면은 이렇다고 얘기하는 것이다. 여러분은 그들이 극장에 가서 그 영화를 볼 정도로 그 영화의 절정을 맛보길 원한다. 피칭은 작품개발 담당자에게 여러분의 시나리오가 8천만 달러의 값어치가 있다는 것을 확신시키는 문제이기 때문에 피칭에 어려움을 느끼는 내성적인 작가들에게는 시나리오 판매술을 배우는 것이 더 중요할 수도 있다. 그러나 그러한 피칭 과정을 조금 더 쉽고 효과적이게 만들어주면서 여러분이 터득할 수 있을 만한 몇 가지 훌륭한 습관들도 있다.

자기 자신의 작품에 대해 믿기

세상에서 가장 위대한 업적 중 어떤 것들은
자기 자신이 그런 일을 할 수 없다는 사실조차 모를 정도로
똑똑하지 못한 사람들에 의해 이루어졌다.

———— 더그 라슨Doug Larson

할리우드에는 오랜 시간이 걸려서 팔리게 된 작품들에 대한 일화가 많다. 그런 작품들이 그렇게 오랜 시간이 지나 팔리게 된 이유는 작가나 제작자가 그 작품들을 믿었기 때문이다. 그들은 절대 "노No"라고 대답하지 않는다. 여러분도 자신의 작품을 믿어야만 한다. 왜냐하면 제작사는 오직 60초짜리 예고편이든 10초짜리 신문광고 또는 포스터든, 짧은 시간 안에 영화를 선전하는 것만 걱정하기 때문이다. 여러분은 자신의 작품을 그들이 두 번 다시 접할 수 없는 최고 작품이며, 오히려 그들이 야말로 그런 작품을 접할 기회가 있어 행운이라는 식의 자세를 취해야만 한다.

제럴드 디페고 자신의 작품에 대한 보이지 않는 애정은 중요한

잣대이다. 만약 그 작품이 웃고 울게 하거나 의미심장한 방법으로 당신을 감동시킨다면, 이 세상 어딘가에 당신과 똑같이 느끼게 될 다른 사람들이 있다는 것을 믿어야 한다. 당신과 똑같이 느끼는 사람을 한 명이라도 찾을 때까지 그 작품을 100번이나 검토해야 할지도 모른다. 하지만 그때까지 버티는 것이 중요하다.

에드 솔러먼 피칭을 준비할 때 가장 중요한 것은 작품에 대한 믿음이다. 재치, 번뜩임 또는 독자를 끌어당기는 힘에 대한 의지가 아니라 작품에 대한 믿음과 당신 스스로 작품에 의존할 수 있느냐가 가장 중요한 요소들이다. 작품만 좋다면, 자연스럽게 독자를 낚아채는 갈고리가 있는 것이다.

마 케 팅 :
중요한 것은
바로 당신의
작품이다

삶은 하나의 피칭이다.

─── 데이비드 드워스키David Dworski

피칭은 말로 하는 설명회이다. 따라서 일종의 공연이기 때문에 피칭을 연습하는 것이 프로작가들의 공통된 습관이다. 그들은 기회가 될 때마다 친구들과 가족들, 심지어 애완동물에게까지 그들의 작품에 대해 피칭하면서 자연스러운 피칭을 하려고 노력한다. 그들은 사람들이 이야기의 어떤 부분에 반응하는지와 특정 부분이 명확하지 않을 때 사람들이 어떤 질문을 하는지에 주의를 기울인다. 그렇게 함으로써 피칭이 완벽해질 때까지 이야기를 꾸미고 연습한다.

　　론 배스　피칭 준비는 많은 시간을 필요로 한다. 나는 초보작가 시절, 일을 구하기 위해 6~8편의 좋은 작품들을 가지고 동분서주했다. 난 절대로 피칭할 내용을 종이에 적지 않는다. 왜냐하면 피칭이 기계적인 방식이 되기 때문이다. 그래서 피칭할 내용을 나 자신에게 반복해서 말한 다음, 일종의 연설문으로 발전시켜 마음에 드는 방식을 찾을 때까지 혼자서 주위를 천천히 걸어다닌다. 피칭할 내용을 100퍼센트 완벽하게는 아니지만 그에 가깝게 외워서 충분히 반복 연습한다. 그러면 외워서 하는 것처럼 들리지 않고, 평상시 말투처럼 피칭할 수 있게 된다. 그리하여 내가 하는 피칭은 그냥 유창하게 말하는 것처럼 보인다.

제럴드 디페고 피칭은 당신이 배울 필요가 있는 기술이다. 나는 아이디어를 골라 그 본질을 뽑아내 그것을 재미있고 명확하게 만든 다음, 그 이야기 속에 내 열정을 담을 방법을 강구함으로써 피칭을 준비한다. 나 자신에게 2번 정도 피칭한 다음, 아내에게 피칭을 한다. 처음 2, 3번의 피칭은 두서가 없기 때문에 그렇게 하는 것이 많은 도움이 된다.

에이미 홀든 존스 피칭을 연습하는 효과적인 방법은 친구들에게 30초 동안 작품에 대해 설명한 다음, 다시 5분 동안 설명하는 것이다. 그들이 흥미를 잃는 첫 순간에 주의해라. 만약 그들의 눈이 초점을 잃는다면, 문제가 있는 것이다. 피칭을 듣는 사람이 피칭할 가치가 있다고 느낄 때까지 계속 작품을 설명하고 다듬는다면, 흥미로운 등장인물들이 나오는 완벽한 이야기가 탄생할 것이다. 만약 한 번도 그 지점까지 도달하지 못한다면, 어느 누구에게도 흥미를 줄 수 없는 이야기를 하고 있는 것이다.

피칭 준비를 할 단계가 되면 많은 작가들이 자연스러움과 열정을 잃게 될 두려움 때문에 피칭 연습을 하지 않는다. 연습을 하든 하지 않든, 작가들은 이야기의 안팎을 철저히 알고 있음으로써 늘 준비를 한다. 가장 중요한 것은 지루해하는 작품개발 담당자들이 졸지 않도록 그들의 상상력과 흥미를 끌어내는 것이다.

아키바 골즈먼　나는 피칭 연습을 하지 않는다. 하지만 당신은 피칭을 하기 전에 자신의 작품에 대해 확실하게 알 필요가 있다. 나는 사교적이기 때문에 그런 면에서 운이 좋은 편이다. 왜냐하면 사실 피칭은 사교적인 예술이기 때문이다. 피칭은 인간관계와 전혀 상관이 없다. 당신은 인간관계가 있는 누군가와 함께 방에 들어갈 수는 있어도 그 인간관계를 팔 수는 없기 때문이다. 피칭에 어려움을 느끼는 내성적인 작가들에게 줄 조언은 피칭에 대해 걱정하지 말라는 것이다. 우선 먼저 좋은 글을 쓰지 않는 이상, 피칭을 할 수 없으므로 글쓰기에 집중하라. 만약 운이 좋아서 피칭을 하게 된다면, 피칭 연습에 도움이 되는 친한 친구나 제작자를 구해라. 당신이 글을 잘 쓰는 작가라면, 반드시 피칭을 잘할 필요는 없다. 피칭 실력은 형편없지만 글 쓰는 실력은 매우 뛰어난 작가들을 나는 알고 있다.

니콜러스 카잔 나는 피칭하는 것을 좋아한다. 하지만 오랫동안 피칭을 하지는 않았다. 나는 피칭 연습을 하지 않고 이야기를 자연스럽게 만들려고 애쓴다. 열정적인 모습을 보이는 것이 중요하다. 당신은 피칭할 때 작품의 전반적인 개념을 심어주려고 애쓴다. 심지어 사람들이 작품을 눈으로 보는 것처럼 느끼도록 어떤 느낌을 말하기도 하고, 그 작품을 영화로 제작하는 데 확신을 주기 위해 결말을 이야기하기도 한다. 가장 중요한 것은 좋은 작품을 이야기하면서 방 안의 열기를 조절하는 것이다.

스콧 로젠버그 나는 일부러 피칭 연습을 하지 않는다. 하지만 내게 특별한 점은 정말로 흥분되는 아이디어가 떠올랐을 때 그 아이디어를 친구들에게 피칭하는 것을 좋아한다는 것이다.

에릭 로스 나는 피칭을 잘 못하기 때문에 가급적이면 하지 않으려고 애쓴다. 피칭을 잘한 적이 한 번도 없어서 피칭 준비를 하는 게 귀찮게 느껴진다. 하지만 이야기를 매초 단위로 알지 못하더라도, 그 이야기가 무엇에 관한 것인지는 알고서 피칭을 한다. 작품 속의 어느 부분이 작가로서 내가 재미있어 하는 부분이며, 이런 인물들이 바로 등장인물이라고 얘기한다. 그런 다음, 사람들에게 작품의 전체적인 느낌과 일반적인 분위기 그리고 주요 가치를 말한다. 나는 이미 꽤 성공한 작가이므로 사람들은 내가 작품에서 말하려고 하는 바를 언제든지 보충할 수 있다는 것을 알고 있다. 대부분의 경우 작품개발 담당자들은 작품에 대해 더 많이 알고 싶어한다. 그러면 난 그들에게 이야기를 더 해주는 것과 해주지 않는 것 중 어느 쪽이 더 가치 있는지를 판단한다.

톰 슐먼　나의 피칭 준비 방법은 불행하게도 피칭할 내용을 글로 쓰는 것이다. 많은 사람들은 방에 들어가 평상시처럼 말할 수 있을 거라고 생각하는 실수를 범한다. 그것은 작품을 미처 완성하지 못했기 때문이거나 누군가 바로 그 작품을 살 것이라고 생각하는 순진한 상업적인 마인드 때문이다. 하지만 현실은 대부분의 제작자들이 모든 것을 알고 싶어한다는 것이다. 그것은 모닥불 주위에 앉아 "옛날, 옛적에……"라고 말하면서 다음에 무슨 일이 벌어질지, 주인공에게 어떤 일이 일어날지 기다릴 수 없게 사람들을 당신의 이야기 속으로 몰아넣는 것과 같다. 그 이야기가 방 안의 분위기를 좌지우지한다. 만약 작품 내용이 흥미롭고 당신이 작품에 자신감을 보인다면, 당신의 열정이 사람들에게 전달될 것이다. 그러나 작품에 대해 의심을 하고 문제를 느낀다면, 그런 모습 또한 사람들에게 보일 것이다. 일단 작품을 끝내면 난 피칭할 준비가 된다. 실제로 피칭 연습은 하지 않고, 그냥 방에 들어가 제작자들에게 작품에 대해 얘기한다. 그렇지만 당신이 작품을 개발하고 있을 때 다른 작가들에게 작품에 대해 얘기를 해본다면 그들의 반응을 보고 어느 부분이 약한지를 알게 될 거라고 생각한다.

사랑 이야기나 얼굴이 빨개지도록 만드는 이야기에 관한
피칭보다 더 좋은 피칭은 없다.
———— 시드 필드Syd Field

피칭은 일종의 공연이기 때문에 관객에게 감정적이며 정신적인 유혹처럼 보여야 한다. 그리고 피칭을 듣는 사람은 자주 과로와 싸우고 스트레스를 많이 받아 정신이 산만한 작품개발 담당자들이기 때문에 힘, 열정, 열의를 가지고 작품에 대해 열변을 토하는 동시에, 피칭을 짧고 간략하게 하는 것이 핵심이다. 또한 피칭하는 작품의 장르에 맞게 피칭하는 것도 효과적인 방법이다. 만약 피칭하는 작품이 스릴러라면, 스릴 있고 긴장되게 피칭해서 계속 그들의 시선을 끌어라. 만약 피칭하는 작품이 코미디라면, 피칭을 재미있게 해라.

　　　론 배스　당신은 짧은 시간 안에 작품에 대해 말해야 하기 때문에 작품의 핵심 부분인 즐겁고 재미있는 부분을 강조해야만 한다. 그것이 바로 공연이다. 피칭할 때는 사람들의 관심을 끌면서 중압감과 흥분이 느껴져야 한다.

스티븐 드수자 난 피칭할 내용을 조그만 카드에 적는다. 피칭에 몰두하면 작품에 대해 지나치게 자세히 말하기 때문이다. 당신은 피칭을 간략하고 짧게 해야 하며, 당신 자신도 즐겁게 피칭을 해야 한다. 하지만 초보작가라면, 피칭보다는 글 쓰는 데 더 많은 시간을 투자하는 것이 바람직하다. 왜냐하면 제작사가 피칭에 만족하여 당신의 작품을 산다면, 십중팔구 그들은 당신을 해고하고 좀 더 경험 있는 작가를 고용해 그 작품을 다시 고쳐 쓰도록 하기 때문이다. 그들은 실력이 검증되지 않은 작가에게 시간을 낭비하고 싶어하지 않으며, 당신은 해고될 거라는 사실을 재확인하기 위해 12주를 기다릴 필요도 없다. 난생 처음 피칭한 작가의 시나리오를 고쳐 쓰는 일에 내가 얼마나 많이 고용되었는지는 말할 수 없을 정도다. 그 초보작가가 피칭을 하면 제작사는 그에게 작품의 윤곽선을 잡으라고 말한다. 그러면 그는 타이핑된 5장의 아웃라인을 가지고 제작사에 간다. 그러면 제작사는 "대단히 고맙습니다"라고 말한 다음, 나를 고용한다. 제작사는 내가 12주 안에 만족스런 시나리오를 쓸 수 있다는 것을 알기 때문이다. 그러므로 정말로 그 시나리오를 직접 쓰고 싶다면, 제작사에 그 작품을 피칭하는 것은 위험한 제안이다. 차라리 그 시나리오를 쓰는 데 더 많은 시간을 투자하는 게 낫다.

레슬리 딕슨 피칭할 때의 기본 사항은 열정을 가지고 짧게 피칭하는 것이며, 가장 중요한 점은 절망하는 모습을 보이지 않는 것이다. 작품개발 담당자들은 그 작품이 영화로 제작할 만한 가치가 있는지 없는지 알고 있다. 실제로 피칭하는 것보다 더 많은 자료를 준비하는 게 좋다. 그들이 "이 부분에서 어떻게 되죠?"라고 물으면 질문에 막히지 않고 대답할 수 있도록 말이다.

　　스콧 로젠버그　당신은 피칭할 내용과 대상을 알아야 한다. 피칭할 내용에 관련해 얘기하자면, 나는 내 작품인 〈뷰티풀 걸 *Beautiful Girls*〉을 한 번도 피칭한 적이 없다. 하지만 〈콘 에어 *Con Air*〉는 15초 동안 피칭할 기회가 있었다. 피칭의 핵심은 5분 안에 마치라는 것이다. 말할 내용과 말하지 않을 내용을 알고 있어라. 또한 작품개발 담당자들이 할 수 있는 모든 질문들에 대한 답변을 준비해라. 답을 알면서도 대답하지 못할 수 있으므로 작품개발 담당자에게 질문을 하게 만들고, 그 질문들에 대해 답변하는 시간을 갖도록 해라. 그리고 만약 모든 질문에 대답하고 5분 안에 피칭을 끝낼 수 있다면, 더 바랄 게 없다. 작품개발 담당자들은 각 액트Act의 내용과 이야기의 시작, 중간, 결말을 알고 싶어한다. 또한 작품의 등장인물들에 대해서도 알고 싶어한다. 항상 작품개발 담당자들이 시나리오의 어느 지점을 듣고 있는지를 알게 하는 것도 중요하다. 왜냐하면 20분 동안 피칭을 했는데 겨우 시나리오의 20페이지까지만 얘기할 수도 있기 때문이다. 피칭이 끝났을 때 그들이 그 작품의 포스터를 상상할 수 있게 해야 한다. 그들은 재빨리 머릿속으로 영화를 그려본다. 왜냐하면 그들은 어떻게 영화를 선전할 것인가에만 온갖 신경을 쓰기 때문이다. 만약 그들이 머릿속으로 그 작품을 그려볼 수 있고 그 내용이 재미있게 생각된다면, 그들은 작품을 살 것이다. 피칭할 때의 또 하나의 요령은 작품개발 담당자들이 이해하기 쉽게 항상 작품에 맞는 배우들을 예로 드는 것이다. 가령 "프레드와 밥이 주먹으로 서로 치고받는다" 대신에 "니컬러스 케이지Nicolas Cage와 케빈 스페이시Kevin Spacey가 주먹으로 서로 치고받는다"라고 말하는 것이다. 그렇게 하면 작품개발 담당자들이 좀 더 쉽게 작품을 상상하고 내용을 더 잘 이해할 수 있게 된다.

마이클 시퍼 피칭을 잘하는 비법은 없다. 단지 열정적으로 간결하게 피칭하고, 가장 중요한 점은 지루하지 않게 만드는 것이다. 난 나 자신이 느끼고 생각하는 것을 알려고 애쓴 다음, 그것을 직접 설명한다. 작품을 단순한 방법으로 설명하려고 노력한다. 하지만 피칭하는 나 스스로가 지루해지지 않도록 열정적으로 활기차게 피칭한다. 또 하나의 간단한 규칙은 피칭할 활력을 위해 절대 소파에 앉지 않는 것이다. 소파는 당신의 긴장을 풀어놓아 졸음이 오게 만든다. 당신은 몸을 움직일 수 있어야 하므로 몸을 일으킬 수 없을 정도의 부드러운 쿠션은 필요 없다.

에드 솔러먼 당신의 피칭 가운데 주된 관심사는 그때까지 말한 내용이 가장 좋은가 하는 점이다. 또한 이야기를 아주 짧게, 조금 짧게, 보통 등의 길이로 조절할 수 있는 능력도 중요하다. 당신은 대여섯 개의 피칭 버전을 준비할 필요가 있고, 만약 필요한 경우 30초, 3분 또는 20분 안에 피칭을 할 수 있어야 한다.

두려움을 없앨 수는 없다. 하지만 두려움이란 당황하지 않으면서
잠재울 수 있고, 이성과 판단에 따라 완화시킬 수도 있다.

———— 배너바 부시Vannevar Bush

할리우드에서 지루함이 첫 번째 잘못이라면, 절망은 두 번째 잘못이다.
그것은 "절대 그들에게 식은땀 흘리는 모습을 보이지 마라"라는 오래
된 광고 문구와 비슷하다. 특이한 점은 여러분이 방금 본 좋은 영화에
대해 친구들이나 사랑하는 사람들에게 말할 때는 긴장하지 않는다는
사실이다. 어떤 영화과 교수는 정말로 좋아하는 이야기를 할 때 사람
은 저절로 열정적으로 변한다는 사실을 증명하기 위해 학생들에게 자
신들이 제일 좋아하는 작품을 피칭하게 함으로써 피칭하는 법을 강의
하기도 했다. 피칭은 친구들에게 여러분이 좋아하는 영화에 대해 얘기
하는 것처럼, 그 영화를 보도록 누군가를 확실히 재미있게 만들기 위
해 어떤 이야기의 주요 부분들을 간단하게 얘기해주는 것이다. 물론
그렇게 하는 게 더 위험할 수도 있다. 작가 보 징거Bo Zenga는 그것
을 '투바이포 이론Two-by-Four Theory'이라고 불렀다. 만약 여러

분이 콘크리트 블록 2개 위에 두께 2인치, 너비 4인치인 투바이포 목재를 놓고 어떤 사람에게 그 위를 건너가보라고 한다면, 그건 별로 어렵지 않다. 하지만 두 빌딩 사이에 목재를 걸쳐놓고 한다면, 얘기는 전혀 달라진다. 건너가는 나무의 폭이나 거리는 같지만 위험은 훨씬 더 크다. 그것을 피칭에 적용해보면, 작품만 좋다면 그 무엇도 아무런 문제가 되지 않는다. 긴장되면 작품개발 담당자에게 긴장된다고 솔직히 말해라. 긴장을 숨기지 마라. 그렇지 않으면 작품에 대해 할 말을 잊어버리게 된다. 피칭하면서 재미를 느껴라! 그것이 결국 여러분이 영화 일을 좋아하는 이유가 아닌가? 이런 모든 것은 다만 피칭할 방에 들어가기 전에 자기 자신과 해야 하는 심리게임, 즉 자세의 문제일 뿐이다. 그리고 아마 당신도 알듯이 할리우드에서는 성공할 것 같은 느낌만으로는 성공할 수 없다. 여러분은 스스로 유리하다고 믿어야만 한다. 즉 작품개발 담당자들이 우수한 여러분의 작품을 접할 수 있어 행운이라는 식으로 말이다. 반대로 그들이 여러분에게 피칭할 기회를 주었다고 해서 제물로 바쳐지는 양처럼 방에 들어가 굽실거리면 안 된다. 중요한 점은 그들은 살아남기 위해 작품이 필요하고, 선택할 수 있는 구매자를 많이 가진 여러분이 그들의 주요 공급자라는 사실이다. 달리 표현하자면, 그들에게는 여러분이 필요하다.

론 배스 피칭할 내용을 외우지 않는 것이 중요하다. 왜냐하면 피칭하는 동안 말을 더듬거나 헷갈려서 예상치 못한 결정을 해야 한다면, 믿음직스럽지 않게 보이기 때문이다. 자기 자신을 어떻게 표현하느냐에 따라 구매자는 당신에게 피칭한 작품을 쓸 수 있는 자신감이 있는지 여부를 알게 된다.

제럴드 디페고 일단 피칭을 하러 방에 들어가면 긴장될 것이다.

일단 숨을 한 번 크게 쉬고 방 분위기에 신경을 써야 한다. 당신이 정말로 자신의 작품을 사랑한다면, 그 사실이 많은 도움이 된다. 당신의 열의와 열정이 그 작품을 파는 데 도움이 되기 때문이다. 당신이 부끄러움을 많이 타는 성격이라면 그것은 하나의 도전이 될 것이고, 피칭하는 도중 작품개발 담당자들이 전화를 받거나 그들의 비서가 방 안으로 들어와서 집중력이 분산되지 않기만을 바랄 것이다. 당신은 피칭 준비가 되어 있어야 하고, 그런 일로 인해 방해받아서는 안 된다(다음 습관을 보라).

레슬리 딕슨 당신은 자신이 하는 일이 무엇인지를 알아야 한다. 당신이 낙천적인 성격을 갖고 있다면, 그러한 성격이 큰 도움이 된다. 나는 매우 사교적이고 외향적이어서 사람 만나는 것을 두려워하지 않는다. 이 도시에서 내가 알고 지내는 작가들 대부분은 매우 활달한 성격을 갖고 있다. 나는 당신의 성격이 활달할수록, 더 많은 도구를 갖게 되어 작품에 매우 강력한 목소리가 투영될 것이라고 생각한다. 피칭이란 기본적으로 방 안에 앉아서 이야기를 하는 것이다. 그것은 내게 전혀 문제가 되지 않는다. 하지만 많은 사람들 앞에 앉아 음악을 연주하는 것은 정말 두려운 일이다. 그런 일에 비하면 피칭은 아무것도 아니다. 내겐 수다를 떨고 재잘거리는 일이 자연스럽다. 피칭하는 방에서 매력과 자신감을 보여주면서 많은 아이디어를 갖고 있는 것이 작가로서 영화계에서 장수하는 비결이다.

스콧 로젠버그 예전에 들었던 어떤 연기수업의 과제는 사람들의 주머니에서 50달러를 꺼내놓게 만드는 것이었다. 내겐 50달러가 절실하게 필요했고 사람들은 필사적으로 50달러를 주려고 하지 않았다. 그 연기수업이 끝나갈 즈음 선생님은 50달러를 얻는 최고의 방법은 이미 주머니에 50달러가 있다고 상상하는 것이라고 말했다. 다시 말해 당신은 그 50달러가 필요하지 않은 듯한 태도를 가져야 한다. 비굴하게 굴지 마라. 당신은 자만심과 자신감을 적절히 보이면서 피칭해야 한다.

마이클 시퍼 나는 피칭을 누군가에게 작품에 대한 의견을 말하게 하여 작품에 도움이 되도록 토론하는 스토리미팅 같은 하나의 창작과정으로 여긴다. 그렇기 때문에 가끔 피칭을 하는 동안에 나온 의견들을 메모한다. 전에 생각하지 못했던 것들이라도 작품에 도움이 된다면 그것들을 받아 적기 위해 심지어 피칭을 중단하기도 한다. 작품개발 담당자들 역시 영화를 만드는 사람들이다. 그들은 수백만 개의 피칭을 접하며, 대개 좋은 직감을 갖고 있다. 그들은 수많은 아이디어를 제안하고, 심지어 작품개발 과정에서 작품의 편집자 역할을 하기도 한다. 그러므로 만약 피칭하는 자리에서 그런 일이 발생하더라도 놀라지 않길 바란다. 사실, 그것은 좋은 징조다. 만약 그들이 앉아서 아무 말도 하지 않는다면, 당신이 만루홈런을 친 것이거나 반대로 작품이 아주 형편없다는 것을 의미한다.

에드 솔러먼 피칭할 때 중요한 점은 배우나 음악가가 공연 준비를 하는 식으로 정신을 집중해서 준비하는 것이다. 방에 들어가기 전에 정신을 가다듬고, 상대방을 이해시키려는 것에 대해 다시 한 번 생각해라. 만약 당신에게 말재주가 있다면, 당신의 허풍은 확실하게 통할 수 있고, 그 작품이 좋은 작품처럼 보일 수도 있다. 하지만 당신의 작품이 정말 좋고 당신 스스로도 그 작품을 믿는다면, 피칭하기가 훨씬 더 쉽다. 또한 작품을 판매할 필요가 없다는 듯한 태도가 그 작품을 파는 데 가장 좋은 하나의 방법이라고 생각한다. 자신의 작품에 높은 가치

가 있다는 듯한 조용한 자신감은 그 작품을 파는 데 많은 설득력을 지
니게 한다. 그들에게 당신의 작품을 좋아하게 될 이유를 설명하는 것
은 그들을 더 심하게 모욕하는 것일 뿐이다. 왜냐하면 그들은 자신들
의 일을 작가들보다 더 잘 알고 있기 때문이다. 최소한 그들은 그 작품
이 영화로 제작할 만한 가치가 있는지, 없는지 그리고 그 이야기로 그
들이 돈을 벌 수 있는지 알고 있다. 또한 당신이 한 번에 여러 가지 사
항을 말하고 있음을 기억해라. 당신의 작품(반드시 재미있어야만 한다)
과 당신이 누구냐라는 문제는 똑같이 중요하다.

문 : 형광등을 갈아 끼우기 위해 몇 명의 작품개발 담당자가 필요한가?

답 : 그것이 꼭 형광등이어야만 합니까?

——— 오래된 영화계 농담

여러분은 피칭을 하면서 작품을 좀 더 상업적으로 만들려고 하는 작품개발 담당자들의 간섭과 여러분을 미치게 만드는 그들의 제안에 낙담해서는 안 된다. 그들의 전화는 쉬지 않고 울리기 때문에 피칭하는 동안 그들이 자신의 조수에게 대신 전화를 받게 한다면, 그것은 항상 좋은 징조다. 반대로 최악의 경우는 다음과 같다. 작품개발 담당자인 내 동료는 조그만 버저를 갖고 있는데, 피칭 중에 그 버저가 울리면 조수가 방으로 들어와 스필버그 같은 사람으로부터 꼭 받아야 하는 중요한 전화가 왔다고 말한다. 그가 버저를 누르면 그 피칭은 그의 관심을 전혀 끌지 못했음을 의미한다. 당신은 어떤 일이 일어날지 절대로 알 수 없기 때문에 유동적인 자세와 방 안의 모든 이상한 분위기에 적응할 능력 그리고 피칭이 중단될지 모르는 시점을 선택할 준비가 필요하다.

에드 솔러먼 이 습관도 피칭할 내용을 완벽하게 외우는 것처럼 별로 중요하지 않다. 솔직히 피칭은 중간에 걸려오는 전화나 누군가로부터의 질문, 아니면 피칭의 일부분만을 듣고 싶어하는 사람 등 모든 것에 의해 중단될 수 있기 때문이다. 더 중요한 점은 당신의 작품이 무엇에 관한 이야기인지를 알고 그 작품이 실제로 일어난 이야기라는 것 같은 자신감을 갖는 것이다.

마이클 시퍼 피칭은 언제나 '중요한' 전화로 인해 중단될 수 있기 때문에 판에 박은 듯한 피칭은 하지 마라. 당신은 인간적인 분위기 속에서 피칭하고 싶어한다. 피칭은 작품개발 담당자들의 몸짓, 그들의 얼굴 표정, 만약 그들이 피칭 내용을 잘 이해하고 있거나 혹은 눈에 초점이 없다면 피칭의 속도를 얼마나 빠르게 또는 느리게 할지에 따라 다양하게 진행될 것이다. 또한 그들은 피칭 도중에 질문을 하므로 어디서 다시 시작할지 알아야 한다. 만약 판에 박은 듯한 피칭으로 작품을 팔게 된다면, 그 피칭 내용을 녹음해서 또다시 다른 제작사에 보낼 수도 있을 것이다. 나는 전에 피칭을 하러 간 적이 있는데 피칭 도중 작품개발 담당자가 전화를 받기 전까지, 그는 내 손바닥에서 놀아나고 있었다. 하지만 그가 전화 통화를 한 뒤 내 피칭은 쓸모없어졌고, 어떻게 된 일인지 영문을 알 수 없었다. 나중에 그가 내 피칭 도중에 해고당했다는 사실을 알았다. 그래서 그때 그는 전화를 끊고 방에 돌아와 내가 더듬거리며 피칭을 하는 동안 말없이 그냥 앉아만 있었다. 그때 난 내가 녹음기였으면 좋겠다고 생각했다.

톰 슐먼 얼마 전 피칭을 하다가 상상할 수 있는 모든 일을 경험했다. 내가 "이 작품은 50살이 된 남자에 관한 얘기입니다"라고 말하면서 피칭을 시작하자 잠시 후, 작품개발 담당자가 피칭을 중단시키면서 "그 얘기가 70살 된 할아버지에 관한 얘기는 될 수 없나요?"라고 말했다. 그래서 "글쎄요…… 하던 이야기 계속 하죠"라고 말했다. 그러자 그는 "왜 그 남자가 70살 된 노인이면 안 되죠?"라고 또 물었다. 당신에게는 생소한 사실이겠지만 그가 그렇게 말한 이유는 그들이 얼마 전 폴 뉴먼Paul Newman과 계약했기 때문에 내 작품에 폴 뉴먼을 집어넣으려고 했던 것이었다. 아니면 그는 당신의 작품 주인공의 성별을 바꾸려고 하거나 또는 정말로 당신의 작품을 제외한, 방 안에서 일어나는 모든 일들을 재미있어 하는 것처럼 보인다. 그런 다음 그들이 작품을 사면 놀라게 된다. 반대로 당신이 피칭을 함에 따라 그들이 작품에 집중하면서 좋은 아이디어를 제안하기도 하지만, 실제로 작품을 사지 않는 경우도 있다.

제19장　　　프로작가처럼 행동하기

어떻게 프로처럼 행동하느냐, 즉 프로와 아마추어를 구분하는 공통적이면서 일반적으로 인정되는 관례나 규정은 없다. 다음 5개의 습관들은 그렇게 인정되는 관례의 범주에 속하지만 변하지 않는 것은 아니다. 여러분 자신의 판단에 따라 그 습관들을 취사선택하길 바란다.

작품개발 담당자들은 시나리오의 형태, 즉 원고지 분량, 시나리오 제본
용 철사 침의 개수와 질, 앞 장에 인쇄된 작가조합WGA의 등록번호,
그 원고가 몇 번째 원고인지를 나타내는 숫자draft number, 또는 날
짜를 보고 단번에 그 작가가 아마추어인지 아닌지를 알 수 있다. 만약
작가가 "당신이 내 아이디어를 도용하지 않을 거라는 걸 어떻게 믿
죠?"라고 말한다면 그것은 두 번째 근거가 된다. 그 이유는? 그런 생각
은 통상적인 범주 안에서 거의 일어나지 않는 쓸데없는 걱정이기 때문
이다. 작품개발 담당자들이 절대로(훔치는 경우도 있지만 매우 드물다)
아이디어를 훔치지 않는 중대한 이유가 두 가지 있다. 첫 번째 이유는
재정적인 이유다. 초보작가의 아이디어를 사는 비용이 법원에서 소송
을 진행하는 비용보다 훨씬 싸기 때문이다. 또 다른 이유는 대인관계
때문이다. 작품개발 담당자들에게는 인간관계와 겉으로 보이는 모습
이 중요하기 때문에 그들은 법정소송을 당해 곤경에 빠지고 회사로부
터 해고당하는 위험을 무릅쓰지 않는다. 그렇게 하는 것이 아무런 가
치가 없다. 이것이 바로 작품개발 담당자들이 불필요한 시나리오 읽기
를 피하면서 모든 시나리오 공개 서류에 서명이 돼 있는지 또는 시나

리오가 그들이 절대적으로 신용하는 에이전트, 변호사 혹은 아는 사람들을 통해 적법한 경로로 입수되었는지를 확인하면서까지 조금이라도 소송당할 가능성에 매우 조심하는 이유이다. 그런 소송사건은 보통 한 번도 자신의 독창적인 아이디어를 판 적이 없으면서 단지 얼마 전 어떤 작가가 자기의 것과 아주 똑같은 아이디어를 팔았다는 기사만을 읽은 과대망상증 작가로부터 제기된다. 충격받은 그 과대망상증 작가는 "어떻게 이럴 수가 있는가? 나는 한 번도 그 아이디어에 대해 누구한테도 얘기한 적이 없다"고 주장한다. 하지만 그 아이디어는 누구나 생각할 수 있는 보편적인 아이디어이다. 즉, 여러분이 어떤 아이디어를 떠올리자마자 최소한 이 세상에 있는 다른 네 명의 사람들도 그와 똑같은 생각을 한다. 할리우드에서는 아이디어뿐만 아니라 그 아이디어를 완성하는 독창적인 실행 능력도 중요하다. 그러므로 만약 여러분에게 하나의 독특한 아이디어(의심스럽지만 그렇다고 치자)가 있다면, 그 아이디어를 개발해 아웃라인이나 트리트먼트 또는 시나리오로 만들어라. 그렇지 않으면 다른 귀중한 습관들을 위해 휴식을 취하거나 힘을 아껴라. 변호사와 에이전트가 있는 프로작가들은 작가조합 또는 저작권 사무실에 자신의 작품을 등록함으로써 작품을 보호한다. 그리고 그들은 전화통화, 회의, 업무상 점심약속 그리고 메모 등 작품에 관한 자세한 기록과 일지를 보관한다.

론 배스 나는 한 번도 이런 일을 걱정해본 적이 없다. 그 이유는 내가 연예계 전문 변호사였기 때문일 것이다. 그리고 보통 이런 일은 통상적인 범주 안에서 발생하지 않는다는 사실을 당신도 알 것이다. 누군가 자신이 할 수 있는 최선책이 바로 당신의 아이디어를 훔치는 것이라고 생각할 가능성은 거의 없다. 나는 그런 일이 발생할 수도 있고, 또한 발생해왔다고 확신한다. 하지만 그런 걱정을 하면 영화계에서 제대로 활동할 수 없다. 특히 자신의 작품을 작가조합에 등록했다면, 그런 과대망상증에서 벗어나야만 한다.

제럴드 디페고 초보작가들은 자신의 아이디어가 도용되는 것에 대해 지나치게 조심하는 과대망상증적인 경향이 있다. 이 말은 당신에게 정말로 매력적인 아이디어나 좋은 개념의 아이디어가 있는데, 다른 사람이 그 아이디어를 가지고 그만의 방식으로 작업할 수 없다는 의미가 아니다. 내게 그런 아이디어가 있다면, 나는 이 도시를 구석구석 돌아다니면서 그 아이디어에 대해 말하지 않을 것이다. 그 아이디어를 가지고 시나리오를 개발하는 것이 항상 최선의 보호책이다.

마이클 시퍼 영화계에 있는 대부분의 프로작가들은 다른 사람의 아이디어를 도용했다는 인상을 조금이라도 피하기 위해서 무슨 일이든 한다. 그들이 듣고 싶지 않은 말은 다른 사람의 아이디어가 자신이 작업 중인 작품과 간접적으로나마 비슷하다는 말이므로 그들은 그런 말이 나오지 않도록 노력한다. 다른 한편으론, 비이성적이면서 절망적인 사람이 커피숍에서 당신의 아이디어를 듣고는 밖으로 나가 그 아이디어를 팔 수 있다. 따라서 공공장소에서 아이디어를 말하는 것을 조심해라.

 사적인 자리에서 피칭하지 않기

어떤 아이디어에 대해 말한다는 것은
그 아이디어에서 본질을 뽑아내는 것이다.
———— 어니스트 헤밍웨이Ernest Hemingway

이 책의 조언자 중 한 사람도 말했듯이 우선 여러분은 피칭에 대해 걱정할 필요가 없다. 왜냐하면 이미 시나리오를 한 편이라도 팔았거나 흥행한 영화의 시나리오를 쓰지 않은 이상, 여러분에겐 피칭할 기회조차 없기 때문이다. 그런데도 어떤 행사장에서 우연히 어떤 작품개발 담당자를 만났다고 해서 자신의 아이디어를 피칭해서는 안 된다. 작품개발 담당자들은 끊임없이 불필요한 작품들로부터 공격받는다. 즉 대리주차를 해주는 사람이 차에 시나리오를 놓아두거나, 아마추어 작가들이 집 담장 너머 정원으로 시나리오를 던져놓거나, 결혼식장이나 종교행사장 그리고 식당 화장실에서 모르는 사람이 자신의 작품을 피칭하는 등 수많은 일들이 그들에게 벌어진다. 그들은 사람을 만났을 때 그 사람의 또 다른 아이디어에 대해 듣기를 원치 않는다. 사실, 어떻게 보면 그들이 갑자기 피칭을 시작하는 사람을 두려워하는 것도 당연하

마 케 팅 :
중요한 것은
바로 당신의
작품이다

다. 시나리오작가 레스 보엠Les Bohem은 그런 상황을 '내슈빌 악수 Nashville Handshake'라고 불렀다. 즉 음악의 도시 내슈빌에서 악수를 청하는 것은 손에 데모 테이프를 쥐어주려고 할 때뿐이라는 것이다. 그러나 만약 그들이 순수한 마음으로 여러분의 과거 작품이나 현재 진행 중인 작품에 대해 묻는다면 그때는 당연히 그 작품에 대해 피칭을 해라. 그렇지 않다면 그와의 공식적인 만남을 두려워하지 말고, 여러분의 에이전트나 변호사가 자리를 마련할 것이라고 말해라. 이렇게 하는 것이 더 호의적이고 프로 같은 인상을 심어주게 된다.

짐 커프 파티에서 어떤 사람의 아이디어에 대해 듣고 싶은 사람은 한 명도 없다. 보통 작품개발 담당자들에게 접근할 방법이 전혀 없는 사람들이 그렇게 행동한다. 그러면 그들은 그 사람을 바로 아마추어작가로 간주한다. 프로작가는 에이전트나 변호사와 같은 정상적인 경로를 통해 아이디어를 제안한다. 그것이 바로 피칭하는 방법이다.

에릭 로스 누군가 당신에게 현재 작업 중인 작품에 대해 물으면서 그 작품이 어떤 이야기인지 듣고 싶어할 때만 그 아이디어에 대해 얘기해라. 그렇지 않은 이상 사적인 자리에서 일에 대해 이야기하고 싶은 사람은 없다.

마이클 시퍼 우리는 등장인물과 이야기 구조를 고민하면서 끊임없이 이야기들을 자꾸 만들어낸다. 그러나 내 작업 규칙은 사무실을 벗어나면 세상 속에서 활기차게 사는 것이다. 작업 시간 외에는 글 쓰는 일을 생각하고 싶지 않다. 만약 어떤 작품개발 담당자가 당신의 피칭을 듣고 싶어한다면, 그들은 당신에게 전화해서 공식적으로 피칭을 요구할 것이다. 하지만 적절하지 못한 피칭은 3배나 더 지루하게 느껴

진다. 왜냐하면 피칭에 영 기분이 내키지 않는 사람에게 작품의 등장
인물과 배경을 강요하고 있기 때문이다.

할리우드에는 사기꾼들이 많다. 그런 사기꾼들은 살면서 '제작자'라고 쓰여 있는 명함 외에는 다른 어떤 것도 만들어본 적이 없는 사람들이다. 그들은 영화사와 작품개발 계약을 하지 않았기 때문에 그들을 위해 시나리오를 개발하는 작가들에게 돈을 주지 않는 경향이 있다. 특히 많은 초보작가들이 영화계에 발을 들여놓기 위해 돈을 받지 않고 일하겠다고 할 때 더욱 그렇다. 이런 경우 잘 판단해야 한다. 그들을 믿거나 혹은 믿지 말아야 한다. 프로작가들의 공통적인 생각은 이른바 '제작자'라는 사람이 얼마 되지 않는 돈조차 당신에게 지불하지 못한다면, 그 사람은 그 어떤 것도 만들 수 있는 위치에 있지 않거나 당신의 작품 가치를 충분히 인정하지 않는 것이다. 절대 무보수로 일하면 안 되는 이유는 이렇다. 첫째, 당신은 제작되지 않을 수도 있는 작품을 위해 인생의 몇 달을 투자하는 위험을 무릅쓴다. 둘째, 당신은 어쨌거나 작품을 소유하지 못할 가능성이 크다. 기본적으로 제작자들이 여러분의 작품 가치를 인정한다면, 그들은 자신들이 뱉은 말에 돈을 걸어야 한다. 그래도 그런 제작자와 같이 일하고 싶다면, 장편 시나리오를 한 편 쓴 다음, 그들에게 그 시나리오를 갖고 옵션계약할 의사가 있는지를 물어보라.

론 배스　오직 자신을 위한 투자라고 생각하면서 글을 쓸 경우, 무보수로 일하는 것은 괜찮다. 하지만 그런 경우 외에 무보수로 일하는 것은 다음과 같은 이유로 좋지 않다. 첫째, 무보수로 일하는 것은 조합의 규정에 위배된다. 심지어 조합에 가입하지 않았다 할지라도 왜 이런 규칙이 존재하는지에 대한 합당한 이유가 있다. 만약 어떤 사람이 당신의 작품에 대한 어떤 대가도 지불하고 싶지 않다면, 그 사람은 같이 작업하기에 적절한 사람이 아닐 가능성이 많다. 그리고 그런 경우는 작가에게 좋은 결과를 가져다주는 합리적인 상황도 아니다. 그럼에도 불구하고 같이 일을 하게 되면, 결국 누가 작품을 소유할 것인가 하는 문제를 놓고 갈등을 겪을 수 있다. 그리고 전혀 모르는 사람이 당신은 그 작품을 사용할 수 없다고 주장할 수도 있다. 만약 자신을 위한 투자라는 생각으로 일할 의사가 있다면, 제작자에게 나 자신을 위해 작품을 쓸 것이며, 작품을 완성하면 보여주겠다고 말해라. 그런 다음, 제작자가 그 작품을 마음에 들어한다면, 그는 작품을 위해 당신의 제안을 받아들일 수 있을 것이다. 만약 제작자가 그 작품을 마음에 들어하지 않는다면, 당신은 언제라도 그 작품을 가지고 다른 곳에 갈 수 있다. 최소한 그 작품은 당신 소유이다.

에릭 로스　만약 제작자와 작가 둘 다 대학을 졸업하고 이제 막 영화계에 발을 들여놓았다면, 서면계약 없이 악수하면서 구두로 일에 대한 계약을 하는 것이 당연하다. 그러나 제작자가 당신을 고용했다면, 무보수로 일을 해서는 안 된다. 그럴 경우 당신은 상업영화 시나리오를 쓴다는 점에서 제작자와 함께 발생되는 이익을 똑같이 나누겠다는 동업 계약을 맺어야 한다. 절대 공짜로 작품을 주지 마라. 어떤 작가가 무보수로 일한다면, 아무도 그 작가를 진지하게 대하지 않을 것이다. 그것은 프로작가의 행동이 아니다. 그런 행동은 작가를 무시하는 것이다.

톰 슐먼 작가조합에 가입하고 나서 무엇이라도 팔 수 있겠다는 희망을 갖게 되기 전인 초보작가 시절, 난 많은 제작자 지망생들을 만났다. 하지만 그들이 어떻게든 일한 대가를 내게 지불하게 만들었다. 심지어 그 대가가 작품에 비하면 너무나 사소한 토큰 하나였을지라도, 그 토큰은 그들에게 일할 동기를 부여했다. 왜냐하면 그들이 그 작품에 무엇인가를 투자했기 때문이다.

인생에서 가장 위대한 교훈은 때로 바보들조차
옳을 때가 있음을 아는 것이다.
————— 윈스턴 처칠Winston Churchill

내가 아는 어떤 작가는 조연배우의 의상 색깔을 가지고 45분 동안 작품개발 담당자와 입씨름을 했다. 이런 것이 바로 내가 말하는 '까다로운' 태도다. 그리고 대부분의 작품개발 담당자나 제작자 그리고 감독들은 까다로운 작가들과 같이 작업하는 것을 좋아하지 않는다. 내 말은 웃으면서 모든 것을 받아들이라는 뜻이 아니다. 여러분에게 어떤 것에 대한 충분한 믿음이 있고 그것이 의상 색깔처럼 사소한 게 아니라면, 그때는 자신의 의견을 분명히 말해야 한다. 한 극단적인 예로 자신의 작품은 완벽하며 그 작품에 대한 다른 의견을 듣는 것은 시간낭비일 뿐이라고 생각하는 것이 까다로운 태도이다. 그와 반대로 그들이 말하는 모든 것을 비서처럼 받아들여서도 안 된다. 이상적인 태도는 두 태도의 중간 정도를 유지하는 것이다. 많은 작가들은 제작사가 작품에 대한 의견을 말할 때 입을 다물고 듣기만 하는 것이 최선의 방법

마 케 팅 :
중요한 것은
바로 당신의
작품이다

이라고 말한다. 그런 다음, "제게 재미있는 아이디어가 몇 개 있는데 그중 몇 개를 작품에 써보고 싶습니다"라고 말하며 그들의 귀중한 의견에 대해 감사하다고 말한 후, 방을 나가면 된다.

론 배스 전에 난 많은 작품들을 도중에 그만두었다. 하지만 그럴 경우 무섭게 화를 내면서 "이쯤에서 그만두지!" 하고 소리치지는 않았다. 작가로서 당신은 작품개발 담당자나 감독과 함께 그들이 싫어하는 것은 무엇이며, 당신 자신이 무엇을 작업하고 있는지에 대하여 얘기를 나누면서, 그들에게 "그래요, 제 생각엔 이제 다른 작가에게 작업을 부탁할 때가 된 것 같군요. 제 자신이 그 일을 할 수 있는 사람이 아니라고 생각합니다. 다시 말하자면 그것을 어떻게 해야 할지 잘 모르겠습니다"라고 말하게 된다. 당신의 상사인 그들도 당신과 똑같이 말한다는 사실을 알아야 한다. 그들은 자신들의 생각에 딱 맞는 영화를 만들어야 하기 때문에 당신이 틀렸다고 생각한다. 물론 나도 수많은 논쟁을 하고 특정 씬에 대해서는 상대방에게 소리치기도 했다. 하지만 결국 그러한 행동이 동업을 깨는 것이지 그들이 당신을 싫어해서 해고하는 것은 아니다. 그들은 다만 당신이 동의할 수 없는 다른 관점을 갖고 있을 뿐이다. 반대로 그들의 방식이 맘에 들어서 그 방식대로 하려고 노력할 수도 있지만, 그들은 당신이 일을 잘한다고 여기지 않는다. 다른 작가를 구하는 것 외에 그들이 할 수 있는 일이 없을 수도 있다.

제럴드 디페고 성장하는 과정 중에 있는 작가로서 우리는 자신도 모르는 사이에 작품을 망치는 나쁜 아이디어에 대해 늘 조심할 필요가 있으며, 동시에 좋은 아이디어를 기꺼이 받아들일 정도로 마음을 충분히 열어야 한다. 그것이 바로 작가로서의 참된 자세이다. 그것은 글쓰기와는 완전히 무관한 별개의 기술이다. 만약 당신이 빨리 화내고,

쉽게 고함치고, 회의를 하다가 바닥에 시나리오를 던지고 밖으로 나가 버리는(누구도 그렇게 될 수 있다) 유형의 사람이라면 영화계에서 오랫동안 일을 할 수 없을 것이다. 하지만 남의 말에 귀를 기울여 깊이 심사숙고하는 태도는 정말 많은 도움이 된다. 비록 그것이 정말로 어리석다고 생각되고, 실제로 그럴 가능성이 있다 하더라도, 그것이 효과적이지 못한 이유를 예의 바르게 설명해야 한다.

레슬리 딕슨 정말로 좋은 작품을 써라. 스스로 엄격하게 판단해서 그들이 예상하지 못한 내용으로 발전시켜야 한다. 그들의 의견을 당신 자신만의 방식으로 수용할 수 있다면, 당신과 제작자 둘 다 모두 행복해질 것이다. 어떤 작품에서 감독이 결정되면, 그를 이해하고 같이 일하고 싶어하는 사람이 되도록 노력해라. 만약 작품에 대한 그들의 의견을 싫어하거나 의견을 받아들이는 데 방어적이고 거만한 태도를 보인다면, 당신은 영화계에서 오래 가지 못할 것이다. 당신이 그들과 함께 일한다는 사실을 느끼게 만들 방법을 찾아야 한다. 그들은 당신에게 돈을 지불한다. 그 작품이 당신이 싫어하는 영화가 되어가고 있다고 느껴지고 그 작품이 잘 안 될 거라고 생각된다면, 도중에 그만두는 것은 절대 잘못된 행동이 아니다. 나 역시 그런 적이 있다.

니콜러스 카잔 협조적인 사람이 되라고 해서 꼭두각시가 되라는 뜻은 아니다. 사람들이 내게 "같이 일하기에 매우 까다롭다는 말을 들었어요"라고 말하면, 난 그들에게 고마움을 표한다. 까다롭다는 것은 그들이 내 의견을 존중한다는 뜻이기 때문에 그 말은 곧 칭찬이다. 사람들이 실수를 하면, 나는 그들에게 실수했다고 말한다. 그러한 내 의견은 열정적이면서 열심히 하려는 마음에서 비롯된 것이다. 하지만 아무리 화가 나도 물건을 집어던지지는 않는다. 모든 사람들은 즐겁게 작품을 만들고 싶어한다. 나는 무언가를 창작하고 만드는 것을 좋아하므로 나와 함께 일하는 사람들은 대부분 즐겁게 일을 한다. 사람들이 나를 까다롭다고 말하는 이유는 그들이 내게 무언가를 고치라고 요구할 때, 그들에게 그것이 별로 효과적이지 못할 거라고 얘기하기 때문이다. 몇몇 작가들은 그들이 요구하는 대로 한다. 그러나 난 그런 작가들을 훌륭한 작가라고 생각하지 않는다. 당신이 그들이 요구하는 대로 무엇이든 한다면, 당신은 스스로 글을 쓰는 것이 아니라 다른 사람의 생각을 가지고 글을 쓰는 것이며, 그런 글은 그렇게 느껴지게 된다. 당신은 항상 작품과 창작 과정에 열정적이면서 사람들에게 자신의 생각을 설명하고 서로 조화를 이루고 싶어한다. 당신이 "저도 고치도록 노력할 수는 있지만 그렇게 되면 다음과 같은 4가지 결과들이 뒤따를 것이고, 제 생각에 당신은 그 결과들을 원치 않으리라 생각합니다"라고 간단히 말한다면, 그들은 당신의 의견을 고려한 다음, 결국 그 말을 따를 것이다. 하지만 그들을 협박하거나 불쾌해하면서 심술맞게 행동한다면, 영화계에서 다시 일할 수 없을 것이다.

마이클 시퍼 작가들은 때때로 작품의 방향을 잃기도 한다. 중요한 것은 마음을 여는 것이다. 나는 하나의 이야기를 구성하면, 그것을 아주 잘 써서 견고하게 만든다. 제작자들이 나 대신 다른 작가를 고용한다 할지라도, 여러 면에서 그 작가가 하는 일은 단지 커튼의 색깔을 바꾸는 정도일 뿐이다. 그가 여기저기 대사를 바꾸거나 두세 개의 농담을 바꿀 수는 있지만, 작품의 기본 뼈대는 변하지 않는다. 그리하여 작품에서 감독이 결정되면 그가 하는 일이란 당신이 만든 기념물의 안쪽을 장식하는 것뿐이고 그 정도는 그대로 두어도 괜찮다. 물론 그것이 별 효과가 없다면, 당신은 "왜 내게 이것을 파란색에서 빨간색으로 바꿀 기회를 주지 않습니까? 나도 그렇게 할 수 있어요"라고 말하고 싶을 것이다. 하지만 그들은 당신이 그렇게 말하는 것을 원치 않는다. 왜냐하면 사람들은 오랜 시간 혹은 많은 작품들을 통해 서로 신뢰하게 된 자신들의 동료들과 함께 일하고 싶어하기 때문이다. 궁극적으로 그런 것은 별로 중요하지 않다. 왜냐하면 영화가 개봉되었을 때, 사람들을 현혹하는 것은 커튼의 색깔이 아니다. 이야기와 등장인물 간의 갈등이 사람들을 현혹하는 것이다. 만약 당신이 원작자이고 작품을 제대로 이해하여 총알도 뚫지 못할 정도로 탄탄한 이야기를 만들었다면, 다른 사람들이 그 작품을 망치기는 쉽지 않다.

에드 솔러먼 당신은 때때로 싸움도 해야 한다. 시나리오작가로서 당신은 결코 싸움에서 이길 수 있는 위치에 있지 못하다. 당신은 오직 당신 고유의 영역만을 가지고 논쟁할 수 있을 뿐이다. 그리고 실력이 정말로 좋지 않은 이상 '까다로운' 작가들은 종종 해고당하는 것이 현실이다. 그러나 그들이 정말 능력 있다면, 사람들은 그들의 의견을 존중하기 때문에 가급적이면 그들과 논쟁하려 하지 않는다. 만약 사람들이 당신에게 돈을 주면서 글을 쓰라고 한다면, 당신이 부엌 디자인을 위해 고용한 사람을 다루듯이 그들도 당신을 대한다. 나 역시 그런 점이 싫지만 그것이 현실이다. 논쟁에서 이길 때도 있지만 그렇지 못한 경우 그 논쟁 때문에 해고당한 적도 있다. 나는 작가를 소모품으로 간주하여 아주 쉽게 해고하는 영화계에서의 작가 위치가 영화의 질적 발전을 가로막는다고 생각한다.

할리우드에서 해고는 아주 성공한 시나리오작가들도 겪는 일반적인 일이다. 또 다른 일반적인 현상은 다른 작가들이 여러분의 작품을 고치는 데 실패한 뒤 여러분이 그 작품에 다시 고용되는 것이다. 그러므로 고용주의 포르셰 차 바퀴를 발로 차거나 그의 말리부 별장을 불질러버리고 싶더라도 항상 그들에게 친절해야 한다. 해고당할 때 보통 그 이유가 작품 때문이라는 사실을 알기 바란다. 해고된 이유가 개인적인 이유처럼 보일지라도 사실은 그렇지 않다. "비평에 대해 마음 열기"라는 57번째 습관을 기억하라. 자기 자신을 작품으로부터 떼어놓기는 힘든 일이다. 그리하여 해고를 당하면 어쩔 수 없이 상처를 받게 된다. 화를 내는 것도 괜찮다. 다만 프로처럼 행동해라. 일단 거짓으로 미소를 짓고, 집으로 돌아와 엉엉 소리 내어 울거나 물건을 집어던져라. 중요한 점은 제작자가 앞으로 고용할 12명의 작가들이 처음에 그가 그 작품을 사도록 당신이 초고에 걸어놓은 마법에 근접조차 하지 못할 때, 당신은 그 작품에 다시 고용된다는 사실이다. 또한 그 작품에 당신을 재고용하지 않더라도 영화계는 매우 좁기 때문에 그들이 미래의 작품에 당신을 작가로서 고려할 가능성이 많다.

론 배스 "인간관계를 끊지 말라"는 말은 자기 자신에게 솔직하지 못한 부담스러운 말이 아니라면, 인생의 어떤 상황에서든 항상 사람들을 대할 때 선택해야 할 건강한 태도이다. 대접받은 방식 때문에 인간관계를 끝내야겠다고 느껴지는 경우, 인간관계를 끊는 것이 옳다고 생각될 것이다. 하지만 그런 경우를 제외한다면 영화계에 그런 일은 흔하지 않으며, 과거에 별로 좋지 않게 같이 일을 했더라도 그 사람과 다시 일하기로 결심했다면 그와 인간관계를 끊지 않은 것이 정말 잘한 것이라고 느끼게 될 것이다. 특히 같은 작품에 재고용되는 일반적인 경우 더욱 그렇다. 하지만 나는 아직 개인적인 이유로 인해 작품에서 해고당하지는 않았다. 누군가 당신이 할 수 없거나 할 의사가 없어서 쓰지 못하는 것을 대신 쓸 수 있는 또 다른 작가가 필요하다고 느끼기 때문에 당신은 작품에서 해고되는 것이다. 그것은 일 때문이지 개인적 감정 때문이 아니다. 물론, 해고당한 당신은 실망하고 상처를 받게 된다. 그러면서도 계속 그 작품을 할 수 있기를 희망한다. 하지만 당신에게 욕을 하지 않은 이상, 당신이 제대로 역할 수행을 하지 못했다고 생각하는 사람에 대해 분노하는 것은 바보스럽고 잘못된 감정이다.

제럴드 디페고 이 문제는 개인적으로 당신이 어떻게 대접받았느냐에 달려 있다. 당신이 누군가로부터 모욕을 받았다고 느낀다면, 아마 그 사람과 다시 일하고 싶지 않을 것이다. 나는 어떤 상황에서도 고함을 치거나 소리치지 않는다. 하지만 때로는 분위기를 전환하여 당신의 기분이 어떠한지 말하는 것도 매우 중요하다. 만약 그들이 당신에게 무언가를 잘못했다면, 그 행동이 왜 잘못되었는지를 말해라. 정확한 의미에서 보자면 당신이 인간관계를 끊는 것이 아니다. 그러나 그러지 않고 그냥 어깨를 으쓱하며 밖으로 걸어나가서는 안 된다. 할리우드에

마 케 팅 :
중요한 것은
바로 당신의
작품이다

서 작가가 어떤 대우를 받는지는 누구나 알고 있다. 그리고 어떤 작가가 정당하지 못한 이유, 즉 누군가의 변덕이나 불안 또는 다른 작가가 그보다 더 신선해 보인다는 이유로 해고당한다면, 그런 방법은 영화를 만드는 데 좋지 못한 방법이며, 작품 속에는 작가의 생각도 들어간다는 것을 공개적으로 말해야 한다. 감독들은 이런 일이 절대로 자기 자신에게 일어나지 않도록 노력한다. 작품에 참여했던 감독을 해고하는 것은 당사자에게는 잔인한 일이다. 나는 누군가가 감독들에게 "자네, 내 개인적인 감정 때문에 해고당했다고 생각하지 말게. 우리는 다만 작품을 새롭게 만들기 위한 약간의 재촬영 때문에 다른 감독을 고용했을 뿐이네"라고 말하면, 그들이 어떻게 반응하는지 보고 싶다. 그런 일을 당한 감독들은 지붕을 뚫고 나갈 정도로 화가 날 것이고 바로 그것은 작가들이 감독들로부터 당하는 일이기도 하다.

에이미 홀든 존스 해고에 대해 말하자면, 특히 당신을 해고한 사람들에게 죄책감을 느끼게 해서는 절대 안 된다. 그들이 당신을 해고하고 다른 작가를 고용했는데 그 작가도 작품에 도움이 되지 못한 경우, 당신이 그들에게 해고한 사실에 죄책감을 느끼지 않게 했다면, 당신을 재고용할 가능성이 높다.

짐 커프 당신을 해고했던 사람들과 언제 또다시 일하게 될지 알 수 없으므로 인간관계를 끊지 않는 것은 터득해야 할 좋은 습관이다. 젊었을 때 난 곧잘 화를 내곤 했지만 함께 일했던 사람들에게 화를 낸 것이 아니라 주로 작품 자체에 대해 화를 낸 것이었다. 나는 항상 모든 사람들과 비교적 좋은 인간관계를 유지해왔다. 영화계는 보기보다 좁아서 똑같은 사람들을 다시 만나게 되기 때문이다.

· · ·

시나리오로 성공하는 길에는 수많은 장애물과 좌절이 놓여 있다. 마치 백지 상태에서 좋은 시나리오를 쓰는 것이 매우 어렵듯이 끊임없이 작품을 거절당하면 그 작품을 파는 것이 불가능한 일처럼 느껴진다. 여러분은 시나리오작가로서의 꿈을 이루고 마음을 단련시키기 위해 P로 시작하는 4개의 단어, 즉 인내Patience, 노력 Persistence, 열정 Passion, 습작Practice을 받아들여야 한다.

06 The Four Ps

인내 · 노력 · 열정 · 습작, 꿈을 포기하지 않기

세상의 그 어떤 것도 노력을 대신할 수는 없다.

재능도 노력을 이길 수 없다.

재능 있는 사람이 성공하지 못하는 경우는 정말 흔하다.

천재도 노력하는 사람은 이길 수 없다.

실력 없는 천재는 거의 웃음거리밖에 되지 못한다.

교육도 그것 자체만으로는 노력을 대신할 수 없다.

세상에는 교육받은 게으름뱅이들이 너무나 많다.

노력과 결단만이 무엇이든 가능하게 만든다.

─────── 캘빈 쿨리지 Calvin Coolidge

제20장

모든 것은 때를 기다리면서 일을 밀고 나가는 사람에게 온다.

――― 토머스 에디슨Thomas Edison

할리우드에서 시나리오작가의 삶은 오랜 기다림의 게임과 같다. 시나리오작가는 에이전트에게 원고를 넘겨주고 원고에 대한 의견을 듣기까지, 피칭을 한 다음 제작자가 결정할 때까지, 또는 변호사와 작품 계약을 하고 난 뒤 최종적으로 계약금을 받을 때까지 계속 기다려야 한다(제작사 실무자 중에는 여러 가지 이유를 대며 배우들에게 출연료 지불을 미루는 일만 맡는 사람들도 있다고 어떤 작가가 내게 말했다). 작품 제작이 결정되었다 하더라도 프리-프로덕션부터 개봉하기까지 1년 반이라는 시간이 걸릴 수 있다. 여러분은 인내심을 가지고 스스로를 조절할 필요가 있다. 많은 사람들은 우선 조급함과 성공에 대한 욕심 때문에 필사적으로 행동한다. 만약 에이전트나 제작자 또는 작품개발 담당자가 여러분의 작품에 대해 답변하는 데 시간이 오래 걸리더라도 화를 내거나 절망에 빠지지 마라. 어떤 사람들은 그들에게 답변하는 데 2주 정도의 시간을 주어야 한다고 말한다. 그러나 답변을 얻기까지 두 달이 걸리는 것이 현실이다. 그것은 일의 우선순위에 관한 문제일 뿐이다. 가격경쟁을 할 정도로 인기 있는 시나리오는 한 시간의 점심시간 동안 읽힌다. 반면 누군가로부터 '추천된' 무명작가의 시나리오는 제작자와 에이전트의 인간관계에 따라 결정된다.

스티븐 드수자 참을성을 가지고 행운을 빌면서 자신의 아이디어의 경쟁력과 가치를 믿어라. 비록 '제작자들'이 당신이 방금 쓴 작품을 원하지 않더라도, 곧 인정해주는 시기가 올 것이다. 내 말을 믿어라. 그러므로 당신의 작품도 돈이 될 수 있다. 마이클 크라이턴Michael Crichton은 내게 그의 TV 드라마 〈*ER*〉의 대본이 책상서랍 속에서 18년 동안이나 잠자고 있었다고 말했다. 그는 그 대본을 TV 미니시리즈용으로 썼다. 하지만 불행하게도 그가 쓴 다른 영화가 실패한 뒤 얼마 되지 않아 그 대본을 제출하는 바람에 드라마로 제작되지 못했다. 그 대본의 장점을 알아보지 못했던 방송국 간부가 그것을 제작하지 않기로 결정했던 것이다. 그래서 그는 그 작품을 서랍 속에 보관한 후 소설과 대작 영화의 시나리오 쓰기에 몰두했다. 그 후 그는 스필버그가 병원드라마의 대본을 찾고 있다는 소식을 듣게 되었고, 그 작품을 서랍에서 꺼내보곤 고칠 필요가 있다고 생각했다. 하지만 놀랍게도 작품의 등장인물과 대사는 고칠 필요가 없었다. 그러나 18년 전 의사들이 사용했던 장비와 기술적인 용어는 많이 바뀌어 있었다.

아키바 골즈먼 인내하기란 매우 힘든 일이다. 왜냐하면 당신은 작품에 정말 많은 에너지를 쏟았고 그 일이 오랜 시간 당신에게 최우선의 일이었지만, 다른 사람에게는 별로 중요하지 않기 때문이다. 이것은 고통스러운 사실이다. 당신에게는 지혜와 공감대 그리고 이해심이 필요하다. 또한 당신은 올 필요가 없다면 이 도시로 이사오는 것을 원하지 않는다. 당신이 준비가 될 때까지 L.A.에 오지 마라. 이곳에서 시나리오를 쓰지 마라. 어쨌든 L.A.는 글쓰기에 있어 최악의 장소 중 하나다. 왜냐하면 이곳에서는 삶의 진실한 경험을 할 수 없기 때문이다. 걷다가 만나는 사람들이 시나리오를 쓰고 있지 않은 곳에서 글을 써라. 그러한 사실은 당신을 미치게 할 것이다. L.A.보다는 디모인Des Moines이나 뉴욕의 브루클린이 글을 쓰는 장소로 더 좋다. 그리고 어떻게 제대로 된 작품을 쓸지를 생각해라. 그런 다음, 또 다른 작품을 쓰기 시작해라. 만약 당신에게 실력이 있다면, 결국 한 작품은 성공할 것이다. 또한 전화를 기다리면서 에너지를 낭비하지 마라. 내 경험에 비춰볼 때, 당신은 '만약 전화가 오면 어떡하지?'라는 생각 때문에 어떤 무생물과 종속적인 결혼생활을 하면서 기괴하고 믿기지 않을 정도로 불안해하며 집 밖으로 나가는 것을 두려워하게 된다. 그들이 마침내 당신에게 전화를 걸어 작품이 맘에 든다거나 혹은 들지 않는다고 말하기밖에 더하겠는가?

스콧 로젠버그 당신은 그 어떤 것에도 의지할 수 없으며, 무언가에 의지하더라도 자기 자신에게 상처를 줄 것이다. 모든 일은 돈을 벌기 위해 발생하므로 당신 스스로 이 이상한 세계에서 하나의 역할을 수행하고 있다는 사실에 행복감을 느껴야 한다. 아주 옛날 내 아버지는 "무엇이든 네가 하고 싶은 일을 해라. 모든 정성을 다해 그 일을 한 다음, 그 일을 통해 돈을 벌 수 있는 방법을 찾아라"라고 말했다. 그리고 나는 자기보다 잘하는 사람들을 쳐다보면서 "이쪽 풀이 저쪽 풀보다 더 푸르네"라는 영화계 특유의 자세를 갖기가 매우 쉽다고 생각한다. 이 도시에는 다른 사람에 대한 선망을 많이 한다. 특히 시나리오작가들 사이에서는 더욱 그렇다. 당신이 좋아하는 일을 통해 생계를 유지하면서 본질적으로는 꿈을 이루면서 사는 것에 행복해하라고 말하고 싶다.

　　　　마이클 시퍼　영화 일이라는 것은 믿기지 않을 정도로, 고통스러울 정도로 느리게 진행된다. 그리고 정말로 시나리오를 완성했다고 깨닫기까지는 몇 년이 걸린다. 지금은 고전이 된 수백 편의 영화들도 개봉하기까지 거의 10년이라는 시간이 걸렸다. 나는 그 이유가 예술과 상업성 사이, 즉 모든 사람이 좋아하고 훌륭하다고 여기는 예술작품과 "만약 이 영화를 제작한다면 투자한 돈을 다시 벌 수 있을까?" 같은 의문의 커다란 충돌 때문이라고 생각한다. 그런 생각을 하는 사람들은 그 시나리오가 마음에 들지만 지나쳐버린다. 그런 다음, 시대가 바뀌거나 다른 세상이 된 어느 날 어떤 사람이 그 시나리오를 읽고 상업성이 있음을 발견한다. 한 사람의 제작자로서 나는 가장 긴 기간을 조건으로 계약하려고 애쓴다. 그 이유는 이 도시에서 빠른 시간 안에 영화를 만들 수 있다고 믿는 것이 비현실적인 생각이기 때문이다. 모든 사람들은 재정적으로 의심스러운 일에 관련되는 것을 두려워한다.

제21장　　　노력

만약 실수를 했다면, 그것이 심각한 실수라 할지라도
항상 또 다른 기회가 있다. 우리가 실패라고 규정하는 것은
추락하는 것이 아니라 움츠린 채 가만히 있는 것이다.

———— 메리 픽퍼드Mary Pickford

시나리오를 거절당하는 것은 할리우드 삶의 일부분이므로 성공한 시
나리오작가들에게도 그런 일이 발생한다. 간단하게 생존이란 거리에
서 걷어차인 뒤 몸을 일으킨 다음 먼지를 털고 계속 앞으로 걸어가는
얼굴 두께와 능력에 관한 것이다. 소설가 바버라 킹솔버Barbara
Kingsolver는 시나리오 거절을 극복하는 훌륭한 심리적인 방법 한 가
지를 알고 있다. 그녀는 "시나리오를 거절당했을 때 시나리오를 거절
당했다고 생각하지 마라. 그 시나리오를 '내 작품에 감사할 수 있는 편
집자에게' 보냈는데 '주소가 잘못되어 반송' 되었다고 생각해라. 그런
다음 계속해서 그 작품에 알맞은 주소를 찾아라"라고 말한다. 그렇다
면 우리의 조언자들은 어떻게 거절을 받아들이는지 알아보자.

론 배스 나는 시나리오를 거절당한 사실을 잘 받아들이지 못하지만 그렇다고 다른 사람에게 화를 내지는 않는다. 화는 불안한 마음의 표현이다. 사람들이 당신을 거절하는 이유는 당신에게 상처 주고 싶어서가 아니라 당신 작품이 마음에 들지 않기 때문이다. 그래서 나는 별로 화가 나지 않는다. 다만 마음이 아프고 불안하며 우울해질 뿐이다. 하지만 집에 돌아가 또다시 일해야 하므로 결국 그런 감정은 점차 사라지게 된다. 특히 여러 작품을 작업하고 있는 중이라면 더욱 그렇다. 바로 이것이 동시에 여러 작품을 작업하는 것이 바람직한지에 대한 답이다. 한 작품이 잘못되더라도 다른 작품이 잘될 수 있는 가능성이 남아 있기 때문이다.

스티븐 드수자 시나리오를 거절당하면 나는 현재 작업 중인 작품으로 되돌아간다. 난 얼마 전 내 작품을 피칭하였다. 어떤 피칭 결과가 나올지 몰라 그때 작업 중이던 작품으로 되돌아가 계속 작업을 하고 있다. 당신은 시나리오를 거절당했을 때 거절당한 사실을 기억에서 지우려고 애쓴다. 물론 시나리오를 거절당하면 약간 마음의 상처를 받긴 하겠지만, 스스로에게 훌륭한 작품들이 예전에 한 번씩 거절당한 적이 있다는 사실을 주지시킨다. 모든 제작사에게 거절당했던 〈스타 워스 *Star Wars*〉를 보라. 〈포레스트 검프 *Forrest Gump*〉는 영화로 제작되는 데 10년이나 걸렸다. 어려움 없이 크게 성공한 영화를 나는 본 적이 없다.

제럴드 디페고 자기 자신과 아이디어를 믿어야만 한다. 당신은 사람들이 아무거나 좋아하지 않는다는 사실을 알지만, 막상 그들이 자신의 작품을 좋아하지 않으면 마음에 상처를 받는다. 마음에 상처를 받지 않는다면, 아마 그 작품에 대한 애정이 부족한 것일지도 모른다.

당신은 사람들이 자신의 작품을 기꺼이 받아들이길 원한다. 그런 바람을 떨쳐버릴 수 없다. 그러므로 실망을 극복하고 계속 앞으로 나아가야 한다. 난 거의 30년 동안이나 글을 써왔기 때문에 희망했던 작품에 대해 나쁜 소식을 듣게 되더라도 2~3일 이상 슬퍼하지 않는다. 그런 다음, 계속 작업을 한다.

아키바 골즈먼 나는 예전에 시나리오를 거절당하는 데 익숙하지 않아 우울해지곤 했다. 침대에 올라가 이불을 뒤집어쓰고 보통 이틀 정도 계속 자기 연민에 빠지곤 했다. 하지만 지금은 그냥 기다린다. 그런 감정은 시간이 지나면 사라진다는 것을 깨달았다. 슬퍼하는 것은 괜찮다. 거절당한 사실에 상실감을 느끼고 마음 아파하는 것도 괜찮다. 당신은 슬퍼할 줄 알아야 한다. 만약 모든 정열을 바쳐 어떤 작품을 썼는데도 그 작품이 잘되지 않았다면, 당신은 그 작품의 손실을 되새김으로써 비장해져야 한다. 거절당했다는 사실에 슬퍼해라. 그러면 더 훌륭한 작가가 될 것이다. 그런 경험은 당신을 모든 작품을 더 좋게 만들기 위해 두 배로 노력하게 만들 것이다. 나는 스스로 "괜찮아, 그들의 생각이 틀렸어"라고 말할 수 있는 사람이 되려고 애썼다. 하지만 그렇게 되지 못했다. 난 그들이 나 스스로 형편없다고 생각하는 작품을 좋아할 때 놀라게 된다.

에이미 홀든 존스 가장 잘 나가는 시나리오작가들도 늘 작품을 거절당한다. 나는 거절을 잘 받아들이지 못한다. 바로 이러한 사실 때문에 한 작품을 끝냈을 때 계속해서 작업할 또 다른 작품이 있는 것이 바람직하다. 얼마 전 끝낸 작품에 대한 실망스런 결과를 접했다면, 그러한 사실은 다음 작품에 몰두하는 데 도움이 된다.

니콜러스 카잔 성공한 작가들은 대단한 결단력을 가지고 있으며, 고통과 굴욕감 그리고 거절을 받아들이고 자신의 부족한 재능을 나타내는 수많은 상황에 직면해도 노력하는 능력을 지니고 있다(성공한 작가들에게 재능이 없다는 말이 아니라 다만 시나리오를 쓰는 일은 부지런함을 요하며 실력이 좋든 나쁘든 당신은 항상 재능이 부족하다고 느낄 수도 있다는 뜻이다). 거절을 받아들이는 가장 쉬운 방법은 자신을 거절한 사람들과 맺은 계약을 파기하는 것이다. 하지만 그것은 비싼 대가를 치러야 하므로 위험하다. 솔직히 사람들이 당신의 작품을 좋아하지 않는다는 사실은 항상 충격적이다. 사실, 이 도시의 모든 제작자들이 당신 작품을 좋아할 필요는 없다. 당신에게는 적절한 위치에 있으면서 작품을 성공시키기 위해 어느 정도의 자신감과 용기를 가진 단 한 사람만이 필요하다. 하지만 당신은 언제 멈추어야 할지, 아니면 계속 가야 할지 알지 못한다. 이미 100번이나 거절당한 뒤에도 그 작품을 읽을 수 있고 그 작품이 좋다고 느껴진다면, 포기하지 마라. 만약 그렇지 않다면 스스로에게 솔직해져 그들의 생각이 옳을 수도 있으며 거절하는 것이 당연한 일이라고 생각해야 한다. 그런 뒤 그 작품에 대해 잊어버리고 뛰어난 작품, 즉 당신이 좋아하면서 일반적이지 않은, 보통과 다른 작품을 쓰려고 노력한다. 그런 작품이 당신을 다른 작가들과 구분시켜 줄 것이다.

짐 커프 나는 시나리오를 거절당하는 것에 대해 지나치게 걱정하지 않는다. 이것이 바로 대여섯 개의 작품을 동시에 진행함으로써 생기는 장점 중의 하나다. 당신은 문이 닫혔을 때 열려 있는 다른 문으로 들어간다. 작품을 영화로 제작하는 것도 마찬가지다. 대중은 당신의 작품을 좋아하거나 혹은 싫어한다. 어떤 평론가들은 당신에게 호평을 하는 반면, 다른 평론가들은 혹평을 한다. 이 도시에서 당신은 철면피가 되어야 한다. 왜냐하면 모든 사람들이 어떤 식으로든 당신의 작품에 대해 의견을 말하기 때문이다. 그 외에 다른 방법이란 존재하지 않는다. 당신은 사람들에게 평가받지 않고 작가가 될 수 없다.

스콧 로젠버그 언제나 시나리오를 거절당할 수는 있지만, 나는 그럴 경우 거절한 사람에 대해 기분이 나쁘다. 그러나 다시 말하지만 그것은 모두 작품에 달려 있다. 내가 좋아하는 시나리오 한 편이 있다고 치자. 그 작품은 내가 쓴 작품 중 최고의 작품이지만, 아무도 그 작품을 좋아하지 않으면 난 충격을 받게 된다. 그 작품은 영화로 제작되지 못한다. 따라서 어떤 제작자나 유명 배우가 그 작품을 거절하면, "당신 순 엉터리야, 당신이 도대체 지금 당신 자신에게 무슨 짓을 하고 있는 줄 알아?"라고 소리친다. 당신도 그렇게 태도가 격앙될 것이다. 또한 내겐 거절당한 형편없는 작품들도 있다. 하지만 난 그 작품들이 형편없다는 사실을 알고 있다. 따라서 당신은 앞의 둘 중 한 가지 방법으로 작품이 거절당하는 것을 받아들이게 된다. 어찌 됐든 그 시나리오가 좋지 않아서 거절당한 이유를 알고 있다면 그나마 낫다. 그러나 작품이 아주 좋은데도 거절당한다면, 그것은 결국 제작자의 손해다. 글을 쓰기 시작한 지 얼마 안 된 초보작가는 여기저기서 시나리오를 거절당하면, 회의적인 생각이 들 수 있다. 스스로에게 "맙소사, 내가 지금 무얼 하고 있지?"라고 묻기 쉽다. 그러나 영화 일의 장점은 어떤 사람이 당신을 거절해도 또다시 찾아갈 수 있는 사람들이 많다는 것이다. 만약 어떤 에이전트가 당신을 거절한다면 찾아갈 수 있는 다른 에이전시들도 많다. 그러나 모든 에이전시들이 당신을 거절한다면 어떻게 하겠는가? 그러면 전혀 다른 무리의 사람들이 있다. 그들은 바로 제작자들이다. 그런데 제작자들 또한 모두 당신의 작품을 거절한다면, 그 작품은 정말 형편없는 것이다. 하지만 이 일의 최대 장점은 또 다른 작품을 쓰고, 계속해서 다른 작품을 쓸 수 있다는 것이다. 즉, 당신이 원하는 만큼 쓸 수 있다. 시나리오를 거절당해 어떤 심각한 개인적인 문제를 겪지 않는 이상, 당신은 항상 새로운 마음으로 다시 시작할 수 있다.

에릭 로스 나는 화를 잘 내지 않는다. 하지만 작품을 거절당하면 다른 모든 사람들처럼 화가 난다. 그리고 보통 그 화는 하루 정도 지속된다. 작품을 거절당하면 반드시 그런 건 아니지만 보통 그렇게 된다. 몇 번 시나리오를 거절당하면 거절할 때 사람들이 작품에 대해 어떻게 말하는지 알게 된다. 그러나 아무도 전화로 "이 작품 아주 형편없군요"라고 말하지 않는다. 그건 작품이 너무 길거나 혹은 그들이 작품을 제대로 보지 않은 것에 가깝다.

마이클 시퍼 나에겐 24시간 법칙이 있다. 이 세상 어느 누구도 나를 하루 이상 불쌍하게 만드는 것을 용납하지 않겠다고 나 자신에게 다짐한다. 시나리오를 거절당하면 기분이 나쁘고 마음에 상처를 받는다. 그렇지 않은 사람은 정신에 문제가 있는 것이다. 하지만 그런 감정을 너무 오랫동안 지니고 있다면 그 사람은 바보다. 누군가 당신을 주먹으로 때리면 당신은 그 자리에 쓰러진다. 하지만 계속 쓰러져 있을 수는 없다. 스스로 몸을 일으켜 새로운 무언가를 다시 시작해야만 한다. 그것은 복싱과 비슷하다. 심판이 지금 카운트를 세고 있다. 만약 당신이 계속 쓰러져 있다면 경기는 끝날 것이다.

톰 슐먼 시나리오를 거절당하는 일은 고통스럽고 항상 충격적이다. 좋은 작품을 쓰기 위해서 당신은 작품에 열정적일 수밖에 없다. 그렇기 때문에 다른 사람들이 그 작품을 읽고 마음에 들어하지 않으면 당신은 마음에 상처를 받게 된다. 하지만 나는 지난 몇 년 동안 그런 감정을 점점 빨리 극복해왔다. 처음 작품을 거절당했을 때는 그런 감정을 극복하는 데 며칠이 걸렸다. 지금은 15분가량 마루에 누워 생각함으로써 거절당한 사실을 극복할 수 있는 경지에 도달하게 되었다. 처음 5분 동안은 '괜찮아, 이겨낼 수 있어. 나에겐 다른 일이 필요해. 그 일은 할 수 없어, 또……' 라고 생각하게 된다. 그런 다음, 그 다음 5분 동안은 "글 쓰는 일 외에 다른 무슨 일을 하지?"라고 생각한다. 그리고 마지막 5분 동안은 "이 작품을 어떻게 더 좋게 만들지?"라고 생각하게 된다.

에드 솔러먼 이 습관은 매우 조심스런 문제다. 왜냐하면 당신은 자기 자신을 믿고 자극할 필요가 있기 때문이다. 하지만 때로는 당신의 작품이 그다지 좋지 않을 수도 있다. 그럴 때는 어떻게 해야 하는가? 당신은 자기 자신을 제대로 판단해야 한다. 창의적이라고 평가받는 것과 비굴하게 시나리오를 거절당하는 것은 전혀 다르다. 만약 누군가 당신의 작품을 거절하면서 "제가 찾는 작품이 아닌 것 같군요"라고 말한다면, 당신은 "상관없어, 나는 이 작품에 만족해"라고 말할 수도 있다. 그러나 다른 사람들이 "주인공의 역할이 그저 그러네요"라고 말하고, 또 다른 사람들도 "이 작품의 주인공이 마음에 안 드는데요"라고 말한다면, 그 사실을 눈여겨볼 필요가 있다. 당신이 받는 거절의 종류가 어떤 것인지 잘 파악해라. 어떤 거절은 작품에 도움이 되기도 한다. 그러한 거절은 곧 작품 속 무언가가 효과적이지 않음을 말해주기 때문이다.

로빈 스위코드 이 문제는 언제 거절을 당하느냐에 달렸다. 사람들은 내 아이디어를 가지고 이리저리 흠잡을 수 있고, 나는 그런 사실에 아무런 영향을 받지 않는다. 왜냐하면 아이디어 단계에서 그렇게 하는 것은 당연하기 때문이다. 어떤 사람이 그 아이디어를 좋아하지 않아도, 때론 다른 사람이 그 아이디어를 좋아할 수도 있다. 내가 가장 마음 아픈 경우는 엄청난 양의 작업을 마쳤는데 제작사가 계속 변덕을 부려서 내 작업의 질과 양에 상관없이 내 노력이 헛수고가 될 때이다. 즉 내 작품이 영화로 제작되지 못하거나 제작사가 내 원고를 거절한 뒤, 그 일에 맞지 않는 말도 안 되는 다른 작가를 투입할 때 정말로 마음의 상처를 받게 된다. 나는 특정한 역할로 그 작품에 투입되면 나 스스로에게 다른 누구보다도 훨씬 엄격한 기준을 적용한다. 하지만 사람들이 내 가치나 열정을 인정하지 않으면 상처를 받게 된다. 몇몇 내 작품들은 엉망으로 제작되었다. 그것은 또 다른 형태의 거절이다. 내 작품이 아주 형편없는 영화로 만들어지는 것을 보면 내 아이의 팔다리가 절단되는 것 같은 기분이 든다. 그런 기분에서 회복되기까지는 오랜 시간이 걸린다. 시간이 얼마나 걸리든 슬퍼해야 한다. 내겐 글 쓰는 일이 일종의 피난처 구실을 하기 때문에 그럴 때는 글을 쓰는 게 종종 도움이 된다. 하지만 슬픔을 극복할 수 없다면 하루나 이틀 정도 자신에게 즐거움을 주는 일을 하면서 스스로를 돌보아야만 한다. 그러는 과정은 애정을 되찾는 과정과 비슷하다. 억지로 자기 자신에게 책상에 앉으라고만 할 수는 없다. 특별한 곳으로 여행을 가는 것도 하나의 좋은 방법이다. 우리 가족에게는 여름 별장이 있다. 때때로 남편이나 친구들과 함께 그곳에 가서 산책을 하면서 나무를 관찰하거나 난로 옆에 앉아 한 권의 좋은 책을 읽으면서 나 자신을 치료하기도 한다. 그렇게 하고 나면 새로운 마음으로 일을 할 수 있다. 마치 무언가를 하지 않아 심한 벌을 받은 뒤 자신의 방으로 들어가는 아이처럼 말이다. 영화계에서 살아남기 위해서는 스스로 강해져야 한다.

절대 후회하지 마라. 만약 작품이 좋다면, 바랄 것이 없다.

만약 작품이 나쁘다면, 그것은 단지 경험일 뿐이다.

─── 빅토리아 홀트Victoria Holt

100퍼센트 확실하게 실패하지 않을 자신이 있다면, 여러분은 어떤 일을 하겠는가? 여러분이 어떤 일을 하든 그 일을 정말로 좋아하는 것임에 틀림없다. 내겐 그 일이 좋은 시나리오를 쓰는 일이었으면 한다. 왜나하면 대개의 경우 영화계가 요구하는 높은 기준에 도달하려면 대여섯 편의 작품을 써야 하기 때문이다. 성공한 시나리오작가들은 20~30페이지가량의 원고를 쓴 뒤 심리적으로 위축되어 글쓰기를 그만두는 대부분의 작가 지망생들과는 달리 한번 시작한 작품은 반드시 끝마친다. 그들은 작품에 대한 믿음이 있고 실패를 두려워하지 않기 때문이다. 각각의 작품은 무언가를 배우는 하나의 경험이다.

스콧 로젠버그　한번 시작한 작품은 끝내는 것이 매우 중요하다. 나는 시나리오의 앞부분 20페이지만을 쓴 75편의 시나리오들로 가득 찬 서랍을 내게 보여주었던 어떤 교수가 생각난다. 그는 75편이라는 서로 다른 작품들의 처음 20페이지만을 쓰고는 글쓰기를 포기하였다. 그러한 사실은 충격이었다. 내가 볼품없고 상업성도 없는 작품을 쓰기 시작했거나, 쓰고자 하는 시나리오와 똑같은 내용의 영화가 개봉되어 그 작품을 절대 팔 수 없다는 걸 알게 되더라도 나는 그 작품을 끝낼 것이다. 당신은 각각의 작품을 마칠 때마다 무언가를 배우게 된다.

에릭 로스 무엇보다 중요한 사실은 아무리 오랜 시간이 걸리거나 작업이 고통스럽더라도 한번 시작한 작품은 꼭 완성해야 한다는 점이다. 글을 쓸 때 비법이나 비결은 없다. 어떤 사람들이 다른 사람들보다 작품을 더 잘 끝낼 뿐이다. 사람들은 각자 저마다 할 이야기가 있다. 하지만 중요한 것은 작품을 완성하는 것이다.

마이클 시퍼 작품을 끝내는 것이 절대적으로 중요하다. 자신의 능력이나 시간을 탓하는 사람은 작가가 아니다. 만약 글을 쓰지 않는다면 그 사람은 작가가 아닌 것이다. 내가 아는 작가들은 놀랄 만큼 열심히 작업한다. 그들은 매일 자신들의 목표량을 완수한다. 그들처럼 하지 않고 어떻게 그들과 경쟁을 하겠는가? 영화계에 발을 들여놓는 유일한 기회는 경쟁자보다 더 열심히 작업하면서 절대 포기하지 않는 것이다. 내게 어떤 아이디어에 대한 욕구가 있으며, 그 아이디어가 시작, 중간, 결말 구조를 갖고 있다고 생각되고, 일종의 상업성도 있다면, 난 햄릿처럼 '이 작품을 쓸 것인가, 말 것인가?' 고민하기보다는 책상에 앉아 글을 쓰면서 그 이야기가 어떻게 되는지 지켜본다. 나 자신이 그 작품을 끝내도록 만든다. 나는 결국 내게 기회를 잡게 해준 〈범죄와의 전쟁 *Colors*〉처럼 완성도 있는 작품을 얻을 때까지 반복해서 글을 썼다.

포기하지 않고 참는 것이 곧 천재가 되는 길이다.

──── 토머스 에디슨Thomas Edison

옛날에 무용가가 되고 싶었던 한 소녀가 있었다. 어느 날 소녀는 역사 상 가장 위대한 무용가가 마을을 지나갈 예정이라는 사실을 알게 되었 다. 그래서 소녀는 그 무용가를 감동시키기 위해 연습하고 또 연습했 다. 무용가가 소녀의 마을에 도착했을 때, 소녀는 무용가를 만나려고 애썼다. 마침내 무용가를 만난 소녀는 "오, 현명한 스승이시여, 제게 훌륭한 무용가가 되는 법을 가르쳐 주시겠습니까?"라고 물었다. 그러 자 무용가는 소녀에게 춤을 춰보라고 했다. 소녀는 마치 전에 한 번도 춤을 추어본 적이 없는 사람처럼 춤을 추었다. 제대로 자신의 실력을 발휘하지 못한 것이다. 한 30초 동안 아무런 감동을 받지 못한 무용가 는 소녀에게 무용에 재능이 없으니 무용가가 되는 것을 포기하라고 말 했다. 절망한 소녀는 울면서 집으로 달려가 무용 신발을 트렁크 안에 넣어버리고는 무용가가 되는 꿈을 포기했다. 시간이 지나 그 소녀는 결혼을 하여 아이를 가진 평범한 주부가 되어 행복하게 살았다. 그 후

20년이 지나 그 무용가를 다시 만나게 된 여자는 어떻게 30초 만에 자신에게 재능이 없는지 알 수 있었느냐고 물었다. 그러자 무용가는 "물론 알 수가 없지. 하지만 내가 포기하랬다고 그렇게 쉽게 포기한 걸 보면, 당신은 진정한 무용가가 아닌 게지"라고 말했다. 이 이야기의 주제를 알겠는가? 만약 여러분이 어떤 목표에 열정적이라면, 그 어떤 장애물, 방해꾼, 통계학자 또는 전문가도 여러분의 길을 막지 못할 것이다. 누군가가 여러분이 절대 성공할 수 없다고 말하거나 논리적인 이유들을 열거하며 그만두라고 말한다면, 여러분은 어느 때보다도 더 굳은 마음으로 계속 앞으로 나아간다. 왜냐하면 여러분이 그 일을 좋아하고 그 일이 여러분 자신에겐 커다란 의미가 있기 때문이다. 메리앤 윌리엄슨Marianne Williamson(미국의 유명한 뉴에이지 영성주의 작가. 옮긴이)도 "진정한 작가는 남들이 글 쓰는 것을 포기하는 게 낫다고 말해도 절대 포기하지 않는다. 글을 쓰는 데 용기는 재능만큼이나 중요하다"라고 말했다.

그러면 여러분은 언제 글쓰기를 포기해야 하는가? 만약 여러분이 좋아하기 때문에 이 일을 하는 거라면, 일로부터 아무런 재미도 느끼지 못할 때 그만두는 게 상식이다. 최선을 다했는데도 그 과정이 단지 기쁨보다 슬픔만을 가져다준다면, 여러분은 목표를 수정해야 한다(96번째 습관을 보라).

아키바 골즈먼 진심으로 인내해라. 많은 실력 있는 작가들이 시나리오를 거절당하는 고통을 참지 못해 글쓰기를 그만두는 것은 정말 무서운 현실이다. 당신이 기억해야 될 점은 훌륭한 작가들은 그저 아주 고집이 셀 뿐이라는 사실이다. 그것은 시간을 초월해 계속 앞을 내다보는 것을 의미한다. 작가가 된다는 것은 평생을 두고 해야 할 일이기 때문이다. 그것은 그저 한 편의 작품을 쓰는 것만을 의미하는 것이 아니다. 작가란 글을 쓰는 사람이다. 모든 사람이 그렇게 말한다. 사실 그렇다. 작가는 평생 글을 쓴다. 그리고 그것이 자신의 생계를 위해 해야 하는 일이라면, 누구라도 글을 쓸 것이다. 그 일이 단지 공상일 뿐이고 시나리오를 거절당했다고 절망한다면, 글쓰기를 포기하는 게 낫다. 왜냐하면 그것은 전혀 충격받을 일이 아니기 때문이다.

니콜러스 카잔 대학 시절 교수님 한 분이 내가 쓴 희곡을 어떤 연극연출가에게 주었는데 아무런 소식이 없었다. 그렇게 몇 달이 지나자, 나는 그가 내 희곡을 마음에 들어하지 않았을 것이라고 추측했다. 난 우울해져서 더 이상 글을 쓰지 않았다. 교수님이 나중에 그 연극연출가를 우연히 만나 내 희곡에 대해 어떻게 생각하는지를 물었다. 그는 내 희곡이 기억나지 않는다고 말했다. 아마도 내 희곡을 잃어버렸던 모양이었다. 그래서 나는 그에게 작품을 다시 보냈다. 그리하여 연극연출가도 교수님처럼 내 희곡을 마음에 들어하여 결국 그 작품과 다른 내 희곡들도 무대에 올렸다. 바로 이것이 작가들이 느끼는 심리상황이다. 작가들은 세상에 대해 소심해지거나 편집증적인 면이 있고, 모든 곳에서 거절당하면 하려고 하는 일 중에 되는 일이 하나도 없다고 생각한다. 만약 내게 교수님 같은 지속적인 후원자가 없었다면, 내 희곡은 결코 무대에 올려지지 못했을 것이다. 작가 포크너Faulkner도 이와 비슷한 경험을 했다. 그는 자신의 작품『음향과 분노 *The Sound and the Fury*』를 뉴욕에 있는 모든 출판업자에게 보냈지만 아무도 그 작품을 출판하려 하지 않았다. 이와 같이 당신도 작품을 100명의 사람들에게 보여줄 수 있으며, 그것은 멋진 일일 수도 있다. 항상 어딘가에는 당신의 작품을 마음에 들어하는 사람이 존재한다. 하지만 그들 중 많은 사람들이 당신의 작품에 대해 그저 그렇다고 말한다면, 아마 당신은 그만두는 게 나을 수도 있다. 계속 글을 쓸 경우 당신을 기다리고 있는 것들은 대부분 좌절과 거절 그리고 두통일 수도 있기 때문이다. 성공하더라도 분명 이런 일들을 겪을 것이다. 하지만 계속 거절만 당한다면 그것은 매우 힘든 일이 될 수도 있다. 나는 희곡을 쓰기 전에 먼저 단편소설을 썼고 그 일을 즐겼다. 그러나 사람들은 그 단편소설들을 마음에 들어하지 않았다. 그 후 나는 몇 편의 희곡을 써서 성공을 하게 되었다. 그런 다음 시나리오를 썼고 처음에는 커다란 성공을 이루지 못했다. 그때는 내게 시나리오에 대한 재능이 있는지 없는지조차 몰랐다. 나는 그저 힘든 상황에서도 계속 인내해야 하는 그 과정에 매우 열정적이었을 뿐이었다. 첫 작품을 팔기 전 난 15편의 시나리오를 썼다.

짐 커프 당신은 글쓰기를 절대 포기할 수 없다고 생각한다. 왜냐하면 나이를 먹으면 먹을수록 당신은 더 현명해지고 실력이 향상되기 때문이다. 비록 할리우드에서는 보기 힘들지만 늦게 성공하는 사람들의 예는 매우 많다. 당신도 자신이 어떻게 될지 알 수 없다. 정말로 글 쓰는 일이 좋다면 계속 글을 써야만 한다. 그리고 정말 글 쓰는 재능이 있다면, 당신은 아마도 세상에 드러나게 될 것이다. 물론 그렇게 하지 않을 수도 있다. 그런 후에야 어떤 결과가 오는지 확실히 알게 될 것이다.

스콧 로젠버그 내가 읽은 것 중에 가장 멋진 말은 스티븐 소더버그Steven Soderbergh의 말이다. 그는 행운이란 재능과 인내를 합친 것이라고 말했다. 나 역시 정말로 그 말이 맞다고 생각한다. 왜냐하면 아주 뛰어난 재능을 가질 수는 있지만, 오랜 기간 그 재능을 사용하지 않는다면 글을 쓰는 데 어려움을 겪기 때문이다. 이 도시에 처음 왔을 때 내겐 다방면으로 재능이 있는 글 쓰는 친구들이 있었는데, 2, 3년이

지나자 그 친구들은 "내가 정말로 하고 싶은 게 뭔지 알아? 결혼해서 가족을 갖고 싶어. 더 이상은 이 일을 못하겠어"라고 말했다. 현재 그 친구들은 컴퓨터 파는 일을 하고 있다. TV 드라마 〈택시 *Taxi*〉에서 어떤 배우가 "만약 30번째 생일까지 성공하지 못하면, 나는 택시 운전을 그만둘 거야"라고 말한 대사가 기억난다. 나는 그 대사를 머릿속에 각인시켰다. 하지만 드라마 속의 그 배우는 30번째 생일까지도 운전을 그만두지 않고 5년이나 더 출연하였다. 글 쓰는 일을 그만둘 경우, 문제는 어떤 일을 할 것인가였다. 그렇다고 내가 IBM에 취직할 수 있는 것도 아니었다. 당신은 자기 자신을 믿어야 하고 주위에 열렬한 후원자가 있어야 한다. 아무도, 심지어 부모님이나 여자친구까지도 내게 "넌 변호사가 되거나 다른 일을 구할 수도 있는데 왜 시간을 낭비하고 있니?"라고 말하거나 "제발, 그만 좀 빈둥거려. 월마트에서 카운터 맡을 사람 구한다더라"라고 말한 적이 없어서 운이 좋은 편이었다. 그들은 끝까지 나를 후원해주었다.

마이클 시퍼 어떤 도시로 이사를 한 다음, 나 자신에게 5년이라는 시간을 주었다. 5년 동안 열심히 시나리오를 썼지만 작품을 한 개도 팔지 못했다. 그런 다음, 35살 때 이 도시에 와서 "난 매일매일, 하루 종일 글을 쓸 거야. 그리고 5년 동안 한 번도 뒤돌아보지 않을 거야. 40살 때까지도 영화계에 발을 들여놓지 못하면 글쓰기를 그만두고 그냥 아르바이트를 구하겠어. 그리고 어디선가 선생님이 되거나 회사에 취직하겠어"라고 다짐했다. 그리고 5년 동안 두 번째 다짐을 하지 않았다. 나는 열심히 일하지 않거나 노력이 부족해서 실패하지 않기 위해 5년 동안 정말 열심히 글을 썼다. 그리고 〈범죄와의 전쟁 *Colors*〉의 시나리오를 쓰기 전 3년 동안 14편의 시나리오를 썼다. 물론 그 작품들이 모두 좋지는 않았지만, 작품을 쓰기 시작하면 끝까지 쓰려고 노력했고, 최소한 한 번씩은 그 작품들을 억지로라도 다시 고쳐 썼다.

에드 솔러먼　운 좋게 난 대학 4학년 때 괜찮은 일(TV 드라마 〈레이번과 셜리 *Laverne & Shirley*〉의 보조작가)을 구했다. 하지만 친구와 공동작업을 했던 〈엑설런트 어드벤처 *Bill and Ted's Excellent Adventure*〉의 시나리오를 팔기 전에 글 쓰는 일을 거의 포기할 뻔하기도 했다. 첫 직장을 그만둔 뒤 1년 반 동안은 글만 썼다. 나는 내 작품이 재미있다고 생각했지만, 에이전트는 그 작품을 팔려고 하질 않았다. 그래서 결국 그 에이전시와 결별했다. 그때 내게 다른 에이전트나 계약을 맺은 다른 에이전시가 있었던 것은 아니었다. 그런 뒤, 어쩌면 그들의 생각이 옳으며, 사실 그 작품이 별로일지도 모른다는 생각을 하기 시작했다. 그렇게 가장 힘들던 시절, 나와 내 친구는 어떤 사람을 한 명 만났는데, 그는 우리 작품을 믿고 그것을 팔아주었다.

　　　시나리오에 효과적이지 못한 것 바꿔보기

비록 바람을 지배하진 못해도 배의 돛은 내 마음대로 조절할 수 있다.

─── 이름 모를 항해사

어떤 일에 미쳤다는 말은 같은 일을 계속해서 반복하면서 다른 어떤 결과를 기대하는 것을 의미한다. 작가 지망생으로서 여러분에게 인내는 좋은 습관이다. 하지만 작품에서 효과적이지 못한 것을 바꿀 줄 아는 융통성도 여러분에게 필요하다. 다른 행위는 또 다른 결과를 가져온다. 성공한 시나리오작가들은 실패를 인정하고 그 실수로부터 무언가를 배운다. 그들은 "어딘가에 반드시 방법이 있고 그 방법을 찾을 때까지 여러 가지 다른 시도를 할 거야"라는 자세를 가지고 있다. 가장 끈기 있는 과학자로 알려진 토머스 에디슨은 1,000번의 시도를 거친 다음 전구를 발명했다. 사람들이 그에게 왜 999번이나 실패를 하고도 계속 실험을 했느냐고 물었다. 그러자 그는 "999번의 시도는 실패가 아니라 단지 전구를 발명하지 못하는 999개의 방법들일 뿐이다. 모든 실패한 실험들이 앞으로 한 걸음 더 나아가게 만들었다"고 대답했다.

레슬리 딕슨 오늘날의 내가 있기까지 많은 일들이 있었다. 어느 날 아침 잠에서 깼는데 그 당시 하던 일에 싫증을 느꼈다. 그래서 소설을 각색해 장편시나리오를 쓰기로 결심했다. 좋아하는 소설 하나를 골랐는데 그 소설은 저작권이 소멸된 상태였고 코미디물도 아니었다. 이 각색한 시나리오를 판 뒤 나는 〈토머스 크라운 어페어 *The Thomas Crown Affair*〉의 각색을 맡게 되었다. 이 영화 역시 코미디가 아니었다. 그래서 나는 가끔씩 일하는 방법을 바꿔 다른 것을 시도해보는 것도 매우 좋다고 생각한다. 각색할 때 난 더 많은 자료조사를 한다. 각색은 더 많은 자료조사를 요구하기 때문이다. 그러나 전체적인 윤곽선은 잡지 않는다. 주로 내 감각과 무의식에 따라 작업한다. 아이디어를 찾기 위해 충분히 쉬지도 않고 수년 동안 뇌의 전두엽만 사용하여 글을 썼던 것처럼, 그런 작업 방식이 예전에는 한 번도 경험해보지 못한 전혀 새로운 방법임을 깨달았다. 무의식은 글을 쓸 때 매우 귀중한 동반자다. 무의식은 당신을 힘들게 하지 않고 문제를 해결해준다. 그리하여 갑자기 내 작업 습관, 작업 시간 그리고 작업 방식이 바뀌게 되었다. 그리고 나는 결과물뿐만 아니라 결과물에 대한 사람들의 반응에 만족하였다. 또한 예전에 내겐 코미디 외에 다른 장르를 쓸 만한 아이디어가 없었다. 그것은 나를 다시 영화 일에 흠뻑 빠지게 해준 일종의 신의 계시였다. 그래서 정말로 내가 코미디보다는 드라마를 더 잘 쓰는 사람이라고 믿게 되었다. 예전에는 그런 사실을 전혀 몰랐다. 그러므로 "이것이 바로 내가 하는 일이고, 여기가 바로 내가 화장지를 사는 곳이지요. 바로 컴퓨터 옆 이 자리가 컵을 내려놓는 곳이고요" 같은 작가의 일상생활에 대한 이런 모든 대답을 얻을 수 있게 되기보다는, 가끔은 당신의 일상을 바꾸는 것도 도움이 될 수 있다.

직업이란 돈을 위해 하는 일이다. 하지만 작품은 좋아서 쓰는 것이다.

——— 메리세라 퀸Marysarah Quinn

"노No"라고 말하는 완고한 거절 속에 어떤 존중할 만한 것이 있다 하더라도, 작품에 대한 긍정적인 평가조차 받지 못하면서 20년 넘게 몸부림치는 사람들도 있다. 그런 사람들은 그들 자신이 시간 낭비를 하고 있다는 사실을 깨닫지 못함으로써 매우 고통스러워하고 지겨워한다. 내 말은 다른 사람들이 살면서 어떤 일을 하는가에 대해 주제넘게 판단하라는 뜻이 아니다. 하지만 시나리오를 쓰다 보면 기쁠 때보다 우울해질 때가 더 많다는 것은 자명한 사실이다. 여러분은 그들이 왜 그런 선택을 했는지 궁금할 것이다. 선택의 기준은 일시적인 실패에도 불구하고 예술적 추구의 기쁨에 있어야 한다. 당신 자신의 선택에 회의가 들 때마다 휴식을 취하면서 "나는 글을 쓰면서 기쁨을 얻고 있는가, 나는 지금 최선을 다하고 있는가, 나는 아직도 시나리오 쓰는 것이 좋은가?"라고 스스로에게 물어보라. 만약 이런 모든 질문들에 "노"라고 대답한다면, 여러분은 하고 싶은 일을 재평가해서 진심으로 좋아하는 일에 몰두해야 할지도 모른다.

제럴드 디페고 글 쓰는 사람들을 단념시키기란 어려운 일이다. 왜냐하면 당신도 그들이 꿈을 추구하길 바라기 때문이다. 하지만 그 문제는 당신이 믿는 사람들로부터 작품에 대한 의견을 듣는 문제와도 관련이 있다. 만약 작품에 대한 반응이 긍정적이기보다는 부정적이거나 당신이 그런 반응을 변화시키지 못했다면, 혹은 아무도 당신의 작품을 좋아하지 않는다면, 그 사실 자체가 당신에게 무언가를 말하고 있는 것이다. 당신은 인내하며 더 많은 강의들을 수강하면서 더 나아지기 위해 노력할 수는 있다. 하지만 실력이 향상되지 않는다면, 그것은 곧 당신이 목표를 재평가할 필요가 있다는 것을 의미한다.

니콜러스 카잔 스스로 반드시 글을 써야 한다고 느끼고 작품을 완성하는 데 의미를 둔다면 계속 글을 써라. 하지만 사람들이 계속 자신의 작품들에 아무런 반응을 보이지 않거나, 스스로 글 쓰는 작업 속에서 즐거움을 찾지 못하거나, 또는 글을 쓰는 행위 자체가 기쁘지 않다면, 글쓰기를 그만둬라. 글 쓰는 과정 자체에서 보상의 즐거움과 만족을 얻지 못한다면, 당신에게 글쓰기는 너무나 어려운 일이다.

제22장　　열정

성공은 간단하다. 첫째, 특별히 하고 싶은 일을 결정한다.

둘째, 그것을 이루기 위해 희생을 치를 각오를 한다.

그런 다음, 그 희생을 치른다.

─── 벙커 헌트Bunker Hunt

여러분이 시나리오작가가 되겠다는 '어리석은' 꿈을 꾸지 않았다면 어떤 인생을 살았을지 생각해보라. 밖에서 친구를 만나거나, 여자친구와 데이트를 하거나, 결혼을 하거나, 부모가 되거나, 여행을 하는 등, 다시 말해 평범한 삶을 살았을 것이다. 그러한 삶들이 글쓰기를 연마하느라 배고프고 고생스러웠던 수년간의 시간보다 매력적이라고 느껴진다면, 지금 당장 그만둬라. 왜냐하면 여러분은 시나리오 세계에 입문하는 데 드는 대가를 치를 각오가 돼 있어야 하기 때문이다. 영화감독 프랭크 대러본트Frank Darabont는 자신의 경험에 비추어 "전국 방방곳곳의 신발가게와 버거킹에는 나보다 더 재능 있는 시나리오작가들과 감독들이 일하고 있을 가능성이 높다. 다만 그들과 나의 차이는 내겐 9년 동안 노력할 의지가 있었고, 그들에게는 그럴 의사가 없었다는 것이다"라고 말했다.

물론 예외적으로, 첫 번째 시나리오로 바로 영화계에 입문하는 사람들도 있다. 그러나 프로 시나리오작가가 되는 데에는 시간과 노력, 돈, 강박적인 몰입, 근면한 실행, 계속되는 작품 거절, 개인적인 상처, 개인생활의 희생, 그리고 자신에 대한 꾸준한 믿음 등이 필요하다는 게 일반적인 의견이다. 여러분은 이런 희생을 치를 각오가 돼 있는가?

제럴드 디페고 내게 글쓰기는 거의 강박관념에 가깝다. 글쓰기를 진지하게 여기는 사람들은 열심히 노력한다. 따라서 그들은 거기에 맞는 대가를 지불한다. 당신도 어려움을 겪으면서 절망에 빠질 것이고, 그런 난관에 부딪혀 글쓰기를 포기하거나 그만둔다면, 당신은 글쓰기를 시작할 만큼 추진력을 갖지 못했거나, 제대로 영감을 받지 못했거나, 아니면 강박관념을 느끼지 못한 것일 수도 있다. 그리고 그런 경험들이 꼭 나쁜 것만은 아니다. 왜냐하면 거기서 자신의 한계를 배우기 때문이다.

짐 커프 시나리오작가가 되는 다른 방법은 없다. 그리고 어떤 특정 방법이 꼭 성공할 거라는 보장도 없다. 모든 사람들은 영화계에 발을 들여놓는 데 필요한 자기 나름의 길을 찾아야 한다. 그 길이란 시나리오 쓰는 일자리를 찾아가 지원할 수 있는 성격의 것이 아니다. 그런 방법은 없다. 당신은 사람들이 사고 싶을 정도로 충분히 좋은 작품을 써야 한다. 그렇게 된다 하더라도 사람들은 "당신에게 또 다른 작품이 있습니까?"라든가 "당신이 이 작품을 다시 고쳐 써줬으면 좋겠는데요", 아니면 "당신에게 어떤 아이디어가 있습니까?"라고 물을 것이다. 하지만 그렇게 될 때까지 당신은 거기에 맞는 대가를 지불하게 되며, 당신이 반드시 영화계에 발을 들여놓을 거라는 보장도 없다. 그리고

인내 · 노력 ·
열정 · 습작:
꿈을 포기하
지 않기

영화계에 발을 들여놓는다 하더라도, 또 다른 작품을 팔 수 있다는 보장도 없다. 따라서 당신에게는 재능과 열정이 정말로 필요하다. 하지만 자기 스스로 글 쓰는 실력이 좋다고 말해서는 안 된다. 다른 사람들이 당신의 글 쓰는 실력이 좋다고 말하도록 해야 한다. 자기 자신을 세상에서 가장 위대한 작가라고 생각할 수는 있지만, 당신이 스스로를 어떻게 생각하느냐는 전혀 중요하지 않다. 중요한 것은 '다른 사람들이 당신을 어떻게 생각하는가'와 '당신이 원고지 위에 무엇을 쓸 수 있는가' 하는 점이다.

스콧 로젠버그 나는 첫 에이전트를 구하기까지 10편의 시나리오를 썼고, 그 후 2편의 작품을 더 쓰고 나서야 처음으로 돈을 받고 작품을 팔았으며, 그 뒤 3편의 작품을 더 쓰고 나서야 처음으로 내 시나리오가 영화로 만들어졌다. 이제 막 시나리오를 쓰기 시작한 모든 초보작가들에게 해줄 수 있는 가장 중요한 충고는 많은 작품을 쓰라는 것이다. 내겐 적어도 한 달에 한 번 이상 "안녕하세요, 제 어머니가 결혼식에서 당신의 어머니를 만나봤다고 했거든요. 전 대학을 갓 졸업했고, 지금 L.A.에 와 있는데, 당신의 작품들을 정말로 좋아합니다. 제가 쓴 시나리오가 있는데 만약 당신이 그 시나리오를 읽어주신다면, 정말 기쁘겠습니다"라는 전화가 걸려온다. 그러면 나는 "그래요, 지금까지 몇 작품이나 썼지요?"라고 묻는다. 그러면 그들은 그 작품이 자신의 첫 작품이라고 말한다. 그러면 나는 "정말 내가 그 시나리오를 읽었으면 좋겠어요? 왜냐하면 전 무지 바쁘거든요. 나 역시 당신 시나리오를 읽고 싶지만, 첫 작품이라는 것을 감안하더라도 작품이 아주 형편없다면 다시는 당신 작품을 읽지 않을 겁니다"라고 말한다. 내가 쓴 10편의 시나리오를 다시 읽어보면 정말로 형편없다. 물론 그중에는 좋은 부분도 있다. 나 자신도 22살 때 미국 역사상 가장 위대한 시나리오를 쓸 수 있다고 생각했다. 하지만 그 생각은 틀린 생각일 뿐이다. 그때 내겐 그럴 만한 인생의 경험이 부족했고, 그저 조금씩 글 쓰는 법을 배우고 있었을 뿐이다. 복권 같은 대박을 꿈꾸며 내게 전화하는 젊은 사람들은 자신이 〈터미네이터 *The Terminator*〉 정도의 시나리오를 썼다고 생각한다. 하지만 그것은 어리석은 생각이다. 내가 내 삶에서 가장 자랑스럽게 여기는 한 가지 사실은 항상 글을 쓴다는 점이다. 사람들이 내게 '치러야 할 희생을 치르는' 문제에 대해 질문하면 나는 돈이 없어 다른 사람과 같이 방을 쓰고, 마루에서 매트리스를 깔고 잠을 자며, 고물 차를 운전하면서 형편없는 일을 했던 힘든 시절을 생각한다. 그 당시 난 시나리오작가가 되기 위해 치러야 할 대가를 치르는 중이라고 생각하지 않았다. 그때도 영화를 보러 가거나 여자친구를 사귀었으며, 스포츠 경기를 보면서 살았다. 요즘 어쩌다가 그 시절을 돌이켜보면 나 자신이 동물처럼 살았다는 것을 깨닫곤 한다. 난 그 시절 내가 갈망하는 것이 무엇인지 제대로 알지 못했다.

톰 슐먼 프로작가로서 성공하기 전과 성공한 후에 반드시 치러야 할 2가지 대가가 있다. 그래서 당신은 늘 치러야 할 대가를 치르고 있는 것이다. 당신이 계속 글을 쓰고 그 결과물이 좋다면, 당신의 작품이 훌륭하지만 영화계 시스템에 의해 사기가 꺾이고 좌절되는 것일 뿐이라고 생각하기 시작한다. 영화계는 밑바닥에서부터 시작해 열심히 일해서 승진하는 다른 전문 분야와 다르다. 할리우드에는 승진하는 사다리나 능력 위주 제도가 없다. 어느 날 갑자기 영화계 밖으로 완전히 쫓겨난 다음, 바로 다시 영화계 최고 위치에 오를 수도 있다. 할리우드에는 적은 보수로 일을 시작해 점차 더 많은 보수를 받는 조교수가 된 다음, 차츰 종신직인 교수로 승진하는 일반적인 견습제도가 없다. 영화일을 할 때 힘든 점은 영화 일로 생계를 유지할 수 있을지 알 수 없다

445

는 사실이다. 그렇게 되기까지 1년 또는 20년이 걸릴 수도 있고, 아니면 평생 그렇게 되지 못할 수도 있다. 당신은 그저 더 좋은 글을 쓰려고 노력하면서, 더 나은 기회를 잡을 수 있다는 희망을 가질 뿐이다.

작가는 자기 자신이 작가인지 아닌지를 안다.

——— 존 바스John Barth

여러분은 진심으로 시나리오작가가 되고 싶은가? 내 말은 진심으로 그렇게 되기를 원하는지 묻는 것이다. 여러분은 자신이 하고자 하는 일에 대해 스스로에게 솔직해질 필요가 있다. 오직 여러분 자신만이 살아가면서 무엇을 할 수 있을지 알 수 있기 때문이다. 대부분의 초보작가들은 잘못된 이유로 시나리오작가가 되려고 하므로, 여러분도 "난 시나리오작가가 되기 위해 태어났어. 그래서 시나리오 작법 책을 한 권 샀지. 글쓰기가 내게 맞는 일인지 알기 위해 시간을 낭비할 필요는 없잖아?"라고 생각할 수도 있다. 초보작가들은 작가가 되기 위해 무엇이 필요한지 제대로 알지도 못한 채 단순히 작가가 될 수 있다고만 생각한다. 그들은 실제 글을 쓰는 과정보다 작가가 되는 그 자체의 매력과 명예욕, 인정 그리고 부를 더 동경한다. 여러분은 글 쓰는 일이 자신에게 적합한 일인지 확실하게 알아야 한다. 작가가 되는 과정은 기나긴 여정인 반면, 인생은 짧기 때문이다. 만약 100퍼센트 최선을 다하지 않고 자기 자신에게 글에 대한 욕망이 있다고 확신하지 못한다면, 여러분은 대부분의 시간을 불행하게 보낼 것이다. 내 말을 믿어라. 헨리 데이비드 소로가 "작가란 아주 절망적인 삶을 사는 것"이라고 말했듯이, 자기 스스로에게 끊임없이 거짓말을 하는 아주 고집 센 작가들을 여러 명 알고 있다. 내가 생각하는 가장 슬픈 일은 인생을 낭비하는 것이다.

론 배스 당신은 진실로 글쓰기를 좋아하는가? 이 질문에 솔직하게 대답할 수 없다면, 당신은 자신에게 맞지 않는 일을 하고 있는 것이다. 왜냐하면 영화 일이 주는 상처, 즉 상상할 수 없을 정도의 모든 상실감, 거절, 굴욕적인 일들 속에서 시나리오작가를 지탱해주는 유일한 것은 글쓰기에 대한 '사랑'이기 때문이다. 작가라는 직업 자체를 원해서 작가가 되는 사람들은 알맹이가 없는 사람들이다. 만약 당신이 원하는 것이 작가가 됨으로써 얻게 되는 부속물이거나 글쓰기가 당신의 가치를 높여주기 때문에 스스로를 예술가인 작가로 여기고 싶다거나 글을 써서 부자가 되어 명예와 존경을 받으면서 파티에서 아름다운 여배우들이나 유명한 감독들과 하루 종일 어울리게 될 거라고 생각한다면, 그런 동기의 유일한 단점은 실제로 시나리오를 써야 한다는 사실이다. 물론, 그런 동기로 시나리오를 써서 작가가 될 수도 있다. 하지만 그런 동기로 글을 쓰려고 한다면, 아예 시작도 하지 마라. 당신에게 글쓰기에 대한 애정이 없다면, 어떻게 모든 어려움을 이겨낼지 의심스럽다. 당신 스스로 글 쓰는 재능을 타고났다고 생각하면서 매우 욕심이 많다면, 그 욕망이 당신을 작가로 만들 수도 있다. 내가 정말로 존경하는 위대한 작가 중에서 글쓰기를 싫어하면서 단지 생계를 유지하기 위한 수단으로 글을 쓰는 작가는 한 명도 없다. 물론, 내가 아는 사람들 중에는 시나리오 쓰는 일에 지쳐 그냥 감독이 되어버린 사람들도 많다. 그런 사람들은 단순히 글 쓰는 일에 싫증이 났을 뿐이다. 다시 말해 글쓰기에 대한 그들의 열정이 식었을 뿐이다. 하지만 그들은 감독으로 일하면서도 글 쓰는 기술과 재주를 사용한다. 글쓰기가 그들이 할 줄 아는 유일한 것이기 때문이다.

에이미 홀든 존스 보통 인내하는 사람이 성공할 가능성이 더 높다. 또한 반면에 정말 많은 사람들이 글 쓰는 재능이 없음에도 불구하고 계속 인내하며 글을 쓴다. 따라서 우선 자신에게 글 쓰는 재능이 있는지를 아는 것이 매우 중요하다. 만약 당신이 시나리오작가라면 차선책이 필요하다. 왜냐하면 시나리오작가로서 실패할 확률이 매우 높기 때문이다. 시나리오작가가 되지 못했을 경우 당신은 다른 일을 해야만 한다. 톰 슐먼은 그런 상황을 다음과 같이 얘기했다. "대부분의 시나리오작가들은 실패하지 않는다. 그들은 그저 글 쓰는 일을 그만둘 뿐이다." 불행하게도 대개 그들이 글쓰기를 그만두는 것은 옳은 선택이다. 글쓰기는 매우 어려운 길이다. 글쓰기를 그만두는 합당한 이유는 수없이 많다. 시나리오 쓰는 일을 그만두고 인터넷 회사를 창업해 스스로 고용주가 되거나 혹은 소설을 써라. 시나리오 쓰기는 생계를 유지하는 바람직한 방법이 아니다. 시나리오를 쓰는 것보다 주식투자를 하면 훨씬 더 많은 돈을 벌 수 있다. 그리고 당신이 자신의 작품에 깊은 애정을 갖고 있다면, 다른 사람들이 그 작품을 망치고 당신에게서 빼앗아 갈 때 감정적으로 힘들어지게 된다. 나는 글 쓰는 일에 성공했기 때문에 계속 글을 쓰고 있다. 자기 자신이 잘하는 것이 무엇인지를 깨달아서 그 일을 계속하는 것이 삶의 한 부분이다. 그러므로 우선 자기 자신이 시나리오를 잘 쓰는지를 스스로 판단해라. 그런 다음, 좌절을 극복할 수 있을지를 판단해라.

니콜러스 카잔 나는 어떤 시나리오 콘퍼런스에 발표자로 초청받았는데, 그 콘퍼런스에서 "지금 당장 여기 이 콘퍼런스의 등록증을 돈으로 환불받으세요"라고 말했다. 그러자 모든 사람들이 웃었다. 하지만 나는 그들에게 이건 농담이 아니며, 사실 그들이 내 충고를 받아들인다 하더라도 절대 환불받을 수 없다고 말했다. 당신은 자기 자신을 믿어야 하고 커다란 역경에 직면하게 되더라도 인내해야 한다. 경우에 따라서 사람들은 글 쓰는 일에서 큰 발전을 이루기 때문이다. 나역시 대여섯 번의 고비를 겪었지만, 글을 쓰는 일에서 그런 큰 발전을 예상하지는 못했다. 작품이 더 나아질 수는 있지만 모든 사람의 작품이 그런 것은 아니다. 글 쓰는 일을 포기해야 하는 사람들도 있다. 비결은 자신이 어떤 범주에 속하는지를 아는 것이다. 지금 당신은 언젠가결국 성공할 만한 재능을 가진 사람인가? 아니면 20년 동안 글을 쓰더라도 절대 성공할 수 없는 사람인가?

스콧 로젠버그 당신에게 재능이 있다면 어느 정도까지는 자기자신에게 재능이 있다는 것을 안다. 사람은 누구나 바보가 아니다. 다른 사람의 작품을 읽은 다음, 자신의 작품을 읽어보라. 그러면 장님이아닌 이상 자신의 시나리오가 이 도시에서 주목을 받는 데 필요한 높은 기준에 해당되는지 알 수 있다. 경제적으로 어렵던 시절, 난 아주 형편없는 일들을 하며 돈을 벌었다. 오후 5시에 퇴근하면 그다음 날까지나는 그 일에 대해 잊어버렸다. 내겐 글 쓰는 일이 가장 중요했기 때문이다. 하루에 8시간 이상 일해야 하는 본업을 가진 사람들은 어떤 면에서 그 일이 자신이 정말 원하는 일이 아니라는 것을 안다. 그들은 의식적 또는 무의식적으로 모험을 하려고 하지 않는다. 반면에 모든 것을다 바쳐 모험을 하는 사람들은 매우 자신감이 넘치고 열정적이다. 그들은 최선을 다하면 결국 성공하게 될 거라는 사실을 항상 알고 있다.

성공한 사람이란 다른 사람들이 자신에게 던진 벽돌로

단단한 기초를 쌓을 수 있는 사람이다.

——— 데이비드 브링클리David Brinkley

성공한 시나리오작가들조차도 어떻게 대접받는지, 좋은 시나리오 한 편을 쓴다는 것이 실제로 얼마나 어려운지, 할리우드 시스템과 싸워야 하는 두려움과 결국 성공하기까지 필요한 희생 등 할리우드에서 시나리오작가가 된다는 것의 이면을 알게 된 다음, 여러분은 우리의 조언자들이 수많은 어려움에도 불구하고 계속 글을 쓰도록 동기를 부여해준 것이 무엇인지 궁금해졌을 것이다. 이 질문의 힌트는 P로 시작하는 영어 단어이며, 패션fashion과 발음이 비슷한 단어다.

아키바 골즈먼 글쓰기는 바로 내가 생계를 위해 하는 일이다. IBM에서 일하는 누군가가 자신의 일을 싫어하듯이 나 또한 글 쓰는 일을 좋아하기도 하고 싫어하기도 한다. 만약 내가 IBM에서 일한다면, 나만의 도전을 갖고 그에 대한 보상을 받게 될 것이다. 그리고 그것들에 종속될 것이다. 왜냐하면 그게 바로 내가 할 일이기 때문이다. 내 말은 나 자신이 가끔씩 그 일을 싫어하지 않으며, 어느 날 갑자기 그 일을 그만두는 것을 상상하지 않는다는 의미가 아니다. 즉, 생계를 위해 원하는 일을 실제로 하는 것과 항상 그 일을 좋아하는 것은 다르다는 의미이다.

에이미 홀든 존스 이 일은 내가 잘하는 유일한 일이며 정기적으로 내 작품들은 영화로 만들어진다. 내 작품들이 영화로 만들어지지 않았다면, 아마 나는 글쓰기를 포기했을 것이다. 나는 많은 재미있는 작품들을 썼지만 그 작품들이 한 번도 영화로 제작되지 못한 작가들을 알고 있다. 그리고 그들이 조만간 글쓰기를 그만둘 거라는 사실도 알고 있다.

니콜러스 카잔 나는 작업을 끝낼 때까지 전화를 받지 않는다. 만약 아침 9시에 다른 작품에 대한 나쁜 소식을 듣게 되면, 다시 글을 쓰기가 힘들기 때문이다. 하지만 그날 작업을 끝낸 뒤 나쁜 소식을 듣게 되면, 그 나쁜 소식이 마음을 심란하게 할 수도 있지만 그전에 작업을 마쳤기 때문에 작업에 아무런 영향을 주지 않는다.

에릭 로스 시나리오작가는 여러 번 좌절을 겪게 된다. 하지만 나는 그런 좌절에 꽤 익숙하다. 작품이 그러한 사실을 말해준다. 한 작품을 너무 오랫동안 쓰게 되면 작품에 대해 더 많은 부담을 갖게 된다 (솔직히 나는 한 편의 시나리오를 쓰는 데 1년이 걸린 적도 있다). 글쓰기의 목표는 자신이 자랑스럽게 여기는 것들을 종합하는 것이다. 당신이 좋은 작품을 썼는데 제작사가 당신이 미처 생각하지도 못한 감독에게 그 작품을 맡기는 경우처럼, 제작사가 그 작품을 망치면 당신은 더 큰 좌절을 느끼게 되며 결국 실망하게 된다. 당신은 어떤 일을 하든 매일 좌절을 느끼게 된다. 아마 당신은 지금 쓸모없는 씬을 쓰고 있을 수도 있다. 하지만 그런 작업의 장점은 당신이 그 씬에 맞는 다른 이야기들을 갖고 있고, 스스로를 흥분시키는 어떤 훌륭한 발견을 하게 된다는 점이다. 왜냐하면 그 순간에는 당신과 작품만이 존재하기 때문이다. 그런 다음, 그 작품을 제작자에게 넘기고 나면 완전히 다른 세계가 펼쳐진다. 같은 생각을 가진 감독과 함께 일하는 것은 신나는 일이며, 그 자체로 재미있고 영감을 주기도 한다. 또한 다른 스태프들과 함께 테이블에 앉아 작품을 읽는 시간도 즐겁다. 작품이 제대로 쓰여졌는지, 내가 생각한 대로 작품이 읽히고 있는지 알 수 있기 때문이다. 그 시간은 어떠한 자만심도 느끼지 못하는 매우 순수한 시간이다. 우리는 그 시간을 통해 효과적이지 못한 대사들을 찾아 고칠 수 있다. 그런 다음, 영화가 잘 만들어지거나 촬영 현장에 가게 되면 전율이 느껴진다. 하지만 어떤 시점이 되면 그 작품을 떠나보내야 한다. 그것은 더 이상 당신의 것이 아니기 때문이다.

마이클 시퍼 나는 작업할 때 후회가 조금이라도 남지 않도록 최선을 다한다. 할 수 있는 만큼 열심히 작업하면서 최선을 다하면 아무런 후회가 없다. 작품을 넘겨줄 때까지 나는 되도록 빨리 쓴 다음, 다른 작품을 쓰기 시작한다. 당신은 자신만의 삶을 즐겨야 한다. 나는 이 일을 오래 하면 할수록 이 일이 영혼의 유일한 존재 이유가 될 수 없다는 것을 더욱 크게 느낀다.

톰 슐먼 나는 무슨 글을 쓰든 열정을 가지고 쓰고 싶다. 작품을 개발할 때 생기는 끔찍한 일들에도 불구하고 내가 하는 일은 언젠가 천재가 될 거라는 희망을 가지고 자궁에 아이를 잉태하는 일이다. 그

것이 나를 계속 흥분시키고 매일 아침 잠자리에서 일어날 가치를 부여
한다.

로빈 스위코드 나는 의무감으로 글을 쓴다. 하지만 어떤 면에서
는 운이 좋은 편이라고 생각한다. 일찍 나 자신이 이야기꾼이라는 사
실을 알았고, 이 도시에 와서 한 유일한 일이 글 쓰는 일이었기 때문이
다. 기본적으로 이런 좌절들이 내게 오지 못한다는 사실을 알고 있다.
왜냐하면 실제로 내가 사는 곳에서는 그런 것들을 허용하지 않기 때문
이다.

만약 글을 쓰지 않는다면, 나는 아무렇게나 살 것이며,

만약 살지 못한다면, 나는 아무렇게나 글을 쓸 것이다.

──── 프랑수아즈 사강Françoise Sagan

영화계에 발을 들여놓기 위해서는 아주 많은 노력과 희생 그리고 집
념이 필요하며, 성공한다는 보장도 없이 자신이 가진 모든 소질을 작
품에 발휘하고, 하루 24시간 내내 시나리오 쓰는 일만을 생각하면서
먹고 숨쉬어야만 한다. 그렇다고 할 때 그들에게 "글 쓰는 일을 너무
심각하게 받아들이지 말라"고 말하기는 쉽지 않다. 내 말은 글쓰기가
인간으로서 여러분의 전부가 되어선 안 된다는 뜻이다. 여러분이 가족
에 대한 책임감이 없는 독신이라면, 삶의 조화를 이루면서 원하는 만
큼 어떤 일에 집착할 수 있다(47번째 습관을 참조하라). 그러나 여러분
이 중요한 인간관계를 맺고 있거나 시간을 함께 보내야 하는 가족, 즉
아이들이 있다면, 삶에서 중요한 게 무언인지를 알고 그에 따라 행동
해야만 한다. 시나리오를 쓰는 일과 삶의 조화를 이루기 위해서는 47
번째 습관을 터득하라. 얼마나 많은 작가들이 작가라는 직업을 위해

모든 것을 희생했는지는 말할 수 없을 정도다. 설사 성공한다 할지라도 결국 그들은 불행해진다. 한 편의 시나리오를 위해 절대로 사랑하는 사람을 희생시키지 마라. 성공한 시나리오작가들은 여러분이 생각하는 만큼 글쓰기에 집착하지 않는다. 하지만 그들에게도 직업의식과 약속된 시간 내에 완성도 있는 작품을 넘겨주어야 하는 등의 수반된 책임감이 있다. 헨리 밀러Henry Miller는 "당신이 접하는 세상, 즉 사람과 사물, 문학작품 그리고 음악에 관심을 가져라. 세상은 그저 많은 기쁨과 아름다운 영혼 그리고 재미있는 사람들로 요동치는 매우 풍요로운 공간이다. 그리고 자기 자신을 잊어버려라"라고 말했다. 간단히 말해 세상에는 시나리오도 있고, 인간으로서의 삶도 있다는 사실을 잊지 마라. 이것을 잘 분별하는 것이 여러분이 더 나은 작가가 되는 길이다.

제럴드 디페고 글을 쓰는 일은 일종의 집착이기 때문에 다소 진지해져야 한다. 만약 돈 한 푼 못 번다 하더라도 글 쓰는 일에 매우 열정적이어야 하며, 그 일이 바로 당신이 해야 하는 일이다. 하지만 오직 글 쓰는 일에만 매달리는 것은 건강하지 못한 태도다. 사실, 글 쓰는 일에만 매달리지 않는다면, 당신의 글 실력은 더 좋아질 것이다. 더 넓은 경험이 당신을 더 충만한 사람으로 만들고, 당신이 모르는 세상을 볼 수 있게 해준다. 만약 글쓰기에만 열중한다면 그것은 지나친 집착이 되고, 그러면 당신은 더 이상 이 세상 속에서 제대로 사는 것이 아니다.

마이클 시퍼 젊은 작가들은 글쓰기에 더 집착하는 경향이 있다. 젊은 작가들은 하루 24시간 내내 글만 쓰는데, 어딘가에 도달하기 위해서는 그렇게 해야 하는 것이 사실이다. 그러나 당신에게 가족이 있다면, 당신은 집에 가서 가족을 당신의 가장 중요한 존재로 만들려고 노력한다. 집은 완전히 다른 세계다. 집에서는 글에 대한 모든 욕망을 잠재워야 한다. 그것은 인간으로서 해야 할 중요한 훈련이다. 늘 작품에 대해 골똘히 생각하면서 걸어다닌다면, 그 누구와도 좋은 인간관계를 맺을 수 없을 것이다.

에드 솔러먼 이 도시에 있는 모든 것들은 사람들을 압박하여 길을 벗어나 탐욕, 권력, 유혹, 섹스 그리고 명예 속으로 빠지게 만든다. 영화계에서 이런 것들을 멀리하기 위해서는 실제로 더 많은 노력이 필요하다. 돈을 벌든 벌지 못하든, 나는 똑같은 글쓰기를 하면서 그 일을 즐긴다. 궁극적으로 모든 것은 작품에 달려 있다. 그것은 내가 글쓰기에 아주 열정적인 것과는 별개의 문제다. 그것은 내가 빵 트럭을 운전하는 일에 열정적이지 못한 것과 같다. 정말로 진지하게 받아들일 만한 가치 있는 일은 무엇인가? 기껏해야 우리 작가들은 사람들을 위해 오락을 제공한다. 드물긴 하지만 우리는 어떤 가치 있는 작품을 만들기도 한다. 미디어로서 우리는 절대적인 영향력을 지니고 있다. 하지만 우리가 하는 그 어떤 일도 심각하게 받아들일 필요는 없다. 자만심은 곧 창의력의 죽음을 의미한다. 당신 자신을 표현하고 생각을 사람들에게 말하는 것이 중요할 수도 있다. 하지만 다른 사람들이 당신에게서 무언가를 듣고 싶다고 해서 소음이라도 만들어내야 한다고 생각한다면, 당신은 자멸하는 길 위에 서 있는 것이다.

제23장　　　　　　　　　　　　　습작

습작하고, 습작하고, 또 습작하기

글 쓰는 힘도 다른 모든 것과 같다. 즉, 작품에 많은 힘을
쏟으면 쏟을수록 글에서 느껴지는 힘도 점점 커진다

——— 리처드 리브스Richard Reeves

운동을 하든 악기를 배우든 혹은 글 쓰는 재주를 익히든, 실력 향상을
원하는 사람들에게 주어지는 고전적인 충고는 "연습이 완벽함을 만든
다"이다. 사람들이 여러분에게 어떤 작품을 쓰고 있는 중이냐고 묻는
다면 여러분의 최근 작품에 대해 말하지 마라. 그저 "좋은 작가가 되기
위해 습작 중이에요"라고 말하면서 명함을 건네줘라. 그리고 보여줄
만한 좋은 작품이 생기면 그들에게 연락을 하겠다고 말해라. 나중에
결국 여러분이 훌륭한 작품을 썼다면, 지금까지 이 책에서 읽은 모든
사실들이 여러분에게 실현될 것임을 약속한다. 만약 여러분의 작품이
정말로 좋다면, 에이전트가 여러분을 찾아갈 것이다. 또 어떤 제작자가
그 작품에 관심을 가진다면, 그의 첫 번째 행동은 좋아하는 에이전트
에게 전화를 걸어 그 작품을 한 번 읽어보라고 말하는 것이다. 이것이
바로 영화계에서 논쟁의 여지가 없는 유일한 부분이다. 좋은 작품이

곧 마지막이자 최후의 논쟁거리이다.

짐 커프 나 역시 "그들이 왜 이 작품을 사지 않지?" 하고 푸념하는 것처럼, 초보자들이 겪는 일반적인 좌절을 겪었다. 나 자신이 가진 문제점을 홀로 해결하면서 많은 작품을 썼다. 왜냐하면 영화학교에 다닌 적이 없기 때문이다. 누군가 나를 진지하게 생각해주기까지 11편의 TV 대본을 썼으며, 그 후 6편의 작품을 더 쓰고 나서야 좋은 시나리오 한 편을 쓸 수 있었다.

마이클 시퍼 글 쓰는 재주를 습득하는 데는 오랜 시간이 걸린다. 만약 당신이 바이올린 연주를 한다면 처음 시작하여 6개월 만에 카네기 홀에서 연주할 정도의 실력을 기대하지는 않을 것이다. 하지만 사람들은 아직도 자신의 첫 번째 또는 두 번째 시나리오가 팔려서 흥행할 거라고 생각한다. 그것은 망상이다. 물론 그런 일이 일어날 수도 있다. 하지만 일반적으로 글 쓰는 재주는 습득하기까지 5년에서 20년 정도 걸린다.

톰 슐먼 우리는 모두 하룻밤 만의 성공담을 들어본 적이 있다. 하지만 그렇게 성공한 사람들 대부분은 자신의 성공을 10년에서 20년이 걸린 하룻밤 만의 성공이었다고 말할 것이다. 이것이 지금까지의 법칙이다.

• • •

자, 이제 여러분은 모든 습관들을 배웠다. 지금까지 배운 101가지의 습관들이 이 다음 번의 위대한 시나리오작가를 배출할 것이다. 우린

이제 곧 강의를 마치려고 한다. 이제 우리의 조언자들은 여러분이 배우려는 자세를 갖게 된 것을 축하하면서 몇 마디 지혜의 말을 하려고 한다.

지혜로운 사람들의 발자국을 그대로 따라가지 말라.

그저 그들이 추구했던 것을 추구하라.

——— 바슬로Baslo

론 배스 만약 초보작가에게 핵심적인 충고 한마디를 하라고 한
다면, 나는 매일 글을 쓰라고 하겠다. 그 일을 좋아한다면 글을 쓰면서
미리 작품을 준비해라. 누군가가 그 작품을 고쳐 쓰라고 돈을 주지 않
는 이상 그 작품을 고치지 마라. 다른 사람들의 작품을 읽고, 자기 자신
이 모든 답을 아는 세상에서 가장 뛰어난 전문가가 아니라는 겸손한
자세를 유지해라. 작품을 거절당하면 마음이 아픈 것이 사실이다. 하지
만 그런 사실에 움츠러들지는 마라. 가능하면 다른 새로운 내용과 새
로운 장르, 다양한 등장인물, 다른 상황에 대해 글을 써라. 당신은 자신
만의 무기를 개발해야 한다. 그것은 보디빌딩과 비슷하다. 근육처럼 글
은 계속 쓰면 쓸수록 글 쓰는 실력이 더 좋아질 수밖에 없다. 계속 글
을 써라.

스티븐 드수자 모든 좌절에도 불구하고, 어떤 시점이 되면 글쓰기 외에는 아무것도 중요하게 느껴지지 않는다. 영화제작이 취소되면 시나리오작가보다는 감독이나 배우가 더 힘들어지는 것이 명백한 사실이다. 왜냐하면 제작자가 작품에 관심이 없다면 시나리오작가는 다른 제작자를 찾아갈 수 있기 때문이다. 그리고 작품을 두세 번 거절당하더라도, 당신은 그 작품에 대해 잊어버리고 또 다른 작품을 쓰면 된다. 당신에게 필요한 것은 그저 연필과 종이뿐이다. 컴퓨터와 시나리오 프로그램에 대해서는 잊어버려라. 혼자만의 작업으로 다른 모든 사람들의 생각이 틀렸다는 것을 증명하는 멋진 작품을 써라. 그 작품이 시나리오의 새로운 유행을 불러일으켜 당신을 고군분투하는 모든 작가들의 새로운 영웅으로 만들어줄 것이다.

제럴드 디페고 언제나 최고의 작품을 써라. 글을 쓸 때 서두르지 마라. 가능하면 넓은 마음으로 작품에 대한 의견을 받아들여라. 자신의 작품에 대해 믿음을 가져라. 만약 당신의 작품이 어떤 감정적인 형태로든 스스로를 감동시킨다면, 당신이 느낀 감정과 똑같은 감정을 느낄 다른 사람들이 어딘가에 있다고 믿어라.

레슬리 딕슨 어떤 일을 하든, 당신은 에이전트가 필요하다. 그것은 부동산 업계의 "첫째도 중개인, 둘째도 중개인, 그리고 셋째도 중개인"이라는 오랜 격언과 비슷하다.

아키바 골즈먼 브루스 베레스퍼드Bruce Beresford는 내게 기막힌 사실을 한 가지 말해주었다. 모든 사람들은 실제로 12살짜리 어린아이이며, 스스로 성인의 몸을 가진 어린아이라고 생각한다는 것이다. 따라서 만약 이 사실을 기억한다면 당신은 더 이상 두려울 것이 없다. 왜냐하면 사람들이 거리에서 나를 알아보는 것을 두려워하듯이 길을 건너던 유명한 감독과 모퉁이에 서 있던 유명배우 역시 사람들이 자신들을 알아보는 것을 두려워하기 때문이다. 최선을 다해 정신적으로 성숙하려고 노력하면서, 우리의 마음 한구석에는 동심이 남아 있다는 사실을 안다면 조금 더 쉽게 세상을 헤쳐나갈 수 있을 것이다.

에이미 홀든 존스 자신이 정말로 글을 쓰고 싶다는 100퍼센트 확신을 해야 한다. 어떤 여성 작가에게 왜 글을 쓰고 싶은지를 물었더니 그녀는 산문이나 길게 묘사해야 하는 글을 쓰는 건 싫지만 시나리오의 대사와 씬을 쓰는 것은 좋다고 말했다. 시나리오 쓰는 일이 당신이 좋아하는 방식의 글쓰기라면 그녀의 말은 바람직한 대답이 된다. 영화 일의 본질을 현실적으로 파악해서 다른 분야를 연구하는 것과 똑같은 방법으로 영화 일의 성격을 연구해라. 심지어 무보수의 일이더라도 영화계에서 일을 하면 영화 일을 배우게 될 것이다.

니콜러스 카잔 만약 당신이 목수라면, 당신이 만든 100번째 책상이 첫 번째 책상보다 훨씬 더 좋을 것임에 틀림없다. 따라서 당신이 쓴 20번째 작품도 첫 번째 작품보다 더 나을 것이다. 당신은 끊임없이 글을 써야 하며 스스로 글 쓰는 일을 정말로 좋아하는지에 대해 확신이 있어야 한다. 나는 완성했지만 아직 팔리지 않은 상업영화 시나리오들에 대단히 만족해하는 편이다. 그 작품들을 들여다보면, 나의 많은 노력들이 깃들어 있어서 자랑스럽다. 그 작품들은 내 머릿속에서만 존재하기 때문에 아직 망가지지 않았다. 아직까지 그 작품들은 완벽한 제작 가치를 지녔고, 환상적인 연기로 아름답게 짜여 있다. 아마 그 작품들은 언젠가 영화로 제작될 수도 있고 그렇지 않을 수도 있다. 어쨌든 상관없다. 다만 내가 지금 그 작품들에 만족한다는 사실이 중요할 뿐이다.

짐 커프 나는 이 세상 어느 누구로부터도 글 쓰는 법을 배울 수 없다고 생각한다. 나는 글 쓰는 즐거움이 어디서 유래되었는지, 어떻게 만들어졌는지 알지 못한다. 아마도 글 쓰는 기술은 배울 수 있을는지 모른다. 그렇다 치자. 그러면 누군가에게 지혜로운 글을 쓰는 법을 어떻게 가르칠 것인가? 작가는 많은 사물에 관심을 갖고 거의 편집증적인 강박관념에 사로잡힌 태도를 지녀야 한다. 왜냐하면 자기 자신을 글을 쓰고 싶게 하여 그 많은 시간을 글을 쓰는 데 투자하도록 만든 무언가에 정말로 관심을 가져야만 하기 때문이다. 당신은 작품에서 한 걸음 뒤로 물러나 그 작품이 좋은지 알 수 있어야 한다. 좋은 작품들은 대부분 내용이 명백하다. 즉, 좋은 작품은 종이 위에서 생생히 살아 있는 것처럼 느껴진다. 하지만 그렇더라도 누군가는 그 작품을 싫어할 수도 있다. 따라서 아무도 작품이 어떻게 될지는 알 수 없다. 그러나 만약 모든 사람들이 그저 그렇다고 생각한다면, 그 작품은 명백히 잘못 쓰여진 것이다. 나는 나 자신이 다른 모든 사람보다 옳다고 생각한 적이 한 번도 없다. 그런 생각은 다른 사람들에게 한 번도 보여준 적이 없는 시나리오와 같은 것이다.

스콧 로젠버그 하루 작업을 마칠 때면 난 정말 이 세상에서 가장 좋은 직업을 갖고 있다는 생각이 든다. 매일 매일의 삶이 새롭게 느껴진다. 사람들은 많은 돈을 내게 지불한다. 또 각종 매스컴에서 본 유명한 사람들과 함께 일을 하기도 한다. 이렇게 미치도록 살기 좋은 세상에서 사무실로 출근해 칸막이가 쳐진 책상에 앉아 하루 종일 숫자만 두들겨야 하는 사람들을 보면서, 만약 내가 그들이라면 어떻게 했을지를 생각해본다. 그런 생각을 하는 것만으로도 끔찍하게 느껴진다. 지금

까지 내 삶은 그런 삶과는 거리가 멀다. 어떤 하루가 될지 예측하지 못
하면서 매일 아침 잠에서 깨는데, 이런 것 자체가 정말로 멋진 일이다.

에릭 로스 시작한 작품은 반드시 끝내라. 글쓰기를 하나의 여정
으로 생각해라.

마이클 시퍼 목표를 높게 잡아라. 해야 될 것 같다고 생각하는
것보다 더 열심히 작업해라. 만약 글쓰기가 어렵게 느껴진다면, 제대로
잘하고 있는 것이다. 또 현실세계에 대한 작품을 쓰고 있다면, 현실세
계를 조사해라. 글을 고쳐 쓰는 동안 작품에 대해 냉혹해져라. 사람들
에게 작품을 보여주고 그들의 반응이 어떤지를 파악해라. 그들이 작품
에 대한 의견을 말한다면 당신은 그들의 의견에 동의하지 않을 수도
있다. 하지만 당신은 그들이 가장 먼저 지적하는 근원적인 문제를 해
결하려고 애쓴다. 문제에 대한 명확한 지적이 당신에게 필요한 답을
주지 않을 수도 있다. 하지만 무언가를 고쳐야 한다는 그들의 생각은
그 작품에 있는 근본적인 문제로부터 발생한다. 그리고 반드시 그들이
왜 그 부분에서 만족하지 않는지 알기 위해 작품의 내면을 살펴보아야
한다. 만약 당신이 아주 뛰어난 작품을 사람들에게 보여준다면, 그들은
작품을 되돌려주면서 반짝거리는 눈빛으로 당신을 보며 "우와!" 하고
놀랄 것이다.

톰 슐먼 좋아하는 것을 글로 써라. 영화계가 어떤 작품을 원하
는지 알 수 없기 때문에 판매를 염두에 두고 작품을 쓰는 것은 바람직
하지 않다. 가장 좋은 시나리오 판매시장은 바로 당신 자신이다.

에드 솔러먼 가능하면 결과가 아닌 글 쓰는 과정 속에서 즐거움

과 안정을 찾으려고 노력해라. 왜냐하면 성공하더라도 만약 결과에 의미를 둔다면, 언젠가 결국 좌절하게 될 것이기 때문이다. 조화로운 삶을 살려고 노력해라. 궁극적으로 우리가 하는 모든 일은 별로 중요하지 않다. 〈맨 인 블랙*Men in Black*〉의 성공은 대단했고, 나 역시 그 영화가 수백만 명의 사람들을 즐겁게 했다는 사실을 인정한다. 하지만 그 영화가 만들어지지 않았더라도 세상은 별로 달라지지 않았을 것이다. 드물긴 해도 당신이 만든 무언가가 어떤 사람에게 많은 영향을 준다면 그 일은 멋진 일이다. 하지만 당신에게 더 중요한 존재는 매일 매일의 삶 속에서 당신이 영향을 주는 가족들이다. 이 사실을 반드시 기억해야 한다. "만약 내 영화가 단 한 사람이라도 감동시킨다면, 내 영화는 가치 있는 것이다"라고 말하는 사람들은 스스로에게 농담을 하는 것이나 다름없다. 만약 한 사람을 감동시키고 싶다면, 밖에 나가 1년에 한 번씩 아프리카에 있는 한 마을 학교 선생님에게 200달러의 돈을 주는 게 낫다. 단 한 사람만을 위해 작품을 써서 많은 돈과 많은 사람들의 귀중한 시간을 낭비하고 그 창작 과정 속에서 고통을 겪으려 한다면, 그 결과는 훨씬 더 비참해질 뿐이다.

로빈 스워코드 내 충고는 집에서 아이들과 함께 글을 쓰는 여성 작가들에게 좀 더 적당할 것 같다. 그리고 이 문제는 새로운 장chapter으로 만들어 논할 만한 가치가 있는 주제다. 아이들에게 "이 시간은 엄마가 다른 일을 하는 시간이야"라고 말하는 것이 전혀 문제되지 않는다는 사실을 아는 게 매우 중요하다. 이렇게 하는 것이 아이들에게 자립심을 키워준다. 아이들은 당신이 자신들과 함께 있지만 일을 하느라 조금 떨어져 있다는 것을 안다. 아이들은 자유롭게 자기 앞에 놓인 장난감을 가지고 앉아 자신만의 작은 세상을 만든다. 당신은 지금 하고 있는 일에서 모범을 보이면서 "엄마가 하고 있는 이 일은 엄마에게 매우 중요하고 지금 엄마는 이 일을 하고 싶단다. 그러니 너희들은 저리로 가서 할 일을 찾으렴. 자, 그럼 우리 나란히 앉아 각자의 일을 하자"라고 말한다. 이것이 당신 자신을 위한 최선의 일이다. 왜냐하면 많은 여성들은 가족에게서 떨어져 자신의 일을 하는 것에 죄책감을 느끼기 때문이다. 아무도 이런 사실을 내게 말해준 적이 없다. 이렇게 하는 것이 당신 자신과 아이들을 위해 좋은 일이라는 것을 말하고 싶을 뿐이다.

마지막 당부

만일 여러분이 아직도 91번째 습관까지밖에 터득하지 못했고, 시간이 없다면, 내가 가장 중요하게 여기는 15개의 습관들을 참조해라. 다음의 습관들은 여러분이 글을 쓰는 데 절대적으로 필요한 것들이다.

1. 글 쓰는 동기를 가질 것

2. 자기 자신을 교육시킬 것

3. 작품에 대한 높은 기준을 세울 것

4. 자신의 직감을 믿고 스스로를 재미있게 만드는 작품을 쓸 것

5. 이야기를 계획할 것(아웃라인을 만들 것)

6. 글 쓸 시간을 만들고 정기적으로 글을 쓸 것

7. 독자들의 감정을 자극할 것

8. 글 쓰는 목표를 정할 것

9. 글이 막혀도 계속 글을 써서 글 막힘과 싸울 것

10. 마음을 열고 세상의 평가를 받아들일 것

11. 중요한 것은 작품이지 인간관계가 아니라는 사실 알 것

12. 제대로 된 에이전트를 예전 방식으로 구할 것

13. 프로처럼 거절을 받아들일 것

14. 실망하게 되더라도 계속 열정을 가질 것

15. 글 쓰는 일을 너무 심각하게 여기지 말 것

아직도 이런 습관들이 조금 당황스럽게 느껴지고 흔히 "이제 그만"이라고 말하듯 딱 한마디의 조언을 원한다면 다음과 같다.

여러분은 스스로에게 "어떻게 이 영화계에 발을 들여놓지?"라고 묻지 말고, "어떻게 시나리오를 읽는 모든 사람들이 재미있어 하는 훌륭한 시나리오를 쓸 수 있을까?"라고 자문해야 한다. 성공한 시나리오작가들이 어떠한 방법으로 영화계에 발을 들여놓았든, 그들은 우선 프로듀서나 에이전트, 자신들의 조수 또는 독자의 관심을 끄는 한 편의 좋은 작품을 썼다는 사실을 기억해라.

여러분의 작품 1,000편 중에 그런 작품이 한 편이라도 있다면, 할리우드가 여러분을 가만두지 않을 것임을 약속한다.

101가지 습관들은 작지만 대표적인 예에서 비롯된 습관이자 행동양식, 기술 그리고 태도일 뿐임을 기억하라. 그 습관들은 변하지 않는 규칙이 아니라 충고이자 의견일 뿐이다. 그 습관들을 시도해보는 것은 여러분의 선택이다. 만약 여러분에게 그 습관들이 효과적이라면, 그것으로 만족한다. 만약 그렇지 않다면, 자신만의 습관을 개발하여 계속 글을 써라. 100번째 습관처럼 글 쓰는 일을 너무 심각하게 받아들이지는 마라. 휴식해라. 글을 써라. 놀아라. 다시 글을 써라. 밥을 먹어라. 또다시 글을 써라. 웃어라. 다시 글을 써라. 사랑을 해라. 다시 글을 써라. 잠을 자라. 필요에 따라 글쓰기를 매일 반복해라.

마지막으로 여러분의 행운을 빈다!

옮긴이의 말
Afterword

몇 년 전 시나리오 습작을 하던 중 시나리오 작업의 어려움으로 실의에 빠져 있을 때 친한 친구로부터 이 책『할리우드에서 성공한 시나리오작가들의 101가지 습관*The 101 Habits of Highly Successful Screenwriters*』을 추천받아 읽게 되었습니다. 책을 읽으면서 이전에 출간된 다른 시나리오 관련 책들과 차별성을 띤 실용적이면서 현실적인 내용에 매력을 느끼게 되었고, 개인적으로 시나리오 작업을 하면서 고민했던 문제들을 극복하는 데 적지 않은 도움을 받았습니다. 그런 연유로 시나리오 작업을 하면서 어려움을 겪고 있을 다른 시나리오작가 지망생과 영화학도들에게 도움을 주기 위해 이 책을 번역하게 되었습니다.

흔히 시나리오는 영화의 설계도와 같다고 합니다. 이것은 영화를 만드는 데 있어 시나리오의 중요성과 의미를 내포하는 말입니다. 좋은 시나리오라는 토대 위에서 좋은 영화라는 훌륭한 건축물이 만들어지는 것이지, 나쁜 시나리오를 가지고 결코 좋은 영화를 만들 수는 없다고 생각합니다.

본문의 내용에서 말하듯이 시나리오작가 지망생이 상업적으로 가치 있는 시나리오를 얻기까지는 시간과 노력이 필요합니다. 결국 쓰고, 쓰고, 또 쓰는 길만이 좋은 시나리오를 쓸 수 있는 최선의 방법이라고 생각합니다. 최종 목표에 도달하는 개인적인 편차는 있겠지만 시나리오작가가 되려는 열정을 가지고 꾸준히 노력한다면 좋은 시나리오작가가 될 수 있습니다. 공부에 왕도가 없듯이 좋은 시나리오를 쓰는 데에도 지름길이 없습니다. 저 역시도 아직은 목표 지점을 향해 가는 중이지만, 시나리오를 쓰면서 많은 노력과 고민을 한 만큼 그에 따른 결과물인 시나리오의 완성도도 높아지는 것 같습니다. 하늘이 내려준 재능도 성실한 자세로 노력하는 사람을 당해내지는 못합니다. 다시 한 번 말씀드리지만 꾸준히 시나리오를 써야 합니다.

우선 많은 우여곡절을 겪으면서 이 책이 출간될 수 있도록 도움을 주신 도서출판 경당 대표님께 감사의 말씀을 드립니다. 이 책과의 인연을 만들어준 Showbee Pictures의 천수현 대표에게도 말로 표현할 수 없는 고마움을 전합니다. 책 번역작업에 많은 조언을 해주신 LJ Film의 김종원 이사님과 임충근 PD님에게도 감사드립니다.

개인적으로 이번 번역작업은 영화 이외에

번역이라는 새로운 분야의 창작 과정을 경험하
면서 창작의 의미와 본질을 다시 한 번 깊이 생각해볼 수 있었
던 소중한 기회였습니다. 한 편의 영화를 완성하기까지 많은 시간과 노
력이 필요하듯이 한 권의 책을 출간하기까지 영화 못지않은 시간과 노력이
필요하다는 사실을 새삼 깨달았습니다.
이 책이 많은 사람들에게 시나리오 작업을 하는 데 미력하나마 부디 도움이 되기를
간절히 소망합니다.

2005년 6월
이정복

Index

할리우드에서 성공한
시나리오작가들의 101가지 습관

초판 1쇄 펴낸날 | 2005년 7월 30일
초판 4쇄 펴낸날 | 2020년 2월 20일

지은이 | 칼 이글레시아스
옮긴이 | 이정복

펴낸이 | 박세경
펴낸곳 | 도서출판 경당
출판 등록 | 1995년 3월 22일(등록번호 제1-1862호)

주   소 | 04002 서울시 마포구 월드컵북로5나길 18 대우미래사랑 209호
전   화 | 02-3142-4414~5
팩   스 | 02-3142-4405
이메일 | kdpub@naver.com

ISBN 978-89-86377-28-6 03680
값 18,000원

* 잘못 만들어진 책은 구입처에서 바꾸어드립니다.